Walter Burkard

FÜR DIE FREIHEIT
DAS SCHICKSAL
DER CHARLOTTE CORDAY

Herausgegeben von Willi Dittrich

Bibliografische Information der Deutschen Nationalbibliothek: Die Deutsche Nationalbibliothek verzeichnet diese Publikation in der Deutschen Nationalbibliografie; detaillierte bibliografische Daten sind im Internet über dnb.dnb.de abrufbar.

Für die Freiheit. Das Schicksal der Charlotte Corday.

Von Walter Burkhard

Bearbeitet von Willi Dittrich

info@oeverbos-verlag.de

https://oeverbos-verlag.de/

Gesamtherstellung: Oeverbos Verlag, Leipzig
Lektorat: Ines Rapp, Bad Kreuznach
Umschlaggestaltung: Nasta Reiss, Köln
Umschlagbild: Porträt von Charlotte Corday, Gravur,
www.Alamy.de. Bild-ID DRGJBY

ISBN 978–3–947141–89–0 print
ISBN 978–3–911105–08–7 ebook

Walter Burkhard

FÜR DIE FREIHEIT

DAS SCHICKSAL DER CHARLOTTE CORDAY

Herausgegeben von Willi Dittrich

Erster Teil

Als die Mutter starb

Brütende sommerliche Mittagsstille. Kein Vogelruf. Kein Lüftchen regte sich. Tiefes Schweigen waltete in dem alten Garten von Mesnil Imbert.

Der Wipfel des Birnbaums hing schräg über dem kleinen Tümpel, den eine verwitterte Sandsteinbalustrade halb umfasste, und warf seinen gelbgesprenkelten Schatten hinunter auf den Grund des Wassers. Gleich hinter dem Birnbaum erhob sich eine beinahe undurchdringliche Heckenwildnis, die den vorderen, gepflegteren Teil des Gartens gegen die üppige Verwahrlosung hin abschloss und auch vom Gutshaus her keinen weiteren Einblick in den hintersten Winkel gestattete als bis hierher. Denn hier erhoben sich Weißdorn, Geißblatt und Brombeersträucher zu einem feindseligen, stachlig abweisenden Gerank; in wilder Verschlingung war alles Pflanzliche ungehindert durcheinandergeschossen. Nur einem mächtigen Holunderbaum war es gelungen, sich durch das Dickicht hindurchzuzwängen und sein nun in die Breite gedehntes, beherrschendes Haupt emporzurecken. Hier hinten ging auch die mannshohe Bruchsteinmauer, die um den ganzen Besitz sonst leidlich unversehrt herumführte, in einen von Ginster und Disteln überwachsenen Trümmerhaufen über; indessen war der jeglichem Verfall innewohnende Anflug von Traurigkeit insofern ins Unmerkliche gedämpft, als dem verwuchernden Steinwall ein gerade aufgeblühter Jasmin-strauch entsprossen war, der diese Stätte mit seinem über-schwänglichen Duft umhauchte.

Niemand wäre auf den Gedanken gekommen, diesen Teil des Gartens jemals zu betreten. Wer hätte sich auch hier-her verirren sollen, da man doch zwischen dem Haus und der Hecke einen recht ansehnlichen Garten besaß. Jahrhun-derte vielleicht hätte solch entfesseltes Wachstum sich allen Blicken entzogen, wären die Kinder nicht gewesen.

Denn dies war ihr Garten. Zwischen Teich und Mauer-ruine lag ihr Reich, das sie Teichgarten nannten. Die Dornenhecke gewährte kniehoch über dem Boden einige kaum sichtbare Einschlupfe. Hatte man jedoch erst den dichteren Rand des Geflechts hinter sich gebracht, so gewahrte man ein Netz völlig nacktgetretener Schlängelpfade, die bei weiterem Eindringen sogar eine annähernd aufrechte Haltung gestatteten und schließlich unter dem dachartigen Wulst üppiger Verschlingung in einen turmartigen Hohlraum gründunkler Dämmerung mündeten.

Dies war der innerste Bereich, das Allerheiligste, das man nur friedfertig betreten durfte; kein Streit, kein noch so harmloses Schimpfwort war hier gestattet; nach unaus-gesprochener Abmachung durfte nur geflüstert werden. Denn ringsum lagen die kleinen Hügel des Vogelfriedhofs, in denen Amseln, Meisen, Goldammern und Häher, hin und wieder auch besondere Spatzen ruhten, natürlich auch Blindschleichen, Kröten und Maulwürfe, die das Zeitliche gesegnet hatten. Ja, als die Bernhardinerhündin Bella ver-endet war, hatten die Kinder den kühnen Plan gefasst, den riesigen Leichnam zu entführen und im Teichgarten zu beerdigen. Sie hatten ihn schon bis zum Teich mit großer Anstrengung geschleppt, als die alte Marie, des Hauses Faktotum, den verstohlenen Leichenzug von der Treppe aus erspähte und mit ihrem Gezeter Mama aufmerksam machte, die gerade am Clavichord saß und ihren geliebten Rameau spielte, nun aber einen winzigen Moment innehielt, mit ihrer zarten und hohen Stimme nach der Scheune rief und nach kurzem, mehr geklimperten Weiterspielen unter das Vordach herausgelaufen kam. Inzwischen war auch der Vater im dunklen Loch der Scheunentür erschienen und der Mutter zuwinkend ein Stück in Richtung Garten gegangen. Mit angenommener Strenge, sozusagen mit heimlich blinzelnder Stimme – das hörten die mittlerweile in der Hecke verborgenen Übeltäter sofort heraus – forderte er sie zum augenblicklichen Rückzug mit der verlassen daliegenden Bella auf. Die Kinder trugen sie in den Obstgarten zurück, zögernd noch und in der stillen Hoffnung, Mutter würde sich entfernen und Vater ließe sich umstimmen. Doch Jean Chappe, der Kutscher, wurde beauftragt, Bella unverzüglich an der Mauer einzugraben und Mama blieb, nachdem sie ihr Klöppelzeug geholt hatte, währenddessen so eindeutig unter dem Vordach sitzen, dass die Kinder die Chance, ihr Vorhaben doch noch auszuführen, bald dahinschwinden sahen. Katzen im Dornengewölbe zu bestatten, war indessen nicht verboten. In Mesnil Imbert gab es viele Katzen – dank eines gutsherrlichen Katers namens Paschah, der nach seiner Erdenzeit auch hierher gelangen sollte.

Aber nicht nur zu solch trauriger Zeremonie versammelten sich die Kinder im Teichgarten; hier war auch der Ort ihrer heimlichen Beratungen, etwa wenn es darum

ging, dem „Storchenkopf", wie sie unter sich den Hauslehrer nannten, wieder einmal einen Streich zu spielen, oder
wenn man sich der Folgen ungerechter Strafandrohung
vorübergehend entziehen wollte. Alexis hatte es einmal
fertiggebracht, sich einen Tag und eine Nacht im Innern der
Hecke zu verschanzen, so dass Eltern und Lehrer gezwungen waren, sich mit ihm auf Verhandlungen einzulassen
und ihm Straferlass gewähren mussten, sollte er überhaupt
jemals wieder zum Vorschein kommen. Vor allem konnte
man stundenlang einfach dasitzen oder seinen Gedanken
nachhängen, ohne dass es ständig hieß: „Sieh doch nur mal
Charlotte an! Was hat denn nur Charlotte? Das Kind wird
doch wohl nicht krank sein, so stumm, wie es dasitzt?" Es
war ein wunderbares Refugium! Wie eine kühle Glocke
dämmriger Stille stülpte sich der im Innern fast kahle Hohlraum über die Stätte kaum getrübtem Kinderglücks.

Vor der Hecke, unmittelbar an den Tümpel angrenzend,
befand sich der Krautgarten mit seinen abgezirkelten Bee-
ten, den Rhabarberstauden und Johannisbeersträuchern,
mehreren Apfel- und Kirschbäumen und einer sich an der
linken wohlerhaltenen Mauerseite hinziehenden, schmalen
Rasenfläche, die als Bleiche diente und meist auch mit
Wäschestücken belegt war. Die rechte Mauer war bis zur
Hälfte mit aufgestapeltem Holz für Küche und Kamin
bedeckt. Etwa von der Mitte dieses ganz der Nützlichkeit
anheimgegebenen Teils führte ein ziemlich breiter roter
Steinfliesenweg über eine flach ansteigende Treppe in den
um einen Meter höher gelegenen Rosengarten, der das
eigentliche Prunkstück des Gartens war. Hier verwandelte
sich der Weg in einen noch breiteren Laubengang, eine
Pergola mit ehedem weißgestrichenen Holzsäulchen, wie

sie ein noch so bescheidener Landsitz nicht entbehren wollte.

Wo der Ziergarten und mit ihm die mit schottischen Heckenrosen umrankte Laube endete, trat die Mauer weit nach außen hin zurück und umfasste eine geräumige Hofffläche, in deren Mitte das langgestreckte, einstöckige Gutshaus stand, das seine trotz einer beginnenden Verwahrlosung schöne, vielfenstrige Vorderseite zum Garten hinkehrte.

Ein von dürren besenhaften Pappeln umsäumter, befestigter Fahrweg durchzog den Hof, erweiterte sich vor dem einfachen, überdachten Portal des Wohnhauses zu einem mit niedrigem Buchsbaum eingefassten Platz und bog um das Gebäude herum zum Hinterhof mit seinen Stallungen und Schuppen. Dahinter erhoben sich die bleigrauen Stämme eines Buchenwäldchens von geringer Tiefe, dessen sichelförmige Ausläufer in die das Anwesen umgebenden Weideflächen hineinstrebten.

Charlotte saß in der Nähe des Tümpels auf einer in die Gartenmauer eingelassenen Steinbank. Sie saß schon sehr lange da; seit dem Morgen, als man sie früher als sonst geweckt, hastig mit einer Schnitte Brot in den Garten geschickt hatte. Manchmal strich sie das tiefbraune Haar, das in der Sonne kastanienrot schimmerte, über die Schulter zurück; dann neigte sie auch den Kopf ein wenig zur Seite, als ob sie nach dem stillen Haus hinüberlausche. Aber es war nichts zu hören.

Ihr Blick ruhte auf einer zartgrünen Smaragdeidechse, die reglos auf dem glatten glühheißen Steinvorsprung verharrte. Eindringlich betrachtete sie die durch die kleine Wendung des schlangenhaften Köpfchens hervorgerufene

Halsbeuge, wo unter der pergamenten gestrichelten Haut das winzige Herz pochte.

Jetzt hob Charlotte den Kopf; sie glaubte, aus dem Innern des Hauses einen unbestimmten Laut vernommen zu haben. Mit ängstlicher Gespanntheit blickte sie zum Portal hin, dessen hohe Doppeltür weit geöffnet war. Durch die braune Dämmerung des Flurs schimmerte eine offenstehende Eichentür als verschwommener Fleck. Auf der obersten Stufe der mit geschweiftem Geländer unter das Vordach hinaufführenden Treppe saß eine Katze in feierlicher Langweile. Die gelben Vorhänge der schmalen, fast bis auf den Boden gehenden Fenster waren zugezogen. Alles war wieder still.

Charlotte seufzte. Ihre Hände lösten die Brustschleife des steifleinenen Kittels und banden sie wieder — unablässig. Eine schreckliche Unruhe hatte von ihr Besitz ergriffen. Sie spürte, dass diese Stille eine schlimme Bedeutung haben müsse.

‚Was mag da drinnen nur geschehen? Es ist etwas, wobei man Kinder nicht brauchen kann! Gestern hat Tante Ivette Bruder Alexis und den kleinen François mitgenommen nach Bissière. Und heute Morgen kam sie schon wieder zurück und lief gleich in Mamas Zimmer. Die arme Eleonore muss sogar bei der komischen Tante Bretteville in Caen bleiben! Und mich schicken sie den ganzen Tag in den Garten. Als ob ich nicht wüsste, dass Mama krank ist, sehr krank sogar. In letzter Zeit ist sie doch fast immer krank und liegt sehr oft im Bett. Heute Morgen durfte ich zum ersten Mal nicht zu ihr hinein, nur von der Tür aus kurz ins verdunkelte Zimmer blicken. Papa saß am Bett und bemerkte mich gar nicht.

11

Ganz ruhig lag sie da und sagte mir nicht einmal Guten Morgen. Ob's diesmal wirklich sehr schlimm ist? Marie sagt, es wäre sehr schlimm. Aber darauf gebe ich nichts, die hat ja schon vor einem Schnupfen Angst und wickelt uns in ihre scheußlichen heißen Tücher. Ach Gott, Mama! Liebe Mama! Wie hab ich dich so lieb! Wenn du auch eine sehr merkwürdige Mama bist!

Wie streng sie oft ist! Dann duldet sie es nicht, dass wir sie umarmen und küssen. Ganz ernst wird sie da und schiebt einen zur Seite. Als fürchte sie sich vor etwas. Ich glaub, sie mag es nicht, wenn man ihr sehr nahekommt. Neulich bei unserem letzten Spaziergang hab ich es deutlich beobachtet. Wir gingen alle in Richtung La Ronceray, und da, wo es ein bisschen ansteigt, reichte Papa ihr den Arm. Ganz genau hab ich gesehen, dass sie es nur ungern geschehen ließ, obwohl sie das Gehen sehr anstrengte. Die ganze Zeit hielt sie ihren Arm so, dass Papa ihr nicht näherkommen konnte als unbedingt notwendig. Und küssen tun sie sich nur ganz selten. Höchstens flüchtig auf die Stirn. Das verstehe ich aber sehr gut. Von einem Mann will ich nämlich auch nicht geküsst werden.

Mama liebt uns trotzdem. Jawohl, ich weiß es ja sogar ganz genau, dass sie uns Kinder sehr liebhat. Noch nicht lange, da lag ich abends noch wach im Bett, als sie hereinkam. Ich schloss schnell die Augen, und gleich darauf fühlte ich einen Kuss auf meiner Stirn. Über jedes Bett neigte sie sich und küsste die Schlafenden ... Warum weint sie nur so oft? Manchmal steht sie plötzlich auf, geht in ihr Zimmer und kommt nach zehn Minuten wieder heraus. Ich sehe ihr aber an, dass sie geweint hat. Ihre Augen sind so schön! Sie ist überhaupt schöner als alle anderen Frauen. Am schönsten sieht sie aus, wenn sie am Clavichord sitzt und ihren geliebten Rameau spielt und dabei lächelt. Jeden Mittag im verdunkelten Salon beim matten Schein der beiden Leuchter. Manchmal, ganz selten, nimmt sie mich mit hinein, weil ich doch auch schon spiele, nur nicht so gut. Dann spielt sie immer das eine Menuett, als gäbe es nichts anderes als Philipp Rameau. Neulich hat mir Tante Ivette mit ihrer Krähstimme etwas aus „Iphigenie" vorgesungen. Mama darf das nicht wissen. Ich glaube, sie ist Gluck böse, weil er es doch war, der ihren Rameau in Paris entthront hat. Alle Welt, sogar in Caen, schwärmt von Gluck, nur Mama nicht. Gestern hat sie zum ersten Mal ihr Menuett nicht gespielt. Und heute auch noch nicht. Lieber Gott, lass sie doch gleich zu spielen anfangen!'

Eine schlimme Ahnung durchzuckt das Kind im gleichen Augenblick, als vom Haus her aus dem Buchenwäldchen ein kühler Luftzug zu wehen beginnt. Gleichzeitig, als sei es von diesem Wind herangetragen, erscheint das zweirädrige Wägelchen des Doktors im Hoftor, zum zweiten Male heute schon. Charlotte bemerkt es mit wachsender Unruhe. Auf einmal überfällt sie panische Angst. Sie springt auf und läuft den Laubengang entlang auf das Haus zu. Da trägt der kleine Luftzug die ersten Takte des Menuetts herüber.

,Endlich! Endlich! Sie spielt wieder ihren Liebling! Mama ist wieder gesund!'

Doch an der Treppe bleibt sie stehen, lauscht erneut.

,Das ist nicht Mama! Nein! Das ist gar nicht Mama!'

Unsicher und schwerfällig holpert die Melodie dahin, wird abgebrochen, fängt wieder von vorne an, wird langsamer, stockt.

13

„Mama!", schreit das Kind auf und noch einmal, hoch und schrill, „Mama!"

Mühsam fängt das Spiel noch einmal von vorne an, quälend langsam, seelenlos. Die linke Hand bricht ab; wieder, zum vierten Mal wagt es die rechte Hand, ganz langsam im Takt, damit die linke mitkommt. Charlotte, unten an der Treppe, rührt sich nicht, in der entsetzlichen Stille, die nun eintritt.

‚Nein! Nein! Das ist nicht Mama!', denkt sie immer wieder in der lastenden Stille. ‚Und wenn sie noch so krank wäre, so fürchterlich könnte Mama niemals spielen.'

Kein Ton mehr. Eisige Stille entströmt dem Zimmer, dass der Atem des Kindes stockt. Aus der Tiefe des Flurs kommt die alte Dienerin. Sie wischt sich die Augen, hält den Finger an den Mund, führt das Kind bis an den Tümpel in den Garten zurück, unablässig redend, leise.

Ja, ja, der Vater habe gespielt, obwohl er doch gar keine Übung habe. Sie wollte es noch einmal ... sie wollte es hören, weil sie zu schwach sei, selbst zu spielen.

„Du musst im Garten bleiben!", sagt sie beinah barsch, damit Charlotte ihre Unruhe nicht bemerken soll, „du darfst nicht hereinkommen, das ist nichts für Kinder! Man wird dich schon rufen! Doktor Neri ist ja da!"

Charlotte setzt sich wieder auf die Bank; sie starrt angsterfüllt auf das stille Haus. Ein nie gekannter Schreck sitzt ihr im Herzen.

Nach zwei Stunden wird es lebendig. Die Magd kommt heraus. Weit hält sie den schweren Eimer von sich und schüttet ihn vorsichtig aus. Sie steht da und hält sich die Schürze vors Gesicht. Sie geht am Haus entlang auf die Scheune zu, deren Tor offensteht, ruft etwas hinein, mit unterdrückter Stimme. Gleich darauf erscheinen die beiden Knechte und Jean Chappe, der Kutscher, und sehen zur Magd hin, die ihnen zunickt und langsam zum Haus zurück geht. Hinter ihr setzen sich die drei in Bewegung. Unten an der Treppe ziehen sie ihre Stiefel aus, stellen sie umständlich nebeneinander auf die unterste Stufe, bevor sie steifbeinig, einander den Vortritt lassend, unter dem Portal verschwinden. Das Fenster wird geschlossen. Nach fünf Minuten kommen die Knechte wieder aus dem Haus, zögernd, mit verschlossenen Gesichtern, gehen hintereinander die Treppe hinab, steigen nacheinander in ihre Schaftstiefel und ziehen sich, einer hinter dem anderen, vorsichtig auftretend in die Scheune zurück, während das Fenster wieder geöffnet wird ...

Eine namenlose Angst packt das Kind. Aber es rührt sich nicht vom Fleck.

Nun tritt ein beleibter Mann – es ist Doktor Neri – unter das Vordach. Er bleibt einen Augenblick unschlüssig stehen. Hinter ihm auf der Schwelle erscheint Charlottes Vater, ein hochgewachsener Mann in einem apfelgrünen Flauschrock. Er lehnt sich an den Türrahmen und blickt über den Doktor hinweg in den Garten. Die Katze unter dem offenen Fenster erhebt sich und streicht um Doktor Neris Beine. Er bückt sich, um sie zu streicheln, tut es aber nicht. Eine Weile stehen sich die beiden stumm gegenüber. Schließlich hebt er bedauernd die Schultern, wendet sich zur Treppe, geht halb seitwärts hinab und ohne sich umzublicken zum eingespannten Pferdchen, tätschelt es, hebt gleichzeitig die andere Hand nach hinten zum Haus, klettert in die quietschende Kutsche und fährt davon.

Der Vater kommt die Treppe herunter, geht langsam durch den Krautgarten auf Charlotte zu. Wie im Traum, wenn etwas Grauenvolles herankommt und man am Boden festgewachsen ist, sitzt sie auf der Bank, während der Vater wortlos, unerbittlich näherkommt. Schwer geht sein Atem, sein Mund zuckt. Es sieht einen Moment so aus, als ob er lächeln wolle. Ein schriller Schrei stößt in die Stille:

„Vater!"

Er legt seine schwere Hand auf ihren Kopf und sagt mit viel zu lauter Stimme, die aber beruhigend wirken soll:

„Komm, Charlotte!"

Als etwa zehn Jahre später der Name Marie Anne Charlotte de Corday d'Armont in aller Munde war und die Gemüter ihrer Zeitgenossen mit Bewunderung und Abscheu erfüllte, da, auf dem Wege zur Guillotine, während der Karren mit der Unglücklichen im roten Hemd der Mörderin vom wütenden Pariser Straßenpöbel umwogt wurde, als unerwartet die Todesangst dennoch nach ihrem Herzen griff, da ging plötzlich für alle Teilnehmer dieses düsteren Schauspiels eine unerklärliche Veränderung mit der Delinquentin vor. Ihre etwas vornüber geneigte, im Gerüttel des Wagens schwankende Gestalt richtete sich auf. Ihr starr auf die armselige Mähre gesenkter Blick glitt über die Menge; lauschend hob sie den Kopf zur Seite, dann schräg nach oben zu den kleinen Fenstern der Häuserfront hin. Das Geschrei der Gasse verebbte, und dann hörten alle, was nur dieses eine Ohr durch das Lärmen der Besessenen vernommen hatte, als der Karren gerade in die Rue Saint-Antoine eingebogen war.

Aus einem der oberen Stockwerke schwebten die leichten, hüpfenden Klänge eines Cembalos; jemand spielte Rameaus Menuett. Es gab eine Verzögerung, der Karren blieb stehen. Nun hörten es alle, da auch der Lärm über dem Schacht der Straße ins Stocken geriet. Charlotte blickte hinauf, ihre fest geschlossenen Lippen lösten sich kaum wahrnehmbar zu einem kleinen, ungläubigen Lächeln; ihre Hand umfasste mit heftigem Druck das Ambrafläschchen, das sie seit dem Tod der Mutter immer bei sich trug und das ihr der Gefangenenwärter nicht weggenommen hatte; sie blickte zum Fenster hinauf, wo das Spiel jetzt überlaut und dennoch unwirklich immer mehr anschwoll; und ihre großen, etwas schräg zueinanderstehenden Augen versprühten in diesem Augenblick ein solches Feuer, dass die abgebrühte Menge der gewohnheitsmäßigen Gaffer einen Augenblick erstarrte.

„Mama!", sagte sie, und die dicht um den Todeskarren Gedrängten hörten deutlich ihre Stimme, „Es ist gut, Mama, dass du da bist!"

Schon ruckte der Karren wieder an; einer der Knechte stieß die Zurückfallende vorwärts; die Menge schrie erneut auf, böse, mit jäh hereinbrechendem Hass, böser noch, weil sie einen Moment ihre Wut vergessen hatte. So schrie sich der Zug durch die Straßen von Paris, immer lauter, immer wütender, je näher er der Richtstätte kam, bis über den Köpfen das Schafott auftauchte, bis der Elendskarren den Platz erreichte, wo das Geschrei der Herankommenden von einem noch wütenderen Geschrei und höllischen Gekreisch ausgelöscht wurde. Als Charlotte die roten Stufen hinaufstieg, lächelte sie nicht mehr, aber das Feuer ihrer dunklen Augen war auch jetzt nicht ganz erloschen.

Eine Corday schielt nicht

Eines Tages, lange vor ihrem Tod, hatte Madame de Corday ihre Besorgnis über das Wesen Charlottes ihrem Mann anvertraut. Sie, die beinahe wie eine Fremde im Hause lebte und ihre Gefühle so meisterlich zu beherrschen verstand, dass man sie – sehr zu Unrecht – für gefühllos hätte halten können, gerade sie schien zu ahnen, dass die Besonderheit ihrer Tochter zur Beunruhigung Anlass bot. Natürlich war es auch Messire Corday nicht verborgen geblieben, dass die kleine Charlotte sich in vielem von anderen Kindern ihres Alters unterschied; dies aber zumeist in vorteilhafter Weise, entschied er. Ihr stundenlanges In-der-Ecke-Sitzen und, wie es schien, teilnahmsloses In-die-Luft-Starren, nun ja, es kam ihm nicht ganz geheuer vor, aber das werde sich schon geben.

Begonnen hatte es bereits bei der Tauffeier. In seinem ganzen Leben würde er es nicht der Patin, Tante Ivette, verzeihen, dass sie, wenn sie von Charlotte sprach, vor allen Ohren ständig die Formulierung „ein sonderbares Kind" gebrauchte. Was das zehntägige winzige Geschöpf auch tun mochte, ob es schrie oder schlief oder nur dalag, es gab ihr augenblicklich Anlass zu dieser Feststellung. Sie sagte es weder fragend noch nachsinnend; nein, sie sagte es mit ihrer lauten, burschikosen Stimme, als verkünde sie Selbstverständliches, das keiner näheren Erläuterung bedurfte.

Einmal, als sie das Kind aus der Wiege nahm und zu Madame de Corday hinübertrug, hielt sie es lange mit ausgestreckten Armen in die Höhe und betrachtete es eindringlich, bevor sie es der ängstlich gewordenen Mutter stumm in den Schoß legte.

„Was ist denn nun wieder, Ivette?", fragte Madame de Corday.

„Nichts, nichts! Was soll denn sein?", entgegnete diese etwas allzu obenhin. „Es ist eben ein sonderbares Kind!" „Nein, weiche mir nicht aus; du hast etwas gesehen, sag' es mir!" „Es ist gar nichts Beunruhigendes, nicht der Rede wert! Das Kind hat einen sonderbaren Blick!" Mit steigender Unruhe forschte die Mutter in Charlottes Augen. Ja, die Schwester hatte recht, nun sah auch sie es ganz deutlich: mit den Augen stimmte etwas nicht. Schon blickte sie zur Tafel hinüber, um den Vater zu rufen, der mit einem seiner Gäste in ein hitziges Gespräch über die gerechte Erbteilung der Adelsgüter geraten war. Tante Ivette befürchtete aber mit Recht einen heftigen Auftritt des vom Calvados und seinen Ideen erregten Hausherrn, und es gelang ihr wenigstens für den Augenblick, die Mutter zu beschwichtigen.

„Im Übrigen, Juliette; ein sonderbares Kind muss auch einen sonderbaren Blick haben!"

Hinter dem Rücken ihres Mannes ließ die Mutter Doktor Neri kommen, und es stellte sich heraus, dass das Kind einen leichten Augenfehler hatte, der nach Meinung des Arztes durch eine teilweise Versteifung des äußeren Muskels des linken Auges hervorgerufen wurde. Er verstand es jedoch, die Mutter zu beruhigen. Solch geringe Augenschäden regulierten sich bei Säuglingen in den meisten Fällen in kurzer Zeit von selbst.

Außerdem empfahl er ihr, jeden Tag etwa eine halbe Stunde lang die Kleine zu veranlassen, immer wieder von rechts nach links zu blicken. Aber wie das denn zu machen sei? Doktor Neri ließ sich eine Kerze bringen, hielt sie mit der rechten Hand in einiger Entfernung vor Charlottes Gesicht und führte sie langsam von rechts nach links an ihr vorbei. Mit einer bei seiner Leibesfülle erstaunlichen Gewandtheit brachte er es ohne Hilfestellung fertig, die brennende Kerze hinter seinem Rücken mit der linken Hand entlangzuführen und an die rechte zu übergeben, worauf diese sie wieder langsam an den gehorsam folgenden Augen des Kindes vorbeiführte und abermals hinter seinem breiten Gesäß verschwinden ließ. Dreimal vollführte er nicht ohne Stolz dieses Kunststück, das er schon mit Erfolg angewandt zu haben versicherte. Er bat jedoch ausdrücklich darum, Madame möge den magischen Kreis zunächst ohne brennende Kerze üben oder die Hilfe der alten Marie in Anspruch nehmen, die hinter ihr stehen und die Kerze in Empfang nehmen könne. Er ging, Zuversicht und augenblicklichen Tätigkeitsdrang der Mutter entzündend und höchst zufrieden mit seinem ärztlichen Ingenium; da er sich aber niemals entfernte, ohne noch einmal zurückzukommen, um noch etwas zu sagen, so wurde er auch jetzt von der bereits den Kerzenkreis vollführenden Madame mit Nachsicht erwartet. Zur Tür hereinblickend sagte er nach einem Wort des Lobes über so viel Gelehrigkeit: „Sollte aber, meine verehrteste Madame de Corday, unsere, wie ich sehe, mit so viel Eifer betriebene Manipulation nicht von Erfolg gekrönt sein, sollte der kleine Muskel auf seiner leidigen Schwäche insistieren, nun denn, so ist auch nicht viel verloren, vielleicht sogar etwas gewonnen; denn, meine verehrte Madame Corday, diese minimale, kaum messbare Unstimmigkeit in der beseelten Harmonie des Augenpaares, die uns beim Säugling als ungeistige Starre erschreckt, sie könnte einmal dieses Mädchen mit dem unvergleichlichen Reiz eigentümlicher Apartheit ausstatten. Ich empfehle mich!"

Messire Corday, der, wie erwähnt, von alledem nichts ahnte, wunderte sich nicht wenig, als er wenige Tage später beim Öffnen des Kinderschlafzimmers seine Gemahlin in einer feierlich-steifen Verrenkung inmitten der langsam kreisenden Kerze vor dem in der Sofaecke mit Hilfe einiger Kissen gestützten Kind vorfand. Er glaubte seinen Augen nicht zu trauen, noch weniger aber den Ohren, da ihm nun während des gewissenhaft fortgeführten Rituals die Ursache der Unternehmung enthüllt wurde. Herrn Cordays Gesicht rötete sich. Sie habe sich entschlossen, suchte die Gattin ihn rasch zu besänftigen, auf Grund der Zwiespältigkeit der Nerischen Diagnose die Kerzentherapie auf ein geringes Maß zu beschränken. Da platzte es aus ihm heraus: „Eine Corday schielt nicht! Das solltest du dir merken, Juliette", und damit verschwand er hinter der knallend zugeschlagenen Tür.

So kam es, dass Charlotte Corday ihren kleinen Augenfehler behielt, und dass – nach Doktor Neris Worten – diese minimale Unstimmigkeit in der beseelten Harmonie ihres Augenpaares sie mit dem unvergleichlichen Reiz eigentümlicher Apartheit ausstattete.

Zwar enthielt sich die Mutter von nun an aller diesbezüglichen Bemühungen, umso mehr aber war Charlotte der Gegenstand ihrer ständigen Sorge. Tante Ivette hatte die Formel gefunden, gegen die sie machtlos war, und das

„sonderbare Kind" bemühte sich nach Kräften, seinem Ruf gerecht zu werden. Wahrscheinlich benahm es sich in Wirklichkeit gar nicht viel anders als ihre Altersgenossen, aber das einmal geprägte Wort verpflichtete alle, auch das ganz normale Tun und Lassen des Kindes mit dem Ruch des Absonderlichen zu umgeben. Da hieß es: „Was, sie krabbelt schon den ganzen Gang entlang? Unglaublich, Charlottchen spricht ja schon in Sätzen!" und so weiter.

All dem setzte Madame de Corday ein gezwungenes Lächeln entgegen. Was jede andere Mutter entzückt hätte, erfüllte sie mit Schrecken. Sie fürchtete eine ähnliche Entwicklung wie bei Charlottes um drei Jahre älterer Schwester, die nach einer kurzen Zeit sehr früher Entfaltung der mannigfachsten Gaben allmählich zu verkümmern begann und deren geistiges und leibliches Wachstum seit geraumer Zeit zum Stillstand gekommen war. Zu allem Unglück gab es einige Übereinstimmungen in dem Verhalten der Schwestern: Beide liefen lange vor der Zeit, beiden war es gelungen, die Katzenschüssel leerzuessen und jeweils einen Ohrring und einen Kerzenstummel zu verschlucken; beide waren einmal nach stundenlangem Suchen um Mitternacht in der Hundehütte gefunden worden, und schließlich – und dies war das allerbedenklichste – waren beide Kinder beim Kirschenessen von einer Wespe etwa an der gleichen Stelle oberhalb der Schläfe gestochen worden. Von diesem Tage an, so behauptete die alte Marie, sei es mit dem armen Schwesterchen bergab gegangen. Sie machte sich die bittersten Vorwürfe und klagte sich aufs Heftigste bei ihrer Herrschaft an, dass sie bei Charlotte nicht besser achtgegeben habe, da sie doch hätte wissen müssen, dass die Wespen des

Calvados sich verschworen hätten, auch die kleine Marie-Charlotte zu stechen.

So waren etwa im fünften Lebensjahr des Kindes alle Voraussetzungen erfüllt, die, nach allen vorangegangenen Erfahrungen, zum Stillstand seiner bis jetzt recht glücklichen Lebensregungen führen mussten.

Die fromme wie abergläubische Marie hatte dem seit Jahren erworbenen Zittern ihres Kopfes nun ein leichtes Tremolieren ihrer Stimme beigesellt, das sich immer dann teilnahmsvoll verdoppelte, wenn von „dem armen Kindchen" die Rede war. Sie behielt das Kind unverwandt im Auge und flehte von Zeit zu Zeit die Heilige Ottilie um Beistand an.

In diesem Zustand teils ergebener, teils gewappneter Unglücksbereitschaft tat das Kind genau das, was von ihm erwartete wurde, vielleicht sogar, weil es von ihm erwartetet wurde. Seit Wochen spürte es die Aufregung, sah sich im Mittelpunkt des Geschehens. Sie erkannte eines Tages die Gelegenheit, diese ganze seltsame Welt der Erwachsenen hinters Licht zu führen; vielleicht auch glaubte sie, den Großen damit einen Gefallen zu tun.

Charlotte saß auf ihrem Schemel in der Ecke und gab mit einem Male keine Antwort mehr, verweigerte zunächst das übliche Essen und nach einigem Bedenken sogar ihre Lieblingsspeise, gezuckerte Kirschen, die ihr von Marie mit beachtlichem Tremolo angepriesen wurden. Es gab keinen Zweifel mehr: Sie stagnierte.

Messire de Corday, von einer Reise nach Rouen zurückgekehrt, betrat sein Haus mit dem heiteren Gefühl eines Menschen, der sich soeben in seiner Außerordentlichkeit bestätigt gefunden hatte. Es war ihm nämlich gelungen, einen

– wenn auch obskuren – Verleger von der Bedeutsamkeit seines Traktates „Über die Gleichheit der Erbteilung oder eine Ergänzung zum System der Gleichheit" zu überzeugen. Er stand im Begriff, der in seinem Arbeitszimmer zu versammelnden Familie seinen Triumph mitzuteilen, als ihm schon im Flur die bedrohliche Desolatheit des gesamten Hauswesens in Gestalt des achtjährigen Alexis entgegentrat, der ihn weinend umklammerte und sich von dem nun erregt Vorwärtsstürmenden nicht abschütteln ließ. Da trat ihm Madame de Bretteville todernst, ihren dürren Zeigefinger über die Lippen pressend, aus dem Kinderzimmer entgegen. Während er noch den Ärger über die seinem Vorhaben so abträgliche Situation niederzukämpfen bemüht war, vernahm er die säuerliche Stimme der Bretteville: Sie habe es ja schon immer gewusst und nun sei es so weit, und man wisse nicht, ob das Kind den Zustand der Stagnation überleben werde. Aus dem Kinderzimmer ertönte gedämpftes Gewisper und brüchiges Geplapper, antiphonisch gemischte litaneiartige Anrufungen, ein unheimliches Geflecht aus Madames Schicksalsergebenheit und dem harten Jammerton der Magd. Herr von Corday schüttelte Alexis mit Gewalt von sich, schob die ihn strafend anblickende Bretteville zur Seite und stand mit zwei Schritten vor Charlottes Lager.

Das Gesicht des Kindes war hochgerötet und schweißbedeckt. Der Atem ging heftig. Aber – höchst merkwürdig – ihre Augen hatten etwas Strahlendes, und als der Vater sich nun forschend über sie beugte und besorgt ansah, glaubte er einen Anflug von scheuer Spitzbübigkeit, einen sich flüchtig vorwagenden Verständigungsversuch zu entdecken. Das Geraune hinter seinem Rücken verstummte. Er drehte sich um. Auch die Beterinnen waren schweißbedeckt. Das ganze Zimmer war von weißlichen Schwaden erfüllt. Da dampft doch etwas, dachte Herr von Corday und spürte gleichzeitig heiße Feuchtigkeit an seinen Beinen hinaufkriechen, die ihn dazu veranlasste, sich zu bücken und unter Charlottes Bett zu blicken. „Hinaus", schrie er, „hinaus! Auch du, Juliette!", und zog eine flache Kupferwanne mit dampfendem Wasser unter dem Bett hervor. Alleingelassen begann er die zahllosen Kissen und Decken, die sich über Charlottes Körper türmten, zu entfernen. Er sagte kein Wort, schaffte die Wanne vor die Tür. Seine Wut verrauchte infolge der Tätigkeit. Er setzte sich an Charlottes Bett. Das Kind beobachtete ihn unablässig, halb ängstlich, halb neugierig. Ihre Züge lösten sich, das Spitzbübische verbreitete sich zusehends und wurde unter des Vaters Blicken, die alle Strenge zu verlieren begannen, immer offenkundiger. Da der Vater in seiner Wortlosigkeit verharren wollte, wurde der kindliche Drang, ihm alles zu erzählen, von Minute zu Minute stärker. Wollte er denn gar nicht wissen, wie interessant das alles war, wie Marie alle möglichen Vorbereitungen traf und die Mutter für sie betete und wie die Tante so wichtig herumstand und Alexis, der sich schon erwachsen vorkam, wegen ihr heulte.

Da streichelte der Vater scheinbar unabsichtlich und gedankenverloren ihre nunmehr aus anderen Gründen glühenden Wangen. Charlotte schlang in einem jähen Gefühlsausbruch ihre Arme um ihn und sagte mit allen Anzeichen einer seltenen Glücksempfindung:

„Papa, ach, das war ja so schön!"

Die Frage Madame Brettevilles, ob eine exemplarische Züchtigung Charlottes etwa nicht vorgesehen sei, verneinte

Herr von Corday freundlich, aber bestimmt. Darauf erklärte sie, in einem Hause, indem die Grundprinzipien der Pädagogik so sträflich missachtet würden, nicht länger verweilen zu können. Anscheinend betrachtete sie es als persönliche Kränkung, dass das Kind der Strafe entging. Innerhalb einer Stunde verließ sie das Haus, nicht ohne gegen Madame Corday im Abgehen einige Unheilsankündigungen zu äußern: Macht nur so weiter. Ihr werdet schon sehen, was aus diesem Kind wird!

Am Abend dieses Tages, den Monsieur de Corday in ungewohnter Heiterkeit verbracht hatte, geschah es nun, dass die Mutter endlich ihre schon lange gehegte Sorge ihrem Mann anvertraute. Behutsam begann sie, da sie einen heftigen Auftritt befürchtete. Da dieser aber ausblieb, rückte sie mit der beklemmenden Vermutung heraus, sie halte Charlotte für nicht normal.

Der Verfasser des Traktats „Über die Gleichheit der Erbteilung" sah sie eine Sekunde mit spöttischem Ernst an und brach dann in lautes Lachen aus.

„Nicht normal!", rief er ein über das andere Mal, „das ist es ja gerade! Sie hat eben das Besondere aller echten Cordays. Bin ich denn etwa normal? Ich würde mich bedanken, so zu sein wie meine Adelsgenossen! Und sag' mir, Juliette, du hältst doch nicht etwa meinen Ahnherrn Corneille für normal? Oder Rascine oder Pascal oder den Herrn Voltaire! Nicht normal, das ist ja die höchste Auszeichnung, die du deiner Tochter da widerfahren lässt!"

Was sollte Madame darauf antworten? Er hatte die Sache zu einer Angelegenheit des Hauses Corday gemacht, und da gab es, wie sie aus hundert Gesprächen wusste, keine Verständigungsmöglichkeit. Sie schwieg eine Weile, zeigte ihre

Freude über die baldige Drucklegung seiner Gedanken, die er nun ausführlich als eine Folge Cordayschen Nicht-normal-Seins hinstellte, und kam schließlich doch auf ihre Bedenken hinsichtlich Charlotte zurück.

„Mag sie auch", sagte sie, „in eurem Sinne normal sein, gut, ich will es von nun an zu begreifen versuchen. Das ist es ja auch gar nicht, diese Andersartigkeit ängstigt mich nicht einmal, nein, es ist keineswegs ihre geistige Verfassung, die mich in ständiger Sorge hält; vielmehr ist es etwas Seelisches. Es ist so schwer zu sagen, was ich meine, etwas ganz und gar Unkörperliches, das sich mir in ihrer Gegenwart fast ständig mitteilt als Bedrohung ihres Daseins. Ich weiß nicht, ob ich mich verständlich genug ausdrücke!"

Zu jeder anderen Zeit wäre Herrn von Cordays Zornesader längst angeschwollen und er hätte in der ihm üblichen Weise reagiert. Aber an diesem Tag, der ihm so viel Triumph eingebracht hatte, begnügte er sich damit festzustellen, dass sie wieder eine ihrer mystischen Anwandlungen habe, die zwar für sie höchst bedauerlich sei, mit dem Lauf der Welt im Allgemeinen und Charlottes Zukunft im Besonderen aber nicht das Geringste zu tun hätten. Sehr zuvorkommend, ja herzlich sprach er mit ihr, sodass sie sich rasch beruhigte. Sie war sogar merklich erleichtert, fast glücklich, dass sie ihre seit Jahren ängstlich gehütete dunkle Ahnung ihm mitgeteilt und so zum Mitwisser all dessen gemacht hatte, was da von ferne auf sie zu kam.

Die Viehhexe

Die Phantasie des Kindes war, wie Herr von Corday es hin und wieder seiner Frau gegenüber eingestehen musste, ohne Zweifel ungewöhnlich; einige Male kam er nicht umhin, sie erschreckend zu nennen. Es kam nicht selten vor, dass Charlotte in die Küche stürmte und, als rede sie von etwas ganz Alltäglichem, die unglaublichsten Begebenheiten, die ihr widerfahren seien, von sich gab; dies mit solcher Beredsamkeit und natürlicher Überzeugungskraft, dass trotz aller Unglaubwürdigkeit niemand an ihrer Wahrhaftigkeit zweifeln wollte. Man hatte sich schon einige Male herbeigelassen, ihr in den abgelegenen Teil des Gartens oder ins Rüsterwäldchen zu folgen, um ein dort schlafendes Ungeheuer oder die um Hilfe flehende heilige Genoveva zu besichtigen.

Niemand war ihr darum böse, sah man doch ihre Fassungslosigkeit, wenn ihre eingebildeten Schreckgestalten mittlerweile spurlos verschwunden waren, die sie nun an Ort und Stelle aufs Genaueste beschrieb, während sie unter Tränen die Anwesenden beschwor, ihr zu glauben. Wie diese Gleichsetzung von Phantasie und Wirklichkeit sich in ihr vollziehen konnte, blieb auch Doktor Neri ein Rätsel.

Am schlimmsten war es mit solchen Zuständen im Spätherbst, wenn die schweren Regenstürme über das Calvados fegten und sich tobend über das Wäldchen und das Gutshaus warfen. Dann schlugen die auf den Speichern über die Eichenrahmen gespannten Rinderhäute wie Trommeln zusammen, Dachlatten und Fensterläden knallten wie Pistolenschüsse, Ziegel schepperten vom First des Gesindehauses, und stöhnend rieb sich der Wind an der losgerissenen Traufe des Vordachs und zerfetzte die Pappeln der kleinen Allee zu Besenstielen. Bis in die Zimmer hinein war die Allgewalt des Wetters zu spüren; Türen jammerten in den Angeln, fuhren auf und zu. Von allen Seiten wurde das Haus von wütenden Fäusten gepackt und geschüttelt, dass das Feuer sich im Kamin duckte und im nächsten Augenblick prasselnd aufflammte. Dann wieder rauschte und toste der Wind wie eine überirdische Orgel mit der hinbrausenden Flut von winselnden, fauchenden, heulenden Tönen, die sich verschlangen, umarmten und auseinanderstoben über dem schwarzen Abgrund der grollenden Bässe.

Das Kind saß still auf seinem Schemel und lauschte. Es achtete nicht auf die Geschwister, die mehr oder weniger ängstlich durcheinander plapperten, während die Mutter und Marie im Gebet ihre Zuflucht suchten und der Vater mit auffälliger Ruhe durchs Haus ging und die Schäden registrierte. Es lauschte. Es ließ sich nicht von der Angst überwältigen. Sachlich wie der Vater lauschte Charlotte in den jagenden Sturm, aber die Sachlichkeit hatte den Mut zum Ungeheuren; der Vater verschloss sich allem, was sein realer Sinn nicht mehr begriff. Charlottes Sachlichkeit bezog sich auf das Außerordentliche; sie registrierte das tosende Ereignis, indem sie sich ihm mit allen Sinnen hingab. Sie bekämpfte ihre Angst, um für den Schrecken bereit zu sein. Das waren nicht schlagende Fensterläden und scheppernde Dachtraufen: Der ganze ungeheure Luftraum von der Erde bis in den Himmel war erfüllt von diesem Schrecklichen, das immer da war, aber nur manchmal hervortrat; hier galt es etwas zu begreifen. Das war ohnmächtiges Gekreisch der Verzweiflung, zerplatzender Wutschrei, Dämonengejaule, Dissonanz des berstenden Zusammensturzes. Die Urkraft des Chaos war im Gange, der schaudervolle Absturz der rasenden Welt in den schon geöffneten Abgrund.

Im Winter pflegte öfter eine steinalte Bäuerin von zwergenhaft verkrümmtem Wuchs im Gutshaus zu erscheinen, die in der Umgebung unter dem Namen „die Viehhexe" verschrien war. Sie könne, so flüsterte es hinter ihr, wenn sie vorbeihumpelte, kraft ihrer Gemeinschaft mit dem Bösen Rinderpest und Rotlauf mittels ihres Schnupftabaks ausstreuen. Die meisten ließen sie nur ungern das Gehöft betreten und gaben acht, dass sie wenigstens nicht schnupfte. Andere versperrten das Hoftor oder verjagten sie mit den Hunden; aber man rief sie auch, wenn eine Seuche den ganzen Stall hinzuraffen drohte, auf dass sie das kranke Vieh besprach. Es erübrigt sich zu sagen, dass Herr von Corday über solches Geschwätz erhaben war, ja, er hatte der Verschrienen sogar in einem Prozess Beistand geleistet, den ein böser Nachbar gegen sie angestrengt hatte, um sie aus ihrer Hütte samt Kuh und einem Dutzend Hühnern zu vertreiben. Darum bezeigte sie ihm zeitlebens eine große Anhänglichkeit, und da sie wusste, dass besonders im Winter Schmalhans Küchenmeister im Gutshaushalt war, so schleppte sie trotz Schnee und Eiseskälte von ihrem drei Meilen entfernten Dorf Eier, Butter und manchmal auch ein, zwei Hühner in die Küche der Armonts. Während Madame die Alte lieber gehen als kommen sah, warteten die Kinder, voran Charlotte, mit Ungeduld auf ihr Kommen. Herr Corday duldete nicht, dass sie hastig abgefertigt wurde. Er bestand darauf, sie, wie zum Gesinde gehörend, in der Küche mit heißem Tee und dem, was an Essen aufzutreiben war, zu versorgen. Das ließ sich die Viehhexe gern gefallen. Sie blieb am Küchenherd sitzen, die Kinder ließen sich am Tisch nieder, Charlotte auf ihrem Schemel zu Füßen der Alten. Jean Chappe kam mit dem Knecht vom Gesindehaus herüber, Marie und die Stallmagd wirtschafteten im Hintergrund, und schon begannen die Lippen der Viehhexe in eine kreisende, zunächst lautlose Bewegung zu geraten. Alter und Einsamkeit hatten ihre an sich schon schwer verständliche Sprechweise weiter verstümmelt, und nur wenige Eingeweihte konnten ihren Äußerungen einen Sinn beilegen. Meistens schwieg sie daher in ihrem immer seltener werdenden Umgang mit Menschen. Auch bei den Cordays befleißigte sie sich bis nach dem Essen eines nur durch Blicke und Gebärden verhältnismäßig beredten Schweigens. Dann lebte sie auf unter dem Eindruck der auf sie gerichteten Aufmerksamkeit, und wohl auch mithilfe eines Gläschens Stachelbeerwein. Der kauenden Bewegung von Kiefer und Lippen folgten zunächst noch tiefkehlige und endlich schmatzende Laute, die von den Versammelten mit anfeuernden Rufen begleitet wurden. Nun waren alle Vorbereitungen getroffen; die Viehhexe rutschte mit ihrem steifen Rücken an der Lehne des Stuhls hinunter, um etwas bequemer zu sitzen, und streckte ihre Beine über den Holzkorb aus. Charlotte saß wie gebannt. Verzückt betrachtete sie die merkwürdige Gestalt, die dem mysteriösen Bereich ihrer Eingebungen entsprungen schien. Wie dem Toben der Herbststürme, wie dem aus den Wolken heranstürzenden Unbekannten, so lauschte sie dieser Stimme nach und glaubte auch hier, in dieser murmelnden Stimme eine Botschaft zu vernehmen.

Was sie im Einzelnen sagte, war nur ungefähr auszumachen. Die Zuhörer verständigten sich darüber, was gemeint sei, oft erst nach einigem Widerstreit, denn auf ein Befragen nach dem richtigen Sachverhalt schüttelte die fast Neunzigjährige nicht einmal den Kopf, sondern fuhr fort, ohne auch nur eine Sekunde einzuhalten. Da die nachdrängende Fülle der Unverständlichkeiten keine Zeit zu ernsthafter Beratung ließ, wurden die sibyllinischen Wortbrocken der Greisin oft in scherzhafter Weise ausgelegt, womit sie aber gar nicht einverstanden schien. Wurde es gar zu lustig, schob sich die Alte höher in ihrem Stuhl hinauf und tastete in ihrem Lumpengewand nach dem berüchtigten Schnupftabaksbeutel, um ihn drohend gegen das übermütige Auditorium zu schwingen.

Charlotte beteiligte sich an alledem nicht. Sie bedurfte keiner Übersetzung und keiner Auslegung und schien unmittelbar den Sinn zu begreifen, ohne die Sprache zu verstehen. Eine heftige Regung ihres Herzens verband sie mit dieser armseligen Kreatur, die trotz oder gerade wegen ihrer bedrückenden Hässlichkeit die dem Ungewohnten stets zugewandte Aufmerksamkeit des Kindes erregte.

Im Großen und Ganzen gab die Uralte auf ihre so absonderliche Weise Geschichten von sich, die den Zuhörern zum Teil längst bekannt waren: von normannischen Räubern und Seehelden, vom norwegischen Eroberer Ottar Yarl, von vorzeitlichen Schlangen und Drachen; vom Grafen Richard Ohnefurcht, von dem in Rouen als Hexe verbrannten Mädchen Johanna. Mit besonderer Anteilnahme verweilte sie bei der schönen Gerbertochter Arlette, mit deren Hilfe England, auf das sie aus unerfindlichen Gründen einen Groll hatte, in die Knie gezwungen worden war. Denn Arlette hatte ihrem Gatten, dem Herzog Robert, einen Sohn namens Wilhelm geschenkt, dem die Geschichte den wohlverdienten Beinamen „der Eroberer" gegeben hat. Aber auch Gegenwärtiges, selbst Erlittenes und noch Ungeschehenes mischte sie hinzu, so dass ihr nur geübte Zuhörer einigermaßen zu folgen imstande waren.

Die geheimnisvolle Ausstrahlung ihrer Geschichten ging zum größten Teil von ihrer kauderwelschenen Sprache aus, aber auch von der Art, wie sie halbverstandene Sagen, Wirklichkeit und historische Ereignisse durcheinanderbrachte, verknüpfte und wieder löste, wobei sie sich nach freiem Ermessen über Raum und Zeit und Ereignisse hinwegsetzte, sodass Trug und Wahrheit ein unentwirrbares Geflecht bildeten. Dies übersetzen zu wollen, wäre beinahe so absurd gewesen wie der Versuch, dem Grollen des Donners oder dem Tosen eines Wasserfalls einen Sinn beizulegen. Wollte man dennoch versuchen, ihr Geschwätz wiederzugeben – wodurch man es freilich seines vieldeutigen Zaubers beraubte – würde es sich beispielsweise folgendermaßen anhören:

„War in Falaise gestern. Dem Gerber Kaninchenfell gebracht. Fluchte der Gerber. Weil der Teufel ein Kind gemacht seiner Arlette. O Jerusalem! (Scheruschalim, sagte sie.) Dem Gerber gesagt: Musst umbringen Teufel. Hokeskopus einszweidrei läuft Wilhelmchen übers Wasser, weil böses England kalt. O Scheruschalim! Heiliger Teufel Robert, schwängerst hokeskopus einszweidrei Arlettchen in Dom Remi. Schlag dem Lionel den Kopf ab, Johanna! Böses

England kalt. Beißt mich die Gicht. Kommt der Martin geritten von Tours nach London mit Kaninchenfell für armes Wilhelmchen. Schneidet's durch. Hälfte für mich. O Scheruschalim! Stürzt mir vom Pferd mein Vercingetorix."

O Jerusalem! Immer wieder und gegen Ende ihres Geschwätzes, immer häufiger kam dieses Wort aus dem Mund der Alten, nicht aber wie viele andere Füllwörter, die sie in ihren Wortbrei einmengte bis zur Unverständlichkeit, sondern mit plötzlich hervortretender Klarheit und Nachdruck:

O Sche ru schalim!

Weiß Gott, welch dunklen Zusammenhang sie damit heraufbeschwören wollte! Später am Abend, wenn die Kinder außer Charlotte schon den Kopf auf die Tischplatte gelegt hatten und Jean Chappe, der sich in der Küche als Vertreter des Hausherrn fühlte, dem sonderbaren Gast etwas reichlich Stachelbeerwein oder Apfelschnaps oder gar beides eingegossen hatte, begann die Bucklige immer gewaltigere Tabaksprisen ihrem verschlissenen Beutel zu entnehmen und den Faden ihrer Geschichten immer verworrener abzuhaspeln. Ihr stechender Blick flackerte irre, ihre knarrende Stimme wurde hart und kreischend, ihr schwarzfleckiges Gesicht glühte dunkel unter den wirr herabhängenden verfilzten Haarzotteln. Allem Anschein nach sah sie in die Zukunft:

„O Scheruschalim! Der evangelische Heinrich. Panache blanc, aber voll Blut. War bei mir. Auf Sankt Bartholomei. Sagt eiskalter Heinrich: Kommt die Pest und Hunger. O Scheruschalim! Aber schlimmer. Herren tot und Kavaliere. Hokespokus einszweidrei schlagen alles tot die armen Leute. Sagt Heinrich bei mir im Bett. Viel schlimmer. Armer dicker Ludwig tot. Böse Österreicherin tot. 0 Scheruschalim!

Gehn auf Stelzen in Paris. Gassen in Blut. Keine Messe wert Paris. Sagt blutiger Heinrich. Armes Charlottchen. Du sollst aber nicht weinen, mein Liebling. Schön bist du im weißen Federbusch!"

So sprach die Viehexe, offenbar wirren Geistes, wie Messire Corday meinte. Als ihm der erschrockene Jean Chappe zum ersten Mal davon berichtete, dass die Alte auch Charlottchen in ihre Phantastereien einbezog und dass diese zuerst sehr geweint habe, erklärte er, dem müsse denn doch Einhalt geboten und die Alte an solchem Treiben gehindert werden. Doch nichts dergleichen geschah. Charlotte weinte nicht mehr während der Erzählungen, und so sah er wohl keinen Grund mehr, gegen sie vorzugehen.

Da er höchst selten in die Küche hereinsah, kam er zumeist erst dann, wenn die düstere Prophetin ihr Zusammentreffen mit Heinrich von Navarra bereits verkündet hatte, der seit fast 170 Jahren mit einer kleinen Stichwunde in der Herzgegend im Grabe lag.

Es kam aber auch vor, dass Madame bleich und mit ängstlicher Strenge plötzlich in der Tür stand und der Alten ihr Tun verbat. Die verstummte jäh, blieb aber mit bösfunkelnden Augen sitzen und fuchtelte in ihren Rockfalten. Schneller aber, als sie den schrecklichen Beutel hervorziehen konnte, hatte Madame de Corday die Kinder an den verlegenen Dienstboten vorbei zur Tür hinausgeschoben.

Wie immer aber auch der Abend im Bannkreis der geheimnisvollen Alten sich vollziehen mochte, Charlotte taumelte wie benommen in ihre Stube und fand lange keinen Schlaf.

Ein Sommerfest der Cordays

Ein Sommertag des Jahres 1780. Ein Sommertag von azurner Bläue, heiß und verheißungsvoll. Im ersten Grau des Morgens schon hatte die Amsel zu singen begonnen, bevor die Sonne ihren strahlenden Akkord über das Calvados verströmte. Fünf Wagen Getreide waren einzufahren. Doch am Vorabend war Besuch gekommen, Charles, Messire Cordays um zehn Jahre jüngerer Bruder aus dem drei Fahrstunden nordwestlich gelegenen Bayeux. Bestens gelaunt verbreitete er mit Scherzen und Singen im ganzen Haus unbeschwerte Fröhlichkeit. Es war keiner, der sich dieser Stimmung hätte entziehen können oder wollen. Einen unerwartet starken Einfluss nahm die um sich greifende Lustbarkeit aber auf Madame. Rasch keimte in ihr der Wunsch, ein Fest zu feiern. Schon morgen sollte es sein. Messire war nicht wenig erstaunt, als sie plötzlich seine Hand ergriff:

„Lass uns morgen ein Fest geben." Er verstand nicht.

„Ja, du hast richtig gehört! Ein Fest!"

„Aber, meine Liebe, ich begreife nicht … Es liegt doch nicht die geringste Veranlassung vor!"

„Bitte Jacques, versprich es mir!", drängte sie.

Jetzt erst sah Monsieur d'Armont, dass sie am ganzen Körper zitterte; ihre Augen richteten sich angstvoll auf ihn.

Er bemühte sich, seine Verwirrung nicht zu zeigen, und obwohl er Feste im Grunde verabscheute, gab er ohne weitere Diskussion nach: Sicher, das schöne Wetter und dann der Besuch von Charles, es liege da natürlich sehr nahe, ein wenig zu feiern.

„Aber", rief Madame, die vor Freude aufgesprungen war und nun übermütig im Tanzschritt auf und abging, „aber sie müssen alle kommen, sie sollen glücklich sein in Mesnil Imbert: die Glatignys, Ivette, Amadieu, Tante Bretteville und alle andern!"

Monsieur war nun ernsthaft besorgt. Seine Juliette schien ihm wie verwandelt. Erst später, als er sich an diesen Moment erinnerte, kam ihm der Gedanke, diese plötzlich ausbrechende Lebenslust könnte Ausdruck einer Ahnung ihres nahen Todes gewesen sein.

„Aber natürlich", beeilte er sich zu sagen, „sie sollen alle kommen. Jean Chappe wird heute Abend noch losfahren und alle einladen!"

So wurde tags darauf das Fest gefeiert. Man ließ nur zwei Wagen Getreide einfahren und stürzte sich dann mit Eifer auf die Vorbereitungen. Neben der Verköstigung der Gäste erforderten insbesondere die Arbeiten im Laubengang des Rosengartens einen hohen Aufwand an Geschäftigkeit, wo in der Länge des Steinfliesenweges die Festtafel aufgestellt werden sollte.

Gegen drei Uhr kamen die ersten Gäste: Charlottes Patin Ivette, Madame de Bretteville, die, kaum dem Landauer entstiegen, sich über die unausstehliche Hitze zu beklagen begann, und ihre Tochter Arlette.

Monsieur d'Armont und Charles waren noch dabei, den Damen aus dem Wagen zu helfen, als schon die prächtige Karosse der Familie Glatigny die schnurgerade Allee heruntergerauscht kam.

„Die können es doch nicht lassen", meinte Jacques de Corday zu seinem Bruder, „wegen der drei Schritte werden die Pferde eingespannt."

Der Kutsche entstiegen der schneeweiß gekleidete Marquis Glatigny de Cauvigny mit der langgesichtig-fahlen Marquise, die ihren stechenden Blick durch ein ständiges Lächeln zu dämpfen bemüht war, nebst einer stark dekolletierten Dame von etwa dreißig Jahren, welche der Marquis Glatigny als eine zu Besuch weilende Gräfin Omécourt vorstellte.

„Entzückend! Entzückend!", krächzte es in diesem Augenblick aus dem Innern des Wagens, dessen Schlag bereits zugefallen war.

„Meine liebe Schwiegermutter wollte partout mitkommen", erinnerte sich da Glatigny unwillig und wandte sich wieder der Kutsche zu, um gemeinsam mit Onkel Charles der steinalten Dame herauszuhelfen. Die Cordays lächelten sich verlegen zu; jedermann wusste, dass sie ihm lästig war und dass er sie das spüren ließ.

Die kleine Gesellschaft schlenderte nun plaudernd und lachend die Pappelallee entlang bis zum Rosengarten. Man trank Limonade, Tee, Schokolade, den sonst in Mesnil selten ausgeschenkten Kaffee, knabberte Gebäck und war sichtlich guter Laune. Diese steigerte sich noch, als Alexis und Charlotte zwei hohe Tonkrüge voll alten Calvados' herbeibrachten, der aus dem besten Fass gezapft worden war. Onkel Charles – er saß neben der schönen Gräfin Omécourt – geriet mit jedem Glas mehr in Entzückung.

Eine weitere Kutsche war vorgefahren. Die Kinder stürmten jubelnd auf einen schon älteren, dicklichen Herrn zu, der sich in Begleitung zweier junger Männer der Tafel näherte. „Der Abbé ist gekommen!", rief man am Tische. „Unser guter Amadieu!", freute sich Madame Corday. „Seine Eminenz! Monseigneur, welch ein Vergnügen!", beeilte sich die Marquise zu sagen.

„Nur keine Titel, nur keine Titel!" Monseigneur Amadieu wischte sich die Schweißperlen von Stirn und Glatze, setzte seinen silberumrandeten Zwicker auf die Nase und stellte einen seiner Begleiter vor, einen jungen Mann mit schmalem, blassem Gesicht, der einen blauen Schoßrock und eine gelbe Kniehose aus Ziegenleder trug.

„Bougon-Longrais, ein vielversprechender junger Mann, dessen Mutter viel Gutes tut", sagte der Abbé und setzte sich in den eigens für ihn herbeigeschafften Lehnstuhl.

Der andere Begleiter war der Hauslehrer der Kinder. Alexis, Charlotte und Eleonore konnten es nicht lassen, den Gästen zuzuflüstern, dies sei der „Storchenkopf", der sie regelmäßig mit lateinischer Grammatik kujoniere.

Die tierische Physiognomie findet oft im menschlichen Antlitz ihr wenn auch human gemäßigtes Widerspiel, womit uns die Natur wohl vor Augen führen will, wie mächtig ihr Walten von der Tiefe des Vormenschlichen her in uns ist. Der kleine Kopf, die schnabelhaft weit hervorspringende Nase sowie der dünne Hals des Hauslehrers nötigte den Gästen beim Hören des Spitznamens ein zustimmendes Lächeln ab. Zum Glück verstanden die meisten nicht seinen augenfällig im Kontrast zu seiner äußeren Erscheinung stehenden und wohl deshalb vom Hausherrn unverständlich gemurmelten Namen: Lebel.

Die Kinder wurden vom Vater leise zurechtgewiesen und in den Teichgarten geschickt. Nur Alexis durfte bleiben, da wieder Calvados gezapft werden musste. Dem Abbé wurde eine Karaffe Stachelbeerwein kredenzt.

Madame Corday lächelte zufrieden, ja glücklich vor sich hin. Alles bewegte sie eigentümlich tief: die Sonne, der blaue Himmel, der flatternde Flügelschlag der Tauben, die Lustigkeit ihres Schwagers, die verträumt wirkenden Augen des als vielsprechend vorgestellten jungen Mannes, die blasse Schönheit Arlettes. Ihre Augen sprühten geradezu vor Lebenslust.

„Ich will tanzen!", sagte sie laut.

Monsieur Corday erhob sich: „Aber Juliette!"

„Oh bitte, Jacques, lass uns tanzen, ich bin so glücklich!"

Er wollte noch Einwendungen machen, aber da rief schon jemand: „Musik!". Sogleich machten die Ersten Anstalten, sich in Paaren aufzustellen.

„Wer spielt denn?" – „Wie?" – „Der Hauslehrer spielt!" – „Bravo Monsieur! Wie heißt er? Ach so!"

Der Storchenkopf eilte ins Haus. Während sich die Polonaise die flache Sandsteintreppe hinab durch den Krautgarten bis an die undurchdringliche Heckenwildnis, um den Teich herum und wieder zurück zum Rosengarten bewegte, hatten Jean Chappe und Marie die Tische beiseite gerückt, und schon erklangen durch die weit geöffneten Fenster des Gutshauses die ersten Takte einer Sarabande, die der Storchenkopf auf dem Clavichord hämmerte. Monsieur Corday, der ein schlechter Tänzer war, gelangen die Schritte passabel. Er absolvierte auch noch einen Höflichkeitstanz mit der Marquise, setzte sich dann aber erleichtert seitab zu Amadieu, der Bretteville und der alten Dame, die die Paare angestrengt durch ihr Lorgnon musterte: „Welch eine entzückende Person! Nein, dieser Tanz. Und alles im Freien! Entzückend!"

Juliette Corday tanzte selbstvergessen. Sie übertraf alle an Leichtigkeit und Beschwingtheit, sogar die schöne Omécourt, die, inzwischen in Onkel Charles' Armen gelandet, sie neidvoll beobachtete. Schließlich hielten die anderen alle im Tanzen inne, traten zurück und klatschten, als Madame Corday, von Bougon-Longrais geführt, in der Tanzfolge des Versailler Hofes – Gavotte, Courante, Menuett – dahinschwebte. Erschöpft und glücklich lehnte sie sich an ihren jugendlichen Tänzer, der sie – ein wenig irritiert – ihrem Gatten zurückbrachte.

Die Tische wurden wieder zurechtgerückt, und nun begann das ausgedehnte Mahl. So bescheiden die Gutsküche sonst auch war, heute wurden die Gäste aufs Beste bewirtet. Zu diesem Zweck war eigens eine Köchin aus Caen bestellt, die Marie seit Stunden bei den umfangreichen Vorbereitungen unterstützte.

Man begann mit einer Zwiebelsuppe, Seezunge und gefüllten Kalbsfüßen in Eidottersauce; Ziegenkäse in grünlich patinierten Rollen und Camembert leiteten zur Hauptmahlzeit über. Sie bestand aus zwei Gerichten: Schafsschulter in Champagner gedünstet und dem alten normannischen Nationalgericht Kaldaunen. Der Storchenkopf überwand alle Hemmungen, die er sich bis hierhin angesichts seiner Tischnachbarin, der sittsam-anmutigen Arlette, auferlegt hatte; er regalierte sich für die nächsten dürftigen Tage. Den Schluss machten Champignons, kleine Langusten, „demoiselles" genannt, und verschiedene Konfitüren. Dazu gab es Wein, einen Sauternes, den Onkel Charles gestiftet hatte.

Man war gerade bei den Hauptgerichten angelangt, als die Hunde anschlugen. Der Kleinknecht eilte herbei, gleich hinterher Jean Chappe. Die Gäste blickten beunruhigt auf. Bald erkannte man die Ursache der Störung. Eine Gruppe verwahrlost aussehender Gestalten drängte sich am Tor. Mit gierigem Hungerblick starrten sie herüber zur blütenweißen Tafel voller Köstlichkeiten. Alle hatten zu speisen aufgehört und blickten erschrocken zum Tor, wo Jean Chappe auf die dort Versammelten einsprach, die zu weinen und zu fluchen angefangen hatten. Der Marquis hatte nur einen kurzen Blick über die Schulter geworfen und aß weiter. Die alte Dame richtete ihr Lorgnon in jene Gegend: „Was sind das für Menschen?"

„Bettler!", kam es von den dünnen Lippen Glatignys.

„Nein", rief da eine Stimme schneidend klar: „Das sind keine Bettler. Es sind Bauern und Handwerker, kleine Leute, und sie schreien, meine Gnädigste, weil sie Hunger haben!"

„Machen Sie die Hunde los, Corday!", sagte der Marquis ungerührt.

„Aber, aber!", Monseigneur Amadieu blickte ernst auf seine ringgeschmückten Hände, bevor er sie ineinanderlegte.

Jetzt erhob sich Messire Corday. Er entfernte sich vom Tisch, sein Gang war merkwürdig schwankend, als könne er sich nicht entscheiden, was er tun solle; er blieb stehen. Da sprang Charlotte auf, lief zu ihm und sagte ihm etwas ins Ohr. Beide gingen darauf in das Haus. In den nächsten fünf Minuten herrschte ein bedrücktes Schweigen. Auch am Tor war es stiller geworden. Dann erschienen zunächst Monsieur Corday, der wieder dem Tisch zustrebte, hinter ihm die Köchin und Marie mit zwei Eimern, gefolgt von

Charlotte und der Stallmagd, die einen Korb mit Kirschen schleppten und auf das Tor zugingen. Das Tor wurde geöffnet und die Hungernden mit Suppe und Kaldaunen gespeist.

Man aß weiter, hüben und drüben. Der Friede schien wiederhergestellt, ja er schien viel tiefer als vorher. Juliette erfasste ein Gefühl des Stolzes in der Nähe ihres Mannes, so steif er da auch sitzen mochte. Sie legte ihre Hand in die seine. Da sagte der Marquis von Glatigny in die Stille hinein:

„Ihr törichtes Mitleid, Corday, wird Sie noch an den Bettelstab bringen."

„Mag sein", sagte der Hausherr. Stille. Nur das Geräusch des Silberbestecks. Und drüben schmatzendes Geschwätz. Der Marquis wandte sich um: „Sie fressen wie die Schweine!"

Juliette streichelte die zitternde Hand ihres Mannes. Sie versuchte dem Gespräch eine andere Richtung zu geben. „Sehen Sie doch den Himmel, welch eine tiefe Bläue, ach, es ist ein wunderschöner Tag!"

„Ja, entzückend, ganz entzückend. Dies Blau ist ja entzückend!", krächzte die Alte und richtete ihr Lorgnon himmelwärts.

„Wenn es nur kein Gewitter gibt", gab die Marquise zu bedenken. Alle blickten überrascht auf. Was? Ein Gewitter! Aber Gnädigste! Bei der Sonne. Es ist ja kein Wölkchen am Himmel.

Onkel Charles fing den Blick seiner Schwägerin auf. Er begann leise zu trällern, sie nickte ihm zu. Dann trat er auf den Rasen und schon ließ er seine Bassstimme ertönen:

„O Himmel! O Himmel!

O leuchtendes Blau!

Wie strahlet dein Glanz mir hernieder!
Wie glänzen die Hügel, wie schimmert die Au,
Wie duften Jasmin und der Flieder!"

Man war entzückt, einfach entzückt, besonders die alte Dame und die Omécourt. Die armen Leute waren inzwischen fortgegangen, nachdem einer gegen den Tisch hin ein paar Wortes des Dankes gestammelt hatte. Man war wieder unter sich.

Jetzt räusperte sich Herr von Glatigny. Er war der Einzige, der nach Onkel Charles Beitrag zur Wiederherstellung der guten Stimmung nicht applaudiert hatte.

„Nicht, dass ich mich in der unangenehmen Lage befände, Ihnen allen eine Erklärung oder was auch immer meines anscheinend hier auf Unverstand gestoßenen Verhaltens von vorhin geben zu sollen genötigt wäre" – ein barbarisches Französisch, dachte Bougon-Longrais – „nichts liegt mir ferner. Ich muss jedoch meinerseits meinem Erstaunen Ausdruck verleihen über die vorgefallene Enormität, will sagen Absurdität, dass Leute von Stand es nicht unter ihrer Würde achten, mit solchen da sich gemein zu machen, jawohl gemein zu machen, sage ich; denn das ist es doch, wenn Sie, wie Exzellenz, sie bedauern, oder wenn Sie sie verteidigen, wie es jener junge Mann getan hat, oder gar speisen, oder was auch immer. Das heißt, die von Gott, von Gott, Herr Prälat, und von der Natur, meine Damen, der sie doch alle huldigen, gesetzte Schranken niederreißen."

Der Storchenkopf lauschte ergriffen: Welch eine Rede, welch ein Satzbau!

„Wenn ich seit Jahr und Tag als Sprecher der hiesigen Adelsversammlung gegen Leute in den Reihen der Aristokratie unnachsichtig zu Felde ziehe, die da in einem Anfall von Mitleid mit diesen verkommenen Bauern paktieren, ja, die ganz offen von einem Recht des Dritten Standes reden, bin ich mir dessen bewusst ... dessen bewusst ..."

Der junge Mann irritierte ihn. Bougon-Longrais hatte eine dünnes Lederheftchen hervorgezogen und schrieb. Es waren ihm ein paar Verse eingefallen, lyrische Verse; das passierte ihm oft, wenn er sich amüsierte.

„Hören Sie mir gut zu, Sie, junger Mann, ich rede gerade für Sie."

„Ich höre, ich höre", Bougon-Longrais verneigte sich leicht und schrieb weiter.

„...dessen bewusst, dass, gesetzt den Fall, diese Gesellschaft erläge dieser, wie ich auch hier erfahren musste, in erschreckendem Maße grassierenden Krankheit des läppischen Mitleids, das auf diesem Fundamente jener gottgewollten Ordnung gegründete Staatswesen unseres glorreichen Königtums auf bedrohlichste Weise erschüttert, will sagen zerstört werden würde. Nicht dass ich gänzlich so herzlos wäre, wie es vielleicht den Anschein haben könnte, dass ich also nicht ein Gefühl oder was auch immer aufzubringen imstande wäre. Als Aristokrat und guter Franzose, und Sie sind doch gute Franzosen, als treuer Anhänger unseres glorreichen Königshauses erkläre ich aber nicht, dass ich jederzeit bereit bin, dieses Gefühl unter meinen Absätzen zu zertreten, wenn auch, ob Sie es mir glauben oder nicht, wenn auch blutenden Herzens; denn ich halte es für besser, dass sie zugrunde gehen als dass unser geliebtes Frankreich unter ihren Füßen zertrampelt wird!"

Nur eine Sekunde dauerte das Schweigen. Bougon-Longrais sah flüchtig auf und lächelte dem Sprecher der Adelsgesellschaft ins Gesicht:

„Und da machen Sie wohl blutenden Herzens die Hunde los!"

Man war bei den Kaldaunen. Das butterweiche Gekröse hatte einige Zeit die Gemüter besänftigt. Während der Rede hatte sich ein undefinierbares Gemurmel, halb aus lauer Höflichkeit und halb aus zurückhaltender Ablehnung, erhoben. Man hörte zu, runzelte die Stirn, nickte bedächtig und beugte sich wieder über seinen Teller. Niemand wollte der Erste sein, Stellung zu beziehen, niemand die geduckte Gemeinschaft der Kopfnicker verlassen. Auch als Bougon-Longrais mit sanfter Stimme die blitzartige Stoßkraft seines Geistes auf den Parlamentsrat richtete, hatte man sich nach kurzem schweigendem Erstaunen dem verlockenden Gericht zugewendet. Aber es begann nun doch die geheime Verständigung der Anwesenden durch kaum wahrnehmbare Signale. Die Gleichgesinnten scharten sich zusammen durch Blicke, durch eine gewisse Gleichförmigkeit, wie sie ihre Köpfe wiegten oder Brummlaute von sich gaben, auch durch besondere Aufmerksamkeiten, die sie einander erwiesen.

Juliette spürte, dass etwas geschehen müsse. Aber sie konnte unmöglich ihren Schwager schon wieder singen lassen. Ja natürlich, Ivette! Was war heute nur mit Schwester Ivette los? Sie sprühte doch sonst nur so von Geschichten.

„Ivette!", rief sie über den Tisch, „Wie geht es eigentlich deiner Freundin Escoville?"

Ivette begriff sofort. „Die Escoville lacht nicht mehr", sagte sie in ihrer direkten Art.

Man hörte dankbar auf.

„Sie lacht nicht mehr? Wieso denn?"

„Ja, denken Sie nur! Sie ist bereits 53 Jahre und wird von Tag zu Tag hübscher, ich sage Ihnen, sie blüht geradezu auf. Und das hat seine Bewandtnis. Sie versteht sich auf allerlei Mittelchen, Sälbchen und Tinkturen. Sie müssen wissen: Früher war sie ganz hässlich. Aber jetzt schmiert sie sich das Zeug pfundweise ins Gesicht und die verschwundenen Wängelchen werden Schicht um Schicht wieder hingezaubert."

„Da hat sie doch allen Grund zu lachen", prustete Onkel Charles los.

„Ja, aber nur ganz zaghaft, ohne das Gesicht zu bewegen. Sie lebt doch in der ständigen Furcht, die Bäcklein könnten ihr wieder in den Schoß fallen."

Man lachte gezwungen, die Verlegenheitslösung Ivettes war zu deutlich. Nur die Omécourt schüttelte sich vor Lachen:

„Ach, mein Liebe, da muss ich an Sheridans ,Lästerschule' denken! Das müssen Sie lesen, ich sage Ihnen, ich bin einfach hingerissen! Da heißt es doch von gewissen Damen: Sie sehen aus wie restaurierte Statuen, bei denen der Kenner sofort merkt: Der Kopf ist modern, der Rumpf aber antik."

Das wäre nun doch noch ganz gut abgelaufen, hätte nicht die Marquise, die die ganze Zeit geschwiegen hatte, das Wort ergriffen und den mit Absicht fallengelassenen Faden wieder aufgenommen:

„Ach, du lieber Gott! Was denken Sie eigentlich! Junger Mann! Mein Gatte? Die Hunde loskoppeln! Bei seiner sprichwörtlichen Güte. Das ist ja eine Verunglimpfung!"

„Meine Verehrteste", Amadieu fühlte sich von Berufs wegen verpflichtet zu beschwichtigen, „niemand von uns hätte das auch ernsthaft für möglich gehalten. Was sagt man nicht so alles dahin."

Das Gespräch plätscherte weiter. Es wurde über die Not der armen Leute gesprochen, über Teuerungen und Brotverknappung, den Streik der Hafenarbeiter in Marseille. Man sprach davon, aber das Gespräch blieb abstrakt, weil die Existenz der Not für sie selbst keine Wirklichkeit hatte; schattenhaft und verzerrt nahmen sie sie in der absorbierenden Sphäre ihres Andersseins wahr als etwas Grotesk-Sensationelles; und niemand fand es empörend, als Madame de Bretteville und auch ihre zarte Tochter diese Leute Marodeure und Staatsfeinde nannten.

Solchermaßen in seinen Anschauungen gestützt, meldete sich auch der Marquis wieder zu Wort: „Ich halte die Armut für ein Laster; irgendwie ist sie verschuldet von Generationen her. Ich habe mir angewöhnt, ihr aus dem Wege zu gehen, genauso wie ich dem Laster der Trunksucht oder einem Verbrecher aus dem Weg gehe. Mein Vater verbot uns, den Armen zu geben, weil man auf diese Weise dem Laster Vorschub leiste."

„Ich schätze mich glücklich, in einer so tugendhaften Gesellschaft weilen zu dürfen."

Der Marquis fuhr fort, als hätte er diese Spitze Bougon-Longrais' überhört:

„Gott hat Arme und Reiche geschaffen. Das wissen wir alle. Wenn wir die Armut beseitigen wollten, so hieße das, den Schöpfungsplan korrigieren. Welch eine Anmaßung!"

Abbé Amadieu fühlte sich erneut aufgerufen einzugreifen.

„Aber, meine Lieben, aber! Ich verstehe Ihre Erregung nicht! Sie sind in dieser Sache nicht ganz einer Meinung.

Gut. Wer verlangt das auch. Es gibt nach beiden Seiten hin Argumente. Ich sehe da gar keinen Anlass zum Streit. Der Herr hat die Welt geschaffen, und wir müssen in ihr leben. Auch die Armut hat ihren Vorzug, und Reichsein ist noch keine Tugend."

So leicht wollte Bougon-Longrais das Problem nun aber nicht vom Tisch gewischt wissen.

„Es wird hier von Armut geredet. Ich will Ihnen zunächst einmal sagen, was das ist. Ich darf Sie daran erinnern: Von 25 Millionen Franzosen ernähren sich etwa zwanzig Millionen vom Landbau. Um diese zwanzig Millionen handelt es sich, wenn von der Armut die Rede ist. Bis vor wenigen Wochen habe ich nicht gewusst, was das ist: Hunger; denn ich esse und trinke mit dem größten Vergnügen. Aber ich wollte es wissen, wie den Armen zumute sein mag, und welche Gedanken ein hungriger Magen hervorrufen kann. Sie werden vielleicht über mich lächeln. Ich habe in der Tat drei Tage weder gegessen noch getrunken. Eine Marotte, wenn Sie wollen, aber eine sehr heilsame, insofern als ich nun wenigstens einen Vorgeschmack des Hungers habe. Doch: Erstens konnte ich der Versuchung nicht widerstehen, mich vorher mit Aalpasteten vollzustopfen, und zweitens hatte ich die Gewissheit, nach drei Tagen wieder Aalpastete essen zu können. Das macht einen erheblichen Unterschied.

Aber das genügte mir nicht. Ich wollte nun auch den wirklichen Hunger, den jahrelangen hoffnungslosen, lebenszerstörenden kennenlernen. Nicht, dass ich mir vorgenommen hätte, nun ein Hungerleben zu führen – zu solcher Seelengröße bin ich nicht imstande; kurzum, ich habe einen Monat in der Bretagne unter den Ärmsten der Armen gelebt, ihre Lebensgewohnheiten studiert, ihre Gespräche aufgezeichnet, ihre Gedanken zu denken versucht.

Wissen Sie, wie diese Marodeure und Staatsfeinde, wissen Sie, wie diese Canaille, wie wir sie gedankenlos zu nennen belieben, lebt? Ich stelle Ihnen gerne meine Erhebungen über das schaudervolle Ausmaß des Elends zur Verfügung; aber mit weitaus größerem Vergnügen würde ich mit Ihnen einmal zu diesen Hütten der Unglücklichen gehen, wenn Sie den Gestank ihrer Elendslager und die unflätige Pestilenz armseligen Unrats nicht scheuen.

Hören Sie die abgemagerten Kinder nach Brot schreien und die vor Dreck starrende Mutter dem Säugling die leere Brust bieten, während sie den Vater verflucht, der Kinder zeugt, aber nicht ernähren kann! Wissen Sie, wovon sie leben, diese lasterhaften Armseligen? Man sitzt nicht zu Tische, denn es gibt nichts, was man am Tisch essen könnte, und es gibt auch diesen Tisch nicht, weil er im Winter verbrannt wurde. Man lebt im Unrat und man isst Unrat, der von den Abfallhaufen hergeschleppt wird. Man speist nicht und man isst nicht; man frisst wie die Hunde, und man frisst Hunde, wenn man eines so edlen Wildes habhaft werden kann. Man stellt Fallen in den Wäldern der Reichen, und man wird ausgepeitscht wegen eines gefangenen Kaninchens. Ich habe gesehen, wie eine fünfköpfige Familie mit Heißhunger eine Ratte hinunterschlang."

„Um Himmels Willen, nein, hören Sie auf!" „Was muten Sie uns zu!" „Das ist ja unerhört!", riefen mehrere Zuhörer und wandten sich für einen Moment vom Tisch ab.

Juliette war besorgt um ihre Gäste, bewunderte aber insgeheim doch den Mut des jungen Mannes. Messire Corday nahm sich vor, in dieser Sache demnächst etwas zu unternehmen. Die Hände des Abbé hatten bei der Schilderung des Elends unruhig zu kreisen begonnen. Er trank hastig einen Schluck Stachelbeerwein; wahrscheinlich, um irgendein ungutes Gefühl hinunterzuspülen. Das hatte seinen allzeit auf Ruhe und Ausgleich gerichteten Verstand nun doch erregt. Nur der Marquis schien unbewegt und aß seelenruhig eine Languste nach der anderen.

Charlotte stand die ganze Zeit wenige Schritte von Bougon-Longrais entfernt, an das Gitterwerk der Laube gelehnt, und sah diesen fremden Mann unverwandt an, dessen Rede ihr Herz erbeben ließ.

„Ich finde das entsetzlich", sagte die Omécourt und drehte nervös am Zipfel des Tischtuches.

„Ich nicht minder", fuhr Bougon-Longrais fort. „Sehen Sie, wir haben uns daran gewöhnt, die Augen vor diesen Entsetzlichkeiten zu schließen, und darum stehen sie nun vor unserer Tür und starren uns an. Ich weiß nicht, meine Verehrteste, ob Sie schon einmal einer solchen Gestalt in die Augen gesehen haben. Es handelt sich um einen Menschen, er sieht nur aus wie ein Tier. Sie sind für ihn ein unbegreifliches Wesen, böse, weil sie reich sind, und darum starrt er sie an, hungrig und gleichfalls böse, weil er arm ist.

Für den, der alle, der auch ihn erschaffen hat, gibt es keinen Unterschied zwischen Ihnen und ihm – ich begreife Ihren Schrecken –; ihm ist auch diese pestende Jammergestalt wichtig, vorausgesetzt natürlich, dass er sich nicht längst von unserer Welt ab- und einer besser gelungenen Schöpfung zugewandt hat. Er hat auch ihn nach seinem Bilde geschaffen, ihn, der schon unser Auge beleidigt. Fragen Sie nur

Monseigneur. Bei aller Zurückhaltung, dies wird er zugeben müssen.

Und noch eines: Auch der ärmste Mensch hat Anspruch auf ein Minimum Glückseligkeit. Wenn wir dies verwehren, dann werden jene, von denen ich sprach, sich verwandeln; dann wird dieser Mensch, der wie ein Tier aussieht, sich verwandeln in ein Tier mit der Grausamkeit des Menschen."

„Abscheulich, abscheulich! Ich wusste ja nicht, dass das alles so abscheulich ist!", rief Arlette im weinerlichen Ton. Die Marquise erklärte erneut, sie habe einen Tropfen abbekommen. Es werde ein Gewitter geben. Diesmal achtete aber niemand darauf.

„Es ist unser Verhängnis", schloss Bougon-Longrais, „dass wir den paradiesischen Zustand unserer Gesellschaft für eine göttliche Einrichtung halten. Unsere Vorstellung vom Menschen ist falsch! Nicht alle leben von Canard à la Rouenaise, und sie lesen auch nicht alle beim Calvados die ,Nouvelle Héloise'. Nein, Frankreich, das ist nicht Corneille und Molière, auch nicht Diderot und Montesquieu oder Lully und Rameau, nicht einmal Descartes! Frankreich, das sind die Millionen Hungerleider, und es ist der ungeheure Mut aus der Tiefe, die Welt zu zerstören und neu zu bauen. Ich glaube, Sie haben recht, meine Gnädigste, es wird ein Gewitter geben!"

Er schwieg und redete den ganzen Abend kein Wort mehr.

Alexis hatte die Krüge wiederum gefüllt und noch einige Flaschen Sauternes geholt. Onkel Charles trank Unmengen zum Entsetzen der Madame Bretteville, die ihm schon ein paarmal das Glas entziehen wollte.

„Wenn ich auch von alledem nicht viel verstehe ... das ist mir alles viel zu kompliziert", plapperte er drauf los, „und außerdem habe ich nicht das mindeste damit zu tun. Als ein Corday gehöre ich zwar dem Adel an. Aber ohne Scheu, jawohl, sage ich das, es ist mir völlig gleichgültig. Wenn auch Jacques, dieser alte Maulwurf, mich noch so streng anblickt, völlig gleichgültig ist es mir, wer meine Ahnen waren. Prost, Bruder Jacques. Du bist wenigstens ein echter Edelmann vom Scheitel bis zur Sohle. Herr Marquis, was halten Sie von einem Corday, der sich mit dem Bürgerstande gemein gemacht hat? Ach, denken Sie doch darüber, wie Sie wollen, es ist mir völlig gleichgültig. Ich sage ganz ohne Scheu, ich habe einen Tuchladen aufgemacht; gute Ware aus Manchester, handgewebt ... Ja, was wollte ich denn? Ja so, Sie mögen sagen, was Sie wollen, dieser junge Mann hat gar nicht so unrecht mit seiner Litanei für die Armen. Das muss ja entsetzlich sein! Sie können sagen, was Sie wollen, da stimmt doch etwas nicht in unserm Staat. Und wissen Sie, wer an allem schuld ist? Das kann ich Ihnen ganz genau sagen: diese Österreicherin! Da können Sie denken, was Sie wollen."

„Sie ist mitten im Mai Schlitten gefahren", sagte prompt Tante Ivette.

„Wie können Sie solche Märchen erzählen", ereiferte sich der Marquis.

„Nein, das stimmt aber wirklich, Lucien", rief die Omécourt dazwischen. „Ganze Berge von Salz ließ man heranfahren und im Hirschpark eine Salzstraße bauen, und Marie-Antoinette fuhr mit der Hofgesellschaft in einem gläsernen Schlitten im Mondschein spazieren."

„Das sollte sie aber nun wirklich nicht tun." Die Bretteville tat, als wischte sie Krümel vom Tisch.

„Aber es ist doch eine ganz entzückende Idee", ließ sich da die alte Dame vernehmen, „eine Schlittenfahrt im Mai. Welch entzückende Idee!"

So ging es noch eine ganze Weile. Man schwätzte über alles und nichts, stritt und versöhnte sich wieder, lachte und nahm nichts ernst. Onkel Charles geriet immer mehr in den Bann der schönen Omécourt. Noch einmal gelang es ihm „Oh Himmel" zu singen, wobei er sich ganz seiner Dame zuwandte. Der Abbé betrachtete besorgt den „vielversprechenden" jungen Mann, der an nichts mehr teilhatte und wieder in sein kleines Lederheftchen schrieb. ‚Es ist unverzeihlich, und das bei seiner Erziehung. Welche Reden...', dachte er. ‚Ob ich mich in ihm getäuscht habe? Wie kann man sich nur mit so hässlichen Dingen befassen, wenn man Literatur und Philosophie studiert!'

Seit Bougon-Longrais schwieg, steigerte sich die Lustigkeit zusehends. Auch der Marquis war wieder ganz versöhnlich. Nur einmal flüsterte er noch – jede Silbe betonend – zu Amadieu hin, während seine Linke auf den geistesabwesenden Bougon-Longrais wies: „Das ist Republikanismus! Republikanismus, Monseigneur."

„Aber, aber", Amadieu lächelte, wo denken Sie hin.".

Ganz unerwartet ließ sich der Storchenkopf vernehmen. „Ich sage immer: Rousseau ist doch der Größte."

Sofort schwatzte alles laut durcheinander.

„Dieser Heuchler mit seinem kleinen Literatenehrgeiz." –„Ein widerwärtiger affektierter Affe!" – „Aber ganz Frankreich liegt ihm doch zu Füßen!" – „Nein, diese wunderbaren

Naturschilderungen!" – „Ist er denn nicht neulich gestorben?" – „Sein ganzer Witz besteht darin, Vieh aus uns zu machen." – „Aber das will er doch gar nicht, wir sollen bloß die Ammen abschaffen und unsere Kinder selbst stillen!" – „Wie entsetzlich! Ich stille aber nicht selbst! Mama, versprich mir, dass ich nicht selbst stillen werde!" – „Voltaire, wissen Sie, was Voltaire gesagt hat?" - „Seien Sie doch ruhig von Voltaire. Das ist doch grad so einer!" – „Wenn er Rousseau läse, bekäme er geradezu Lust, auf allen vieren zu kriechen."

„Bravo, Rousseau! Kriechen wir doch auf allen vieren!". Onkel Charles machte Anstalten, sich auf dem Boden niederzulassen, wurde aber von der empörten Bretteville festgehalten.

Die Kinder lachten, hüpften oder krabbelten um den Tisch. „Wir spielen Rousseau!", riefen sie.

„Tante Ivette", Alexis war etwas eingefallen, und er konnte es nicht für sich behalten, „nimmst du noch jeden Tag ein Bad in deinem Algentümpel?"

Alles spitzten die Ohren und waren bereit, sich auf Ivettes Kosten zu amüsieren. Die meisten kannten ihre Passion.

„Algenwasser ist äußerst gesund, nicht nur für die Haut. Und ich kann nur empfehlen, einmal damit zu gurgeln."

Da konnte nun Charles nicht mehr an sich halten und platzte laut prustend heraus. Seine lebhafte Phantasie gaukelte ihm das Bild Ivettes vor, wie sie in dem stinkenden Tümpel herumplantschte und wie sie, über und über mit glitschigen Algenfetzen behangen, aus dem Wasser stieg. Er stand auf, tat so, als striche er sich von allen Seiten Algen-

schleier vom Körper und schnickte diese dann seinen auf-
schreienden Zuschauern ins Gesicht. Den letzten dicken Bal-
len, den er von seiner Brust entfernte, drückte er wie einen
Waschlappen über den Schädel der quiekenden Bretteville
aus.

Längst glühten die Lampions im Laub der Rosenhecke,
und die Kerzen zuckten im leichten Windhauch, der vom
Rüsterwäldchen her wehte. In der Weißdornhecke sang die
Amsel mit der süßen Melancholie ihrer einsamen Abend-
stimme. Vom Stall her kamen Geräusche, die Grillen zirpten. Die lauten Gespräche waren verstummt. Man saß nur
noch da, lächelte sich zu. Und so ging das Sommerfest der
Cordays zu Ende.

Tante Ivette, die Brettevilles und die Gäste aus Bayeux
blieben über Nacht.

„Mama", sagte Charlotte, bevor sie schlafen ging, „ich
weiß auch jetzt, dass wir gar nicht arm sind, wie Papa immer
sagt. Den jungen Mann, der uns von den Armen erzählte,
fand ich nett."

„Du musst jetzt schlafen, Marie-Charlotte!"

Charlotte und Eleonore beteten ihr Abendgebet. Aber
dann fügte Charlotte noch etwas hinzu, einen kindlichen
Vers, den sie lange Zeit vergessen hatte:

Oh, du liebes Jesulein,

Denke all der Armen dein.

Speise sie in ihrer Not

mit dem lieben Himmelsbrot.

Und plötzlich mit erhobener und bebender Stimme sagte
sie: „Aber gib ihnen auch Weißbrot und Kaldaunen und Calvados, wenn du willst, dass dich Charlotte immer liebhat!"

Es war das letzte Fest, das die Familie zusammen feierte. Schon am anderen Tag fühlte sich die Mutter nicht wohl. Immer häufiger musste sie im Bett bleiben. Dann kam Doktor Neri täglich. Aber sie spielte noch ihren geliebten Rameau. Drei Wochen lang. Nur nicht am letzten Tag.

Unterricht beim Storchenkopf

Nach dem Tod der Mutter wurde es im Haus noch stiller. Der Vater zog sich mehr und mehr in seine Arbeit zurück; kaum einmal kam Besuch aus Caen oder Bissière, denn Messire Corday war im Gespräch äußerst schwierig geworden. Er schien sich ganz seinem Kummer hinzugeben, der außerdem durch die anhaltenden Erbstreitigkeiten genährt wurde. Es kam sogar zum Prozess, der sich jahrelang hinschleppte, bis er durch die Revolution und die Enteignung des Adels überflüssig geworden war. Um die Kosten der Prozessführung bestreiten zu können, sah sich Messire Corday genötigt, die besten Äcker zu verkaufen.

Unter diesen Verhältnissen wäre das Leben auch für die Kinder recht trostlos gewesen, hätte nicht ein zunächst gänzlich unbedeutend erscheinender Streich der Kinder dazu geführt, dass sich die ihnen bislang auch im eigentlichen Wortsinn weitgehend verschlossen gebliebene Welt der Bücher öffnete. Zwar stand im Arbeitszimmer des Vaters ein hohes mit Büchern vollgestopftes Regal; er hatte es jedoch für sinnvoll erachtet, diese zunächst von seinen Kindern fernzuhalten. Die Reihe der Bände wurde im Rücken durch einen Metallstab festgehalten, den nur der Vater mit Hilfe eines Schlüssels lockern konnte. Zugänglich waren ihnen neben einer Ausgabe der Lancelot-Sage daher nur die Bücher der Mutter; diese meist religiösen Inhalts, wie Hauspostillen und Heiligengeschichten, etwa die Vita der Heiligen Genoveva und des Heiligen Martin von Tours.

Der Storchenschnabel, der selbst so gut wie keine Bücher besaß, war auf der Suche nach Texten, die sich für Diktate eigneten, bei zwei alten mit Stockflecken übersäten Wälzern aus diesem Bestand fündig geworden. Sie wurden die Exempelbücher genannt, denn sie enthielten eine unübersehbare Fülle von Beispielen, auf welche Weise ruchlose Sünder jähen Tod und Höllensturz zu erwarten hätten. Das nach Glaubenssätzen geordnete Buch begann mit der Erläuterung des Sündenbegriffs in katechetischer Weise, um dann die Sündenstrafen darzustellen. Der Verfasser verfuhr ohne Zweifel in christlich wohlmeinender Absicht, wobei ihm sein Bekehrungseifer bei der Darstellung grauslichgrotesker Höllenpein nicht vor Obszönitäten zurückschrecken ließ.

Eines Herbsttages diktierte er Alexis, Charlotte und Eleonore folgendes:

„Exempel 327: Als einst ein frommer Eremit mit einem Atheisten aus Genf über Land reisete und sich alsbald ein schröckliches Gewitter zu ihren Häupten entlud, was tat da der fromme Eremit? Alsgleich hub er an zu beten, wohl auch einige Male das Kreuzzeichen über sich zu schlagen in der heilsamen Absicht, den Zorn des Allmächtigen von sich abzuwenden. Dies geschehen, ging er unangefochten fürbaß. Was hingegen tat der Genfer Atheist? Er fing an laut zu lachen und wider den Gottesmann zu lästern, ja er entblödete sich nicht, jenen zu fragen, ob er die Mücken verscheuchen wolle. Was aber geschah? Kaum hatte er solches gesagt ..."

Hier hob Alexis den Kopf und sah lachend den stolzen Hauslehrer an: „... da wurde der Atheist von einem gewaltigen Blitzstrahl zu Boden gestreckt."

„In der Tat, in der Tat, Alexis", rief der Storchenschnabel begeistert aus, „aber wie bist du nur darauf gekommen?"

„Das ist doch immer dasselbe: Der gute Fromme wird belohnt und der böse Ungläubige hat seine Strafe weg. Ich find' das nicht richtig!"

„Ich auch nicht!", riefen Charlotte und Eleonore wie aus einem Munde.

Der Storchenschnabel schlug mit seinem Rohrstöckchen durch die Luft; er durfte es im Haus Corday nur auf diese Weise benutzen; in den Bürgerhäusern in Caen war das anders, da fand das Hauptstück seiner Pädagogik den ihm gebührenden Ort.

„Kein Wort mehr! Wir fahren fort:

Kaum hatte er solches gesagt, wurde der Atheist von einem Blitzstrahle zu Boden gestreckt, indes der fromme Eremit unversehrt blieb, Gott für seine wunderbare Rettung dankte und lobsingend seinen Weg fortsetzte."

Noch hatten die Federn nicht zu kratzen aufgehört, da stellte der Storchenkopf schon die nächste Aufgabe, eine Übersetzungsübung ins Lateinische. Normalerweise hätte er sich und den Kindern eine kleine Pause gegönnt und wäre – wie sonst auch – in die Küche verschwunden, um sich dort satt zu essen. Aber diesmal warteten die Kinder vergeblich darauf. Alexis' Kritik hatte ihn verstimmt.

„Wann kommt denn der Vater von Bocage zurück?", fragte Charlotte. Alexis verstand sofort: „Ach, das wird heute spät werden!"

Der Storchenkopf spitzte die Ohren. Wenn Messire nicht im Hause war, konnte ein Besuch in der Küche unter Umständen besonders ergiebig sein. Vielleicht sollte man doch ... Nein, heute nicht. Heute sollten sie schwitzen! Er hatte sich schon die nächste Aufgabe für Alexis und Charlotte ausgedacht: die freie Erzählung des Exempels mit der ausführlichen Schilderung des Höhepunktes. Aber dazu kam es nicht mehr; die kleine blasse Eleonore hatte inzwischen auch begriffen. Mit einem wohligen Seufzer sagte sie halblaut, aber laut genug zu sich selbst:

„Ach, diese Kaldaunen heute Mittag, die waren aber gut!"

Nur eine Sekunde stutzten die beiden. Es hatte doch diese scheußliche Gemüsesuppe gegeben. Schon überwand sich Charlotte zu einem genüsslichen: „Hmmm!" Und Alexis setzte noch eins obenauf: „Ob noch welche da sind?"

Monsieur Lebel hatte zwar heute schon einen reichgedeckten Mittagstisch im Hause einer nicht unvermögenden älteren Dame gefunden, bei dem Wort „Kaldaunen" jedoch lief ihm das Wasser im Mund zusammen. Er näherte sich den Kindern mit vorgerecktem Hals, denn Eleonore beugte sich nun gerade zu Alexis hinüber und flüsterte mit großer Raffinesse, so dass er gerade eben noch verstehen konnte, sie stünden in der Bratröhre, Marie wolle sie morgen den Hühnern hinschütten. Das war zu viel für den Storchenkopf, ein paarmal umkreiste er noch seine Schüler, die sich eifriger Tätigkeit hingaben, näherte sich aber immer mehr der Tür und war plötzlich verschwunden. Nicht einmal das plötzliche Gelächter der Kinder konnte ihn veranlassen zurückzukommen.

„Wir sollten ihm mal wieder einen Streich spielen!", meinte Alexis. „In der letzten Zeit nimmt er sich zu viel heraus. Schließlich gehe ich schon in einem Jahr auf die Militärschule, und Charlotte ist auch schon vierzehn. So geht das nicht weiter! Ich werde ihn in seine Schranken weisen!"

„Aber wie denn! Wie denn?" Die Mädchen waren Feuer und

Flamme. „Ich werde ihn in ein Gespräch verwickeln über diesen blöden Text vom frommen Eremiten; Charlotte, du gehst hinaus und nähst ihm die Mantelärmel zu. Los beeile dich, er wird gleich hier sein, denn es gibt ja keine Kaldaunen. Los, ich mache deine Übersetzung fertig!"

„Ich hab' auch noch Juckpulver!", erklärte die kleine Eleonore mit unschuldiger Miene. Die Mädchen eilten hinaus. Gerade war Eleonore zurück mit ihren Hagebuttenkernen, als der Storchenkopf wieder hereinkam: „Diese Kaldaunen", sagte er, „Marie ist wirklich eine Perle!" ‚Der verstellt sich gut', dachte Alexis anerkennend.

„Wenn Sie mir doch bitte einmal diese Geschichte erklären wollten, Monsieur", begann Alexis. „Ich komme einfach nicht dahinter, was das bedeuten soll; wissen Sie, Monsieur, man denkt doch schon etwas tiefer über diese Dinge nach." „Ja, das ist sehr schön, Alexis. Fragen Sie ruhig, obzwar ich mir nicht vorstellen kann, was es bei diesem schönen klaren Text zu fragen geben sollte." Alexis merkte sofort, wie wütend er war; sein Stöckchen sauste durch die Luft, seine Stimme bebte vor Ärger und Enttäuschung. „Nun ja, wenn sie so gütig sind ..."

In dem Moment trat Charlotte ein. Ein Blick des Einverständnisses. Die Ärmel waren zugenäht. „Erklären Sie mir doch bitte, ob Sie diesen rachedürstenden Gott in Einklang bringen können mit dem christlichen Gott des Erbarmens?" „Und", rief Charlotte aus, „wie denken Sie über einen frommen Eremiten, der, beim Anblick dieses seines christlichen Beistandes so bedürftigen Atheisten, Gott lobend seinen Weg fortsetzt? In meinen Augen ist ihr Eremit nichts weiter als ein Pharisäer!" „Wenn er wenigstens nicht noch gesungen hätte", ergänzte Eleonore traurig. Monsieur Lebel hatte solch massive Kritik an dem ausgewählten Text nicht erwartet. Während er noch nach einer geeigneten Antwort suchte, kam ihm Alexis zuvor: „Kurzum, das ist doch eine ziemlich blödsinnige Geschichte!" Diese Provokation ersparte dem Storchenschnabel immerhin eine Diskussion. „Ich werde Ihrem Herrn Vater davon Mitteilung machen, wie sehr Sie sich über ein christliches Erbauungsbuch belustigen!", schimpfte er und machte Anstalten, den Unterricht zu beenden.

„Sie müssen unsere Arbeiten noch nachsehen; wir waren so fleißig!", beeilte sich Eleonore zu sagen und schob ihm ihr Heft hin. Er setzte sich und begann geistesabwesend zu lesen. Eleonore nutzte die Gelegenheit, trat hinter ihm und ließ ein Hagebuttenkernchen nach dem andern in sein spärliches Haar fallen, von wo sie bald bei der geringsten Bewegung ins Genick und weiter rutschten. Er begann, unruhig Kopf und Schultern zu bewegen, blickte sich um, aber niemand stand mehr hinter ihm. Seine immer heftiger werdenden Zuckungen ließen den ganzen Inhalt des Tütchens den Rücken hinabrieseln. Er scheuerte sich an der Stuhllehne, wand sich in seinem Anzug, fuhr sich mit seinen langen Fingern tief in den Rücken und verschlimmerte das Übel von Sekunde zu Sekunde. Erst hatten die Kinder ihre diebische Freude an seinem Gezappel, aber je mehr er zappelte, umso stiller wurden sie. Jetzt tat er ihnen leid. Die Mädchen waren schon so weit zu bekennen. Doch Alexis drohte ihnen; er hatte genug von diesem Hauslehrer, der ihn immer noch wie ein Kind behandelte. „Meinen Mantel!", schrie der Storchenkopf, und schon eilte Alexis hinaus und kam wie der Blitz wieder herein. Er hielt den Mantel so, dass

Monsieur Lebel sich veranlasst fühlte, mit beiden Armen zugleich hineinzuschlüpfen. Der Ärmste kam nicht weit; er stieß wütend in die Ärmel hinein, schwenkte sie mit einem Ruck über seinen kleinen Kopf, bückte sich und suchte unter den merkwürdigsten Verrenkungen aus seiner unwürdigen Stellung herauszukommen. Aber es wurde zusehends schlimmer. Der Mantel war mittlerweile über den Kopf gerutscht, nur die lange Nase stieß wütend wie ein hackender Schnabel ab und zu heraus; die Arme schlugen und zuckten, dass die leeren Ärmel flügelartig hin und her flatterten, und die langen dürren Beine stelzten unter dem hochgezogenen Mantel bald hierhin, bald dorthin. Nun konnten die Kinder wiederum nicht mehr an sich halten vor Lachen.

„Was geht hier vor?", fuhr plötzlich eine Stimme streng dazwischen. Messire Corday stand zornbebend im Zimmer. Anstatt aber Lebel beizuspringen und die Kinder zu maßregeln, verdächtigte er zunächst den Hauslehrer, während der Unterrichtsstunden dergleichen Allotria zu treiben. Er packte den nun ganz und gar Verwirrten hart am Mantelkragen, um ihn erst einmal, wie er glaubte, zu demaskieren, zwängte ihn aber damit nur immer mehr in seine Verstrickung hinein, da er von dem Zustand der Ärmel nichts ahnte. Die Kinder waren durch die unerwartete Ankunft des Vaters in heller Aufregung, die sich in Schreien, Lamentieren und zunächst vergeblichen Hilfsaktionen für Monsieur Lebel äußerten. Ihre Freude schlug in Mitleid um, sie begriffen nicht, wie sich der Spaß in solchen Ernst verwandeln konnte. Eleonore weinte hemmungslos. Der Storchenkopf selbst hatte sich in sein Schicksal ergeben und hing wie ein lebloses Bündel in seinen derangierten Kleidern.

Messire Cordays Beschämung gegenüber dem zu Unrecht Gescholtenen sprang über in Wut auf die Kinder. Besonders über Alexis und Charlotte ergoss sich sein Zorn: acht Tage kein Ausreiten für Alexis, kein Theaterbesuch in Caen für Charlotte, zu dem Tante Ivette eingeladen hatte. Da ergriff überraschend Monsieur Lebel für die Kinder das Wort. Nachdem er sich des verhängnisvollen Mantels entledigt und die Hagebuttenkerne in langer Reihe auf den Tisch gezählt hatte, befand er, die ganze Sache sei gar nicht so schlimm. Ein doch etwas zu weit gehender Streich, gewiss, aber es seien eben doch Kinder und der Unterricht verlange eben sehr viel. Alexis habe nicht so Unrecht; die Exempelbücher seien wohl etwas aus der Zeit, womit nichts gegen den Geist einer kindlichen Frömmigkeit gesagt sein solle. Messire wolle es mit dem allerseits ausgestandenen Schrecken bewenden lassen. Je mehr Lebel redete, um so weicher wurde ihm ums Herz; er fühlte mit jedem Wort deutlicher, ein wie guter Mensch er doch sei.

Der Vater ließ sich von Eleonore das Diktat vorlesen und fand die Beanstandungen der Kinder und nun auch des Magisters durchaus verständlich. Er sprach von mittelalterlicher Engstirnigkeit und ganz unchristlicher Unduldsamkeit, deren sich die Christenheit in dem gefährlichen Gefühl des Vollkommenseins gar zu leicht schuldig mache.

Der Storchenkopf witterte eine Chance. Ob man denn nicht zum Behufe der schriftlichen Übungen und überhaupt zur Erweiterung des Horizontes anderweitige, bessere Literatur herbeischaffen könne? Und Alexis meinte, da wäre doch in Vaters Arbeitszimmer das Regal. Der Vater überlegte, aber nun stürmten alle auf ihn ein, und schließlich, nach langem Bedenken, erklärte er sich bereit, für Alexis und Charlotte unter Einführung einer gewissen Zensur die Haltestäbe zu entfernen.

Für Charlotte bedeutete es die Entdeckung einer ganz neuen Welt. Nun weitete sich ihr Herz, nun begann es zu glühen und sich zu wappnen mit dem ungeheuren Mut, den ihre Tat erforderte.

„Aber heute nicht mehr!", sagte Herr von Corday, als er die leuchtenden Augen seiner Ältesten sah, „am Sonntag nach dem Kirchgang." Marie erhielt den Auftrag, für Herrn Lebel eine Schüssel Kaldaunen zu bereiten, falls er überhaupt wiederkommen wolle zu solch ungezogenen Kindern. Und der Storchenkopf versicherte mit überzeugender Stimme, es gereiche ihm zu großer Ehre, die so begabten Kinder des Hauses Corday weiterhin unterrichten zu dürfen.

Die Fackel der Freiheit flammt auf

Das Büchergestell im Arbeitszimmer des Vaters barg einen Schatz geschichtlicher, naturwissenschaftlicher und philosophischer Werke. Zwar verbot es die wirtschaftliche Lage, diesen Reichtum zu vermehren, dennoch geschah es, dass der Vater aus Rouen oder Caen beschwingten Schrittes zurückkehrte, die Familie in seinem Arbeitszimmer versammeln ließ und drei, vier Bücher seiner rindsledernen Mappe entnahm, die er wortreich auf seinem Schreibtisch aufstellte – allerdings nur zur Ansicht – ehe sie weggeschlossen wurden. Anstatt das Notwendige, wegen dem er aufgebrochen war, mitzubringen, hatte er einer, wie er sagte „einmaligen Gelegenheit", nicht widerstehen können. Im Großen und Ganzen aber war er auf gelegentliche Buchgeschenke Amadieus angewiesen. Der ehemalige Offizier hatte bessere Tage gesehen, und da er von Kind an dem Lesen leidenschaftlich ergeben war, keine Gelegenheit versäumt, seiner Sammlerlust zu frönen.

So hatte er während des Erbfolgekriegs in Namur für ein paar Sous die Briefe des Erasmus in einem kleinen Laden erworben, die er unter einem Haufen verrotteter Antiquitäten mit sicherer Hand hervorzog. Zu seinem Erstaunen bekam er sie fast geschenkt, und er wusste nicht, ob aus Unkenntnis des Ladenbesitzers, oder unter dem Eindruck der feindlichen Offiziersuniform. Aus dem Besitz der Großmutter väterlicherseits erbte er einige Bände sowie ein paar

Briefe seines Ahnen Pierre Corneille, unbestreitbar die größten Kostbarkeiten der Cordayschen Bibliothek. Er war schon der verarmte Landedelmann, oder – wie ihn die Adelsgesellschaft nannte – der Bauer von Le Ronceray und dann von Mesnil Imbert, als er, um nicht rückständig zu erscheinen, seiner Sammlung die englischen und französischen Aufklärer zugesellte. Sie erhielten allerdings einen nicht gerade augenfälligen Platz in der Nähe der griechischen und römischen Schriftsteller. Man war nun einmal monarchisch gesinnt und wollte es auch bleiben.

An dem Tag, als der Vater die Messingstäbe des Regals vor den Buchrücken abschraubte, griff Charlotte voller Aufregung nach den Büchern. Sie las mit dem unruhigen Herzen der Suchenden, die eine Botschaft vernommen hatte, ohne sie verstehen zu können. Aber was sie mit einer ungewissen schwärmerischen Sehnsucht erfüllte, das war nun täglich mehr bereit, sich zu enthüllen; sie vernahm den Ruf ihres noch ungelebten Lebens mit den Worten der Dichter, mit Worten, wie sie sie schon immer vernommen zu haben glaubte, die für sie, die von ihr hätten geschrieben sein können.

Ein nie gekanntes Glücksgefühl erfüllte sie; sie sah sich in ihrer Leidenschaftlichkeit für das Außerordentliche nicht mehr allein. Und doch war es nur der erste Schritt in eine neue Einsamkeit.

Ihr Augenmerk richtete sich zunächst auf die Geschichte des antiken Griechenlands und des alten Roms. Sie las und las. Ihre Vorstellungskraft ließ die Vergangenheit zur Gegenwart werden. Sie fühlte, wie sie eins wurde mit Alexander, wie er bis zum Pandschab vordrang, fühlte sich dem sterbenden Leonidas nah, der sich opferte, den Rückzug des griechischen Heeres zu sichern. Sie betrauerte die Gracchen, als ob sie für sie gestorben wären.

Die Bücher entzündeten in ihr eine Begeisterung für alles Hohe und Einmalige, wessen der Mensch fähig ist, wenn er den Ruf des Schicksals hört.

Wie Götter erschienen ihr Perikles und Platon, Seneca und Marc Aurel, dessen Selbstbetrachtungen sie abschrieb, tatkräftig und weise. Sie störte sich nicht an den Spottreden der Geschwister über ihre für ein Mädchen ganz unschickliche Begeisterung. Zwar kam sie gewissenhaft ihren häuslichen Pflichten nach, doch sie ertrug dies nur in der Erwartung, am Abend in ihrer Kammer zu ihren Büchern und den Welten, die sie eröffneten, zurückkehren zu können.

Die Lektüre der Griechen hatte ihr eine zunächst unklare Vorstellung des Begriffs Freiheit entstehen lassen, die jedoch – so viel war gewiss – mit dem vom Vater vermittelten Bild eines gerechten und um das Wohl seines Volkes besorgten Königs nicht vereinbar war. Freiheit, das war der Staat der Athener, das war die frührömische res publica. Die freie Wahl des Regenten, das Mitbestimmungsrecht bei politischen Entscheidungen, das verstand sie unter Freiheit, so sollte es sein. Die gleichen Rechte für jeden, das wäre gerecht! Und plötzlich fiel es ihr wie Schuppen von den Augen: Ihr Frankreich war nicht gerecht. Sie dachte an das Gartenfest, die bettelnden Menschen, denen der Hunger alle höfliche Zurückhaltung und Scheu vor der feinen Gesellschaft genommen hatte. Und auf der anderen Seite ihr Onkel, der nur mit Verachtung auf die ärmlichen Kreaturen blickte, nicht erkannte, dass es der Hunger war, der ihnen die würdige Selbstbeherrschung raubte, der sich wie selbstverständlich für etwas Besseres hielt und doch die Größe nicht aufbrachte, ihr Elend zu mildern. Aber es waren nicht nur die kleinen Leute, die alltäglich mit Ungerechtigkeiten zu kämpfen hatten. Wie oft schimpfte ihr Vater über Verordnungen, nach denen er sich zu richten hatten, geschäftliche und politische Dinge, die sie nur zur Hälfte verstand, aber wann immer er es ihr erklärte, wuchs auch in ihr eine Welle der Empörung. Mehr und mehr Situationen fielen ihr ein, Ungerechtigkeiten, die sie noch nie in ihrer Masse wahrgenommen hatte, Kleinigkeiten oft, mit denen man sich abzufinden hatte, weil das Leben so war, das Leben hier in Frankreich. Auf einmal sah sie ein Heer von rechtlosen und entehrten Franzosen vor sich, und es wurde ihr klar: Diese Ungerechtigkeit kam von oben. Das absolutistisch geprägte Königtum trat die Menschenwürde mit Füßen. Die Freiheit, wie sie sie sich wünschte, hatte keine Wohnstatt hier in ihrem Frankreich. Dabei belehrten sie auch Hobbes und Locke, dass Freiheit nicht ein Privileg des Königs sei, sondern allen zuteilwerden müsse. Und es bestürmte die fromme Katholikin der kühne christliche Gedanke, der allerdings im Maß seiner Kühnheit unkirchlich war, ob es denn Gott gefallen könne, dass es unter den Menschen Rechtlose und Bevorrechtete gebe, wo er doch alle nach seinem Bilde erschaffen habe. Charlotte empörte sich, dass der christlichste Staat, wie sich das katholische Frankreich gerne nannte, eine solche Sünde wider Gott und die Menschen verordne. Und sie fühlte sich bestätigt durch Cicero, der geschrieben hatte:

„Wir sind geboren zur Gerechtigkeit. Das Recht ist nicht in der öffentlichen Meinung, sondern in der Natur begründet. Es

gibt ein wahres Gesetz, das mit dem Besten unserer Natur im Ein-
klang ist, unveränderlich, ewig, das durch sein Gebot zur Pflicht
aufruft, das durch sein Verbot vom Bösen abhält. Von diesem Ge-
setz können wir weder durch Beschluss des Senats noch des Volkes
entbunden werden. Für alle Nationen und für alle Zeiten gilt ein
und dasselbe unwandelbare Recht, das göttlichen Ursprungs ist."
Sprach nicht auch Paulus immer wieder von der Berufung
des Menschen zur Gerechtigkeit? In Frankreich gab es keine
Gerechtigkeit. Ein Staat aber ohne Gerechtigkeit war gottlos.

Begeisterung und Energie! Wozu? Erst nach Jahren
wusste sie es. Die kühne Schlussfolgerung der unerschro-
ckenen Demoiselle lautete immer klarer: Der Mensch ist als
ein dem Göttlichen verwandtes Wesen zur Freiheit berufen.
Niemand und zuallerletzt der Staat darf das göttliche Gesetz
der Freiheit außer Kraft setzen und einen feigen Knecht aus
ihm machen. Tut er es dennoch, so ist jeder aus seinem
christlichen Gewissen und in seiner staatsbürgerlichen Verantwortung dazu aufgerufen, wider die angemaßte Macht
und das Unrecht aufzustehen und sein Leben bedingungs-
los für diese Freiheit einzusetzen!

Das ist allerdings schon der Geist der Republikanerin
Corday, eben der Geist, der sie ihren Pariser Anklägern die
Worte entgegenschleudern ließ:

„Ich war schon eine Republikanerin, ehe Sie an die Revolution überhaupt dachten!"

Vorerst aber saß das Mädchen Charlotte noch mit fiebern-
den Wangen über den Büchern, bis ihre Augen ebenso
brannten wie ihr Herz. Bis der Vater nebenan die Stunde der
nachdenklichen Dunkelheit mit einem Seufzer beendete. Er
hatte zuletzt die unbezahlten Rechnungen betrachtet, faltete

diese nun wieder zusammen und legte sie einigermaßen nach ihrer Dringlichkeit geordnet in ihre Fächer zurück.

„Es wird schon einen Ausweg geben", sagte Messire Corday. Und wie so oft fügte er hinzu: „Das unterliegt doch wohl nicht dem allergeringsten ...!" Seit dem Tod seiner Frau betrieb er die Sprache in sehr ökonomischer Weise, hatte sich das Sprechen unvollständiger Sätze angewöhnt.

Er erhob sich, trat, während die Riemen der bereits aufgeschnürten Stiefel hinter ihm her schleiften, mit liebenswürdig gespieltem Erstaunen in Charlottes Kammer und drückte, nicht ohne die eifrige Leserin auf die Stirn geküsst zu haben, mit angefeuchteten Fingern das Wachslicht aus. Oft war sie gerade mitten im Dreißigjährigen Krieg oder auch bei der Monadenlehre des Herrn Leibniz, dieses Deutschen, der ebenso berühmt sein sollte wie Descartes.

Wo hatte er die schöne Genfer Ausgabe nur gekauft?

‚Ach ja, stand ich da nicht mit meiner Kompanie in Besançon. Ja, da war ich doch Capitaine. Schöne Zeiten! - Diese Rechnungen! Es gibt bestimmt einen Ausweg. Das unterliegt doch wohl nicht dem Allergeringsten!'

Von Kühen und anderen Tieren
Ein Kindertag auf Mesnil Imbert

„Wie denkst du über Kühe?"

Anne Mollet hörte nicht zu. Sie saß mit dem Rücken am Stamm einer Eiche, die sich auf dem kleinen Hügel hinter dem Rüsterwäldchen einsam emporreckte, und war eifrig damit beschäftigt, aus einer alten Kaffeetasse geriebene Schokolade zu schlecken. Oben in einer Gabelung der Krone saß Charlotte und blickte über die flimmernde Landschaft bis hin nach Caen.

„Wie du über Kühe denkst?", kam nach einer Weile Charlottes Stimme aus der Höhe.

„Ich denke nicht über Kühe!", erklärte Anne Mollet am Fuße der Eiche.

„Aber ich muss es wissen! Es ist für mich sehr wichtig, wenn du meine Freundin sein willst!"

„Ich finde sie komisch! Hörst du, Charlotte! Ich finde Kühe ausgesprochen komisch!"

Streng kam Charlottes Stimme von oben:

„Du sollst nicht Charlotte zu mir sagen! Alle nennen mich Marie. Aber als ich noch klein war, glaubte ich sogar ganz fest daran, ein Junge zu sein. Damals mussten mich alle Leute Louis nennen!"

„Wie der Waffelverkäufer auf dem Place Saint-Sauveur!"

„Nein, wie der König in Versailles! Damals liebte ich ihn noch."

„Ach, ja! Er soll ja so furchtbar dick sein!"

„Na und! Deswegen ist es nicht. Aber in letzter Zeit habe ich gar nichts mehr für Könige übrig; auch nicht für den spanischen, für den englischen auch nicht und für den preußischen überhaupt nicht! - Also, wie denkst du über Kühe?"

Anne Mollet kaute mit vollen Backen, ihre Nase war verschmiert. Sie setzte die Tasse an den Mund, um die letzten Krümel auszuschlecken, und warf sich dann ins Gras:

„Kühe sind ganz doof!"

„Aber ich bitte dich, Anne! Doof ist doch kein Ausdruck. Ich weiß nicht, was du damit sagen willst. Das musst du mir erklären. Denk darüber nach!"

Schweigen.

„Die haben so etwas Langweiliges."

Charlotte bewegte sich heftig auf ihrem Ast:

„Du findest, es ist nichts Edles in ihrer Erscheinung; ihr breit dahinschwankender Gang ist geradezu gemein; ihr Gesichtsausdruck ist mindestens beschränkt; ihre Bereitwilligkeit, den Menschen ihre Dienstbarkeit zu erweisen, verabscheuungswürdig. Meinst du das, Anne Mollet?"

„Wie komisch du sprichst auf einmal. Vielleicht mein' ich das so."

„Dann ist es gut, Anne. Weißt du, ich habe lange über Kühe nachgedacht. Du! Ich bin einfach voller Empörung über so viel Widerwärtigkeit. Nichts weiter als Frömmlerinnen sind die. Ich kann Tugendhaftigkeit nicht ausstehen, wenn sie zur Schau getragen wird."

Die kleine dickliche Mollet runzelte ihre stark gewölbte Stirn, während sie nachzudenken versuchte:

„Dass du dich so über Kühe aufregen kannst!"

„Hör mir gut zu, Anne Mollet! Ich beobachte sie schon seit Jahren und glaube, ihren Charakter erkannt zu haben.

Ich halte es glatt für möglich, dass diese stupiden Geschöpfe eine Art Genugtuung darin finden, die Schmach ihrer Erniedrigung zu ertragen."

„Die Schmach ihrer Erniedrigung zu ertragen! Ja, das kann sein!" Endlich war ihr etwas eingefallen. Ein Strahlen ging über ihr rosiges Gesicht: „Meinst du so wie allzeit schuldbewusste Dienstmägde?"

Charlottes Stimme klang sehr kühl:

„Das gefällt mir nicht: Dienstmägde. Wieso denn das?"

„Weil sie doch stehlen!"

„Unsere Marie stiehlt nicht! Nein, das ist es nicht. Es fehlt ihnen einfach an republikanischer Gesinnung!"

„Den Dienstmägden?"

„Denen auch, vor allem aber den Kühen. Sonst hätten sie sich längst gegen die Menschen aufgelehnt und ihr Joch abgeschüttelt."

„Meinst du denn, dass Kühe darüber sehr unglücklich sind?"

„Ach, was! Das ist es ja. Die kommen gar nicht auf den Gedanken, unglücklich zu sein. Am schlimmsten ist, dass die das alles aus Bequemlichkeit tun. Für das geringe Glück, so hab ich in mein Tagebuch geschrieben, ihres behaglichen Stalldaseins nehmen sie die größten Schmähungen und Handgreiflichkeiten ihrer Beherrscher entgegen."

Anne Mollet rieb ihre Stirn und blickte in die Höhe, wo sich Charlotte an einem Ast hin und herschwang.

„Du, Louis, ich sage jetzt Louis zu dir; das passt viel besser!"

Charlotte war noch höher in die Krone der Eiche geklettert und stieß einen gellenden Indianerschrei aus.

„Louis! Ich weiß ja gar nicht, was das komische Wort bedeutet, das du gerade gesagt hast: republikanisch?"

„Anne Mollet! Ich bin sehr enttäuscht!", rief Charlotte hinunter, „du bist doch nicht etwa ungebildet! Wenn du nämlich ungebildet bist, kann ich nichts mit dir anfangen."

„Nein, ganz bestimmt nicht, das kannst du mir glauben!"

„Was liest du eben? Du liest doch hoffentlich etwas?"

„Natürlich, Louis! Da lese ich eben, eben lese ich gerade – gerade eben lese ich nichts!"

„Das ist ganz schlecht, Anne Mollet. Wie kann man denn einmal nichts lesen! Wenn du meine Freundin werden willst, musst du viel lesen. Ich lese immer etwas. Obwohl die Tante Äbtissin meint, ich läse schon viel zu viel und zu schwere Sachen. Ich meine, man kann nicht früh genug damit anfangen. Oder kennst du etwas Schöneres? Ich bin gerade bei den Lebensbeschreibungen berühmter Griechen und Römer. Von Plutarch. Kennst du Alexander? Oder Leonidas! – Aber Brutus wirst du doch kennen, der den Caesar ermordete?"

„So fürchterliche Sachen lese ich nicht!"

„Musst du aber!" Charlotte war auf dem höchsten Ast weit nach außen geklettert und versetzte ihn, mit Armen und Beinen arbeitend, in heftig schwingende Bewegungen.

„Gullivers Reisen sind schön!", tönte es von unten. Atemlos rief Charlotte hinab:

„Ja, schön! Schön schon! Da hast du recht. Aber nicht wahr! Gerade wie in diesen Romanen, die Tante Ivette immer liest. Und es muss doch wahr sein, hörst du mich, Anne! Wahr muss es sein. Ich will immer wissen, wie es wirklich gewesen ist. Ich verabscheue Romane. Du liest doch nicht etwa Romane?"

„Ach, die schreiben immer von Liebe und so. Nein, ganz bestimmt nicht, das kannst du mir glauben. Liebe ist doof, Louis!"

„Davon will ich auch gar nichts wissen, Anne Mollet!"

Heftiger noch schwankte der Ast auf und ab unter Charlottes wilden Bewegungen.

„Ich habe dir doch sicher schon gesagt, dass ich niemals heiraten werde!"

„Da passen wir ja gut zusammen: Ich nämlich auch nicht! Du kannst dich darauf verlassen. – Meinst du, es wäre so schlimm, wenn die einen küssen?"

„Darüber wollen wir gar nicht sprechen. Es muss ganz fürchterlich sein!"

Anne Mollet lag auf dem Rücken und kaute an einem Grashalm:

„Du! Wenn ich nun aber doch Monsieur Lebrun, den Waffelbäcker, heirate? Weißt du, den, der auch Louis heißt!"

„Wie alt bist du?"

„Ich werde schon dreizehn."

„So ausgesprochen dumme Sachen solltest du in deinem Alter aber nicht mehr sagen."

Charlottes Verachtung der Kühe, oder genauer des Verhaltens, das sie diesen frommen Dulderinnen zuordnete, stand im Gegensatz zu der Liebe und Wertschätzung, mit der sie sonst den Tieren begegnete. Pferde liebte sie über alles; dies führte sogar zu der sicherlich nicht mühelos gezogenen Konsequenz, sie nicht durch Sattel und Sporen zu demütigen. Dem verwunderten Vater sagte sie: „Gerade wir sollten diese Aristokraten unter den Tieren nicht missbrauchen!" Und Jahre später, als der Vater sie zum wiederholten Mal doch noch zum Reiten zu bewegen versuchte, entgegnete sie ihm: „Begreifst du denn nicht, dass ich sie mehr liebe als ihr? Ihr vergewaltigt sie doch! Merkt ihr nicht, dass sie selbst den geringsten Zwang niemals ganz ohne Empörung und Auflehnung erdulden? Ich liebe sie um ihrer selbst willen."

Oft war sie im Stall zu finden, saß mit baumelnden Beinen auf der Haferkiste oder der Futterkrippe, sprach zu ihnen oder sang ihnen etwas vor. Ungern nur ließen sich die Pferde dann anschirren und schielten wiehernd nach ihr zurück, während sie hinausgeführt wurden.

Einmal fand man sie spät in der Nacht nach aufgeregtem Suchen schlafend neben einer halbblinden Stute, die anderntags einem Pferdehändler zweifelhaften Rufes übergeben werden sollte.

Mit Marie gab es einen ständigen Kampf wegen der vielen Fliegen und Spinnen im Haus, denen die Bedienstete in jeder freien Minute nachstellte, während Charlotte sie noch aus Suppentellern und Fangflaschen zu retten trachtete.

Ihre Schlafkammer war während der Sommermonate von allem erreichbaren Getier bevölkert, das sie aus dem Garten hereinschleppte, um sich auch nachts nicht von ihnen trennen zu müssen. Schnecken zogen ihre Bahnen die Wände hinauf, Spitzmäuse huschten beim Betreten unter den Schrank. Kaulquappen und Würmer suchten ihrem gläsernen Gefängnis zu entrinnen, was ihnen auch oft gelang; Ameisen und Grillen hatten ihre Heimstatt in Mamas Hutschachtel, und aus dem Nest gefallene Vögel, denen auf keine Weise zu helfen war, siechten in Nestern aus Hühnerfedern und Wollläppchen ihrem Ende entgegen. Sie und die übrigen Tierleichen, an denen es keinen Mangel gab, wurden in feierlichem Zug ins Innere der Heckenwildnis gebracht und dort beigesetzt.

Eines Katers wegen ereignete sich eines Tages ein dramatischer Vorfall, der das damals elfjährige Kind schwer verstörte.

Infolge der rastlosen Tätigkeit des großen pechschwarzen Paschahs war die Katzenpopulation des Anwesens sprunghaft angestiegen, sodass schließlich nicht nur Marie von der Notwendigkeit, den Kater zu entfernen, überzeugt war. Jean Chappe überwand sich – vielleicht auch auf einen Wink des Hausherrn hin – den Kater einzufangen, spät abends noch mit seiner Kutsche 15 Meilen Richtung Küste zu fahren und ihn dort auszusetzen. Nach acht Tagen war der Kater wieder da, halbverhungert. Man päppelte ihn auf und freute sich, von Tag zu Tag seine wiedererwachenden Lebensgeister beobachten zu können. Doch als sich im Frühjahr auf Schritt und Tritt junge Kätzchen balgten, war sein Tod eine vor den Kindern geheim gehaltene, aber beschlossene Sache.

Es war in den ersten Maitagen. Charlotte war frühmorgens unterwegs zu den Stallungen, als sie hinter dem Gesindehaus ein fürchterliches Fauchen hörte. Im Laufen um die Ecke biegend, sah sie an der Mauer, wie der Kleinknecht ein Brett in den Wasserbottich drückte, während es darunter plantschte und spritzte. Charlotte erkannte sofort, was hier vorging. Im Nu war sie da, sprang den Knecht an, umschlang ihn beißend und kratzend. Der stieß sie zurück, doch schon war sie wieder an ihm, trat ihm schreiend gegen das Schienbein, sodass er das Brett losließ und zur Seite hüpfte. Charlotte zog sofort den in einem Sack gefangenen Kater heraus, warf ihn auf dem Boden. Ein schreckliches Gurgeln und Röcheln war zu vernehmen. Er bewegte sich noch ein wenig ruckartig, dann fiel er zusammen und blieb reglos liegen. Charlotte stürzte sich erneut auf den Übeltäter, der durchnässt und an den Fingern blutend, weniger aus Angst als aus Beschämung jetzt die Flucht ergriff.

Einige Stunden bedurfte es, das bebende Kind einigermaßen zu beruhigen. Immer wieder fing sie plötzlich zu weinen an. Tagelang noch war sie kaum ansprechbar. Sooft sie des Knechts auch nur von Ferne ansichtig wurde, begann sie aufs Neue zu zittern. Es blieb schließlich nichts anderes übrig, als ihn zu entlassen.

Somnambulie

Jacques-François de Corday d'Armont saß in seinem Arbeitszimmer, einem recht kärglichen Gemach mit verblasster Tapete. Der Raum lag sonst fast völlig im Dunkeln, denn der Docht der zinnenen Öllampe auf dem Aufsatz des Schreibpults war so tief herabgeschraubt, dass das Flämmchen wie vor dem Ausgehen auf und ab zuckte. Gelbliche Helligkeit fiel nur dann über die Schreibplatte, wenn Messire d'Armont sich zum Schreiben anschickte und den Docht höherschraubte. Legte er aber die Feder zur Seite, schraubte er denselben sogleich wieder herunter; eine umständliche Prozedur, waren doch die in den Docht greifenden Zähnchen der Walze durch häufigen Gebrauch glatt und griffen nur dann, wenn man das dazugehörige Rädchen nach unten drückte, und auch dann funktionierte die so verschrägte Mechanik erst beim zweiten oder dritten Mal. Vor sich selbst rechtfertigte er dieses Vorgehen damit, er könne im Dunkeln besser denken. Das aber war durchaus nicht der Fall. Ja, das genaue Gegenteil pflegte einzutreten, da die merkwürdig hüpfenden Bewegungen des klein gedrehten Lichts ihn ständig ablenkten und schließlich ganz in Anspruch nahmen.

Corday d'Armont befand sich in den allerdrückendsten finanziellen Schwierigkeiten, so dass man annehmen könnte, dieses Manöver werde nicht des Denkens wegen veranstaltet, sondern aus Gründen der Sparsamkeit. Es hätte jedoch seinem im Grunde großzügigen Charakter widersprochen, auf so beschwerliche Weise einige Sous an Leinöl ersparen zu wollen. Und da er auch in besseren Zeiten nicht anders verfuhr, gestehen wir ihm zu, dass er sich tatsächlich "nachdenkliche Dunkelheit" zu erschrauben glaubte.

Gespart werden aber musste, um den drohenden Verkauf des kleinen Gutes hinauszuschieben.

An diesem Abend, etwa zwei Jahre nach dem Tod seiner Frau, hatte er nach stundenlangen Berechnungen wieder einmal die Erkenntnis gewonnen, dass er demnächst Mesnil Imbert verkaufen müsse. Die geringen Einkünfte waren infolge zweier Missernten nahezu erschöpft. Er stand vor dem Ruin. D'Armont dachte an das tausend Schritte entfernte Schloss Glatigny, wo die Nachfahren der älteren Linie Corday residierten. Ihn packte die Wut; er erhob sich und trat zum Fenster. Hellerleuchtet stand es da. Die Verwandtschaft konnte sich jeden Luxus leisten, an allem, woran es in Mesnil Imbert gebrach, war in Glatigny Überfluss; denn zu Chateau Glatigny gehörte der weitaus größte Teil des Patrimoniums sowie die mit dem Besitz verbundenen gutsherrlichen Rechte. Der einer Seitenlinie entsprossene und zudem nachgeborene Jacques-François glaubte bei der Erbteilung zu kurz gekommen zu sein. Es half nichts, er hatte sich mit dem zu begnügen, was man ihm abgab: ein für die sechsköpfige Familie viel zu enges pavillonartiges Gebäude, Le Ronceray genannt, in dem man gleichwohl einige Jahre zu wohnen gezwungen gewesen war. Und dann dieses Mesnil Imbert mit später eingebautem, niedrigem Mansardenstock, das zwar von den Nachbarn Chateau genannt wurde, eigentlich aber nichts weiter war als ein allmählich zerfallendes Landhaus, zu dem nur ein paar Streifen Acker, ein paar Wiesen in guter Lage und das kleine Wäldchen gehörten. Drei Pferde, von denen eines zum Reiten gehalten wurde, und vier Kühe standen noch im Stall. Für diese für ein Gut mehr als bescheidene Landwirtschaft glaubte Herr von Corday, sich zwei Knechte und einen Kutscher halten zu müssen, aus Reputationsgründen und damit diese Glatignys nicht glaubten, man pfeife auf dem letzten Loch.

Diese im Übrigen übliche Teilung des Patrimonialerbes, die den überwiegenden Besitzstand beisammen ließ und dem Träger die Feudalrechte, insbesondere auch das der Gerichtsbarkeit überantwortete, konnte Herr von Corday nicht verwinden. Der Anblick des einige hundert Meter weit auf einer kleinen Anhöhe sich herausfordernd erhebenden Schlosses vergiftete sein Leben nach dem Tode seiner Frau mehr und mehr, so dass er schließlich auch den nie sehr regen Verkehr mit der Adelsgesellschaft der Umgegend fast ganz abbrach. Von da an war er für seine Standesgenossen noch mehr als früher der Sonderling, der Neider mit den merkwürdigen neumodischen Rechtsvorstellungen, die sich gegen Herkommen und Sitte richteten. Man mied ihn.

Sein Lebensärger, mit vorrückenden Jahren keineswegs gedämpft, verleitete ihn dazu, zur Feder zu greifen und sich zunächst mit den miserablen sozialen Zuständen auf dem flachen Land auseinanderzusetzen, denn inzwischen fühlte er sich ein wenig dem dritten Stand verbunden. Er wies mit Heftigkeit auf das immer größer werdende Missverhältnis zwischen dem aufblühenden Bürgertum, der städtischen Hochkultur und der Verelendung der Bauern in den Dörfern hin. Schließlich aber ging er in eigener Sache zum Angriff über und brachte seine Ideen über ein neues Patrimonialerbrecht unumwunden zu Papier. Nicht genug damit, dass er sich seinen Ärger in stiller Kammer von der Seele schrieb, es gelang ihm auch, gedruckt zu werden, was ihm den Groll der Besitzenden und die Zuneigung der kleinen Leute eintrug. Zehn Jahre später hätte man ihn wegen seines Traktats „Über die Gleichheit der Erbteilung oder eine Ergänzung zum System der Gleichheit" für einen Anhänger der Revolution gehalten. Dies aber war Herr Corday d'Armont wirklich nicht.

Ärgerlich trat er vom Fenster zurück und tappte im Dunkeln umher. Ohne eigentlich etwas zu tun oder es auch nur vorzuhaben, vollzog er das Ritual des Dochthochschraubens und begann, in den über den Schreibtisch verstreuten und aus den Ziehladen quellenden Papieren zu wühlen, als suche er etwas Wichtiges. Eine ganze Weile gab er sich beharrlich den Anschein des Suchens, wobei er sich einredete, es müsse doch etwas anderes zu finden sein als Rechnungen und Schuldverschreibungen. Dann faltete er Notizzettel und Blätter wieder einzeln zusammen und legte sie einigermaßen nach ihrer Dringlichkeit geordnet in ihre Fächer zurück.

„Es gibt ganz gewiss einen Ausweg!", sagte er laut zu sich selbst, „das unterliegt doch wohl keinem, ach was, das unterliegt nicht dem allergeringsten Zweifel! Ich muss mich nur konzentrieren."

Er hob den rechten, dann den linken Arm, schraubte mit großer Genauigkeit den Docht herunter, bis die Flamme zu zucken begann; in dieser „nachdenklichen Dunkelheit" saß er fast ganz bewegungslos etwa eine halbe Stunde lang und ergab sich den Betrachtungen, die die unkontrollierbaren Bewegungen des kleinen Lichts in ihm hervorriefen.

Eine wilde Angst hatte sie ergriffen, die sie aus ihrem Zimmer trieb, durch den finsteren Gang ins Zimmer des Vaters. Er war inzwischen eingeschlafen und begriff zunächst nichts von dem, was sie sagte. Sie blieb mitten im Zimmer stehen, während er den Docht mit stets geübter Umständlichkeit höherschraubte, sich nun ganz umwandte und ihr die Lampe entgegen hob.

„Geh' schlafen! Ich habe zu arbeiten!"

Seine aufkommende Verärgerung verflog augenblicklich, als er ihr lautloses Entsetzen bemerkte. Sofort ging er auf sie zu und begann drauflos zu reden, besorgte und scherzhafte Vermutungen zu äußern wegen ihres Schreckens, indem er gleichzeitig die schwere Argand-Hängelampe von der Decke herabzog und sie nach einigen vergeblichen Versuchen zum Aufflammen brachte. Nun erst konnte er sie dazu bewegen, sich zu setzen. Das helle Zimmer und die Gegenwart des Vaters beruhigten sie einigermaßen.

„Siehst du, siehst du! Bei Licht ist alles halb so schlimm!", tröstete er sie. „Das überfällt einen manchmal, meistens ganz grundlos. Jeder hat einmal Angst. Da ist nichts dabei!"

„Ich habe sie wieder gesehen!"

„Es gibt keine Geister, Charlotte! Ich erinnere mich, als ganz junger Mensch während meiner Studien in Beaumont en Auge, da bin ich – aber das habe ich dir schon oft erzählt –, da bin ich, obwohl ich nicht gerade ängstlich war, einmal fürchterlich erschrocken. Wir schliefen in einer abgelegenen Kammer, François de Villier und ich, weißt du, der spätere Kommandeur des Leibregiments beim Herzog von Luxembourg. Der und ich, wir hatten uns angefreundet und schliefen zusammen. Einmal, mitten in der Nacht, erwachten wir beide; die Tür ging auf ...“

„Mama ist zu mir gekommen! Sie stand ganz dicht vor mir!“

„Ja! Ja! Stell dir nur vor, alles ist ganz still, die Tür geht auf, ganz langsam, ich höre sie jetzt noch knarren und dann durch einen Windstoß plötzlich gegen die Wand schlagen, dass der Mörtel sekundenlang herabrieselt. Wir sind fürchterlich erschrocken. Manchmal kann einem etwas Alltägliches sehr erschrecken. Wir fuhren auf, saßen steif wie die Stecken im Bett. Da stand einer im Zimmer, den wir nur undeutlich gewahrten, aber wir hörten ihn atmen. Wir waren fürchterlich erschrocken und hielten den Betreffenden für einen Geist. Bis François ihm sein Kissen an den Kopf warf und er davonstolperte, laut und vernehmlich auf Menschenfüßen. Am andern Tag klärte sich alles auf. Alles klärt sich auf, wenn man's bei Licht besieht. Es war ein neu angekommener Zögling, der in die falsche Kammer geraten war. Das war im Schulreglement ein schlimmes Vergehen. Aus Angst vor Bestrafung wollte er sich nicht zu erkennen geben. Nichts, keine Spur von einem Geist.“

„Ich weiß, Papa! Es war der kleine Vicomte de Barry, der dann bei einer Kahnfahrt ertrank. Aber wer, meinst denn du, sollte sich in meine Kammer verirrt haben? Alexis ist seit Tagen in Bayeux. Es ist ein Uhr nachts; Eleonore und Jacques schlafen seit Stunden nebenan. Ich habe sie gesehen!

Die Lampe brannte noch. Ich sah sie so deutlich vor mir wie dich jetzt. Sie trug das weiße Seidenkleid, das du zu ihrem letzten Geburtstag aus Rouen mitbrachtest.“

„In Gottes Namen, ja, ich weiß es! Du hast sie wieder einmal gesehen. Du, Charlotte Corday, bist einer Erscheinung gewürdigt worden; obwohl dergleichen Unsinn längst nicht mehr geglaubt wird, glaubst du noch im Jahre 1782 daran trotz deiner sonst erstaunlichen Gelehrtheit. Überleg doch mal: Die Mutter hat tief im Gewölbe der Hauskapelle von Glatigny ihren Sarg geöffnet, hat Türen und Tore gesprengt, ist die dreihundert Meter lange Allee heruntergelaufen, hat sich hier umgezogen, das weiße Seidenkleid übergestreift und ist zu dir ins Zimmer gekommen. Zum wievielten Mal denn? Und warum, sage mir, kommt sie nicht ein einziges Mal zu mir, der sie nicht weniger geliebt hat als du? Kannst du mir das erklären?"

Charlotte hielt sich die Ohren zu. Messire d'Armonts Zorn verflog. Er rückte näher an sie heran, streichelte ihr Haar:

„Marie!" sagte er. Es war der höchste Ausdruck seiner Zärtlichkeit, sie Marie zu nennen anstelle ihres Rufnamens Charlotte, in den er sich der mütterlichen Familie zuliebe gefügt hatte.

„Lass uns alles noch einmal genau überlegen. Sie stand also vor dir. Die Lampe brannte noch. Brannte die Lampe noch? Gut! Du warst ganz wach. So wach wie jetzt. Träumtest nicht etwa, wie man auch im Wachen träumen kann? – Nein? Gut. Ich glaube es ja! Wenn du es mir sagst, muss ich es wohl glauben! Du hältst es also für möglich, dass dir deine Mutter zwei Jahre nach ihrem Tod in unversehrter Leiblichkeit begegnet?"

„Ich halte es ja gar nicht für möglich. Wenn ich darüber nachdenke, halte ich es sogar für unmöglich!", sagte Charlotte leise. „Und doch – obwohl ich es nicht begreife, kann ich nichts anderes sagen. Es ist eine unbegreifliche Wirklichkeit. Ich habe sie gesehen, mit diesen meinen Augen."

Der Vater erhob sich, begann hin und her zu gehen. Diese Sicherheit, mit der sie etwas so Absurdes behauptete, erschütterte ihn plötzlich, hatte es doch eine Periode gegeben, in der er solch mystischen Anwandlungen nicht abgeneigt war. Der feste Glaube seiner Tochter, so Unmögliches gesehen zu haben, berührte ihn stark, als ob es ihm selbst geschehen wäre, und er erinnerte sich auf einmal daran – wie hatte er es nur vergessen können – dass er in Charlottes Alter eine Zeitlang fest davon überzeugt gewesen war, die Erscheinung eines Engels gehabt zu haben, bis er in der Militärschule dergleichen Spinnereien von sich abzutun gezwungen worden war, wollte er nicht dem allgemeinen Gelächter anheimfallen. Da in dieser Umgebung, der Glaube an geheimnisvolle, unerklärliche Ereignisse für rückständig gehalten wurde, trat er allen derartigen Äußerungen entgegen, ohne selbst ganz sicher zu sein, dass er sie für vollkommen unmöglich hielt. Später, wie alle Franzosen, die etwas auf sich hielten, las er, erst heimlich, dann ohne es zu leugnen, Voltaire, und bewunderte wie die meisten von ihnen im Stillen die Kühnheit seines Spottes. Seitdem waren für ihn Dummheit und religiöser Wahn unverzeihliche Vergehen, denen man entgegenzutreten hatte.

„Mein Kind!", sagte der Herr von Corday. „Ich habe keine Veranlassung, an der Wahrhaftigkeit deiner Aussage zu zweifeln; dennoch: Ebenso wenig besteht für mich auch nur der allergeringste Zweifel daran, dass diese Erscheinung eine ganz natürliche Erklärung finden wird, wie eben alles, was zunächst unerklärlich erscheinen mag."

Herr d'Armont hatte sich bereits erhoben und seinen Flauschrock abgelegt. Er war gerade dabei, seine hohen Jagdstiefel aufzuschnüren, da hörte er Charlottes Stimme, laut und mit einer kühlen Fremdheit, die ihn einhalten ließ:

„Ich werde sie zu dir führen, wenn sie wiederkommt!"

Der Vater, über seine Stiefel gebückt, rührte sich nicht. ‚Es ist umsonst', dachte er, ‚ich kann sie nicht davon abbringen!' Ohne den Kopf zu heben, schielte er zu Charlotte hinüber, die über ihn hinwegsah und mit dieser fremden Stimme, die er nie zuvor gehört hatte, fortfuhr:

„Ich hatte mich bereits ausgekleidet und meine Kleider über den Stuhl gehängt. Das Fenster stand offen. Meine Kammer war sehr hell; der Mond schien herein, außerdem brannten beide Kerzen. Ich war hellwach, schrieb noch in mein Tagebuch, ein paar Bemerkungen über das schlechte Theaterstück, das ich mit Tante Ivette in Caen gesehen habe. Dann spürte ich den Luftzug von der Tür her. ‚Eleonore!', sagte ich ärgerlich, weil ich glaubte, sie sei herübergekommen: ‚Eleonore, geh in dein Bett, ich habe zu arbeiten.' Es blieb still hinter mir! Unwillig drehte ich mich um. Da stand sie in der offenen Tür!"

Langsam richtete sich der Vater auf, einen Augenblick blieb er mit geneigtem Kopf vor Charlotte stehen, dann ruhten seine Augen forschend auf ihrem Gesicht; sie sah ihn nicht an; grau und starr ging ihr Blick durch ihn hindurch. Darauf zog er sich, rückwärts schreitend in die gegenüberliegende Ecke des Gemachs zurück. Vorsichtig, fast geräuschlos, ließ er sich

in einen hochbeinigen, mit strohfarbigem Kord bespannten Lehnstuhl nieder und lauschte der Sprechenden, die keinen Augenblick in ihrem Bericht innegehalten hatte:

„Ich erschrak furchtbar, denn in der engen Kammer stand sie nur wenige Schritte von mir entfernt. Ich wollte aufspringen, war aber wie gelähmt; dann wollte ich mich abwenden, starrte sie aber wie gebannt an; in ihr Gesicht, das sich mir jetzt näherte. Ich konnte keinen Zentimeter zurückweichen. Schreien wollte ich, hörte aber nur, wie sich meiner Kehle ein trockenes Krächzen entrang. Während noch immer mein Körper völlig gelähmt war, spürte ich, wie mein Herz wieder zu schlagen begann, wie mein Atem sich regulierte; ich fühlte schon den Moment voraus, in dem ich einen lauten Schrei ausstoßen würde. Da, in diese starrende Stille – wie damals bei dir und dem kleinen Vicomte de Barry – schlug die Tür, wahrscheinlich durch den Luftzug, mit einem jähen Knall zu. Namenlose Angst würgte mir die Kehle."

„Mein Gott! Dieses Kind!", murmelte Herr d'Armont. „Man könnte wirklich glauben, es sei so gewesen. Diese verfluchte krankhafte Phantasie, die ihr alles vorgaukelt, dass sie Traum und Wirklichkeit nicht mehr unterscheiden kann."

Laut sagte er: „Wir werden Doktor Neri kommen lassen."

„Auf einmal, sehr plötzlich, wich die Angst von mir. Die Mutter hatte gar nichts Schreckliches mehr an sich; vielleicht war auch vorher nichts Schreckliches an ihr gewesen, und nur meine Sinne hatten sich verkrampft wegen der Plötzlichkeit der Erscheinung, weil sie so schnell mit dem Unbegreiflichen nicht fertig werden konnten. Darum verzerrten sie das Bild der Mutter wie diese Spiegel, die ich in Rouen auf dem Jahrmarkt gesehen habe.

Jetzt erst sah ich sie ganz deutlich, und ich begann, sie genau und beinahe gelassen zu betrachten: ihr braunes Haar, das weit über die Schläfen herabreichte und über den leicht geröteten Wangen wie immer mit äußerster Sorgfalt wie angeklebt zurückgestrichen war; ich sah die schmale Narbe über der rechten Augenbraue, der glatten, schmalgezogenen Augenbraue; ich sah diese perlmutten schimmernde Narbe, die ihre schöne gelbe Stirn noch anziehender machte. Und ich sah ihre Augen! Ich sah ihre Augen, und nun verlor ich den letzten Rest von Angst, oder war es nur noch die Scheu, etwas, was mich gebieterisch zurückhielt, sie anzufassen. Sie betrachtete mich, wie mir schien, mit großem Interesse, dabei schwebte aber ein ungewisses Lächeln um ihre Lippen, und ihre Augen glitten forschend über meine Gestalt, bevor ihr Blick sich ganz fest auf meine Augen richtete, so dass ich die grünlich-blauen Lichtpünktchen in ihren Pupillen erkannte. Hätte sie mich noch länger so angesehen, ich wäre in ihre Arme geflogen. Es hätte mich, glaube ich, nichts mehr zurückhalten können. Dabei fällt mir jetzt erst auf, dass ich ihre Arme und den Körper nicht wahrgenommen habe. Es war nur ein Brustbild, ähnlich dem im Musikzimmer. – Nein, nein! Du brauchst nicht zu lächeln, ich habe nicht geträumt. Dann aber veränderte sich ihr Gesicht immer rascher. Es schien mir, als habe sie in meinen Augen etwas gesehen, etwas ganz Entsetzliches, so Ungeheuerliches, als wolle sie mit mir nichts mehr zu tun haben. Sie muss irgendetwas erkannt haben, vielleicht auch etwas Bedrohliches, das auf mich zukommt. Ihre Lippen zuckten, sie bewegten sich, als ob sie etwas sagen wolle. Ihre Züge verzerrten sich. Sie öffnete den Mund. Mit äußerster Anstrengung schien sie mir etwas zuzurufen. Sie schrie;

aber ich vernahm keinen Laut, so sehr ich mich zu hören anstrengte. Da wurden ihre Augen zornig. Unablässig schrie ihr lautloser Mund ein einziges Wort, das ich nicht enträtseln konnte. Endlich, endlich hörte ich eine Stimme. Die Angst hatte mich überwältigt. Ich hörte mich schreien. Ich war wie von Sinnen vor Angst. Als ich wieder zu mir kam, stand ich vor dir in diesem Zimmer."

Messire d'Armont war nun doch erschrocken. Zwar suchte ihn sein kühler Verstand, der dergleichen weit von sich wies, zu beschwichtigen, aber seine Sinne waren derart erregt, dass sie ihm das Bild der Verstorbenen mit äußerster Deutlichkeit vorgaukelten, fast so deutlich, als sähe er sie mit seinen Augen. Er schüttelte heftig den Kopf, mehrmals musste er ihn schütteln, ehe das Trugbild von ihm wich. Schließlich waren das alles Phantastereien, deren man sich zu erwehren hatte. Mit einem energischen Ruck erhob er sich, ging auf Charlotte zu, blieb aber wie angewurzelt stehen, als er seine Tochter sah: Unnatürlich hoch aufgerichtet stand sie vor dem Schreibpult und hielt das weiße Kleid mit ausgestreckten Armen vor sich hin. Ihr Gesicht war von einer hektischen Röte überzogen. Einige Male lief ein krampfartiges Zucken durch ihren Körper. Ihre Augen, weit aufgerissen, zeigten eine plötzliche, heftige Verdrehung, als ob sie stark schiele.

Als Herr von Corday erschaudert auf sie zusprang und laut ihren Namen rief, fiel sie in sich zusammen. Er trug die Bewusstlose in ihre Kammer, weckte die alte Dienerin, die mit ihrem jammervollen O Gott – o Gott – o Gott herbeieilte, dann aber tatkräftig Hand anlegte. Eleonore stürzte herbei und warf sich laut weinend über die Schwester, um sie aus ihrer Ohnmacht zurückzurufen. Aber außer den regelmäßig wiederkehrenden schüttelfrostartigen Zuckungen und einem leisen Gewimmer zeigte sich keine Regung ihres Lebens. Jean Chappe wurde eiligst nach Caen zu Doktor Neri geschickt. Die alte Marie hatte bereits den riesigen Küchenherd angezündet und Wasser aufgesetzt, damit man die arme Demoiselle in heiße Tücher einwickeln könne, denn nach ihrer Meinung, die sie zwischen inbrünstigen Gebeten an ihre Schutzpatronin, die heilige Ottilie, lamentierend von sich gab, hatte das Kind eine schwere Erkältung, die sicher eine Lungenentzündung nach sich ziehen würde, wenn man ihr nicht zuvorkäme durch schnellste Erhitzung des ganzen Körpers.

Als Herr d'Armont nach einer Weile, während er alle zur höchsten Eile angespornt hatte, wieder in Charlottes Kammer kam, lag die Kranke noch immer in tiefer Bewusstlosigkeit da. Ihre Worte, die vorher im Wimmern untergegangen waren, waren jetzt deutlich zu verstehen:

„Ich habe sie gesehen! Ich habe sie gesehen!" Unablässig sagte sie es.

Doktor Neri war noch in derselben Nacht mit Jean Chappe nach Mesnil Imbert hinausgefahren. Seit dem Tod der Hausherrin hatte sich eine über die Beziehung des Arztes hinausgehende Anteilnahme zu Monsieur Corday gebildet, die der Vereinsamte immer mehr als wohltuend empfand, vor allem als sich herausstellte, dass auch der Doktor recht eigensinnige Ansichten über Gott und die Welt hegte.

Das Ergebnis der Untersuchung erfüllte den Arzt mit ziemlicher Unruhe:

„Das ist eine komplizierte Angelegenheit. Von einer Lungenentzündung kann keine Rede sein. Maries heiße Wickel haben zum Glück keinen Schaden zugefügt, aber sie helfen auch keinen Deut."

Es sei, erläuterte er, einer jener Fälle, denen die Medizin bei aller Fortschrittlichkeit noch immer hilflos gegenüberstehe, da nämlich eine eindeutige Diagnose im Anfangsstadium ganz unmöglich sei. Aber auch dann, wenn die Krankheit in der eingeschlagenen Richtung fortschreite, im Falle ihrer Erkenntnis also, sei man sich über die Wirksamkeit einer Behandlung noch nicht im Klaren, da ihre Ursache sowohl physischer als auch psychischer, ja auch beiderlei Natur sein könne.

Wie man denn ein solches Gerede zu verstehen habe, fuhr Herr d'Armont ihm ins Wort. Was denn unter einer solchen physisch-psychischen oder auch kombinierter Ursache zu verstehen sei? Der Arzt suchte zu beschwichtigen, wich aber den forschenden Blicken des Vaters aus. Er habe zwar zunächst an ein recht schlimmes Gebrechen gedacht, doch müsse dies durchaus nicht der Fall sein; wenn dem aber nicht so sei, so gingen die meisten der ihm bekannten Fälle wohl auf eine seelische Erschütterung zurück, die ja, nach allem, was er höre, bei Charlotte doch vorliege. Immerhin müsse er daran erinnern, dass eine Schwester der Patientin mit acht Jahren an einer Hirnhauterkrankung gestorben sei. Vorerst könne er ein Leiden dieser Art nicht ganz und gar ausschließen. Liege etwas Derartiges vor, so würden sich demnächst unverkennbare Reaktionen zeigen. Wie dem auch sei, die sogenannte Erscheinung, was immer es auch gewesen sein möge, habe eine Art Nervenfieber ausgelöst.

Herr von Corday hatte mit ärgerlicher Aufmerksamkeit zugehört. Er war mit den ärztlichen Ausführungen nicht einverstanden. Unwillig schüttelte er den Kopf:

„Ich muss mich doch sehr wundern, Doktor. Sie halten es für möglich, dass die Erscheinung die Ursache ihrer Krankheit ist. Sie als naturwissenschaftlich Gebildeter halten ein solches Phänomen für möglich. Es ist doch wohl umgekehrt eher so, dass das, was Charlotte eine Erscheinung nennt, nicht die Ursache, sondern eine Folge ihrer Erkrankung ist? Ich will nicht annehmen, dass Sie an Geister glauben, denn sonst müsste ich schleunigst den Arzt wechseln."

„Ich habe", antwortete Doktor Neri, „den heiklen Punkt der Erscheinung nur deshalb berührt, weil er unleugbar in der Vorstellung der Kranken und im zeitlichen Ablauf ihres Krankseins eine nicht unbedeutende Rolle spielt. Ob Ursache und Wirkung austauschbar sind, ob sie einen einheitlichen Komplex bilden, wer wollte das mit Bestimmtheit wissen! Im Übrigen lassen Sie mich Ihnen Folgendes erklären, wenn Sie mich auch ferner Ihres Umgangs nicht mehr würdigen sollten: Ob es Erscheinungen gibt oder nicht, ob Ihre Frau Gemahlin den sicherlich außerordentlichen Vorzug hatte, die sonst unverrückbare Gesetzmäßigkeit des Todes zu durchbrechen, ich weiß es nicht. Ob ich es für möglich halte? Ich hatte niemals eine solche Begegnung. Wessen Herz still steht, der ist tot, physisch tot. Über das, was wir Seele beziehungsweise Geist nennen, kann ich als Arzt keine Aussage machen. Ich wundere mich nicht darüber, dass mir noch niemals einer meiner Toten erschienen ist. Ich würde mich aber ebenso wenig wundern, wenn mir die Gnädigste auf dem Wege zu meinem Wagen begegnen würde."

Messire d'Armont war erschüttert. Er kannte aus einigen Gesprächen den Doktor als einen unabhängigen Geist, dem jeder Aberglaube zuwider war. Er konnte es nicht fassen:

„Wie? Sie schenken solchen Phantastereien Glauben? Aber darüber kann es doch nicht den allergeringsten ... Ich muss mich doch sehr wundern!"

„Mein lieber Herr von Corday!", lächelte Doktor Neri, „wundern Sie sich nur nicht zu sehr. Wir wissen nur wenig vom Leben, beinahe nichts vom Tode und noch weniger von den Toten. Dafür bin ich auch gar nicht zuständig. Fragen Sie doch einmal Monseigneur Amadieu. Der muss es ja von Amts wegen wissen."

Doktor Neri empfahl noch einmal unbedingte Ruhe für die Patientin. Am besten sei es, einige Bund Stroh vor das Haus zu schütten wegen des Geräuschs der Wagen. Auch müsse man sie ständig beobachten, Tag- und Nachtwache, damit sie ihr Bett nicht verlasse, wenn sie das Bewusstsein wiedererlange; ernsthafte Gefahr bestünde im Augenblick nicht.

Er hatte schon seine Tasche aufgenommen. Auf dem Weg zur Haustür durch den von der Morgendämmerung bereits schwach erhellten Gang blieb er stehen und kam auf den Hausherrn zu, der ihm gerade folgen wollte. Ein Gedanke arbeitete heftig hinter seiner stark gewölbten mit einem Anflug von Schweiß bedeckten Stirn:

„Mir fällt da was ein. Haben Sie mir nicht vor Jahren einmal erzählt, dass Charlotte von ihrer verstorbenen Gattin dabei angetroffen wurde, wie sie nachts in unbewusstem Zustand umherwandelte? Erinnern Sie sich denn nicht? Oder war's bei den Glatignys? Nein! Doch, doch, es handelte sich um Charlotte!" Wäre sich Doktor Neri nicht so sicher gewesen, so hätte Herr Corday die Sache gerne abgestritten. Es war ihm unangenehm, dass es ihm noch eingefallen war. Er selbst hatte längst daran gedacht. Aber was er nicht wissen wollte, suchte er zu vergessen oder nicht wahr zu haben.

„Ja...ja...!", sagte er obenhin, „da war so etwas, aber man wusste nichts Genaues! Es wurde nie darüber gesprochen!" „Die Verstorbene hat mich deswegen einmal konsultiert. Das wussten Sie nicht? Also: keine Hirnhautentzündung, keine Geschwulst unter der Schädeldecke. Aber auch keine Erscheinung. Sie können unbesorgt sein. Lassen Sie den alten Amadieu ruhig bei seinen Damenkränzchen. Charlotte? Ja! Flößen Sie ihr eine Hühnerbrühe ein, wenn sie zu sich kommt."

„Und ein solches Verhalten ist nicht krankhafter Natur?", erkundigte sich Herr d'Armont.

„Nicht gerade krankhaft! Der Volksmund nennt es die Mondsucht. Wir Ärzte reden von Somnambulismus, ohne viel mehr darüber zu wissen. Dies scheint indessen ein besonders interessanter Fall zu sein, mit äußerst heftigen Reaktionen, die die Wirklichkeit traumhaft verändern. Dennoch: kein Grund zur Beunruhigung. Beachten Sie nur: kein helles Licht in ihre Nähe. Das Zimmer völlig verdunkeln. Besonders nachts: Wir haben Vollmond!"

Als Doktor Neri gegangen war, sagte Messire Corday d'Armont, eigentlich flüsterte er es:

„Schlimm genug, dass sie die Mondsucht hat. Aber besser als eine Geistererscheinung ist das allemal. Das unterliegt ja wohl nicht dem allergeringsten Zweifel!"

Groteske Träume

Schon am andern Tag verließ Charlotte das Bett, und es sah so aus, als sei das nächtliche Ereignis spurlos an ihr vorübergegangen, ja, als sei dies, was ihr begegnet war, gar nichts Merkwürdiges gewesen, was wiederum sehr merkwürdig war.

In dem Bestreben, sie möglichst schnell alles vergessen zu lassen, waren die Hausbewohner stillschweigend übereingekommen, mit keinem Wort das Vorgefallene zu erwähnen, so dass sich schon nach kurzer Zeit der im Hause Corday übliche Zustand einer angespannten Heiterkeit herstellte.

Herr d'Armont jedoch beobachtete insgeheim mit väterlicher Besorgnis seine älteste Tochter und glaubte hinter ihrem offensichtlich alltäglichen Verhalten eine tiefergehende Verwandlung zu bemerken. Doktor Neri kam öfter als sonst, ohne dass er besonderes Interesse für Charlotte gezeigt hätte. Beim Tarock oder Schachspielen kam jedoch manchmal wie von ungefähr die Rede auf die Begebenheit.

„Ich habe mich bei einem Kollegen in Amiens, einem bekannten Anatom des dortigen Hospitals über Hirngeschwulste informiert", sagte der Arzt eines Tages. „Bei Charlotte besteht da gar keine Gefahr. Wir haben dann auch über die Mondsucht gesprochen. Typisch ist nächtliches Umhergehen in schlafähnlichem Zustand, aber auch das Ersteigen höherliegender Orte, Balkonbrüstungen etwa oder

Dächer. Die Einwirkung des Mondes ist übrigens nicht bewiesen. Mit Lust scheinen vom Somnambulismus Befallene an gefährlichen Abgründen hinzuwandeln, wobei ihnen hierbei die sogenannte schlafwandlerische Sicherheit zustattenkomme, die sie vor dem Absturz bewahre. Die völlige Entrücktheit der Sinne ist ein Hauptsymptom der Somnambulie, das aber bei Ihrer Tochter nicht im Entferntesten vorhanden ist. Im Gegenteil:

die exakten Aussagen, Beschreibung des Gesichts der Toten, verbürgen ja gerade die angespannte Wachheit und Präsenz ihres Geistes, es sei denn, wir hätten es mit einer hochbegabten Lügnerin zu tun."

„Hören Sie, mein Bester, nie, noch nie wurde Charlotte von irgendjemand bei der kleinsten Lüge ertappt. Das ist ausgeschlossen!"

„Also haben wir uns geirrt und wir müssen dem Gedanken einer wie auch immer gearteten Wirklichkeit, Wirklichkeit für sie, einer Art Vision im Wachtraum nähertreten."

„Träumt sie denn noch besonders lebhaft?", fragte Doktor Neri andermals gleich bei seinem Eintritt ins Haus.

An dieser Stelle der Betrachtung ist es an der Zeit, eine Fähigkeit Charlottes zu erwähnen, die den Widerspruch zwischen der allgemeinen Erfahrung und ihrem nächtlichen Erlebnis zwar nicht erklärt, aber doch in eine dem Begreifen zugänglichere Region rückt. Es handelt sich um ihre Träume, richtiger gesagt um ihre traumhaften Erlebnisse, um eine ganz ungewöhnliche Art zu träumen, die ihr schon im frühen Kindesalter zuteilgeworden war. Ob es sich im Fall der Erscheinung um etwas Derartiges oder etwas Ähnliches oder um etwas ganz anderes gehandelt hat, solches mit Sicherheit zu entscheiden, wagte nicht einmal Doktor Neri.

Drei Jahre nach dem Tod der Charlotte Corday erschienen in Rouen die Aufzeichnungen ihrer Träume. Wahrscheinlich hatte sie jemand auf die Seite gebracht, ehe die Beauftragten des Revolutionstribunals ihren Nachlass beschlagnahmten. Der Herausgeber, vermutlich einer ihrer Freunde, blieb ungenannt, obwohl das Direktorium die Schreckensherrschaft schon abgelöst hatte. Die phantastische Traumwelt des Kindes und der jungen Frau, aber auch die Exaktheit ihres beobachtenden Verstandes kann nicht deutlicher dargetan werden als durch eine auszugsweise Mitteilung jenes ansonsten verschollenen Heftchens.

Seit meinem zwölften Lebensjahre habe ich die meisten oder doch die wichtigsten Träume aufgezeichnet. In den aufregenden Tagen aber, als diese Leute Papa aus seinem Besitz vertrieben, sind diese Blätter bis auf einige verlorengegangen. Ich war damals schon bei den Schwestern in Caen, und es kümmerte mich wenig, was mit meinen Habseligkeiten geschah; denn der Gedanke, noch einmal in die Welt zurückzukehren, hatte mich noch nicht ergriffen. Aber als ich dann das Kloster der Heiligen Dreifaltigkeit verließ und mich bei Madame de Bretteville niederließ, kam meine frühere Welt, meine Kindheit, zu mir zurück. Ich kann es nicht sagen, was mich antreibt, die verlorengegangenen Aufzeichnungen meiner Träume aus der Erinnerung noch einmal aufzuschreiben. Vielleicht hängt es mit dieser Angst zusammen, die mich seit meinem achtzehnten Lebensjahre nun so oft überfällt.

Wochenlang hat mich ein Traum verfolgt. Ich war damals 17 Jahre alt. Ich war ein Stein, ein gewöhnlicher flacher Stein aus dem Milliardenheer der Steine. Ich lag in einem seichten Gewässer, von sprossendem Moos und Algen umhangen. Wenn der Fuß einer Bachstelze mich sekundenschnell und federleicht im Fluge berührte oder wenn eine Flosse mich streifte, war ich glücklich. Nur einmal bewegte ich mich, als ich nach hunderttausend Jahren den flüchtigen Huftritt eines Waldtiers spürte. Dann begann ich mich zu regen, und ich wuchs und wurde ein wunderbarer Fels, lapislazuliblau mit einer Haut aus Türkisstaub, der wie der irisfarbene Hals einer Feldtaube schimmerte.

Ein Mensch kam und betrachtete mich lange mit lodernden Augen. Er ließ mich nach Paris bringen und auf dem Grèveplatz aufstellen. Er und seine Gesellen schlugen mit Hämmern und Meißeln auf mich ein, um meine wahre Gestalt aus der steinernen Starre herauszuschälen. Ich brannte darauf, das zu werden, was er wollte, und arbeitete von innen her dem aufflammenden Lichte entgegen. Am Tage meiner Erlösung, als die Helle mich wie glühende Lava umfing, war ganz Frankreich auf dem Platz versammelt, und die Menge jubelte und schrie laut und gellend:

„Vive la France!" Ich merkte, dass sie mich für Jeanne d'Arc hielten, und war sehr glücklich. Da aber tat der Meister noch einen Schlag, und das Schwert in meiner Hand zerbrach. Die Menge fing an zu lachen, als sie das verbliebene, dolchartige Ding in meiner Hand erblickte. Sie heulten und tobten und warfen mich um und zertrümmerten mich in lauter kleine, gewöhnliche Steine.

Bis zu meinem dreizehnten Lebensjahr suchte mich öfter eine seltsame Empfindung heim, die ich hier zu beschreiben versuchen will. Aber es ist kein Traum, eher ein schlimmes Aufwachen. Erst glaubte ich, das sei auch ein Teil meiner Somnambulie.

Meist geschah es kurz vor dem oder während des Aufwachens. Ich merke, dass ich mich nicht bewegen kann. Ich versuche mit größter Anstrengung, den Kopf oder den Arm einen Zentimeter weit zu bewegen. Es geht nicht. Ich bin gelähmt. Die Erstarrung meines Leibes drückt mich wie mit einer Eisenfaust tiefer in die Kissen. Meine Augen sind reglos auf einen Punkt gerichtet, hängen eingefroren in ihren Höhlen, blicklos. Meine Sinne funktionieren nicht mehr. Ich kann denken, bin aber unfähig, etwas zu tun. Nur der Gehörsinn ist intakt. Ich höre – und daran glaube ich zu erkennen, dass ich nicht tot bin – ich höre im Hof die verschiedenen Geräusche aus den Wirtschaftsgebäuden, ich höre die Knechte pfeifen und lachen, wenn sie die Pferde anschirren. Ich höre alles viel deutlicher als im wachen Zustand. Der Schmetterton der Amsel vor meinem Fenster dringt mir fast schmerzhaft ins Ohr. Der Vater kommt in den Flur und ruft mich. Ich will schreien. Ich konzentriere meine ganze Kraft darauf, einen einzigen Ton herauszubringen. Ich habe meine Stimme verloren, ich bin stumm. Der Angstschweiß bricht mir aus, denn ich fühle, wie ich immer hoffnungsloser absinke, zentimeterweise in einen würgenden Abgrund der Sinne, aus dem ich nie mehr heraufkommen werde; es ist das Hinabgleiten in den Tod bei wachem Verstande. Alexis kommt an mein Bett und sagt:

„Willst du denn heute gar nicht mehr aufstehen?" Oh, wenn er mich doch schüttelte; ich weiß, die tödliche Umklammerung wiche sofort von mir, wenn man mich nur berührte. Aber er geht lachend die Treppe hinab. Ich bin verloren, denke ich. Wenn nicht gleich jemand kommt, gibt es keine Rettung mehr. Ich fühle, wie der Schweiß an meinen Beinen hinabrinnt.

Ich fange an zu beten. Plötzlich fällt mir die fürchterliche Geschichte von Tante Antoinette ein, die uns Papa schon so oft erzählt hat, von Tante Antoinette, die drei Tage ohne Lebenszeichen dalag und beerdigt werden sollte, aber nicht tot war.

Schon in wachem Zustand ist das eine Tortur, aber jetzt, wo es mir auch so gehen könnte! Ich konzentriere mich mit übermenschlicher Energie darauf, meinen Kopf um ein Winziges zu drehen, und da, ganz allmählich geht es, und mit der Bewegung weicht die ganze schreckliche Erstarrung von mir. Vielleicht dauert das ganze nur wenige Sekunden, aber es ist eine Ewigkeit voll Angst.

Oftmals träumte ich von Mama. Sie saß fast immer in einem Lilienbeet, das in ihrem Zimmer wuchs, und blickte mir traurig entgegen, wenn ich die Tür öffnete. Auch aus den Wänden wuchsen langstielige, hin und her, auf und ab schwankende Lilien. Ich wagte nicht näherzutreten, weil Mama in einer Unterhaltung mit ihnen begriffen war. Doch flüsterte sie nur mit ihnen, etwas über mich wohl; ängstlich, beinah unwillig sah sie mich an, worauf die Lilien von allen Seiten ganz schnell zu wachsen anfingen und sie verdeckten, dass ich schließlich nur noch ihre zarte Stimme vernahm. Meistens endete der Traum mit dem Verschwinden der Stimme. Einmal aber durchdrang ich wütend das Liliengerank, das wie Schlangen zu zischen begann und meinen Leib immer enger umschlang. An Mamas Platz war nichts mehr zu sehen als eine menschengroße Lilie mit Mamas Gesicht, die bei meinem Anblick heftig erzitterte, gleichzeitig ging ein starker Duft von ihr aus, ein Duftstrom, den ich gierig einatmete und der mich im selben Augenblick ganz anfüllte. Sie aber, die erbebende Menschen-

lilie, schreit mir ein einziges Wort entgegen, wahrscheinlich das-
selbe wie bei der Erscheinung, das mich auch genauso erschreckt,
ohne dass ich es verstehe.

Viele meiner Bekannten, denen ich von der Deutlichkeit meiner
Träume erzählte, glaubten, mir bedeuten zu müssen, meine Er-
scheinung sei auch ein solcher Traum gewesen. Ich schwöre aber
bei Gott, und ich tue das nur, weil einem die Menschen ja sonst
nicht glauben, dass ich niemals an der Echtheit der mütterlichen
Erscheinung gezweifelt habe.

Sonderbar.

Ich frage oft die Leute nach ihren Träumen. Meistens ehe ich
sie richtig kenne, kenne ich schon die Art ihrer Träume. Ich lerne
sie an ihren Träumen kennen. Geistreiche Menschen wie Papa, der
Führer der hiesigen Gironde Barbaroux, mein Freund Bougon-
Longrais träumen das platteste Zeug, das sich nur denken lässt,
ganz phantasielos. Unser ehemaliger Kutscher Jean Chappe wird
im Traum zum Dichter. Er erzählte mir Dinge aus einer ihm ganz
unbekannten Welt, in einer ihm fremden Sprache, dass ich fragte:
Jean, wo hast du das nur her? Er aber, plötzlich sehr ernst: ‚In den
Träumen, kleine Demoiselle, in unseren Träumen ist Gott!'

Chappe ist ein Traumkünstler. Seine tagsüber schlafende Ein-
bildungskraft entpuppt sich des Nachts. Schlafend wird er ein
Shakespeare oder ein Michelangelo. Als gäbe es eine allgemeine
Kommunikation mit dem schweifenden Weltgeist, mit der sein
Schlafwesen in Berührung kommt.

Ich bezweifle, ob man etwas zweimal träumt, indessen
glaubt man oft, etwas schon geträumt zu haben. Dies, meine
ich, erklärt sich so, dass wir, während wir träumen, an
frühere Träume erinnert werden. Freilich kann ich das nur

vermuten; ich meine: an Träume, die wohl in uns sind, die wir aber noch nicht geträumt haben. Bei bestimmten ähnlichen Situationen, Farben, Empfindungen eines Traums wird sich unser Traumwesen ihrer bewusst. Ich halte es auch für möglich, dass man zwei oder mehrere Träume gleichzeitig haben kann, sozusagen in mehreren Regionen unseres Traum-Ichs, in verschiedenen Stockwerken unseres nächtlichen Seins, so als seien die Wände aus Glas und man könne gleichzeitig sehen, was im Parterre bis zur Mansarde vorgeht. So wäre die häufige Verworrenheit und Zusammenhanglosigkeit von Traumerlebnissen erklärt, dass nämlich, je nach der Intensität einzelner Träume, einmal dieser oder jener ins Bewusstsein dringt. Dem Erwachenden erscheint alles als ein einziger Traum. Aber mit Sicherheit lässt sich nichts darüber aussagen. Lässt sich mit Sicherheit überhaupt etwas aussagen?

Ungewöhnliche Träume! Unwirklich und voller Ahnung. Träume, emporgewuchert aus der frühen Sehnsucht nach dem Außergewöhnlichen, die diesem Leben von Kindheit an seine Bahn gewiesen haben!

Ein Flüstern
wie von tausend ungesehenen Lippen

Charlottes Verhältnis zur Natur geht aus mehreren eng beschriebenen Heftblättern hervor, die sich später nebst ein paar Kinderschuhen und einer gelben Haarschleife in der Hinterlassenschaft des kinderlosen Jean Chappe vorfanden. Seine Liebe zu der kleinen Demoiselle mag ihn veranlasst haben, als er nach der Enteignung der Adligen den Hof verließ, diese Erinnerungsstücke an sich zu bringen.

Es heißt da unter dem Datum vom 28. Juni und den ersten Julitagen 1786:

Heute scheint die Zeit stillzustehen. Ich sitze im Teichgarten. Papa, Jean Chappe und die andern sind in den Wiesen. Nichts geschieht, als dass die Wildkirschen reifen; im Teich gluckst eine Unke und die Rosen verströmen ihren Duft. Die Natur hat ihre Geheimnisse vor uns bewahrt. Ich spüre es: Alles ist anders, als es zu sein scheint. Überall ist Schweigen und Geheimnis. Dann aber, wenn es so still ist, dass ich die Stille selbst zu hören glaube, meine ich etwas zu vernehmen, unendlich leise und flehend, ein Flüstern wie von tausend ungesehenen Lippen, das aufsteigt aus Busch und Baum und dem reglosen Wasser.

Oft gehe ich jetzt nachts in den Garten. Sie glauben, die Mondsucht sei noch immer in mir. Sie sollen es ruhig glauben. Eigenartig ist es ja: Ich erwache von einem starken Duft, dem Duft des Flieders oder auch des Holunders, der vom Garten hereinströmt und mich unwiderstehlich hinaus ins Freie zieht. Wie anders, um wieviel näher ist mir nachts die Natur. Alles scheint nun erst zu seinem eigentlichen Leben erwacht, so als träte ich in einen Saal, wo alles zum Feste bereitet ist. Anders rauschen die Blätter und die Lüfte wehen anders. Und dann hinten am Tümpel des Birnbaums feierliche Verbeugung vor dem Mond. Oh, diese Stille!

Heute Mittag im Garten Bäume gezeichnet. Vater pflegte zu sagen: Was man nicht aufgeschrieben hat mit Worten oder auch mit Linien, davon weiß man gar nichts. Beobachten genüge nicht, man müsse das Beobachtete auch irgendwie festhalten. Oft legte er uns eine Blume oder einen Käfer auf den Tisch und sagte: So, jetzt lernt erst einmal kennen, was ihr täglich vor Augen habt. Und beim Zeichnen oder Beschreiben merkten wir dann, dass wir tatsächlich keine Ahnung hatten, wie ein Maikäfer aussieht oder eine Tulpe. Es genügt nicht, die Dinge anzusehen, man muss sie betrachten. Wer nimmt sich schon die Zeit, ein Tier oder eine Pflanze zu betrachten? Wir sehen sie uns an; wir blicken flüchtig darüber hin. Was wir sehen, sind die in unserem Hirn flüchtig vorgeprägten Bilder der jeweiligen Erscheinungen.

Wie weit sind wir davon entfernt, in der Vielfalt der Geschöpfe das Einmalige zu erkennen! Das in der Unendlichkeit des Geschaffenen, in der millionenfachen Vielfalt die Einmaligkeit Gesetz ist. Für uns ist eine Pappel wie die andere, unsere groben Sinne vermögen nicht zwei voneinander zu unterscheiden; eine Schwalbe gleicht der anderen, ein unübersehbares Heer austauschbarer Gestalten, die aber sehr verschieden voneinander sind. Wir vermögen gerade noch einzusehen, dass es nicht zwei Menschen auf der Erde gibt, die sich gleichen.

Am 3. Juli abends in meiner ehemaligen Stube, die jetzt als Getreidekammer benutzt wird, denn das Scheunendach ist undicht.

Vater ist niedergeschlagen aus Caen und den umliegenden Dör-
fern zurückgekehrt, wo er bei allen möglichen Leuten Geld leihen
wollte. Schrecklich für ihn. Die einen sind desgleichen in unserer
Lage, die anderen haben ihn mit sogenannten guten Ratschlägen
abgespeist, die dritten, von denen er sich am meisten erhoffte, mit
Vorwürfen überhäuft. Jetzt sitzt er wieder am Schreibtisch und
rechnet. Aber es ist fast gar keine Hoffnung mehr, weil wir schon
zu sehr verschuldet sind. Außerdem ist die schöne Weide an der
Straße nach Caen weit unter ihrem Preis verkauft worden. Nur
zwei Kühe und ein Pferd stehen noch im Stall; den guten Chappe
und Marie will er unter keinen Umständen auch noch entlassen
wie die andern, teils aus Reputationsgründen, teils weil sie seit
Jahrzehnten zum Haushalt gehören.

Das Rüsterwäldchen, mein Lieblingswäldchen, ist von einer
unerklärlichen Krankheit befallen. Schon seit drei Jahren weigert
sich die königliche Kommission, die von Blattabfall und Dürre
heimgesuchten Bäume zu kaufen. Vater hofft jetzt, den ganzen
Wald wenigstens als Brennholz verkaufen zu können. Welch ein
Verlust! Die ganze Welt scheint sich gegen ihn verschworen zu
haben. Viele, besonders die Adelsgesellschaft, gönnen ihm die Mi-
sere von Herzen. Wie gut, dass Alexis und ich aus dem Hause sind,
so hat er für zwei Esser weniger zu sorgen. Dieses Jahr hatte er
seine Hoffnung auf die Apfelernte gesetzt; aber die Früchte fielen
schon, kaum dass sie angesetzt hatten, klein und verkümmert von
den Bäumen. Ein schwerer Verlust, da wir sonst im Herbst acht
bis zehn Fuhren Kelteräpfel nach Caen ins Gasthaus Rollon liefer-
ten für Cidre und Calvados. Womit hat Papa ein solches Miss-
geschick verdient? Wie wird er es überstehen, wenn Mesnil Imbert
verkauft werden muss? Sollte es soweit kommen, hoffe ich, dass
Papa ihnen zeigen wird, dass man auch ohne Gut ein Edelmann
sein kann.

Ich wollte meinen Gedanken vom 28. Juni noch etwas hinzufügen. Als ich vorhin in Mamas Salon saß, dachte ich daran, wie sehr sie das kostbare, mattgelbe Teeservice aus Sèvres geliebt hat. Heute wird es nicht mehr benutzt und steht im verschlossenen Glasschrank. Trotz aller Schönheit ist es aber nichts Einmaliges, nicht einmal so einmalig wie ein Schmetterlingsflügel, weil es ganz sicher ein paar hundert oder tausend solcher, genau gleicher Stücke gibt. Und selbst wenn es in der Bemalung oder durch das Brennen einige kaum merkliche Unterschiede gibt, so kann man doch wohl sagen: Wenn ein Mensch nach einem Vorbild viele Stücke herstellen will, so zielt sein Trachten daraufhin, sie einander vollkommen gleich zu gestalten. Vielleicht wird es einmal eine Zeit geben, in der eine Teetasse, ein Kleid, sogar ein Haus wie das andere aussieht. Schrecklich! Gut, dass sie den Menschen nicht nach ihrer trostlosen Formel produzieren und gleichmachen können. Alle Menschen sind gleich! Gleiche Menschen! Unausdenkbar!

Aus Gottes Händen aber strömt die Fülle der Erscheinungen einer einzigen Art in unendlich wechselnder Gestalt, denn das Lebendige ist nur im Besonderen.

Meine Eiche! Heute (5. Juli) habe ich sie wiedergesehen. Man kann einen Baum nicht beschreiben. Sage ich von ihr, sie sei kraftvoll und majestätisch, so gilt das auch für zahllose andere Eichen. Wir sagen: ‚Eine Eiche!' und wissen doch nichts von ihrer wahren Gestalt. Der Herr Linné soll das Kunststück fertiggebracht haben, die ganze Fülle des Pflanzenreichs in bestimmte Ordnungen und Klassen einzuteilen, so dass von den Geschöpfen nur noch die Anonymität des Allgemeinen übrigbleibt. Denn das Erkenntnisstreben des sezierenden Verstandes ist auf die Zerstörung der Individualität der einzelnen Erscheinungen aus.

Wir reden von der Göttlichkeit eines Kunstwerks. Sicher ist das übertrieben. Doch das Kunstwerk hat in seiner Einmaligkeit etwas von der Unwiederholbarkeit des Geschaffenen.

Ich erinnere mich an eine Amsel, die vor langer Zeit in der Weißdornhecke nistete. Ich erkannte sie von all ihren Artgenossen an ihrem Gesang; sie hatte die Angewohnheit, dem ersten Schrei ihres Aufrufs jedes Mal ein langgezogenes, überaus melodisches Flöten folgen zu lassen, bevor sie in den allgemeinen Gesang der Amseln einstimmte. Dann schwieg sie ein paar Sekunden. Und plötzlich hängte sie einen nur ihr eigentümlichen, melancholischen Triller an ihre Weise. Das war sozusagen die Signatur ihres Werkes. Sie singt aber schon lange nicht mehr.

Morgen Abend bin ich wieder bei den Stiftsdamen der Heiligen Trinität, wo ich eines Tages die Ewigen Gelübde ablegen werde. Wie weltlich ich noch gesonnen bin, merke ich immer, wenn ich nach Mesnil zurückkehre. Die Zeit wird diese törichten Gedanken auslöschen.

Noch ist diese Welt nicht so weit verändert, Charlotte, dass ein Schutenhut wie der andere aussieht, und dass in völlig gleichgestalteten Häusern die Individualität der Bewohner sich verliert.

Bis dahin hat es noch Zeit. Aber bald schon wird das zärtliche Flüstern wie von tausend ungesehenen Lippen, das du jetzt vernimmst, jäh verwandelt werden.

Dann wird ein Schreien sein aus hunderttausend Kehlen!

Tarock mit Monseigneur

Amadieu war gekommen. Monseigneure Amadieu!

„Aber, aber! Nur keine Titel! Wo werden wir denn! – Hochwürden? – Ach was. Auch das nicht. Wir sind doch unter uns, zudem alle Cordays. Lassen wir das!"

Kurzum, er verbat sich jede Titulatur schon an der Hoftür, wohin man ihm entgegeneilte, wenn er in seinem klapprigen Einspänner zu Besuch kam. Seit Madame tot war, kam er öfter.

„Nur keine Umstände! Aber ein Gläschen Stachelbeerwein, da bin ich nicht abgeneigt. Und wie gesagt, nennen Sie mich doch einfach Amadieu."

Wochenlang vollzog sich in dieser Weise der Empfang. Man stieg das Vortreppchen hinauf und betrat das Haus, wo Marie schon darauf wartete, vor den Augen Amadieus den Prälatenstuhl – so hieß dies ehrwürdige Sitzmöbel seit dem Sommerfest zurechtzurücken und gehörig abzuwischen.

Warum er kam, blieb lange verborgen. Vielleicht genoss er nach seinen vielen Kaffeekränzchen und Visitationen einfach die Ruhe in Mesnil Imbert. Da saß er, lächelte, sprach nur das Notwendigste. Natürlich wäre es seine Pflicht gewesen, dem Witwer Trost zu spenden. Aber das tat er nicht, nicht mit Worten jedenfalls. Nach einer Weile kamen die Karten auf den Tisch. Man spielte Tarock. Und hierbei blieb es. Er spielte ganz einfach Tarock mit dem Hausherrn, trank ein paar Gläschen Stachelbeerwein, sagte zwischendurch ein paar seiner unverbindlichen Worte, ohne im Besonderen den schmerzlichen Verlust der Familie anzusprechen. Und gerade das war dem Hausherrn recht. Er wollte nicht getröstet werden, darum war der Tarock spielende Amadieu ein so wunderbarer Trost.

Monseigneur Amadieu wusste dies ganz genau; er wusste, wie es um diesen Menschen stand, dass er sich immer mehr in seine Ideen verrannte, auf irgendetwas hoffte, was nie eintreten werde, dass Monsieur Corday sich in einer hoffnungslosen Finanzlage befand, auch, dass die Frömmigkeit seines Spielpartners nicht seinen Vorstellungen entsprach. Aber es wurde nicht darüber gesprochen. Er schwieg und spielte sein tröstliches Tarock.

Eines Tages aber war alles anders.

„Fort mit den Karten", rief er schon an der Tür, „die Zeiten sind zu ernst!"

Es musste etwas Außerordentliches vorgefallen sein. Kaum hatte er sich im Prälatenstuhl niedergelassen, als er sich auch schon wieder erhob. Messire Corday nötigte ihn, sich zu setzen. Alexis eilte mit der hochgefüllten Stachelbeerweinkaraffe herbei.

„Es ist schrecklich! Und ihr sitzt gleichmütig und ahnungslos in eurem Mesnil!"

„Aber, Baptiste, nun rede doch endlich", sagte Messire Corday etwas ungeduldig, „was hat dich so erregt? Ich kenne dich ja nicht wieder!"

„Du wirst es hören, du wirst es gleich hören, ich sage dir: die Welt geht aus den Fugen!"

Und endlich erzählte Amadieu.

Er sei im Auftrag des Bischofs in Paris gewesen, eine seit langem strittige Zuständigkeitsfrage, die nichts mit dem Vorgefallenen zu tun habe. Aber dieses Paris, die ehedem so

112

fromme und gottgefällige Stadt, sei nicht mehr wiederzu-
erkennen. Mit Grauen habe ihn das erfüllt, was ihm im erz-
bischöflichen Palais zu Ohren gekommen sei. Es unterliege
jedoch dem ihm ausdrücklich auferlegten Schweigen. Aber
was er in der Stadt erlebt habe, sei hinreichend gewesen, ihn
in Angst und Schrecken zu versetzen. Er befürchte das
Schlimmste.

„Mein lieber Baptiste, du wirst doch nicht erschrocken
sein wegen der Aufläufe und Zusammenrottungen des
Vorstadtpöbels. Die hat es doch immer gegeben", versuchte
Monsieur de Corday zu beruhigen.

„Ach was, Zusammenrottungen! Aber hör doch nur zu!
Es ist etwas ganz anderes. Zusammenrottungen, in Gottes
Namen! Solange sie schreien, ist alles in Ordnung. Aber das
ist ja das Ungeheuerliche, sie schreien nicht. Überall sah ich
Menschenansammlungen, ein Hin- und Herlaufen straßauf,
straßab. Aber ich hörte nichts. Alles geschah mit einer geradezu gespenstigen Lautlosigkeit. Sie schrien nicht wie sonst,
sie zertrümmerten keine Fensterscheiben, sie warfen nicht
mit Steinen nach einer Kutsche; das alles hätte mich nicht
erschreckt. Aber sie schwiegen; sie steckten die Köpfe zusammen, sie nickten sich im Vorbeigehen vielsagend zu, so
als wären sie sich eines gemeinsam geteilten Geheimnisses
bewusst. Nur manchmal wurde die unheimliche Stille von
einem plötzlichen höhnischen Lachen und Weibergekreisch
unterbrochen. Aber nur für Sekunden."

„Weißt du was, Baptiste", sagte Messire Corday gut-
gelaunt, der die Aufregung Amadieus noch immer nicht begreifen konnte, „weißt du, warum die geschwiegen haben,
sobald du auftauchtest: Sie werden sich einen Witz erzählt
haben, den Monseigneur nicht hören sollte."

„Jacques, spotte nicht. Ich sage dir, es bereitet sich etwas vor, sie warten auf etwas, und plötzlich wird es über uns hereinbrechen."

„Nun, ich denke, bis dahin können wir aber ruhig Tarock spielen", sagte Monsieur Corday und griff nach den Karten.

„Mein lieber Jacques, ich sehe, du teilst die allgemeine Verblendung unsrer Gesellschaft, worüber ich sehr erstaunt bin. Sehr erstaunt! Gerade bei dir, wo du doch allem Neuen zugetan bist. Aber höre nur weiter, ich bin noch nicht am Ende.

Eines Tages musste ich die Place Royale überqueren und geriet in eine solche Menschenansammlung hinein. Ich war in Eile und anfangs ging es auch ganz gut, sie wichen zurück, wie es sich vor dem Priester geziemt, und ich schritt durch eine schnell aufklaffende Masse von Menschenleibern. Aber je weiter ich vorwärtseilte, umso mehr merkte ich, dass da etwas nicht stimmte. Das war keine Ehrfurcht, die mir da Platz machte. Ihr Zurückweichen geschah mit so übertriebenem Eifer, mit einer Art augenzwinkernden frechen Bereitwilligkeit, dass es mir bei jedem Schritt unheimlicher wurde. ‚Umkehren, umkehren!', sagte ich mir."

„Das war natürlich falsch, Baptiste, du musstest weitergehen, als wäre gar nichts. Natürlich hat sie das amüsiert, und sie haben dich ausgelacht!"

„An Umkehren war nicht mehr zu denken. Hinter mir traten sie zusammen. Lautlos, kein Wort, kein Lachen, ja, wenn sie noch gelacht hätten! Höflich, bei jedem Schritt um Entschuldigung bittend, ging ich weiter. Jetzt wichen sie nur noch langsam zurück, unentschlossen, wie mir schien, als warteten sie auf etwas, vielleicht ein Zeichen, auf irgend-etwas Furchtbares, das jeden Moment eintreten konnte. Du darfst mich ruhig auslachen, Jacques, ich hatte entsetzliche Angst. Und jetzt, ich konnte schon fast die graue Menschenschlucht hindurchspähen, jetzt trat einer fünf Meter vor mir aus der Reihe heraus, ein junger Mensch in zerfetztem Mantel, einen Knüppel in der Hand. Er stellte sich breitbeinig mir in den Weg und sah mich an. Ich spüre jetzt noch, wie sich mir die Haare sträubten. Das ist das Ende, dachte ich, aber ich war so entsetzt, dass ich, ohne es zu wollen, weiterging. Er wich keinen Schritt zurück. Jetzt hob er langsam die riesige Keule. Ich taumelte auf ihn zu. Im letzten Augenblick sprang er zur Seite, machte eine tiefe Verbeugung, und während seine schielenden Wolfsaugen mich anstarrten, sagte er mit einer öligen Stimme, die ich nie vergessen werde: Gelobt sei Jesus Christus!"

„Nun ja, ich gebe zu", sagte Messire Corday, ich verstehe deinen Schrecken. Aber das war doch weiter nichts als ein Spaß. Sie haben sich einen Spaß erlaubt, einen unziemlichen einem Monseigneur gegenüber. Die Pariser sind keine Calvadossen! Du kannst nicht verlangen, dass sie dir auf Schritt und Tritt die Hand küssen wie die wohlerzogenen Kinder in Caen. Vielleicht wollten sie nur einmal sehen, wie so ein geistlicher Würdenträger sich benimmt, wenn er es mit der Angst zu tun bekommt. Und richtig, da haben sie einen Monseigneur ins Bockshorn gejagt. Was glaubst du, wie die gelacht haben werden, als du außer Hörweite warst!"

Messire Corday lachte, unbekümmert und laut. Amadieu war versucht mitzulächeln; er besann sich aber eines Anderen, wurde sehr ernst und betrachtete eingehend seinen grünen Turmalin. Er hätte dies nicht erzählen sollen. Aber er fühlte den unwiderstehlichen Drang zu reden, nicht so sehr aus dem überstandenen Schrecken heraus als vielmehr aus dem Gefühl, dass der Welt eine Gefahr drohe, die vielleicht noch abzuwenden wäre.

Er setzte sich langsam den Zwicker auf die Nase und beugte sich weit über den Tisch zu Monsieur Corday, der ihn amüsiert betrachtete: „Das ist der Beginn einer Revolte. Und ich bin einer der wenigen, die davon Kenntnis erlangt haben!"

Und dieser sonst so vernünftige Corday sitzt da und lacht, dachte Amadieu, er lacht, als wolle er sagen: ‚Na ja, Amadieu, wir wissen ja, dass du kein Kämpfer bist. Kümmer' dich weiter um Angelegenheiten der Kirche und lass Politik die Sorge anderer sein!'

Monsieur Corday schüttelte lächelnd den Kopf:

„Also mein Lieber, du meinst also allen Ernstes, die Franzosen wären in der Lage, eine Revolte, womöglich gar eine Revolution zu machen? Seit wann könnte denn ein christliches, ja sogar ein katholisches Volk vom Geist des Aufruhrs gepackt werden wider die Obrigkeit und damit natürlich auch wider die Kirche! Komme mir nicht mit den Engländern! Dort war der Aufruhr erst eine Folge des Abfalls. Das unterliegt doch nicht dem Allergeringsten! Und ich sage dir, Amadieu, hätten die Franzosen nur etwas von diesem Geist! Jawohl – ich bin ein treuer Untertan des Königs, wie du weißt, aber vieles stimmt nicht in unserem Land, die Rechtlosigkeit des Dritten Standes ist himmelschreiend. Ich sage dir, und du magst mich für verrückt halten, ein bisschen von diesem Geist des Widerstands könnte für uns alle eine segensreiche Sache sein. Doch leider, Katholiken hungern und leiden, aber sie machen keine Revolution!"

Monseigneur betrachtete wiederum seinen Turmalin, bevor er seine großen Hände ineinanderlegte: „Oh mein Gott, bin ich denn der einzige Mensch, der das Furchtbare herannahen sieht! Sie werden eine Revolution machen, sie werden eine Revolution machen!"

„Aber vorerst können wir ruhig eine Partie Tarock spielen", sagte Messire Corday und begann die Karten zu mischen, „es ist alles Komödie, Baptiste, ich kenne doch dieses geistreiche Völkchen! Haben sie nichts erreicht mit Krawall und Gekreisch, so versuchen sie es jetzt mit einer unheimlichen Stille. Und – wie du siehst – sogar mit einigem Erfolg. Ein Wort ihres geliebten Königs, ein einziges königliches Wort, und sie gehen wie Lämmer in ihre Ställe!"

‚Was rede ich eigentlich', dachte Amadieu, ‚es ist ja alles zwecklos. Vielleicht sollte ich mich wirklich nur um meine Kirchengeschichte kümmern. Es steht mir auch wirklich nicht an, mich zu ereifern. Ich habe in dieser Sache meine Überzeugung, Jacques hat seine Überzeugung. Lassen wir vorerst alles auf sich beruhen.' Seine Beunruhigung war jedoch so tief, dass er nicht umhin konnte zu bemerken:

„Wir werden sehen, mein lieber Jacques, wir werden sehen. Ich gestatte mir aber zu befürchten, dass einigen Leuten das Lachen vergehen wird, wenn die guten Pariser die Maske abwerfen. Jedoch, der Herr hat die Welt geschaffen, wir müssen in ihr leben! Spielen wir in Gottes Namen Tarock!" So saßen sie wieder zusammen, Amadieu und der Hausherr, und spielten Tarock. Amadieu trank noch ein Gläschen Stachelbeerwein, und allmählich stellte sich die friedliche, wohlgeordnete und tröstliche Welt wieder her.

Ein Brief an Onkel Amadieu

8. Juli 1784

Lieber Onkel Amadieu!
Ich bin froh, dass Sie in Rom sind. So habe ich Anlass, Ihnen zu schreiben, was ja zu meinen Hauptvergnügungen gehört. Vieles wird einem erst klar, wenn man es genau formuliert niederschreibt, anstatt es nur zu denken. Solange man die Gedanken nicht ausspricht, sind sie uns noch verhüllt und nebelhaft; erst das Wort macht sie zu ringsum abgegrenzten, unterscheidbaren Gestalten. Seit einigen Monaten schreibe ich auch Gedichte. Bis jetzt weiß es noch niemand. Nur Ihnen, verehrter Onkel Amadieu, vertraue ich es an. Ich fürchte allerdings, sie sind nicht ganz von mir, sondern von meinem großen Vorfahren Corneille inspiriert, den ich auswendig kenne. Vielleicht – ich weiß es noch nicht, ob ich es fertigbringe – lege ich eines bei.

Es gibt so vieles, was ich nicht begreife und was mich beunruhigt. Leider spielen Sie immer Tarock, wenn Sie bei uns sind, anstatt von Gott und der Welt mit uns zu sprechen, was ja auch vorkommt. Vater hat mir erzählt, dass sie wegen der Zustände in Paris sehr besorgt sind. Sie wissen sicher von Papa, dass ich zu seinem Kummer nicht royalistisch gesonnen bin; ich habe mir nie was aus den Königen gemacht. Ich bin ganz besessen von dem Gedanken der Gleichheit, den meiner Meinung nach alle Menschen sich zu eigen machen müssten. Sicher sind Sie über mich empört, weil Sie doch als Pfarrer ein Royalist sein müssen. Ich kann indes nicht verstehen, wie intelligente Menschen sich dem Willen eines

Einzelnen sklavisch unterwerfen können. Vater, dem ich das klar-
zumachen versuchte, geriet ganz außer sich und schrie mich an,
ob ich denn klüger sei als die vielen bedeutenden Franzosen, die
alle gut königlich gewesen seien, und ob ich denn mit diesem Ge-
sindel der sogenannten Aufklärer sympathisiere, die das Unterste
zuoberst kehren wollten. Als ich die Kühnheit hatte, dies zu be-
jahen (zum ersten Mal in aller Deutlichkeit, aber ich konnte nicht
anders), sprang seine Schläfenader vor Wut hervor. Es fehlte we-
nig, und er hätte mich geohrfeigt. Zum Glück trat Alexis ins Zim-
mer, der natürlich auch ein Royalist ist (er ist mittlerweile auf der
Militärakademie), und konnte ihn beschwichtigen. Ich bin un-
glücklich, dass wir in dieser Sache so verschieden denken, aber
meine Liebe zu Papa wird dadurch nicht beeinträchtigt; nur darf
er von mir nicht verlangen, dass ich meine Gesinnung ändere.
Niemals! Später, nachdem er drei Tage kein Wort mit mir ge-
sprochen hatte (ein sehr schlimmer Zustand sicher auch für ihn,
denn ich weiß, wie sehr er mich liebt!), sagte er mit ganz leiser
Stimme, das Schlimme sei, dass ich mit solcher Starrheit meine
Meinungen verträte (die hab ich von ihm), und dass man poli-
tische Überzeugungen nicht so sehr ins Persönliche hineinziehen
dürfe, denn das mache eine Verständigung zwischen verschie-
denen Ansichten nahezu unmöglich. Mein Fehler sei, immer das
Ganze zu wollen, extrem und rücksichtslos zu sein im Denken. Da
brauche man sich dann nicht zu wundern, sollte die Folge davon
einmal rücksichtsloses Handeln sein. Meine verdammten, eigen-
sinnigen Vorstellungen von Gerechtigkeit, von bedingungsloser
Gerechtigkeit, Wahrheit, Frömmigkeit, die es auf Erden nicht gebe,
niemals geben werde, meine Sucht, mich ganz einer Idee hinzu-
geben, dieser Absolutheitsanspruch, dies alles werde mich noch
einmal in große Schwierigkeiten bringen. Über zwei Stunden re-
dete er mir zu, und seine Betrübnis wegen meines starrsinnigen

Charakters machte mich sehr unglücklich, denn er hatte mit jedem Worte recht. Ich kann keine Zugeständnisse machen, Kompromisse sind mir verhasst; ich will das, was ich für wichtig und richtig halte, uneingeschränkt und – wenn es sein muss – ohne Rücksichtnahme tun. Ich wundere mich nur, woher Vater das alles weiß. Vielleicht kennt er mich, seine Tochter, deswegen so gut, weil er sich in mir wiedererkennt, weil er selbst so ein Absolutheitsfanatiker ist, der kein bisschen von seinen Ideen abweicht.

Ich gäbe viel darum, wenn ich wüsste, warum dies alles so ist bei mir. Warum alle Mädchen, die ich kenne, ganz anders sind. Jacqueline begreift das nicht. Solche Gedanken sind nicht in ihrem Kopf. Sie will auch gar nichts davon hören. Ob es mit Corneille zusammenhängt? Ich, Charlotte Corday, späte Enkelin des großen Franzosen. Das verpflichtet doch zu Außergewöhnlichem? Was hat unser Leben für einen Sinn, wenn wir nichts Bedeutendes vollbringen! Wie oft quält mich der Gedanke, dass es so viel zu tun gibt in unserer Welt, dass ich bis jetzt nichts Nützliches getan habe, dass ich nicht einmal weiß, was denn zu tun wäre. Ist es das? Das Bewusstsein, ihm ähnlich zu werden, etwas Großes, das die Welt verändert oder doch bewegt, zu vollbringen. Könnte das Schicksal mich Ahnungslose auserkoren haben? Der Gedanke, auserwählt zu sein, ich habe ihn manchmal. Jacqueline meint, es sei für ein Mädchen unschicklich, solches auch nur zu denken. Nun gut! So habe ich eben den Geist und den Mut eines Mannes. Wozu, werde ich vielleicht eines Tages wissen. Ach, ich kann mir nichts Schrecklicheres vorstellen als ein nutzlos verbrachtes Leben.

Ich habe mein Geschreibe von gestern noch einmal gelesen. Da muss es Ihnen ja angst und bange werden vor mir. Wozu habe ich mich da nur hinreißen lassen! Schieben Sie ruhig die Hälfte auf meine Lust am Schreiben, auf meine Phantasie, die ich manchmal nicht zügeln kann. Aber die andere Hälfte, die stimmt.

Was machen Sie eigentlich im Vatikan? Vielmehr, Sie sagten ja, Sie seien vorübergehend an die Pontificia Accademia delle Scienze berufen. Vater sagte, Sie müssten doch ein bedeutender Wissenschaftler sein, sonst hätten Sie diesen ehrenvollen Ruf nicht erhalten. Denken Sie daran, dass ich alles genau wissen möchte über diese Wissenschaftliche Akademie, ihre Aufgaben, welche Berühmtheiten Sie dort getroffen haben, was Sie im Besonderen zu tun hatten.

Sollten Sie, lieber Onkel Amadieu, irgendetwas mit dem Heiligen Officium, beziehungsweise der Indexkommission zu tun haben, so lässt Ihnen Papa sagen, Sie möchten sich doch dafür verwenden, dass Blaise Pascal nicht verboten wird. Sie müssen nämlich wissen (wahrscheinlich hat er mit Ihnen schon darüber gesprochen), dass er Pascal für den bedeutendsten Philosophen hält. Jeden Abend liest er in den „Pensées sur la religion". Die gute Mama hat sich anfangs sehr darüber erregt, denn sie hielt Pascal für einen Ketzer. Und stellen Sie sich vor, für Papa ist er so etwas wie ein Heiliger. ‚Der Heilige mit der Rechenmaschine', so nennt er ihn, oder auch den ‚Rechenmeister Gottes'. Hat er wirklich behauptet, wenn die Existenz Gottes Wahrheit sei, so müsse man sie auch nachweisen können, so wie man mit Hilfe der geometrischen Methode die Winkelsumme eines Dreiecks sicher bestimmen kann? Papa war sich nicht sicher, ob er ihn richtig verstanden habe. Gott ist doch nicht mit einer Winkelsumme vergleichbar! Ich brauche keinen Beweis seiner Existenz!

Sie ahnen nicht, wie wütend Papa ist, dass die Pensées zu den librorum prohibitorum gehören sollen. Dann solle man doch am besten auch gleich Thomas von Aquin verbieten. Er vermutet, dass die Jesuiten dahintersteckten, weil Pascal sie lächerlich gemacht habe. Und wissen Sie, woher seine Abneigung rührt? Er glaubt fest und steif, dass François Ravaillac im Auftrage der Jesuiten Heinrich von Navarra, den Stammvater seiner geliebten Bourbonen umgebracht habe.

Einmal hat mir Papa etwas von Pascal vorgelesen aus dem Gebet über den heilsamen Gebrauch der Krankheiten. Weil ich – wie Mama – glaubte, er sei ein Ketzer, habe ich mir zuerst die Ohren zugehalten aus Angst vor der Exkommunikation. Das machte ihn aber nur wütend und er schrie ein paar Sätze so laut, dass es gar nichts nützte. Ich weiß es nicht mehr genau, aber kann es sein, dass ich da den Satz gehört habe, der mich wochenlang ganz verwirrte: „Die Krankheit ist der einzige eines wahrhaften Christen würdige Zustand." Wie schrecklich, nicht wahr? Denn demnach befinden sich doch alle gesunden Christen in einer Art sündhaften Zustands. Ich wollte damals um jeden Preis krank werden. Einmal ist es mir tatsächlich gelungen, mir einen schweren Schnupfen zuzuziehen anstelle einer Lungenentzündung, die ich mir sehnlichst gewünscht hatte, indem ich im Dezember barfuß durch den Schnee gelaufen war. Da hatte ich einen christlichen Schnupfen und drei Tage drauf eine Halsentzündung und somit nach Pascal einen Verdienst erworben. Ich kann mir nicht denken, dass Pascal das so gemeint hat! Papa war dann sehr böse auf mich: Ich wäre fromm genug, für seine Begriffe viel zu fromm, ich müsse ja alles übertreiben. „Das sieht ja beinahe so aus", lachte er denn doch, „als hättest du das Zeug zu einer Märtyrerin in dir!" Mir war gar nicht zum Lachen. Dass Papa merkwürdige Ansichten hat, wissen Sie ja. Was seine religiösen Anschauungen betrifft, so meine ich manchmal, er gehöre nicht mehr zur Gemeinschaft der Gläubigen. Vielleicht denkt er aber viel tiefer über alles nach, viel persönlicher.

Morgen, lieber Onkel, habe ich eine große Neuigkeit für Sie. Es ist nämlich schon neun Uhr, und ich wollte noch Kirschmarmelade kochen und Strümpfe stopfen, was ich (letzteres) nur mit Widerwillen tue.

10. Juli 1784

Was meinen Sie, wer neulich wieder einmal hier war? Die Patriarchin! So haben Sie sie doch einmal genannt, die Äbtissin aus Caen. Und tatsächlich, Sie haben recht: Sie ist eine. Dass man mit so viel Würde herumlaufen kann! Wissen Sie, mit welchem Ansinnen sie kam? Oder stehen Sie gar mit ihr im Bunde? Vor vier Jahren war sie zum ersten Mal zu uns herausgekommen. Es hatte sie bestimmt Überwindung gekostet, denn Papa ist doch sicher in ihren Augen ein alter Heide. Ich war damals hinausgeschickt worden. Es ging darum, dass Eleonore und ich in die Klosterschule aufgenommen werden sollten. Ich hatte alles gehört; vom Kamin aus hört man jedes Wort, das im Salon gesprochen wird. Bei diesem ersten Besuch lehnte Papa ohne zu zögern ab. Vor allem mich wollte er vor dem Schicksal bewahren, in der Klosterschule allmählich zur Nonne erzogen zu werden; wenn die Verehrungswürdige (dass Papa das über die Lippen brachte!) mein ungestümes Wesen und meinen störrischen Charakter kennte, wäre sie wohl nicht auf diesen Gedanken gekommen, hatte er ihr gesagt. Sie gab jedoch nicht auf und kam seitdem öfters. Schon beim zweiten Male durften wir im Zimmer bleiben. Jetzt, bei ihrem letzten Hiersein, von dem ich Ihnen ausführlich berichten will, ist die Sache entschieden worden; allerdings unter der ausdrücklichen Bedingung Papas, dass auf uns keinerlei Druck angewendet werden dürfe, Nonnen zu werden. Das wurde sogar schriftlich festgelegt. Wir Kinder waren von Anfang an gar nicht so gegen diesen Plan, denn dass man uns gegen unseren Willen ins Kloster stecken könnte, hielten wir für ausgeschlossen. Warum also nicht in eine so gute Schule gehen?

Das war die Neuigkeit. Ich halte es übrigens gar nicht für ausgeschlossen, dass ich eines Tages den Schleier nehmen werde. Sollte ich die Berufung fühlen, ins Kloster einzutreten, dann wird mich niemand von diesem Entschluss abbringen. Unerträglich wäre es mir nur, mich einer fremden Willensentscheidung unterwerfen zu müssen. Es könnte dann so weit kommen, dass ich eines Tages selbst etwas, was ich wollte, nicht mehr will, weil ich es soll.

Lieber Onkel, darf ich mich in einer schwierigen Angelegenheit an Sie als Priester wenden und Sie um Rat bitten? Neben meinen Büchern ist das Gebet für mich das größte Glück. Ich kann mich und meine Umwelt völlig vergessen, bis ich spüre, der Erde ganz entrückt zu sein. Gibt es denn so etwas wie eine Aufhebung der irdischen Schwere durch das Gebet, ein Hinaustreten über unsere Räumlichkeit; ist es möglich, dass durch die Innigkeit des Gebets unser Geist aus seiner irdischen Fessel losgerissen wird und an die Schwelle des Jenseits gelangt? Sie wissen, dass ich umgekehrt erlebt habe, dass etwas Überirdisches sich zu mir hinabneigte. Was könnte es anderes gewesen sein als ein Engel? Und dass mir Mama erschienen ist oder ihr Geist. Ich wollte es ja keinem Menschen außer Papa sagen; aber es hat sich nun doch herumgesprochen und man hält mich für nicht ganz normal, für mondsüchtig. Mir ist das gleich: Was ich gesehen habe, habe ich gesehen. Ich möchte von Ihnen wissen, ob das inständige Gebet, der Jubel der Seele unser kleines Sein und seine armselige Gebundenheit an das Gesetzmäßige aufheben kann? Ich bin in meinen Gebeten so weit von hier fort, dass ich zu schweben glaube weit im All und dass ich plötzlich Gottes Nähe spüre, für Sekunden nur. Helfen Sie mir, Hochwürden! Ich bedarf so dringend Ihres Rates. Was ist das für eine Frömmigkeit, die zu solchen Zuständen führt, hat das etwas zu tun mit Auserwähltsein? Ich kann doch nicht an dem zweifeln, was ich bei klarem Verstand erlebe! Manchmal finde ich mich weinend am Boden liegen. Es sind aber nur Tränen des Glücks, eines unbändigen Glücks, das mich fast umbringt. Und ist es denn überhaupt Frömmigkeit, wenn man dabei so glücklich ist? (Nach Pascal offenbar nicht.) Manchmal bin ich fest davon überzeugt, dass die Einsamkeit des klösterlichen Lebens für mich das Richtige wäre. Und dann zweifele ich wieder und habe ernsthafte Bedenken. Meine unbändige Lesewut etwa. Liest denn eine gottgeweihte Person halbe Nächte lang die römische Geschichte mit ganz unfrommer, ganz und gar weltlicher Begeisterung, erlebt in ihrem Herzen die unerhörten Taten mit und fühlt sich dann bereit, es einem Brutus gleichzutun? Gewiss nicht! Und wird sich denn mein unbeugsamer Wille, meine Energie, ein ganzes Leben lang dem klösterlichen Gehorsam unterwerfen?

Wissen Sie, lieber Onkel Amadieu, wer die Tante Äbtissin zuletzt begleitete? Ihr Neffe, der Vicomte de Belsunce, Henri heißt er. Ist das ein lackierter Affe! Entschuldigen Sie, aber noch bin ich die Demoiselle Corday und keine Nonne. Das soll ein Offizier sein, auch noch im Regiment Bourbon in Caen! Diese winzige komische Figur mit ihrer Reitgerte und den ewigen Bücklingen vor der Tante! Und ein Aufschneider ist das! Man sprach von Ihren Pariser Geschichte und den Revolten, die auch in anderen Städten sich nun häufen. Da hätten Sie das Barönchen hören sollen, wie es aufzuräumen gedächte mit diesem Gelichter, wenn das in Caen vorkommen sollte! Wie er sich als Held aufspielte, um uns – ich glaube, im Besonderen mir – zu imponieren. Dabei aß er ständig Schokolade, was ich bei einem Mann auf den Tod nicht ausstehen kann. Die Patriarchin blinzelte uns aber hinter seinem Rücken zu, natürlich mit aller Gemessenheit. Der Vicomte sprach sehr viel von Ehre und Ruhm und Heldentum und von sich. Ich blickte schon die ganze Zeit über Papa an, denn von Helden hat Papa eine ganz besondere Meinung, die bei einem ehemaligen Offizier und so überzeugten Monarchisten sehr verwundert. Er hält nämlich gar nichts von ihnen.

Hier muss ich etwas einfügen, was Sie wissen müssen, ehe ich in meinem Bericht fortfahre. (Ich komme ja von einem ins andere. Dabei wollte ich Ihnen nur einen Gruß schicken. Meine Schreiblust verführt mich). Dass Vater schweigsam ist, haben Sie ja selbst bemerkt; aber kommen Sie einmal auf das Thema Helden oder Krieg zu sprechen! Er hat mir und Alexis einmal eine Lektion über dieses Thema erteilt. Das war am Vorabend von Alexis' Eintritt in die Militärakademie. Ach, das wissen Sie ja auch noch nicht, dass mein Bruder jetzt Soldat ist und davon träumt, ein Held zu werden. Damit er durch falsche Vorbilder nicht verdorben *würde, sagte Papa, habe er ihm noch einiges zu sagen; und mir mit meiner antikischen Schwärmerei könne es auch nichts schaden.*

Das, was Menschen gemeinhin als Heldentum ansähen, und Erbärmlichkeit lägen dicht beieinander. Es sei eine verhängnisvolle und leider unausrottbare Verblendung, die Erfolgreichsten auf dem Schlachtfeld als Helden zu feiern. „Wo immer ihr eines Denkmals ansichtig werdet", sagte er, „auf dem einer in heldenhafter Pose dasteht, könnt ihr ziemlich sicher sein, dass derselbe alles Mögliche verkörpert, nur keinen Helden. Von zehn Denkmälern dieser Art hat man neun für Mörder errichtet. Welch eine Verherrlichung nationaler Verbrechen!"

„Und Duguesclin, der Freiheitsheld auf dem Reiterstandbild in Caen?", unterbrach ihn Alexis.

„Du meinst, weil er Franzose und außerdem ein Normanne ist und die Engländer aus Poitou verjagt hat, deshalb sei er ein Held? So denken sie alle, die Deutschen, die Engländer, die Polen, und feiern die, die andere hassen. Gehört es zum Wesen des Helden, dass er Leid in die Welt bringt, oder ist es nicht vielmehr heldenhaft, ohne Rücksicht auf das eigene Wohlergehen das Leid der anderen sich angelegen sein zu lassen.

Glaubst du nicht, Alexis, dass mehr Seelenkraft dazu gehört, einen Feind zu schonen als ihn zu erschlagen? Ich habe schon immer den Verdacht gehabt, dass die großen Raufbolde der Weltgeschichte ein ganz jämmerliches, feiges Pack sind. Aus Angst schlagen sie um sich, weil sie vor dem eigenen Tod entsetzliche Angst haben. So waten sie im Blut ihrer Mitmenschen vorwärts, in einer Art Panik nach vorn, Feigheit nach vorwärts, ein Paradoxon ihrer Jämmerlichkeit."

„Und Vercingetorix, Karl Martell, Charlemagne und wie sie alle heißen?"

„Das sind mir schöne Helden", lächelte der Vater, „wenn es auch nicht gerade die verwerflichsten sind. Aber ich will dir einen nennen, einen einzigartigen Helden der Weltgeschichte, der das unbegreiflich kühne Wort nicht nur gesprochen, sondern uns auch vorgelebt hat: ‚Liebet eure Feinde!' Wo bleiben da alle deine großen Draufschläger vor diesem Helden der Feigheit? Und wo bleiben sie vor Sokrates und Dante und Blaise Pascal und Franz von Assisi?"

Das wäre ja alles schön und gut, meinte darauf Alexis, aber die Welt sei nun einmal anders, und Vater wäre in seinen Anschauungen nicht in der Zeit, in der wir lebten.

Papa antwortete darauf nur noch, er wäre in seinen Anschauungen keineswegs altmodisch. Es sei nur zu einfach. Und das Einfache sei den Menschen zu kompliziert. Außerdem sei es anscheinend zu christlich, als dass es ein Christ begreifen könne. Die Geschichte der christlichen Völker lege diese Vermutung jedenfalls nahe.

Am nächsten Morgen reiste Alexis ab. Beinahe hätte ich geweint, als er in die Kutsche stieg. Alle waren auf dem Hof versammelt. Jean-Chappe hatte den Apfelschimmel mit Birkenreisern geschmückt. Marie schnäuzte in ihre Schürze. Papa versuchte sein Bewegtsein zu verbergen. Alexis aber lachte die ganze Zeit. Und dann – ich weiß nicht, ob er es wegen des Gesprächs am Vorabend tat oder einfach nur aus Gedankenlosigkeit – rief er plötzlich: „Held Alexis begibt sich auf die Militärakademie. In den Krieg geht es noch nicht. Aber was nicht ist, kann noch werden."

Alexis ist ein Grünschnabel!

Verzeihen Sie mir, lieber Onkel, wenn in meinem Brief alles so durcheinander geht und ich gar nicht zu Ende komme. Nachdem Papa lange zugehört hatte, was der Vicomte über unerbittliche Maßnahmen zum Schutze des Vaterlandes, Einsatz bis zum letzten Blutstropfen und heldischer Selbstaufopferung zu sagen hatte, wurde es ihm schließlich doch zu viel. Belsunce war gerade dabei, den Krieg als Hohe Schule der Nation zu preisen, als es aus ihm herausplatzte:

„Schluss jetzt. Ich habe keine Lust, mir in meinem Hause solches Geschwätz länger anzuhören! Der Herr Vicomte ist sehr jung, ich will darauf Rücksicht nehmen. Ich sage daher nur folgendes, wenn auch nicht mit allzu großer Hoffnung, verstanden zu werden:

Die Sinnlosigkeit des Krieges den Menschen vor Augen zu führen, ist fast ebenso sinnlos wie der Krieg selbst. Das kommt daher, weil es noch einfacher ist als zwei mal zwei. Ich werde es ihnen dennoch in drei Sätzen beweisen. Kriege werden geführt, um einem drohenden Übel abzuhelfen. Der Krieg selbst ist aber das ärgste aller Übel. Also wird bei jedem Kriege in einer Art geistiger Umnachtung der ganzen Nation in jedem Falle das größere Übel dem kleineren vorgezogen. Dass dies Wahnsinn ist, unterliegt ja wohl nicht dem Allergeringsten!"

Die Tante Äbtissin und der Vicomte sahen den Vater ganz verdutzt an. Sie gingen dann auch sehr bald.

Da sehen Sie, zu welch weltfremden Erkenntnissen Papa sich hinreißen lässt (ich glaube, er ist ein Jansenist), und dass er gar keinen Grund hat, mir vorzuwerfen, ich sei in meinen Gedanken absolut und starr.

Ich war übrigens mit Tante Ivette zwei Tage in Caen, bei Madame Bretteville und auch im Kloster. Es wird ernst. Ich habe der

Tante Äbtissin meine Bedenken gesagt. Sie war nicht einmal böse. Wir haben alles besichtigt: den Kapitelsaal und die Bibliothek; wenn ich die vielen Bücher lesen darf, bin ich schon damit versöhnt, dass meine Freiheit eingeschränkt sein wird. Wenn nur die Zellen nicht so klein wären!

Ich komme jetzt zum Schluss. Verzeihen Sie mir die vielen Seiten! Dabei weiß ich nicht einmal, ob dieser Brief Sie je erreichen wird, da ich Ihre genaue Adresse verloren habe. Ein Bekannter aus Bayeux, der in acht Tagen nach Rom reist, nimmt ihn mit.

Wenn ich in Rom wäre, würde ich zuerst zum Kapitol gehen und dann in den Vatikan. In den Vatikan wegen der Sixtina, aufs Kapitol wegen Brutus. Einmal möchte ich an der Stelle sein, wo Brutus den Cäsar umgebracht hat. Können Sie das verstehen?

Ihre
Charlotte de Corday

P.S. Papa lässt Ihnen nochmals ausrichten, Sie möchten das Heilige Offizium davon abhalten, Pascals „Pensées'' auf den Index zu setzen! Vielmehr sollten Sie es dazu bewegen, seine Heiligsprechung zu betreiben. Ich habe mich, da Sie nun so viel von mir wissen, doch entschlossen, Ihnen eines meiner Gedichte zu schicken; ich werde es „Hingabe einer Jungfrau an Gott" nennen.

C'est la printemps sacré, c'est là ce sacrifice
Qu'il regarde icibas de l'oeil le plus propice;
Car enfin ne crois pas en être autant aimé
Quand tu lui donneras ton squelette animé
Quand sur ton front ridé l'accablante vieillesse
Ne peindra que soucis, que crainte et que tristesse,
Et que tes excès un léger souvenir
T'occupera bien moins que la peur de finir ...

Geschichte eines Briefes

Als Charlottes Schreiben im Vatikan anlangte, war Amadieu in Verfolgung seines wissenschaftlichen Auftrages bereits in Venedig. Es wurde daher infolge der Namensähnlichkeit ohne großes Bedenken einem römischen Prälaten Amadeus, Mitglied der Akademie der Wissenschaften, ausgehändigt, dem es einiges Kopfzerbrechen machte, da seltsamerweise gerade er maßgeblich mit dem wissenschaftlichen Gutachten über die Integrität der „Pensées sur la religion" beschäftigt war und über Blaise Pascals Schicksal zu befinden hatte.

Als Amadieu fünf Jahre später abermals in Rom weilte, um über antikirchliche Bestrebungen im Erzbistum Rouen Bericht zu erstatten, lernte er bei einem Besuch der Pontificia Accademia delle Scienze den hochgelehrten Jesuiten Amadeus kennen, der sich des Briefes einer Charlotte Corday erinnerte, der wohl fälschlich in seine Hände geraten sei und den er beim nächsten Zusammentreffen Amadieu zu übergeben versprach.

Nachdem Amadieu im Oktober 1792, da er den Eid auf die Verfassung standhaft verweigerte, elend zu Tode gekommen war, gelangte der Brief aus seiner Hinterlassenschaft in die Hände des mit seinem Fall befassten Öffentlichen Anklägers BougonLongrais, der ihn vor seinem eigenen Tode seiner Mutter in Verwahrung gab. Da Messire Corday nach der Exekution seiner Tochter aus Frankreich ausgewiesen worden war, blieb der Brief zunächst im Besitz der alten Vicomtesse Bougon Duclos. Messire Corday hatte sich als ein völlig gebrochener Mann nach Barcelona begeben, wo er 1798 in ärmlichen Verhältnissen starb.

Wenige Tage vor seinem Tode erhielt er auf Umwegen den umfangreichen Amadieu-Brief von der Vicomtesse aus Rennes, die sich schweren Herzens von diesem Gegenstand der Erinnerung an die Freundin ihres Sohnes getrennt hatte.

Messire Corday las den Brief. Von ihm war oft die Rede und immer wieder von ihm. Das Schicksal seiner Lieblingstochter und das Alter hatten seinen Geist in Verwirrung gebracht. Er lebte in einem kleinen muffigen Zimmer im ersten Stock eines Mietshauses in der Calle Escuedillas, wo sich eine Donna Maria aus der Nachbarschaft hin und wieder um ihn kümmerte. Es war eine große lärmende Stadt, aber er glaubte in Mesnil Imbert zu sein. Abend für Abend hielt er den Brief in den Händen und las. Er hörte die Hühner gackern und die Kühe brüllen. Stundenlang sprach er mit Charlotte und lächelte in sich hinein. Dann nahm er die Blätter und legte sie zum Schlafen unters Kissen. Tagsüber schlurfte er durch die angrenzenden Straßen und Gassen; manchmal betrank er sich, saß auf einem Prellstein vor der Bar und zeigte den Passanten ein dickes Bündel mit eng beschriebenen Seiten. Man lächelte hinter seinem Rücken oder trieb auch ganz offen seinen Spaß mit dem verrückten Alten.

Eines Abends, als die Hauswirtin wegen der Miete zu ihm ins Zimmer kam, sagte er, ohne vom Brief aufzublicken:

„Ach, Marie, du Liebes, was ich noch sagen wollte, ja, wie denn, ja, wir wollen dieses Jahr die Ameisen durchpassieren lassen. Und siehst du, die Revolution hätten wir auch überstanden! Was wollt' ich doch ... Ja, leg mir doch heimlich, dass Mama es nicht bemerkt, den Heiligen Pascal auf den Nachttisch. Und auch den Montaigne, den ich gestern gekauft habe. Was? Wie heißt das noch? Philosophieren, das ist Sterben lernen. Als ob wir das nicht könnten!"

Wenige Tage darauf wurde der Pfarrer geholt. Messire Cordays schweißfeuchte Hände umklammerten den Brief. Er lallte etwas. Immer dasselbe Wort. Er war linksseitig gelähmt und hatte die Sprache verloren.

„Wahrscheinlich", sagte der Pfarrer zu Donna Maria, „spricht er von seiner Tochter. Der Herr sei ihrer Seele gnädig!"

Der Priester reichte ihm die letzte Wegzehrung. Bald darauf hob er noch einmal seinen Kopf fast ohne Anstrengung, blickte Donna Anna mit einem kleinen Lächeln an, flüsterte „Charlotte". Dann sank er in das Kissen zurück. Der Pfarrer betete lauter und legte schließlich Messire Cordays kalte Hände über dem schmutzig-gelben Brief ineinander.

Im Totenregister der Pfarrei Sankt Jakob in Barcelona findet sich folgende Eintragung:

„... dass Herr Jacques-François Corday d'Armont, gebürtig aus Menilsimberg (sic), Bistum Lisieux, Provinz Normandie in Frankreich, am 30. Juni 1798 ein christliches Begräbnis erhalten hat und dass Besagter nach dem Empfang der Sakramente bei vier Kerzen verstorben ist."

Das Schicksal
hat den Faden schon gesponnen

Vierzig Fuß hoch ragte der Galgen auf dem Schlossplatz von Versailles in den blassblauen Oktoberhimmel. Die beiden lang herabhängenden Gestalten schaukelten im Wind hin und her. Auf dem Querbalken saß ein Mensch mit ziegelrotem Bart und hochgekrempelten Ärmeln im Reitsitz. Unten war eine Verzögerung eingetreten. Deshalb schrie er etwas hinunter. Inmitten des kleinen Karrees der Schlosswache war es dem Delinquenten gelungen, sich loszureißen und die Henkersknechte zu Boden zu werfen. Er blickte hinauf. Nur eine Sekunde. Er blickte in die Runde, suchte eine Lücke in der Soldatenreihe. Es gab keine. Plötzlich rannte er gegen die starrende Wand aus Menschenleibern. Sie wankte; sie öffnete sich nicht. Er umklammerte die Beine eines Grenadiers, blieb regungslos liegen. Die Knechte kamen heran, rissen ihn hoch, fesselten ihn, schnell und keuchend, schleppten ihn und stießen ihn zur Leiter. Oben der schrie etwas. Der eine kletterte auf die Leiter und zog ihn an einem Strick hinterher. Er wehrte sich nicht mehr; aber er ging auch nicht. Keinen Schritt. Der andere stach ihm in die Beine und stemmte sich mit den Schultern unter sein Gesäß. Sprosse für Sprosse ging es aufwärts, ziehend, schiebend und stechend.

Jetzt sahen ihn alle. Vor den Gittertoren standen sie. Kopf an Kopf. Mit aufgerissenen Augen, regungslos und stumm. Ein fürchterliches Schweigen lag über dem Platz. Nur oben der schrie. Wie man es machen solle! Nun ging es besser. Sie hatten die halbe Höhe erklommen. Die Leiter bog sich unter der arbeitenden Last bis an den Galgen durch. Sie quietschte. Sie sahen, dass er noch sehr jung war. Weiter hinten erhob sich ein dünnes Weinen und verstummte wieder.

Langsam näherten sie sich dem Querbalken. Manchmal hörte man die Knechte keuchen. Er war aber stumm vor Entsetzen. An seiner Hose erschienen dunkle Flecken von Blut und Urin. Der mit dem ziegelroten Bart beugte sich weit hinunter und legte ihm die Schlinge um den Hals. Sie versuchten, ihn von der Leiter zu stoßen. Sie schlugen auf ihn ein. Er hatte sich mit den Beinen um die Leiter geklammert. Der Henker ließ sich von oben hinab und stellte sich wippend auf seine Schultern. Da sackte er zusammen; aber der Strick hielt ihn. Der untere der Knechte packte seinen Fuß und drehte ihn mit einem Ruck nach hinten. Im gleichen Augenblick trat ihm der Henker mit dem ganzen Schwung seines herabhängenden Gewichtes mit beiden Beinen gegen den Brustkorb. Wie ein Stein stürzte er in die Tiefe. Bis das Seil sich straffte. Und die zuckende Last gegen den einen der beiden dort schon Hängenden stieß und dieser gegen den zweiten. Und alle drei einen lautlosen Tanz zu vollführen begannen, indem sie gegeneinander schwebten, sich manchmal noch sacht berührten und voreinander zurückwichen und ganz leise um ihre eigene kleine Mitte zu pendeln begannen. Der letzte bewegte sich am längsten; seine Beine zuckten noch ein wenig.

Kommandos ertönten, die Wache rückte ab. Die Henker kletterten die Leiter hinunter. Einer der Gehilfen erbrach sich unter dem Galgen. Die Menge verzog sich.

Hinter einem der vielen Fenster des Schlosses steht der König. Er ist noch im Jagdanzug, so wie er vor einer halben Stunde unerwartet vom Kleinen Trianon zurückgekehrt ist. Er wusste nichts von dieser Exekution. Er weiß vieles nicht und will auch nichts wissen. Er kann sich auf seine Calonnes und Besenvals verlassen. Aber irgendjemand hat ihm auf dem Weg vom inneren Hof zu seinen Gemächern zugeflüstert, was da draußen geschieht.

Und nun steht er am Fenster, allerdings mit geschlossenen Augen. Er ist allen Grausamkeiten abhold. Aber seine Schwäche verleitet ihn wieder dazu, königlicher zu erscheinen, als es ihm möglich ist. Er spürt die Blicke des Herrn von Calonne in seinem Rücken und die schläfrigen und doch so wachsamen Augen des Herzogs von Liancourt, der fast immer um ihn ist. Und jetzt meldet ihm jemand den Eintritt des Kommandeurs der Leibwache. Der erstattet Bericht: Dass am Morgen etwa hundert Menschen in den Schlosshof eingedrungen seien unter dem Vorwand, den König sehen zu wollen. Am Mittag seien es an die dreihundert gewesen, die sich lärmend und nach Brot schreiend gegen das Portal in Bewegung gesetzt hätten. Darauf habe man sie mit der Waffe zurückgetrieben, wobei drei auf dem Platz tot liegengeblieben seien. Aber die Menge habe sich nicht beruhigt, so dass man noch drei von ihnen habe ergreifen müssen.

Der König steht nach wie vor am Fenster. Sein aufgedunsenes Gesicht zuckt. Jetzt öffnet er einen Augenblick die Augen und erblickt den Galgen mit den dunklen baumelnden Gestalten. Er schließt sie sofort wieder. Seine wulstige Unterlippe krampft sich zusammen. Aber er besinnt sich und richtet sich hoch auf.

„Interessant!", sagt er laut, „und diese drei?"

„Wurden auf Befehl Monsieur de Besenvals hingerichtet!"

„War etwas Besonderes mit ihnen?"

„Nein, Sire, zur Abschreckung, wie man sagte!"

„Interessant", sagt der König abermals und zwingt sich, die Augen zu öffnen, „ach so, natürlich, nur so! Zur Abschreckung!"

Nun wendet er sich um. Sein sonst so teigiges Gesicht ist gerötet; tief hängen die schweren, auffallend gelben Lider über die Augen. Schwermütig heftet sich sein Blick auf Liancourt, der ihn schläfrig betrachtet:

„Besenval soll kommen!"

Der Kommandeur verschwindet; Besenval steht schon da.

Baron Besenval ist einer der wenigen Vertrauten des Königs, die diese Auszeichnung verdienen. Ludwig zieht ihn nicht nur über die verworrenen Staatsgeschäfte zu Rate, sondern auch über die internsten Familienangelegenheiten, beispielsweise die Günstlingswirtschaft Ihrer Majestät oder die immensen Schulden der königlichen Brüder, die der Finanzminister Calonne allzu willfährig aus der Welt schafft; aber auch, wenn die zehnjährige Madame Royale einen Schnupfen hat, wird Besenval eingeweiht.

Der König schiebt sich den breiten Ledergurt, der schräg über den ansehnlichen Bauch hängt, zurecht und geht auf Besenval zu, da dieser Anstalten macht, vorschriftsmäßig zu rapportieren.

„Mein Lieber", sagt der König, während seine schweren Lider noch tiefer über die Augen sinken, „musste das sein?"

Besenval nimmt abermals Haltung ein, obwohl der König abwinkt:

„Sire, es musste ein Exempel statuiert werden, ich konnte für die Sicherheit Versailles' nicht mehr einstehen. Ich bitte um Nachsicht, wenn ich nicht in Ihrem Sinne gehandelt haben sollte."

Liancourt und Calonne werfen sich einen schnellen Blick zu; sie lieben diesen dienstbeflissenen General nicht.

„Einer von ihnen", sagt der König, „soll sehr jung gewesen sein!"

„Jawohl, Majestät", beeilt sich Liancourt, „achtzehn Jahre!"

Besenval steht gesenkten Hauptes, während die traurige Stimme seines Königs ihn noch mehr verwirrt:

„Das ist zu jung, General, um gehenkt zu werden!"

Calonnes' schläfrige Augen weiten sich einen Augenblick: ‚Endlich, Herr Baron Besenval', denkt er sich, ‚sind Sie an der Reihe.'

Aber da sagt auch schon der König:

„Ich weiß, Sie haben es für uns getan, die Staatsraison hat es gefordert. Ich werde heute Nacht nicht schlafen können!"

Der König geht mit schweren Schritten durch das Zimmer; schon öffnen sich die Flügeltüren zu den inneren Gemächern.Er möchte sich zurückziehen; wie immer hat ihn die Jagd ermüdet, diesmal sogar verärgert, da die Piqueurs die Meute nicht rechtzeitig loskoppelten. Aber Besenval tritt einen Schritt auf ihn zu, und auch Calonne scheint seinen Blick zu suchen.

„Gnädigster Herr", sagt der General, „ich muss Sie davon in Kenntnis setzen, dass die inneren Provinzen, für deren Sicherheit ich verantwortlich bin, mir Veranlassung zu ernsten Bedenken geben. In der Touraine sind zwei Mehltransporte der Regierung überfallen worden. Aus der Île de

France häufen sich täglich die Meldungen über Plünderungen von Fleischer und Bäckerläden, in Chartres haben aufrührerische Arbeiter eine Manufaktur zerstört. Flugblätter laufen um, die den Geist der Revolte verbreiten. Ich sehe in diesen Vorgängen eine sehr ernste Gefährdung der allgemeinen Sicherheit. Sire, verzeihen Sie mir, wenn ich es ausspreche, es ist die Vorbereitung einer Rebellion. Es muss etwas geschehen!"

Der König nickt dem General huldvoll zu, setzt aber nun den Weg zu seinen Gemächern fort: „Aber doch nicht heute", sagt er, „mein lieber Baron, Sie nehmen diese Dinge zu ernst. Veranlassen Sie immerhin, was Sie für nötig halten, aber nur keine Exekutionen! Nur kein Blutvergießen!"

Calonne tritt vor: „Majestät sollten sich mehr Ruhe gönnen! Wir sollten Ihre Majestät mit solchen Dingen jetzt nicht belästigen. Majestät", er nähert sich noch einen Schritt, und seine Augen haben alle Schläfrigkeit verloren, „ich habe Ihnen eine erfreuliche Meldung zu machen. Die Verhandlungen über den Ankauf von Rambouillet stehen vor dem Abschluss. Sie können das beabsichtigte Hoffest in Ihrem neuen Lustschloss feiern!"

„Wie schön", sagt der König, „wie überaus schön! Wie stellen Sie das nur an, wo unsre Kassen ständig leer sind? Aber lassen Sie uns morgen über alles sprechen. Es ist sieben Uhr, und Sie wissen, zu dieser Stunde begebe ich mich in meine Werkstatt, um zu feilen. Ich muss noch viel lernen. Aber mein Lehrer Gamain ist recht zufrieden mit mir. Wissen Sie, dass er mir einen neuen Instrumentenkasten besorgt hat mit wunderbaren Feilen, ganz winzigen Feilen. Sie können sich sicher nicht vorstellen, meine Herren, wie schön es ist, zu feilen und zu schmieden. Morgen können wir über alles sprechen. Gamain wartet!"

Die Herren verneigen sich tief, und Ludwig, der Spross von sechzig Königen, eilt, als sei plötzlich alle Müdigkeit von ihm abgefallen, in seine Schmiedewerkstatt, denn Gamain wartet.

Der Gasthof, in dem er vor drei Tagen abgestiegen war, nannte sich „Zur letzten Zuflucht" und stand unmittelbar an der Seine im Hafenviertel von Rouen.

Er hat sein kleines Zimmer seitdem nicht verlassen, sitzt unrasiert und, da es schon ziemlich kalt ist, in einem abgewetzten braunen Mantel an einem kleinen, nicht ganz standfesten Tisch aus Tannenholz, der bis über den Rand mit Schreibbogen, aufgeschlagenen Büchern und Zeitungen bedeckt ist. Auf dem Boden unweit des Bettes steht eine Flasche billigen Rotweins neben einem sauber abgenagten Geflügelgerippe. Für einen Schrank ist kein Platz; er hätte eines solchen auch nicht bedurft. Ein aus gedrehten Eisendrähten gefertigter Kleiderhaken ersetzt ihn vollauf. Darunter steht ein offener rindslederner Reisebeutel, leer. Ein leichter Geruch wie von Essig schwebt in der Kammer.

Sein Kopf ist mit einem nicht ganz sauberen Leinentuch mit wenigen Verschlingungen wie ein Turban fest umwickelt und bedeckt die Stirn. An einigen Stellen schimmert etwas pflaumenfarben durch. An der rechten Seite in Höhe der Schläfe hat sich ein bereits centimegroßes Geschwür ausgebreitet; warzenhaft zerklüftet quillt es hellrot unter verkrustetem Puder hervor.

Er murmelt und schreibt, hebt den Kopf und blickt über den Fluss, wo am anderen Ufer einer der neuen Schoner meerwärts zieht. Er sieht ihn nicht, steht auf, trinkt einen Schluck aus der Flasche, geht ungeduldig hin und her, jeweils drei, vier Schritte zwischen Tür und Wand, setzt sich hastig, schreibt, stundenlang, wirft sich angekleidet aufs Bett. Er starrt ins Leere, sein Blick bekommt etwas Höhnisches, Triumphierendes, er springt wieder auf und schreibt, ungewöhnlich schnell und sicher, lacht auf, während die Feder auf den Tisch fliegt. Doch dann – er steht auf, zieht eine Messingbüchse aus der Manteltasche, entnimmt ihr einen Schwamm, bleibt stehen und betupft verbissen das aufgebrochene Geschwür. Der verfluchte Juckreiz! Er fährt sich in den Ärmel, reißt sich den Kragen auf, kratzt an Hals und Brust, jetzt auch an Hinterkopf und Nacken. Er reißt sich den Turban herunter, scheuert und schabt seinen Rücken an der Wand, winselt schmerzvoll befriedigt. Sein Blick fällt auf den Tonkrug unter dem Tisch; rasch wirft er Mantel und Rock ab, zieht das verfleckte Hemd hoch und beginnt sich wütend eine kaum sichtbare, dunkel getönte Stelle an der linken Bauchseite zu kratzen, die nun aber zusehends blauschwarz und unheilvoll hervortritt und zu bluten anfängt. Er gießt etwas von der Flüssigkeit des Kruges in seine Hand und reibt sich ein, immer wieder, überall, betupft die nun wohlig brennenden Stellen mit dem Schwamm und bestreut sie mit einem gelblichen Puder. Es geht ihm jetzt sichtlich besser, er wirft sich in die Kleider, drückt den Schwamm zum Fenster hinaus aus, ergreift schließlich wieder die Feder, stößt sie in das übergroße Tintenfass und schreibt.

An einem der nächsten Tage verließ er sein Quartier. Er hatte zuvor sein Manuskript noch einmal überarbeitet, nummeriert und mit einem Titelblatt versehen. Sein Gang war zielbewusst, aber ohne Eile. Er schritt durch die kleinen Gassen des Hafenviertels, überquerte den geräuschvollen Place du Vieux-Marché, wo die Jungfrau lebendigen Leibes verbrannt worden war und jetzt die Bäuerinnen Gemüse und Geflügel, und vor allem die blütenweiße calvadossische Butter feilhielten. Er verschwendete keinen Gedanken an die Retterin Frankreichs. Höflich, fast scheu bahnte er sich seinen Weg durch die von Körben und Kisten verengten Passagen. Die vielen Menschen bereiteten ihm Unbehagen. Als eine junge Frau ihm einen Weidenkorb mit noch dampfendem Gekröse entgegenhielt, wandte er sich rasch ab. Kaldaunen waren ihm fürchterlich. Die Kathedrale würdigte er keines Blickes, als er sich seinem Ziel näherte. So oft er auch in Rouen war, nie hatte er die berühmte Notre-Dame betreten. In einer Seitenstraße in der Nähe des Justizpalastes betrat er die Königliche Akademie.

Die Nennung seines Namens schien, während er im Vorzimmer wartete, einige Verwirrung hervorzurufen. Heftige Stimmen, Rede und Gegenrede, wurden laut. Er betupfte das Geschwür an seiner Schläfe und zog eine Haarsträhne dicht darüber, wartete. Endlich führte man ihn in die Bibliothek, wo sich bei seinem Eintritt zwei Herren noch immer in erregtem Gespräch befanden. Der eine erhob sich sofort und kam ihm zwei Schritte entgegen; der andere, ein alter Mann mit Zwicker und zweigeteiltem langem Bart, blieb sitzen und sah nur flüchtig auf, indem er in einem Quartband weiterblätterte. Jetzt nahm er eine Lupe und schien sich die handlavierten Ornamente des Werkes anzusehen.

„Nun", sagte der alte Herr, ohne aufzusehen.

„Ich habe heute Morgen meine Arbeit über die Preisfrage der Akademie ‚Über die wahren Ursachen der Färbung der

Seifenblasen' nach eingehendem Studium in Paris beendet und bin gekommen, sie Ihnen zu überreichen."

„Mein Herr", sagte darauf der alte Mann und richtete seine Augen auf den Besucher, „die Akademie ist sich noch im Zweifel darüber, ob wir Sie nicht von der Teilnahme ausschließen werden."

Der Jüngere, der die ganze Zeit den Besucher mit einer Art widerstrebendem Wohlgefallen betrachtet hatte, wandte sich an seinen Kollegen: „Herr Baron, ich muss Sie noch einmal darauf hinweisen, dass die Entscheidung nur noch von Ihnen abhängt. Vergessen Sie bitte nicht, dass wir es mit dem Verfasser des hervorragenden Traktats ‚Über magnetistische und elektrische Behandlung von Krankheiten' zu tun haben."

„Richtiger wäre gewesen: ‚elektro-magnetische'", beeilte sich der Alte zu sagen und schloss mit einem Knall sein Buch. „Und Sie, Professor Joli, vergessen bitte nicht, dass wir es mit dem Verfasser der in England erschienenen ‚Ketten der Sklaverei' zu tun haben, ein übles Machwerk, worin Frankreich als ein barbarischer Sklavenstaat und der König als ein Ungeheuer bezeichnet wird. Natürlich lesen es diese Engländer, die uns von je hassen und die ihren König umgebracht haben. In Frankreich, mein Herr", wandte er sich an den Besucher, „seien Sie dessen sicher, wird Ihr jämmerliches Pamphlet nie erscheinen!"

‚Du widerwärtiger Aristokrat!', dachte dieser, und er lächelte boshaft. Gleichzeitig begann es ihn zu jucken, an der linken Seite. Er musste sich entfernen.

„Monsieur le Baron, ich weiß, dass Sie von höchster Stelle Ihre Anweisung erhalten haben, mich auszuschließen.

Die Königliche Akademie befindet sich offenbar in den Ketten der Sklaverei!"

Er verneigte sich mit beleidigender Flüchtigkeit und ging zur Tür. Da hörte er die Stimme des alten Mannes:

„Aber nein, aber mein Herr, wir sind frei in unseren Entscheidungen. Joli, nehmen Sie das Traktat über die Seifenblasen entgegen. Und rufen Sie die physikalische Kommission ein; wir werden darüber befinden!"

Der Besucher übergab das Manuskript und verschwand eilig.

Der alte Professor setzte nachdenklich den Zwicker auf und nahm wieder die Lupe zur Hand:

„Das ist ja ein scheußlicher Mensch!"

Er war die Treppe hinabgestiegen, ohne eine Gelegenheit zu erspähen, wo er sich ungeniert kratzen könne. Als er die Königliche Akademie gerade verlassen wollte, kam Joli ihm hinterhergeeilt:

„Einen Moment, bitte noch!" Als er ihn eingeholt hatte, sagte er – noch ganz außer Atem – mit deutlich gedämpfter Stimme:

„Ich habe die ‚Chains of Slavery' gelesen. Nehmen Sie sich das eben nicht so zu Herzen. Sie werden noch von sich reden machen, Monsieur Marat!"

„Da bin ich sicher!", sagte der Angesprochene und ließ den verblüfften Professor stehen.

Fast lief er nun durch die Straße. Als er das Portal der Kirche Saint-Vincent erreicht hatte, blickte er sich rasch um und trat ein.

Aber nicht, um zu beten. Marat begab sich unter die Empore, wo im ersten Augenblick nichts zu erkennen war, stieß an einen zur rückwärtigen Wand gerichteten Betschemel. Hastig entledigte er sich seines Mantels, riss den Rock auf. Je heftiger ihm seine erregten Sinne die Erlösung vorgaukelten und je mehr er mit fliegenden Händen sich diesem Ziel näherte, desto unerträglicher wurde die Qual. Seine ganze Haut entflammte sich. Er warf Rock und Hemd von sich, stand breitbeinig mit herabgelassener Hose und juckte und scheuerte und rieb mit einem kleinen wohligen Winseln. Der Rücken! Unerträglich. Er krümmte sich, stellte sich rückwärts gegen den Betschemel und begann sich hemmungslos an den Knorpeln und Zacken des gotischen Zierrats zu wetzen.

Seine Augen irrten umher. Da erblickte er das Bild. Über dem Schemel. Bartholomäus, die abgezogene geschundene Haut in der Hand haltend.

Er war nicht ohne Phantasie, darum erschrak er, zunächst. Aber schon seine flüchtige Verwunderung über dies unbestreitbar seltsame Zusammentreffen versetzte ihn augenblicklich in Wut. Während er, sich noch immer scheuernd, die Wohltat des nachlassenden Juckreizes empfand, begann er leise zu fluchen, seine Schwäche zu verspotten und wüste Verwünschungen gegen den Patron der Metzger und Handschuhmacher auszustoßen. –

Die Nonne stieß einen unterdrückten Schrei aus und schlug die Hände vors Gesicht. Sie hatte ihr Gebet vor dem Tabernakel unterbrochen und war dem unstatthaften Geräusch nachgehend, unvermittelt unter die Empore gelangt. Seine Augen sprangen sie an; aber da lief sie schon mit hohen Schreien durchs Schiff, während er Rock und Mantel überwarf. Er hörte noch erregte Stimmen vom Chor her und floh auf die Gasse.

Als die Nonne zitternd ihre Begleiter unter die Empore führte, fanden sie sein Hemd. Es hing unter dem Bild des Geschundenen über dem Betschemel.

„Die Haut von Sankt Bartholomäi!", flüsterte die Nonne.

Marat eilte davon. Vom Juckreiz befreit. Sein Schritt verlangsamte sich. Er ordnete seine Kleidung, lächelte wegen des Hemdes. Er kam weit abseits von seinem Quartier in eine ihm wohlbekannte Gegend, das endlos lange Hafenviertel. Er sah die Vorübergehenden an, Frauen vornehmlich, gelangte in eine Gasse, die er von früher her kannte. Es begann zu dämmern. Sein Schritt beflügelte sich. Er gelangte vor ein Haus. Die Fensterläden waren geschlossen. Er schlüpfte hinein.

Dieser Mann, Heilkräuterhändler und Sprachlehrer, Adept der physikalischen Wissenschaften, Inhaber eines in England erworbenen medizinischen Diploms, Philosoph, war eine Zeitlang, wenn man ihm glauben darf, Leibarzt der Garde des Herzogs von Artois, des Bruders Ludwig XVI., wenn man seinen Zeitgenossen glauben darf, jedoch nur Pferdedoktor.

Vor zehn Jahren, noch nicht dreißigjährig, hatte Marat ein medizinisches Werk von drei Bänden verfasst mit dem Titel: „De l'homme ou des principes et des lois de l'influence de l'âme sur le corps et du corps sur l' âme", das wegen seiner Kühnheit die Schulmedizin gegen ihn aufgebracht hatte. Gescheit war es geschrieben ohne Zweifel, aber schon mit jenem Anflug von Hochmut und dem noch unterdrückten Hass gegen das Bestehende, mit der Überheblichkeit und dem verführerischen Eifer des Weltverbesserers. Übrigens hatte er mittlerweile Gelegenheit, die Einflüsse des Körpers auf die Seele am eigenen Leibe zu studieren. Denn trotz seiner eigenartigen Hässlichkeit hatte er ein ausschweifendes Leben geführt, mit Dirnen, Kurtisanen, Quartierswirtinnen und verschiedenen Damen des Salons, die sich dem geistreichen und gebildeten jungen Mann nicht verschlossen. Er besaß genau die attraktive Hässlichkeit, die aus Mitleid und neugierigem Erstaunen Begehrlichkeit entzündet. Er kannte das berühmte Wort des Chevalier de Seingalt, der eigentlich Casanova hieß: „Liebe ist die Berührung von zweierlei Haut und von zweierlei Phantasie!" Die Berührung von zweierlei Haut und möglichst vielen und möglichst verschiedenen Häuten, darin erschöpfte sich seine Liebe, und darum war seine Haut von dieser fürchterlichen Seuche ergriffen worden. Für ihn existierte nicht der Austausch von zweierlei Phantasie. Denn seine Phantasie war lediglich ein Werkzeug eines zerstörerischen Geistes. Seit Marat aus England zurückgekehrt war, verglühte sein Geist im wachsenden Hass gegen diese Gesellschaft, gegen diese rückständige Wissenschaft, gegen diesen Staat, gegen diesen König und die Österreicherin, gegen das Ungeheuer Monarchie; und seine Phantasie entwarf die Pläne ihrer Vernichtung.

Was er in der Königlichen Akademie nicht gesagt hatte, seiner Hure hat er es ins Ohr geschrien:

„Seifenblasen! Mich interessieren keine Seifenblasen. Die Königliche Akademie ist eine, und das verruchte Königtum ist eine. Es wird zerplatzen!"

Sie lachte schrill, ohne zu begreifen.

An eben diesem Tage, dem 1. Oktober 1784, als in Versailles die drei am Galgen hingen und als Marat seinen Traktat über die Seifenblasen der Akademie in Rouen vorgelegt hatte, war Charlotte auf die väterliche Bitte hin damit beschäftigt, die einmal im Jahr übliche, gründliche Reinigung des alten Regals und der Bücher durchzuführen. Es regnete seit Tagen und die Feldarbeit ruhte. Da bei Messire d'Armont aber immer etwas getan werden musste, so war diese winterliche Beschäftigung vorverlegt worden. Bei der unteren Reihe angelangt, fand Charlotte, hinter den Büchern versteckt, ein verstaubtes, unansehnliches Bändchen betitelt „The chains of slavery" von einem ihr unbekannten Verfasser, Jean-Paul Marat. Der Titel sprach sie sofort an. Kaum war die Arbeit beendet, zog sie sich in ihr Zimmer zurück und ließ sich bis gegen Abend nur noch selten sehen.

Nach dem Abendessen rief der Vater. Sie sollten alle drei, auch der zehnjährige CharlesJacquesFrançois, ins Arbeitszimmer kommen. Charlotte dachte, es handele sich um eine der üblichen Examinationen, die etwa vierzehntägig stattfanden. Aber die hatten sich bislang fast nur in Gegenwart des Storchenkopfs ereignet.

Messire Corday saß in der Dunkelheit des herabgeschraubten Dochtes. Beim Eintritt seiner Kinder strahlte jedoch die Öllampe auf. Erwartungsvoll sah der Vater sie an und richtete sich steil auf in seinem Stuhl.

Neugierig sahen die Kinder ihn an und wussten nicht, was er von ihnen wolle.

„Heute ist der erste Oktober", sagte der Vater endlich feierlich und schien überzeugt zu sein, nun wüssten die Kinder, worum es gehe. „Und, was fällt euch denn da sofort ein?"

Schweigen und Stirnrunzeln. Gar nichts fiel ihnen ein.

Charlotte hatte die Geburts- und Sterbetage der engeren und weiteren Familie überflogen. Nichts. Also konnte es sich – sie kannte doch ihren Vater – wohl nur um ein Ereignis in der Königlichen Familie handeln, dachte sie und sagte:

„Vielleicht hat der Dauphin Geburtstag?"

Auch nicht! Eleonores Gesicht strahlte. „Ich weiß es! Am ersten Oktober ist Brutus, unser Hengst, geboren." „Tatsächlich! Das hatte ich ganz vergessen. Aber nein, es ist etwas ganz anderes, etwas von außerordentlicher Bedeutung", half der Vater. „Ein großer Mann, ein Dichter."

Jetzt wusste es Charlotte. Sie holte tief Luft und sagte:

„Heute vor hundert Jahren, am ersten Oktober 1684, starb in Paris im Alter von 78 Jahren als Mitglied der Akademie Française Pierre Corneille, der unvergleichliche Dichter der Franzosen, der Schöpfer der klassischen Tragödie, in dessen gewaltigem Werk sich die vorzüglichsten Tugenden der Nation, also Glaube, Ehre, Heroismus, Patriotismus und die pathetische Kraft, alles Große zu bewundern, einmalig spiegeln. Da ist kein Zweifel ...", deklamierte Charlotte weiter, nachdem sie abermals tief Luft geholt hatte, „dass Corneille – und dies sagen wir ohne nationale Überheblichkeit – eingedenk seiner genialen Schöpferkraft ..."

„Leiere nicht so!" unterbrach der Vater schmunzelnd.

„... ohne jede nationale Überheblichkeit – eingedenk seiner genialen Schöpferkraft den größten Dichtern aller Völker und Zeiten zugezählt zu werden verdient. Wir stehen nicht an, ja wir stehen keineswegs an, in Rücksicht auf die Absicht seiner Stücke, die Absicht seiner Stücke ..."

„Wir stehen nicht an!", lachte der Vater, „das ist ja fürchterlich, und: ‚in Rücksicht auf die Absicht' – ein schauderhaftes Französisch. Na, und wieso stehen wir denn keineswegs an?"

Eleonore wusste weiter: „Wir stehen insofern keineswegs an, als wir ihn in Rücksicht auf die Absicht seiner Stücke, in denen die großen und erhabenen Empfindungen der Menschheit geweckt werden, den ‚großen Corneille' nenne ...!"

„Seine Werke", schloss Eleonore, „Cid, Horaz, Polyeucte, Nicomede."

Messire Corday d'Armont sah seine Töchter belustigt an und sagte: „Ich gehe wohl nicht fehl in der Annahme, dass dieses Elaborat Monsieur Lebel zu verdanken ist?"

So war es. Im letzten Augenblick war Charlotte die lateinische Übersetzung eingefallen, mit der sie der Storchenkopf vor Monaten gequält hatte, wahrscheinlich schon in Rücksicht auf eine bestimmte Absicht, nämlich in Hinblick auf diesen Augenblick. Die Mädchen hatten es auswendig gelernt für alle Fälle.

Der Vater hatte zwar noch einiges zu beanstanden hinsichtlich des Heroismus und Patriotismus, schien aber sonst zufrieden mit seinen Töchtern.

Oder doch nicht? Nein, er schien noch mehr zu erwarten.

„Etwas sehr Wichtiges habt ihr vergessen", sagte er. „Dort hängt ein Kupferstich von Corneille, hier im Regal stehen einige der ersten Drucke seiner Werke, und in meiner Schreibkommode liegen zwei Briefe, Originalbriefe an seine Tochter Marie – "

„Aber Papa, das wissen wir doch; Corneille ist mit uns verwandt."

„Nein", lachte der Vater, „da muss ich Corneille vor deinem Familienstolz in Schutz nehmen, Charlotte. Die Höflichkeit gebietet zu sagen, wir sind mit ihm verwandt. Aber wie? Habt ihr' s schon wieder vergessen?"

„Sei nicht böse, Papa. Du hast es uns schon oft erzählt", sagte Eleonore, „aber ich kann nun einmal keine Verwandtschaftsverhältnisse behalten."

Charlotte kannte sie.

„Mein Großvater Corday de Chauvigny ist der Sohn von Françoise de Farcy, die einen Herrn von Launay de Chauvigny geheiratet hatte. Er war Hauptmann der Garde des Herzogs von Burgund. Und die Mutter dieser Françoise, meiner Ururgroßmutter also, ist Corneilles Tochter Marie."

„Das werd ich nie behalten", stöhnte Eleonore und der kleine François meinte, das wäre ja schon so lange her.

Aber der Vater erklärte, es käme gar nicht darauf an, wie lange das her sei, wichtig sei nur, dass die Cordays in direkter Linie von Corneille abstammten. Und darauf hätten sie einfach stolz zu sein; das dürften sie nie vergessen, was auch immer in ihrem Leben geschähe, und nun sollten sie ins Bett gehen. Dann aber schloss er dennoch, langsam und umständlich, die Schublade auf, zeigte ihnen einen Brief Corneilles an ihre Ururgroßmutter Marie und ließ jedes der Kinder ihn einmal einen Augenblick in die Hand nehmen, bevor er ihn wieder ebenso umständlich im Schubfach verschloss.

Messire Corday hatte sich schon wieder Dunkelheit erschraubt, nachdem er etwa eine Stunde lang seine nicht mehr länger aufschiebbaren Obligationen ihrer Dringlichkeit nach geordnet und in die Kommode zurückgelegt hatte. Zum ersten Mal gestand er sich ein, dass es wohl keinen Ausweg mehr gebe.

„Wenn ich kein Geld auftreiben kann, muss ich Mesnil Imbert verkaufen", sagte er leise. „Darüber besteht nicht der Allergeringste."

In diesem Augenblick betrat Charlotte noch einmal das Zimmer.

‚Ich werde es ihr jetzt gleich sagen', dachte er und wandte sich um, aber Charlotte kam ihm zuvor. Er spürte sofort, dass sie erregt war. Er betrachtete sie gespannt, und zum ersten Mal wurde ihm bewusst, dass sie kein Kind mehr war. Groß und schlank, eine zweite Juliette, stand sie vor ihm; nur war alles an ihr entschiedener, klarer. ‚Ihre Entschlossenheit hat fast etwas Kühles, das gar nicht zu ihr passt. Ja, sie hat die schöne sanfte Haut Juliettes, aber sie ist kühl und glatt wie Marmor. Nein, Juliette, du hast dich geirrt. Sie schielt nicht; ihr Blick verrät, dass sie eine Corday ist! Sie hat etwas von der Überheblichkeit meines Vaters in ihren Augen, und doch ist es anders; vielleicht das Feuer unsres großen Ahns. Nein, ich kann ihr das mit dem Verkauf jetzt nicht sagen, vielleicht morgen.'

„Wer ist Marat?" Zum zweiten Mal hörte er ihre beharrliche Stimme, bevor er entgegnete:

„Ach so, du meinst diesen armseligen Skribenten der ‚Chains of slavery'. Du hast sie heute wohl gefunden. Habe ich sie doch nicht gut genug versteckt!"

„Wer ist dieser Marat, Vater?"

„Nun, wer ist er schon. Einer von diesen neumodischen Schreibern wie der Herr Voltaire, wie Rousseau und Montesquieu und wie sie alle heißen, nur nicht so gut."

„Aber gut genug, dass du ihn vor mir versteckt hast!"

„Ein Geiferer gegen das Königtum, völlig unbedeutend übrigens. Ein leerer Schwätzer, der mit seinem Geschreibe einigen Leuten den Kopf verdreht hat; man hat ihn längst vergessen."

„Ich habe deine Randbemerkungen gelesen, und ich hätte auch ohnedies gewusst, wie du über ihn denkst. Aber ich bin nicht deiner Meinung. Ich lese ihn mit Begeisterung. Hat er denn nicht recht? Sind nicht zwei Drittel aller Franzosen Sklaven der Monarchie?"

„Marie, was redest du da! Marat ist ein Volksaufwiegler. Er predigt den gewaltsamen Umsturz. Und dem willst du recht geben?"

Messire Corday wusste, dass Charlotte seine Bewunderung für die Königliche Familie nicht teilte. Schon einige Male hatte er ihre Zurückhaltung diesbezüglich als persönliche Kränkung empfunden, denn in diesem Punkt war nicht mit ihm zu reden. Er hatte bisher ihre Abneigung gegenüber der Monarchie ihrer jugendlichen Schwärmerei für die römische Republik zugutegehalten. Doch nun schien sie einen erklärten Staatsfeind zu bewundern. Darüber war er entsetzt.

„Wenn es so ist", sagte Charlotte, „dass die Bauern und kleinen Leute in Frankreich hungern, und das stimmt doch, ich erinnere mich an die Worte von BougonLongrais sehr gut, und wenn der König und die Aristokratie tatenlos zusehen, dann muss ich, ob ich will oder nicht, den Verfasser der ‚Chains of Slavery' bewundern."

Messire Corday schwieg. Ein Blick in Charlottes Augen belehrte ihn, dass in diesem Zustand mit ihr nicht zu reden war. Welch ein grauer Tag in meinem Leben, sagte er sich. Ich muss das Gut verkaufen und eine Corday bewundert Marat. Unmutig wandte er sich ab.

Charlotte trat auf ihn zu und küsste wortlos seine Stirn. Er seufzte; sein Ärger verflog. ‚Kindereien', dachte er. ‚Das Leben ist schwer genug. Sie wird schon alles einsehen!'

Als Charlotte die Tür erreicht hatte, fragte er über die Schulter:

„Sag mir doch noch, Marie, welches Wort von Corneille dir am besten gefällt. Du kennst doch etwas auswendig von ihm!"

Charlotte wandte sich um. Groß stand sie in der Tür. Sie sah den Vater nicht an, sondern über ihn hinweg, als erblicke sie etwas Zukünftiges, und sie sagte ohne zu zögern langsam und so laut, dass Messire Corday erschrocken auf seinem Stuhl herumrutschte und sie anstarrte:

„Le crime fait la honte et non pas l'échafaud!" [1]

Bevor er etwas hätte antworten können, schloss sich die Tür.

‚Es gibt Besseres von Corneille', dachte Messire Corday, ‚und vor allem: wie unziemlich für ein junges Mädchen.'

Am anderen Morgen eröffnete er den Kindern, dass Mesnil Imbert wahrscheinlich verkauft werden müsste. Sie würden dann in die Stadt ziehen. In die schöne Stadt Caen. Das hätte auch sein Gutes.

Es hatte aufgehört zu regnen. Charlotte verbrachte fast den ganzen Tag im Garten. Sie saß auf der Steinbank vor der Weißdornhecke und las den zweiten Band der „Chains of Slavery" von Marat.

‚So ganz unrecht hat Papa doch nicht', dachte sie. ‚Ich spüre etwas wie Hass in seinen Worten. Hass auf die ganze Welt. Wie schade, dass er die Welt nicht aus Liebe zu seinen Mitmenschen verwandeln will.'

---

[1] Das Verbrechen bringt Schande, nicht das Schafott.

Von Zeit zu Zeit hob sie den Kopf und lauschte. ‚Die Amsel', dachte sie. ‚Wie liebe ich ihren Gesang, ihren melancholischen Triller, der doch voll Hoffnung ist. Warum singt sie nicht?'

Zweiter Teil

Audienz
beim Generalprokurator

Im Vorzimmer des Generalprokurators des Departements Calvados in Caen warteten etwa zehn Personen. Alle waren in ihre Angelegenheiten vertieft, die sie dem Bevollmächtigten des neuen Regimes nun bald vorzutragen hofften.

Gleich an der Tür saß ein älterer, gutmütig dreinblickender Mann bäurischen Aussehens, der verlegen seine runde Ledermütze in den braunen Händen drehte; ihm zur Seite, zurückgelehnt und mit halb geschlossenen Augen, ein weißhaariger Herr mit hellrotem Gesicht, was wohl auf die tägliche Gewohnheit des Weintrinkens zurückzuführen war, da er auch jetzt schon zweimal aus einer kleinen Metallflasche einen Schluck zu sich genommen hatte. Er hatte seinen Stock zwischen die übereinandergeschlagenen Beine geklemmt und stützte das Kinn auf den Knauf. Anstatt jedoch den Stock näher an sich heranzuziehen, streckte er den Hals weit vor, um den Knauf zu erreichen, was ihm das Aussehen angespannten Nachdenkens gab. An der vierfenstrigen Front des öden Raumes räkelte sich auf einer Holzbank ein sehr junger strohblonder und nach der neuesten Mode gekleideter Mensch. Spöttisch blickte er von Zeit zu Zeit auf ein neben ihm sitzendes Mädchen, das seit einer Stunde mit niedergeschlagenen Augen vor sich hin lächelte. Gerade öffnete der Jüngling die Lippen und beugte sich leicht gegen sie vor, als das Mädchen nach flüchtigem Aufblicken errötete und von ihm abrückte.

Der Elegante schien der Ansicht, alle hätten seinen An-
näherungsversuch gesehen, und tat nun so, als habe er sich
gar nicht zu dem Mädchen hin gebeugt, führte seine vorige
Bewegung gleichwohl fort, um jetzt aber das Schnürband
seiner spitzen Lackstiefel zu öffnen und dann wieder sorgfältig zuzuknöpfen.

Ein kleiner, korpulenter Mann mittleren Alters in einem
braunen Raglan, der einen grauen Zylinder mit beiden Händen vor der Brust hielt, trippelte aufgeregt hin und her.
Sooft er vor der großen zweiflügeligen Tür des Empfangszimmers anlangte, blieb er stehen und schüttelte mit weiten
Bewegungen den Kopf, dass alle es sehen mussten. Er
machte auf dem Absatz kehrt, blieb jedoch bald wieder stehen und blickte, abermals den Kopf schüttelnd, wütend zur
Tür, ehe er weiter in den Saal hineinging. Dabei war er bemüht, jedem Anwesenden ins Gesicht zu sehen, als wolle er
ihn auffordern, an seiner Empörung über diese neu-
modische Trödelei oder den Herrn Prokurator selbst teil-
zunehmen. Seine ganze Gestalt drückte Missfallen aus an
den unglaublichen Zuständen in diesem neuen Frankreich,
in dem nichts, aber auch gar nichts in Ordnung war. Niemand achtete sonderlich auf ihn, oder man beobachtete ihn
unbemerkt, um nicht in den Verdacht der Komplizenschaft
zu geraten. Nur der Bauer, der sich in dieser Umgebung
ganz verlassen vorkam und gerne mit irgendjemandem
über seine Angelegenheit gesprochen hätte, folgte ihm auf
seiner Wanderung mit den Augen. Ja, jetzt nickte er dem
Auf- und Abschreitenden ein paarmal zu, der aber sah ihn
nur einmal rasch und durchdringend an und ging eilig weiter.

Der bäuerische Bittsteller sah sich hilflos um und fing den freundlichen Blick eines Greises auf, der sich in der Mitte des Raumes an einem Schreibtischchen, dem einzigen Möbelstück außer den Sitzgelegenheiten, niedergelassen hatte und mit irgendeinem Schriftstück beschäftigt war. Seine Lippen bewegten sich, als memoriere er beim Niederschreiben seinen Text.

Schließlich fiel der Blick des Wartenden auf seine neben ihm stehende Leinentasche, augenblicklich verspürte er Hunger. Er war seit sechs Uhr von seinem abgelegenen Dorf nach Caen unterwegs gewesen und hatte seitdem kaum etwas gegessen vor Aufregung, mit einem so hohen Herrn sprechen zu müssen. Beim Anblick der Tasche steigerte sich sein Hungergefühl zusehends; er bückte sich und öffnete sie. Aber als er schon das in ein feuchtes Tuch eingeschlagene Brot in den Händen hielt, bemerkte er, dass alle nach ihm hersahen, und zwar mit geradezu gespannter Aufmerksamkeit, als gäbe es in diesem Augenblick nichts Wichtigeres für sie, als einen Menschen essen zu sehen. Nur der Herr mit dem grauen Zylinder ging nach einem flüchtigen Stocken weiter, jedoch noch schneller als sonst, um möglichst bald nach seiner Kehrtwendung des Bauern wieder ansichtig zu werden. Der aber, als er aller Augen auf sich gerichtet sah, hielt noch einen Moment das Stück Brot unschlüssig in den Händen und steckte es dann rasch in die Tasche zurück. Er glaubte in den gespannten Mienen der Anwesenden etwas Missbilligendes bemerkt zu haben und nahm nun an, dass es unziemlich sei, in Vorzimmern von Prokuratoren zu essen.

Enttäuscht ließen die Augen von ihm ab; der Cholerische ging wieder einen Schritt langsamer, die Verschämte lächelte, der freundliche alte Herr hatte sich wieder in seinen Schriftsatz vertieft, den er eben einen Augenblick in der leicht zitternden Linken gegen das Licht hielt.

Was ihn so angelegentlich beschäftigte, war die Schlusswendung seiner Bittschrift. Die Darstellung des Sachverhaltes war einfach. Sein Sohn François Leclerc war seit sechs Wochen inhaftiert.

Ja, er hatte diese abfällige Bemerkung über die neuen Männer in Paris gemacht, zugegeben! Aber doch nicht aus bösem Willen oder gar antirevolutionärer Gesinnung! Bewahre! Ein etwas leichtfertiger junger Mensch! Aber in Wirklichkeit hatte er schon immer die neuen Ideen verfochten. Und in die Kirche ging er schon seit Jahren nicht mehr. Da gab es eine ganze Reihe von Zeugen. Doch die Schlusswendung machte dem alten Mann zu schaffen, die Schlusswendung, auf die doch alles ankam ... Da, endlich kam ihm ein Gedanke. Ja, das wäre nicht schlecht. Man weiß ja, wie sehr der Herr Prokurator an seiner Mutter hängt! Und außerdem muss man an seinen Ehrgeiz appellieren! Und so schrieb der alte Mann in bewegten Worten von der immerwährenden Dankbarkeit, die ihn zeitlebens erfüllen werde, wenn es dem hochzuverehrenden Herrn Generalprokurator unseres schönen Calvados gelänge, in dieser nicht leicht zu handhabenden Sache etwas auszurichten, und den unschuldig leidenden François endlich der schwergeprüften und überdies hochbetagten Mutter in die Arme zurückzuführen.

Bei der Tür, etwas ins Zimmer zurückgetreten, standen zwei junge Mädchen, von denen ein erfrischender Hauch unbeschwerter Heiterkeit ausging. Gleich bei ihrem Eintritt war der Spitzstiefelige von der töricht Errötenden abgerückt. Auch jetzt gab er sich Mühe, seine Empfänglichkeit für das andere Geschlecht hinter dem diesmal sehr umständlich nach der anderen Seite ausgeführten Schuhbandtrick zu verbergen. Als er wahrnahm, dass ihre getuschelte Unterhaltung einem Jüngling galt, der, wie die Jüngere versicherte, schon viermal am Hause vorbeispaziert sei, näherte er sich wieder seiner stillen Nachbarin.

Inzwischen hatte der Hunger den Bauern doch übermannt. Nahezu geräuschlos und unbemerkt war es ihm gelungen, die Tasche abermals zu öffnen und das Brot aus dem Tuch hervorzukramen. Er hatte sich etwas zur Wand gedreht und kaute nun hastig mit vollen Backen. Jedes Mal, wenn er einen Bissen zum Mund führte, blickte er die in der Nähe Sitzenden der Reihe nach rasch an, bevor er ihn hinunterschluckte. In beängstigender Weise verdrehte er dabei die Augen. Gerade hatte er ein besonders großes Stück abgebissen – auf diese Weise brauchte er sich ein paarmal weniger der Gefahr der Entdeckung auszusetzen – da öffnete sich eine Seitentür, aus der ein Sekretär heraustrat und seine Besuchsliste überblickend mit lauter Stimme sagte: „Der Bürger Jean Chappe!" Sofort erhob sich der Mann und schritt mit besorgter Miene heftig kauend und schluckend zur Tür des Empfangszimmers, die der Sekretär bereits geöffnet hatte. Plötzlich aber lief er hustend noch einmal zu seinem Platz zurück, spie den Brotbrei in das hervorgezerrte Tuch, knautschte es zusammen und warf es unter den Stuhl. Man flüsterte, stieß sich an, kicherte, lachte laut auf. Der Lackstiefelträger nutzte sofort die Gelegenheit, dicht an

seine Nachbarin heranzurutschen und auf Kosten dieses un-
geschickten Menschen mit ihr ins Gespräch zu kommen.

Jean Chappe fuhr sich mit dem Handrücken über den
Mund und lief dann, hie und da noch eine Brotkrume von
seinem Kittel wischend, mit hochrotem Kopf ins Arbeitszimmer des Prokurators. Die Tür schloss sich hinter ihm,
und die Heiterkeit erreichte ihren Höhepunkt.

Gleich darauf hielt draußen eine Kutsche und einen Moment später betraten drei Leute das Zimmer. Sie musterten
ihre Umgebung kurz und nahmen auf einem schmalen Diwan in der Fensterecke Platz. Die Wartenden bemerkten sofort zweierlei: einmal, dass es sich auf irgendeine Weise um
besondere Leute handelte, und dann, dass der schlohweiße
Herr in den altmodischen Beinkleidern und dem grünen
Flauschrock der Vater der beiden jungen Leute war.
„Cidevants!", dachten alle Anwesenden. Ehemals adelige
Leute, die nichts mehr zu hoffen und von der jungen Republik beinahe alles zu fürchten hatten. So was sah man
doch sofort daran, wie sie gingen und standen und saßen.
Etwas vom Glanz der Vergangenheit oder auch nur ihres
Namens, den ihnen die Revolution genommen hatte, ging
noch immer von ihrer Erscheinung aus; ob sie es nun gewollt hätten – sie schienen es aber durchaus nicht zu wollen,
auch das glaubte man zu sehen – oder nicht, sie konnten ihre
Abkunft nicht verleugnen. Wer hätte auch ahnen können,
dass der weißhaarige Herr gerade durch die Revolution sein
aristokratisches Bewusstsein wiedergefunden hatte! Doch,
einer hätte es wissen können, der mit dem weingeröteten
Gesicht; er hatte diese Cidevants auch gleich bei ihrem Eintreten erkannt, sich aber sofort abgewandt. Es war nicht sehr

vorteilhaft, heute solche Leute zu kennen. Dass hier Vater und Söhne beieinandersaßen, ging aus dem Verhalten der jungen Leute deutlicher noch hervor als aus der frappierenden Ähnlichkeit zumindest des Älteren: die Art, wie sie mit dem alten Mann sprachen, wie sie schwiegen, wenn er etwas einwandte, wie sie ihn in respektvoller Vertrautheit anblickten und ganz besonders, wie sie sein etwas hilfloses Lächeln nie unerwidert ließen.

Die drei sprachen leise miteinander, und darum verstummte die Unterhaltung der Übrigen immer mehr. Die beiden Mädchen starrten ganz unverhohlen herüber, und besonders die Schwarzlockige mit den tiefliegenden Augen versuchte das Interesse des Älteren der Brüder zu erregen, dessen Uniform eines Fähnrichs im Regiment Bourbon die Gedanken an den viermal defilierenden Jüngling verblassen ließ.

Indessen war der Bauer wieder in der Flügeltür erschienen. Rückwärts kam er aus dem Empfangsraum und verneigte sich noch einige Male gegen den vom Vorzimmer aus nicht zu sehenden Generalprokurator. Ein großes Glück musste ihm widerfahren sein, denn sein hochgerötetes Gesicht strahlte, als er sich jetzt umwandte. Aber eingedenk seines vorherigen Missgeschicks eilte er gesenkten Blickes durch das Vorzimmer auf seinen Platz zu, bückte sich unter den Stuhl und steckte das Tuchknäuel in seine Tasche. Er hatte schon die Tür geöffnet, als er wie vom Blitz getroffen stehenblieb, denn eine helle, ihm wohlbekannte Stimme hatte gerufen:

„Das ist doch Jean Chappe!"

Der jüngere der beiden Brüder lief auf ihn zu und führte ihn am Arm gegen den Diwan hin. Nun stand er gebückt vor dem alten Herrn und wusste nicht, wie es weitergehen sollte. Herr Corday sah ihn zwar freundlich an, sagte aber kein Wort. Die vielen Menschen verwirrten Jean Chappe; er spürte ihre neugierigen Blicke auf seinem Rücken und stellte sich vor, wie sie alle über ihn lächelten, weil er so dastand, wie man es heute nicht mehr tat. Vielleicht verdächtigten sie ihn schon, ein Anhänger des alten Regimes zu sein. Aber sein Rücken war in fünfzigjähriger Dienstbarkeit daran gewöhnt, sich zu bücken; und so bückte er sich ganz von selbst, ehe er, Jean Chappe, ihm Einhalt gebieten konnte. Im Grunde war es ihm nicht einmal unangenehm, vor der Herrschaft so dazustehen; sollten sie es doch gleich wissen, dass sich in seiner Gesinnung nichts geändert hatte. Nur vor diesen fremden Leuten war es ihm peinlich, ein Knecht zu sein, wo man doch sagte, dass es keine Knechte mehr gäbe, dass vielmehr die früheren Herren die Knechte des Volkes, des souveränen Volkes, wie man jetzt sagte, geworden waren.

Monsieur d'Armont sah dies alles auf dem einfältigen Gesicht seines alten Dieners; jetzt erhob er sich, und es geschah etwas mühsam, so dass der Diener eine Bewegung machte, ihm zur Hilfe zu kommen; heftig winkte der Herr mit seinem Krückstock ab; also verharrte Jean Chappe in seiner gebückten Haltung. Monsieur d'Armont trat auf ihn zu und wollte ihm auf die Schulter klopfen; mitten in dieser Gebärde aber, mit schon erhobener Hand, blieb er stehen bei dem Gedanken, eine solche Vertraulichkeit könne Jean Chappe sowohl aufs Äußerste verwirren als auch einige Ungelegenheiten bereiten. So deutete er mit der zum Schulterklopfen erhobenen Hand zur Tür und sagte laut:

„Ach was! Gehen wir doch hinaus!"

In dem langen, menschenleeren Flur wurde es dem Knecht gleich wieder wohler zumute; seine Miene heiterte sich auf, seine wasserhellen Augen blitzten schalkhaft. Der Herr lächelte ihm wohlwollend zu und klopfte ihm nun kräftig auf die Schulter. Jean Chappe war, nachdem Mesnil Imbert vom Revolutionskomitee in Caen enteignet worden war, übrigens kurz vor dem unaufschiebbaren Verkaufstermin, in sein Dörfchen zurückgekehrt und hatte seitdem von seiner Herrschaft nur gerüchteweise und mehr das allgemeine Schicksal den Adel betreffend gehört. So gab es denn viel zu berichten: dass man sonderbarerweise die Erlaubnis zum Kauf eines kleinen Bauernhauses erhalten habe, dessentwegen man beim Prokurator vorstellig werden müsse, denn seit neuestem falle auch Kleinbesitz unter das Enteignungsdekret. Man müsse letzten Endes noch zufrieden sein, wenn man eine bescheidene Mietwohnung in Caen beziehen könne. Er habe ja sicher in der Zeitung gelesen, welchen Schikanen jetzt ausgesetzt sei, wer ehedem zur Aristokratie gehörte.

„Aber Jean Chappe kann ja gar nicht lesen!", fiel ihm der kleine François unbekümmert ins Wort, worauf der Vater entgegnete, das sei ja heutzutage geradezu ein Glück.

„Und wie geht es denn der jungen Demoiselle?", fragte Jean Chappe nach einem Moment des Schweigens. Dass sie tatsächlich ins Kloster gegangen sei, wisse er ja, erklärte ihm Alexis, inzwischen Fähnrich des Regiments Bourbon, das noch immer bestand. Vier Jahre habe sie im Damenstift zugebracht, die fromme Schwester. Aber den Schleier zu nehmen habe sie sich dennoch bisher nicht entschließen können; niemand wisse eigentlich, warum. Sie wohne seit einem Jahr im Hause von Madame de Bretteville als Gesellschafterin, bis sie Klarheit erlangt habe.

Plötzlich hatte Jean Chappe die Hand des Herrn ergriffen und gemurmelt: „Immer so gütig waren Euer Gnaden zu mir, so gütig! Es ist nicht mehr schön auf der Welt, ist es!"

„Aber, aber!", sagte er nicht mehr so freundlich wie vorher. „Jean Chappe, was soll das? Niemals habe ich mich von dir ‚Euer Gnaden' anreden lassen, und jetzt, wo du doch durch die glorreiche Revolution ein freier Mann bist, jetzt kommst du mir damit! ‚Euer Gnaden?' Ich bin nicht mehr Messire Corday d'Armont! Hast du das noch immer nicht verstanden? Du tust ja gerade so, als hätte die ganze Revolution nicht stattgefunden. Sie hat aber stattgefunden und darum bin ich für dich der Bürger Corday und du bist der Bürger Chappe!"

Welch ein Tag für den armen Chappe! Er sollte den Gutsherrn Bürger Corday nennen? War Messire denn inzwischen revolutionär gesinnt? Ja richtig, lange vor der Revolution hatte er doch solche Ideen von Gleichheit und Gerechtigkeit für die Armen, dachte Jean Chappe. Herr Corday war erregt einige Schritte auf und abgegangen, nun trat er dicht an den ehemaligen Knecht heran:

„Versuch es ruhig einmal; los, nenne mich, wie es diese Herren befehlen."

Aus Chappes Gesicht war alle Farbe gewichen. Traurig und unterwürfig richtete er seine Augen auf seinen Herrn und sagte zuckenden Mundes:

„Bürger Corday!"

„Nun, siehst du, es geht! Aber du darfst mich dabei nicht so furchtsam anschauen, eher etwas spöttisch und auf keinen Fall eine Verbeugung. Das auf gar keinen Fall. Hörst du, unter gar keinen Umständen eine Verbeugung! Achte stets auf deinen Rücken. Eines Tages wird der sich schon daran gewöhnen, das unterliegt doch wohl nicht dem Allergeringsten!"

Jean Chappe war völlig niedergeschlagen und sah bald den Herrn, bald die Söhne an, die verlegen dastanden. ‚Macht er sich lustig über mich?', dachte er verwirrt.

Messire Cordays Zorn war indes verflogen. Unvermittelt fragte er ihn, ob denn alles nach seinen Wünschen abgelaufen sei beim Prokurator.

Der Herr Generalprokurator, berichtete Jean Chappe, sei zu ihm sehr gütig gewesen, nie hätte er das für möglich gehalten, da müsse er der Wahrheit die Ehre geben, müsse er. „Weißt du was?", sagte Messire Corday, „Du hast einen weiten Weg; François soll dich nach Hause fahren." Jean Chappe machte Einwendungen, doch die ließ Herr Corday nicht gelten. Während sie durch das Portal der Dependance hinausgingen und die hohe Treppe hinabstiegen, erzählte der kleine François, der nicht von der Seite des alten Knechtes wich, die Demoiselle habe noch lange von Jean Chappe geredet; immer habe es geheißen, das hätte aber Jean Chappe nicht gemacht oder das hätte er ganz anders gemacht oder jetzt müsste Jean Chappe da sein. Und dann sei es überhaupt eine Redensart in der Familie, wenn einer nicht gleich etwas begriffe, er mache ein Gesicht wie Jean Chappe. Die Kutsche stand im Schatten einer der großen Platanen, die den weiten Platz vor dem Stadthaus umsäumten. Die alte Fuchsstute, deren Fell schon ins Weiße spielte, spitzte die Ohren. Jean Chappe lief steifbeinig hinzutätschelte ihre Brust, während sie seinen Kopf mit den vorgestreckten Nüstern berührte. Kein Zweifel, sie hatte ihn wiedererkannt.

„Der Bürger Chappe fährt nach Landon!", sagte Messire Corday. François, du findest uns um zehn Uhr heute Abend im Brettevilleschen Hause."

Noch immer machte Jean Chappe Einwendungen, aber der Herr nötigte ihn, endlich einzusteigen. Die jungen Leute drängten ihn schließlich in den Wagen hinein, während Messire Corday, leicht gebeugt, mit einem kaum merklichen Lächeln, hinter ihm den Schlag zuwarf. Die klapprige Kutsche war kaum angefahren, als der Kopf Jean Chappes im Fenster erschien: „Grüßen möchten Sie die junge Demoiselle, grüßen!"

Darauf gingen die drei Cordays recht vergnügt zurück in die Dependance.

Der Öffentliche Ankläger und Generalprokurator des Departements Calvados, Bougon-Longrais, hatte als junger Mensch Philosophie und Staatsrecht studiert, mit Eifer Untersuchungen über die Not der Armen angestellt und war 1789 mit beinahe fanatischer Tatkraft für die Sache der jungen Republik eingetreten. Jetzt saß er müde in seinem Amtszimmer und lächelte über sich selbst. War dies noch der gleiche Bougon-Longrais?

Fast gegen seinen Willen hatte man den vielversprechenden jungen Mann zum Öffentlichen Ankläger bestimmt. Schon bald hatte er gemerkt, dass seine Vorstellungen einer sozialen Erneuerung Frankreichs nichts mit den blutigen Ereignissen der Revolution zu tun hatten. Jetzt, nachdem zu diesem Amt noch dasjenige des Prokurators hinzugekommen war, fehlte ihm der Mut oder auch nur die Kraft, zurückzutreten. Außerdem hegte er die trügerische Hoffnung, auf Grund seines diplomatischen Geschicks das Schlimmste in seinem Amtsbereich verhindern zu können und hielt es nicht für unmöglich, dass die Republik nach all den Ungeheuerlichkeiten eines Tages eine friedliche Ordnung errichten werde, in der er dann seine Ideen verwirklichen könne.

Bougon-Longrais sah müde zur Tür. Er schellte dem Sekretär und gab Anweisung, in der nächsten Viertelstunde niemanden vorzulassen, da er dringend beschäftigt sei. Doch er tat nichts, was eine solche Verzögerung seiner Amtsgeschäfte gerechtfertigt hätte. Nein, er trat ans Fenster und blickte auf den großen Platz vor der Dependance, wo unter den Platanen einige Kutschen warteten, ein paar Kinder herumliefen und auf einer Bank ein paar Invalide Karten spielten. Des Öfteren blickte er nach einem Gässchen, das man in seiner ganzen Länge überschauen konnte, als ob er von dort jemanden erwarte.

Nun nahm er ein schmales Lederheftchen aus seinem Schreibtisch, das gleiche übrigens, das er auf dem Sommerfest der Cordays während der Rede des Parlamentsrats aus der Tasche gezogen hatte, und begann im Gehen zu lesen und halblaut zu deklamieren. Mit Vorliebe las er Villon und Ronsard. Ein Gedicht konnte ihn wochenlang erfüllen. Er versuchte sich auch selbst darin, Gedichte zu verfassen. Meistens schrieb er sie aber nicht auf; weil Ronsard viel bessere gemacht hatte, weil es ihm nicht mehr gelingen wollte, sich in die Stimmung zu versetzen, aus der Klang und Rhythmus aufstiegen, oder einfach, weil er es nicht für der Mühe werthielt, sie aufzuschreiben.

So hatte er vor Jahren einige Strophen eines Gedichtes entworfen während eines Aufenthaltes auf Schloss Plessy, wo er des Öfteren der schönen Comtesse Hélène wegen zu

Gast weilte. Sie war seine erste, durch sein eigenes Verschulden unglückliche Liebe. Unglücklich deswegen, weil Bougon-Longrais von Natur aus schüchtern war und nicht wagte, sie ihr zu zeigen. Auch liebte er sein Gefühl, das jene Liebe bewirkte, noch mehr als die Geliebte und fürchtete, durch ein Geständnis seiner Liebe eben dieses geliebten Gefühls verlustig zu gehen. Zudem war Hélène einem älteren Marquis versprochen, und solche Unannehmlichkeiten auf sich zu nehmen, lag nicht im Sinn des schwärmerischen Jünglings. Und so ahnte Hélène nichts von den Gefühlen ihres Besuchers.

Eines Nachts entdeckte er, da er schlaflos umherwandelte, in dem großen, ziemlich verwilderten Park, halb unter Büschen verborgen, eine Marmorstatue, die im bleichen Schimmer des Mondes Hélène zu gleichen schien. Von nun an schlich er jede Nacht in den Park, und was er ihr selbst nicht zu sagen wagte, vertraute er ihrem Abbild an. Seine Einbildungskraft steigerte die Schönheit der Statue ins Maßlose, und seine dem Geheimnisvollen ergebene Seele geriet in poetische Verzückung. Es drängte ihn, seinen Gefühlen Worte zu verleihen. Er begann ein Gedicht zu schreiben, nannte es „Das Marmorbild von Plessy". Es war noch nicht vollendet, als Hélènes Vater eines Morgens auf Bougon-Longrais' sofortiger Abreise bestand. Vor einiger Zeit war dem Prokurator nun das Fragment wieder in die Hände gefallen und er in die gleiche Stimmung geraten, die damals das kühle Abbild der Geliebten in ihm hervorgerufen hatte. Dennoch: die schöpferische Ergriffenheit, jener wunderbare Zustand zwischen Reflexion und Hingabe, in dessen schwebender Mitte das schweifende Gefühl Gestalt annahm, wollte sich nicht mehr einstellen. Bougon-

Longrais hatte sich daraufhin noch einmal nach Plessy aufgemacht. Man stelle sich vor: Der Generalprokurator des Calvados nimmt für ein paar Tage Urlaub, eines verjährten Gefühls wegen die Statue im Park eines ehemaligen Marquis aufzusuchen! Aber welche Enttäuschung! Nicht nur Hélène und ihre Familie waren verschwunden, auch der genius loci jener verblassten Empfindung, das steinerne Bildnis, war zerstört; grässlich entstellt starrte es ihn an, mit abgeschlagener Nase und widerwärtig beschmutzt. Eine Kompanie Nationalgardisten biwakierte im Park. Niedergeschlagen kehrte er zurück, noch gleichgültiger gegen alles, was mit dieser Revolution zusammenhing.

Aber da, heute Morgen, während dieser Bauer, dieser Bürger Chappe, völlig durcheinander sich immer mehr in seiner merkwürdigen Redeweise verhedderte, ausgerechnet da begannen die Verse in ihm zu tönen. Wie durch einen Nebel hörte er diese voll Ergebenheit bittende Stimme; er stellte Fragen, deren Antwort er nicht mehr vernahm; und während Jean Chappe beglückt bemerkte, dass der Prokurator anscheinend alles aufschrieb, was er daherstotterte, und er sich darum in der Art der feinen Leute auszudrücken versuchte, schrieb Bougon-Longrais nieder, was ihm die innere Stimme zuraunte:

Die halbgeöffneten Lippen
tun's stammelnd dem Monde kund,
was steinern ist bei Tage,
das atmet in der Nacht.

Jean Chappe wartete darauf, durch einen Blick oder eine Handbewegung entlassen zu werden. Nichts dergleichen geschah. Der Prokurator sah ihn geistesabwesend an und schrieb weiter. Jean Chappe begann es, unbehaglich zu werden, denn der allmächtige Mann stellte keine Fragen mehr und schien seine Gegenwart völlig vergessen zu haben. ‚Ich werde ihn doch nicht ärgerlich gemacht haben?', dachte er. Er räusperte sich. Vergebens; alles blieb still bis auf die kritzelnde Feder.

Endlich hielt er inne. „Es ist alles in Ordnung, Bürger Chappe!", sagte der Generalprokurator freundlich. „Ich hätte es nicht für möglich gehalten. Sehr schön, wir können zufrieden sein!"

Der Alte begriff, dass er entlassen war und bewegte sich rückwärts zur Tür. Flüchtig dämmerte es Bougon-Longrais, dass er diesen Menschen bei einer andern Gelegenheit schon einmal gesehen habe.

„Mein Lieber!", sagte er und ging mit ihm ein paar Schritte auf die Tür zu. „Die Anzeige ist hinfällig; ich habe mich von Ihrer Unschuld überzeugt!"

Die Sache des kleinen Herrn mit dem Zylinder war dagegen für das „Marmorbild von Plessy" vollkommen unergiebig, so dass sich der Vertreter der Staatsgewalt im Calvados entschlossen hatte, abermals eine Pause einzulegen. Er trat ans Fenster; Unruhe hatte ihn ergriffen, da sich noch immer nicht das zeigen wollte, was er so sehr herbeiwünschte. Er läutete dem Sekretär, die Sache möge ihren Fortgang nehmen. Nun ging alles sehr rasch; Audienz folgte auf Audienz. Der Prokurator beschwichtigte, schien nun wirklich zuzuhören und versicherte, alles in Ordnung zu bringen. Eilig hatte er es auf einmal; seine Unruhe wuchs. Kurz zog er ein kleines oval in Leder gefasstes Bild aus seiner Rocktasche; die wohlgelungene Miniatur einer jungen Frau mit bleichem

Gesicht. In diesem Augenblick betrat Messire Corday den Raum.

Es war ein kurzes unangenehmes Gespräch, von Corday mit unverhohlener Feindseligkeit, von Bougon-Longrais mit Nachsicht geführt. Er erinnerte sich jetzt deutlich an das Gartenfest und an seinen damals so liebenswürdigen Gastgeber, und er bewunderte den Mut des kleinen Landedelmannes, der mit lauter, manchmal schriller Stimme von einem Staat von Verbrechern sprach und von dem beabsichtigten Diebstahl, den dieser Staat nun schon zum zweiten Male an ihm begehen wolle. Die Enteignung nun auch der kleinen Güter war bereits im vollen Gange. Messire Corday hatte davon reden gehört, dass selbst die bescheidenen bäuerlichen Besitzungen des niederen Adels konfisziert werden sollten.

Es nützte dem Generalprokurator wenig, darauf hinzuweisen, dass es nicht in seiner Macht stünde, die Durchführung eines Beschlusses der Nationalversammlung für das Departement Calvados zu hintertreiben. So sehr er auch beschwichtigte, Herr Corday verlor mehr und mehr die Fassung. ‚Eigentlich müsste ich ihn auf die Guillotine schicken', dachte der Öffentliche Ankläger. Doch er lächelte zuvorkommend und sagte:

„Sie müssen etwas vorsichtiger sein, Messire Corday!"

Herr von Corday warf die Tür hinter sich ins Schloss. Und während seine Söhne sich draußen um ihn bemühten, saß der Generalprokurator traurig an seinem Schreibtisch und betrachtete noch einmal das Bild der jungen Dame, deren Augen ihn schon an jenem lange vergangenen Sommertage in Mesnil Imbert im Innersten erregt hatten, obwohl die eigentümliche Apartheit ihres Blickes auf einer kleinen Unzulänglichkeit des linken Auges beruhte.

Im Salon
der Madame de Bretteville

Die verblichenen Vorhänge von ungewisser Bläue waren zugezogen. Der Salon des Brettevilleschen Hauses lag in fahlgrauer Dämmerung, obwohl es drei Uhr mittags war. Hohe Eichenmöbel standen an den Wänden, fast schwarz von Alter und Würde. Nichts gab es in diesem Raum, was die Dämmerung hätte beeinträchtigen können. Die Vitrinen das Glasschranks waren mit dunkler Seide bespannt. Auf dem Wandgesimse der dunklen Täfelung stand eine Reihe von Familienbildern in schwarzverkrusteten Goldrahmen, aus denen die bleichen Gesichter ihrer Familie, derer von Lecouteiller de Bonnebos, hochmütig und mit einem einheitlichen Zug verbitterter Strenge, kaum noch hervorschimmerten. Ein Betschemel, dessen Lederbezüge vom häufigen Druck der Brettevilleschen Ellbogen und Knie mattpolierte Vertiefungen aufwiesen, stand, gegen die Wand gerichtet, unmittelbar unter einer Ampel aus blauem Glas, die an einem schmiedeeisernen Schwenkarm in Kopfhöhe angebracht war. Vom oberen Rand der Ampel und diesen zum Zimmer hin halb umfassend hing eine ihrer Beschaffenheit nach undefinierbare Umhüllung etwa einen halben Meter herab, bevor sie in einem Bogen nach der Wand hin zurückwich, wo sie an der Unterseite der verschnörkelten Konsole angeheftet war. Die Lampe brannte leise knisternd, doch ihr Licht drang nur nebelhaft durch den Schleier hindurch und umgab ihn mit einer grau-silbernen Aureole. Nur nach unten hin auf die Armstütze das Betschemels fiel ein gelber Lichtspalt. Obwohl Madame anwesend war, vernahm man kein Geräusch außer dem sanften Ticken der großen Eckpendule.

Madame de Bretteville-Gouville, geborene Lecoutelier de Bonnebos, saß vor dem Glasschrank mit der dunkel-grünen Bespannung in einem Armstuhl mit sehr hoher Lehne, der auf einem Podest stand.

Ihre hagere Gestalt war, soweit man es bei der ge-spenstig-grauen Fahlheit des Salons wahrnehmen konnte, in ein langes mattschwarzes Gewand gekleidet, das sich zu ih-ren Füßen bauschte und bis unters Kinn hinaufreichte. Sie saß vollkommen aufrecht, kerzengerade, der Lehne un-bedürftig. Trotz ihres durch den Tod ihres uralten Vaters in jüngster Zeit erworbenen Reichtums duldete sie nicht den geringsten Aufwand in ihrem Haus. Unnötig erschien ihr auch jegliche Form der Kommunikation. So hatte sie zwar eine Gesellschafterin engagiert, war aber von Natur aus in so erschreckender Weise ungesellig, dass es außer bei den Mahlzeiten kaum einmal in der Woche zu einem mehr-stündigen, fast stummen Gegenübersitzen mit gelegent-lichem Räuspern gekommen war.

Anfangs hatte die junge Dame einige Male den Versuch gemacht, sie zu unterhalten, worin ja ihre Aufgabe bestand, aber Madame hatte eine unmissverständliche Art, ihre Ab-neigung gegen Gespräche zu bekunden, indem sie nämlich strafend ihre Augenlider herabsenkte und kaum hörbar flüsterte, es sei jetzt weder Ort noch Zeit, irgendetwas zu be-sprechen. Die schöne menschliche Regung der Mitteilsam-keit schien ihr völlig unbekannt. Als jedoch die junge Dame eines Tages während des Soupers andeutete, dass sie von Zweifeln über eine bevorstehende Entscheidung ergriffen sei, zeigte es sich, dass Madame den Seelenzustand ihrer Hausgenossin seit langem erkannt zu haben glaubte, indem sie nämlich bedeutsam ihren großen Kopf auf und ab bewegte. Dennoch verspürte sie keine Neigung, sich darüber auszusprechen, selbstverständlich nicht bei Tisch, ein andermal vielleicht.

Seit dem Dahinscheiden ihrer einzigen Tochter vor drei Jahren – ein Blutsturz hatte sie mit dreiundzwanzig Jahren dahingerafft – hielt sie sich jeden Tag einige Stunden in dem verdunkelten Salon auf, in der Absicht, sich ganz ihren düsteren Gedanken hinzugeben. Hier war seit Arlettens Tod alles unverrückt geblieben, so wie es damals gewesen war. Der Stuhl, auf dem sie zuletzt gesessen, stand an der gleichen Stelle mit einem schwarzen Schleifchen versehen schräg vor dem Nähtischchen, so als wäre die Verblichene eben nur hinausgegangen und käme gleich wieder zurück. Die Spitzenstickerei aus Cambrai-Batist hing noch über dem Rahmen, die Nadel in einem gelblichen Rostkranz steckte noch da, wo sie Arlettens Hand hingesteckt hatte. Weh dem, der hier das Geringste verändert hätte! Sofort wäre es bemerkt worden, gespürt hätte sie es, ohne hinzusehen, so wie die Spinne das leise Erbeben ihres Netzes wahrnimmt. Einmal, bei der alljährlichen behutsamen Reinigung des Salons, der sie mit Argusaugen von ihrem Lehnstuhl aus beiwohnte, hatte sie eine geringfügige Veränderung des Schleiergebildes vor der blauen Ampel entdeckt! Gegen ihr ausdrückliches Verbot hatte wohl die Magd mit einem Staubtuch von ferne dagegen hingewedelt, wobei, unwahrscheinlich genug, das herabhängende Gefälte sich verschoben haben sollte; unwahrscheinlich deshalb, weil das brüchige Gebilde von einer verkrusteten Staubschicht wie von einem Zuckerguss übergossen und verhärtet worden war. Alle Beteuerungen und Tränen des Mädchens nutzten nichts, sie musste das Haus verlassen.

Das Ticken der Renaissancependule im Salon hatte sie lange Zeit gestört; sie pochte in ihre trübseligen Betrachtungen. Sie lief von einem Uhrmacher zum andern, bis sie den rechten fand, der den Salon betreten durfte, ein unscheinbares Männchen, dem es dann nach tagelangem Suchen und Probieren mit Korkscheibchen und Wollfädchen gelang, den metallischen Gang in ein federndes seidenweiches Pochen zu verwandeln. Nun war alles gedämpft und schattenhaft; Licht und Lärm gespenstisch gebannt.

Mit der ganzen konsequenten Starre ihres Charakters lebte die alte Dame in der Vergangenheit, merkwürdig genug, denn es gab nichts Erfreuliches in ihrer Vergangenheit. Sie hegte eine tiefe Abneigung gegen jegliche Neuerung, was die merkwürdigsten Folgen zeitigte. Das weiträumige Haus, dessen obere Etage bis auf das Zimmer der Gesellschafterin abgeschlossen war, dieses ehedem ansehnliche und seinen Wohlstand auf die Straße ausstrahlende Gebäude, verkam nun mehr und mehr im Herbst regnete es durchs Dach in eines der oberen Zimmer, so dass die Decke des Salons schon an einigen Stellen feucht beschlagen war – und dies, weil sie in ihrer abstrusen Abneigung gegen alles Neue sich nicht entschließen konnte, zur Erhaltung des Hauses, wenigstens seines jetzigen Zustandes, und das war doch ihr Sinnen und Trachten, etwas zu unternehmen, eben darum, weil die Erhaltung das Gegenwärtigen mit Neuerungen und Veränderungen verbunden gewesen wäre. Das

Hauses zu verkaufen, zumal auch über ihm die Enteignung schwebte, die nur deshalb noch nicht eingetreten war, weil man in Caen sich Zeit nahm mit der Durchführung der Pariser Beschlüsse, war ebenso undenkbar wie seine Renovierung.

Ihre einzige Leidenschaft aber, wenn sie jemals eines solchen aufwühlenden Gefühls fähig gewesen sein sollte, galt nicht einem Menschen, sondern ihren Uhren. Uhren zu kaufen bedeutete für sie etwa dasselbe wie für Messire Corday der Erwerb von Büchern. In diesem Punkt war sie eine hemmungslose Verschwenderin. Sie lamentierte über den Kauf eines Brotes, das teurer geworden war, und verbuchte eine solche Ausgabe gewissenhaft; die für eine seltene Uhr ausgegebene Summe bedrückte sie keinen Augenblick. Sie hatte ein ganzes Zimmer nur mit Uhren ausstaffiert, Uhren aus den verschiedensten Zeiten und Ländern, in allen möglichen Formen und Materialien: schwere Standuhren mit knarrendem Schlagwerk, Wanduhren, eiförmige Taschenuhren, winzige, auf Samt gebettete Ührchen. Da gab es große metallene und hölzerne Gehäuse, aus deren Innern ein ständiges, beängstigendes Knacken oder ein quietschendes Röcheln ertönte, und kleine Emaille-Uhren, die mit ängstlicher Schnelle und hartem höhnischen Ticken durcheinanderzirpten und übereinander herfielen, mit ihren ehernen Zünglein einander nachjagten und das Geflirre der Nebenbuhlerinnen einholten und wütend auslöschten, um gleich darauf voneinander abzulassen, leiser werdend, weil sie, wenn auch in winzigen Abständen, nacheinander tickten, ehe sie wieder, lauter und lauter werdend, ihre Stimmchen mehr und mehr überdeckten und vervielfältigten in einem verwirrenden Crescendo; und gleich darauf, stets in wechselndem Rhythmus, begann wieder das Gezirpe der Einzelnen, von dem beharrlich tiefen Ticktack der lauten Stand und Wanduhren begleitet, durcheinanderzuwispern.

Einmal am Tag begab sich Madame de Bretteville ins Uhrenzimmer und lauschte dem huschenden Gepoche und Geticke, mit dem die flüchtige Zeit ihr dichtes Gewebe spinnt. Während sie ringsum horchte und die Stimmen ihrer Lieblinge zu unterscheiden trachtete, hing ihr Blick an dem Prachtstück ihrer Sammlung, an der zweieinhalb Meter hohen Eckpendule, die sie bei der Versteigerung des Mobiliars von Chateau Gaillard erworben hatte, dessen Besitzer gerade noch rechtzeitig nach England emigriert waren. Das war ein Kunstwerk von einer Uhr! Aus geschnitztem Lindenholz mit einem kronenartigen Aufsatz, über dem sich ein spätgotisches Gesprenge in verschlungenen Blumenornamenten erhob. Auf dem Scheitelpunkt aber, einer Lilie entsteigend, reckte sich der Tod mit erhobener Sense hoch auf. Äußerst sinnreich hatte der Meister nach mittelalterlicher Vorstellung die stündliche Bedrohung des Lebens dargestellt. Denn sobald der Zeiger die volle Stunde erreichte, sauste das unheimliche Instrument mit blitzhafter Schnelle bis zu dem kronenartigen Aufsatz hinab auf ein umschlungenes Menschenpaar zu. Wie gebannt hing Madame Brettevilles Blick an dem hölzernen Gerippe, genauer gesagt, an der erhobenen Sense. Und täglich genoss sie den kleinen Schrecken, wenn diese – obgleich erwartet – herabsauste. Mit einem unterdrückten Seufzer verließ sie das Uhrenzimmer und der Anflug eines verzerrten Lächelns erschien auf ihren sonst versteinten Zügen, denn es schien ihr

Genugtuung zu bereiten, das spielerische Abbild des Todes in Aktion zu sehen.

Sie führte ihr ganzes Unglück auf zwei Männer zurück: ihren Vater, den Lecoutelier de Bonnebos, und ihren Mann, einen Monsieur de Bretteville-Gouville, dessen Lebenstat darin bestand, die reizlose Tochter eines solchen Vaters zu heiraten. Gouville führte schon auf Erden ein Schattendasein an der Seite der zeit ihres Lebens düster gestimmten und dem intimeren Eheleben nur im äußersten Notfall sich ergebenden Person, bevor er nach wenigen Jahren von ihr erlöst ward, indem nicht sie, sondern er nunmehr endgültig ins Reich der Schatten hinabstieg. Diese Ehe war eine große Enttäuschung in ihrem an Enttäuschungen so reichen Leben; kurze Zeit nur hatte sie an ein wenn auch bescheidenes Glück an der Seite des Bretteville-Gouville geglaubt, ehe sie nichts weiter als eine Art Genugtuung darin fand, ihn zu beherrschen, was jedoch infolge seiner sklavischen Natur bald jeden Reiz verlor. Ohne Klage wurde Monsieurs Hinscheiden überwunden und sein Bild, das schlechte Portrait eines gottergeben lächelnden, flachstirnigen Mannes in den tiefsten Schatten eines Schrankes gehängt. Etwas hatte er bei aller Unbedeutendheit und Geducktheit hinterlassen, was man nicht übersehen konnte und wollte: Arlette, ihren Abgott, der sie alle verschütteten Gefühle zugewandt hatte; dies allerdings in Form einer strengen Erziehung.

In gewisser Weise war Arlette das Ebenbild ihres Vaters gewesen; nur dass alles, was an ihm abstoßend wirkte, bei ihr auf rätselhafte Weise ins Gegenteil verkehrt worden war: die dicht zusammenstehenden Augen unter der nicht hohen Stirn erschienen bei ihr von reizvoller Bedeutsamkeit; sein großer breitlippiger Mund erblühte im Gesicht seiner Tochter samtweich und voller Geheimnis; kurz, alles, was Madames unbarmherzige Augen an ihm zu bespötteln hatten, war bei Arlette wie verwandelt.

Den anderen Mann, ihren Vater, konnte sie jedoch nicht so mühelos aus ihrem Gedächtnis tilgen. Oh, wie gerne hätte sie es getan; wäre es möglich gewesen, sie hätte die Existenz eines Vaters abgeleugnet, eines Vaters, der alles darangesetzt hatte, zuerst ihre Abneigung und später ihren Hass zu verdienen.

Er war ein ungeschlachter Mensch von enormer Leibesfülle und strotzender Vitalität und schien nur darauf bedacht, die Einmaligkeit seiner Existenz, wo immer er auftauchte, zu vervielfältigen. Sein einziges legitimes Kind war Madame, deren Mutter er schon nach wenigen Monaten verließ, um ein folgenreiches Verhältnis mit ihrer Zofe zu beginnen. Mit dreißig Jahren hatte er in seinen drei kleinen calvadossischen Gütern und in seinem Stadthaus in Rouen ein Dutzend Kurtisanen sitzen und ein Mehrfaches an Kindern, was ihn aber nicht hinderte, als Generalsteuerpächter im Lande umherzuschweifen und nach diesbezüglicher Betätigung weiterhin Ausschau zu halten.

Welche Höllenqualen musste die reizlose und bigotte Tochter ausgestanden haben, wenn der Unverwüstliche in ihrem Haus auftauchte und mit dröhnendem Lachen seine stadtbekannten Geschichten erzählte. Gott sei Dank, es kam nicht oft vor, denn er war zu sehr beschäftigt.

Mit neunzig Jahren starb er, und Madame de Bretteville war von ihrer Lebenslast befreit. Zwar hatten die Gefährtinnen des Greises die Hälfte seines Vermögens verschwendet, und es blieben noch unabweisbare Ansprüche zu befriedigen, trotz alledem aber war sie über Nacht Besitzerin eines Stadthauses in Rouen, eines Vermögens von 40000 Pfund und einer schweren Schmuckkassette mit hochwertigen Edelsteinen.

Von dieser Seite wenigstens hatte sie keine Unannehmlichkeiten mehr zu befürchten, und darum ist es nicht ganz unbegreiflich, dass sie an diesem Tag dem Sensenmann auf dem kronenartigen Aufsatz der großen Standuhr beifällig zunickte, als sein mörderisches Instrument herabfuhr.

Zurückgezogen und anspruchslos war ihr Leben im Haus ihrer Mutter verlaufen, obwohl sie infolge ihrer zähen Sparsamkeit nie ganz mittellos gewesen war. Und nun flutete Lecouteliers Reichtum in die Rue SaintJean und mit ihm der Ansturm all derer, die nahezu magnetisch von solchem Reichtum angezogen werden wie die Bienen von einem Honigtopf. Notare kamen und gingen; Makler und Spekulanten wussten sich unter Vorspiegelung von Altruismus Eingang zu verschaffen; der Verwalter in Rouen beklagte sich über Missstände, und dass noch immer drei Mätressen das Stadthaus bewohnten; in Not geratene Bittsteller und Waisenhausvorsteher gaben sich die Klinke in die Hand.

Aber Madame de Bretteville saß auf ihrem Honigtopf und widerstand zunächst allen Anfechtungen; alles sollte beim Alten bleiben. Nach wenigen Wochen war es ihr gelungen, alle, die etwas von ihr wollten, aus dem Haus zu scheuchen. Sie kapselte sich wieder in ihrem Salon ein und lebte wie ehedem.

Die Heimsuchung
der Novizin Corday

Charlotte liebte die Stille. Schon in ihrer Kindheit hatte es sie zu einsamen Orten hingezogen, wo sie dem Schweigen lauschte. Das Kloster war diesem Bedürfnis weniger entgegengekommen als sie gedacht hatte. Die jungen Klosterschülerinnen waren voller Übermut und stets bereit, einander Streiche zu spielen.

Das erste Jahr ihrer Novizenzeit verging; nichts begehrte sie weniger, als in die Welt zurückzukehren; nichts begehrte sie mehr, als die kühle, leidenschaftslose Luft ihrer Abtei zu atmen und der Liebe Christi teilhaftig zu werden, dessen Gegenwart im Tabernakel sie zu spüren glaubte. Wie von einem anderen Stern drangen die Geräusche der Welt an ihr Ohr. Dabei schickte sich Paris gerade an, diese Welt aus den Angeln zu heben. Es schien, Charlotte habe sich selbst vergessen; und doch: Die Ahnung, dass es in ihrem Leben noch etwas gab, etwas tief Verborgenes, etwas, das zur Unruhe Anlass geben konnte, hatte Charlotte nie ganz verlassen. Unbemerkt in aller Stille, vielleicht auch durch die Stille begünstigt, musste es wieder aufgekeimt sein. Es bedrängte sie. Schon konnte es geschehen, dass sie von dieser Unruhe des Herzens ergriffen wurde, während ihre Lippen im Chor der anderen die Responsorien flüsterten oder dass sie den Einsatz der Antiphon versäumte. Charlotte floh die Einsamkeit ihrer Zelle, verrichtete zum Erstaunen ihrer Mitschwestern freiwillig die niederen Dienste des Hauses, unterzog sich, so oft das anstrengende Tagwerk es zuließ, strengen Bußübungen. Es half nur wenig. Sie vernahm wieder die Welt, das Getöse der Revolution, laut, bedrohlicher denn je.

Und dann der Donnerschlag: In unmittelbarer Nähe, fast vor der Klosterpforte, hatte der von der neuen Freiheit besessene Mob den Neffen der Patriarchin, den Vicomte Henri de Belsunce gelyncht, nachdem dieser als Kommandant des Regiments Bourbon die Ordnung in der Stadt hatte wiederherstellen wollen.

Während noch die aufgeschreckten Nonnen ihrer Erschütterung im Gebet Herr zu werden suchten, hatte dieses Ereignis auf Charlotte eine ungeahnte Wirkung.

Sie hatte Henri de Belsunce – einen „lackierten Affen" nannte sie ihn in ihrem Brief an Amadieu – nie gemocht. Sein ruhmsüchtiges Gerede hatte ihr von Anfang an missfallen, weil sie es für unaufrichtig gehalten hatte. Seine Besuche im Kloster bei der Tante Äbtissin, zu denen auch sie gebeten wurde, waren ihr von Mal zu Mal unerträglicher geworden, zumal er keinen Hehl daraus machte, dass er vor allem ihretwegen kam. Aber nun war er tot, gestorben für Frankreich. Sein Tod riss sie in einen Taumel von Empfindungen, die der Lebende ihr niemals hätte entlocken können. Dass er für seine Überzeugung gestorben war, das war es, was das Fräulein von Corday mit Bewunderung erfüllte, wenngleich sie seine royalistische Gesinnung nicht geteilt hatte.

Zum Entsetzen der Klostergemeinschaft geriet sie in eine Art Entzückung, in eine oratorische Begeisterung über das Außerordentliche eines solchen Lebens, das seine Weihe nachträglich durch den Tod empfangen habe.

„Was ist das Menschen Leben ohne eine große Tat", sagte sie zu ihrer vertrauten Gefährtin Alexandrine de Forbin. Ihre Begeisterung war in hohem Maße unklösterlich. Sie wurde öffentlich ermahnt und schwieg. Doch das Feuer war entfacht. Ihr Geist erhob sich über das Einmalige des Geschehnisses hinaus in die dunklen Ahnungen ihres starken Willens und forderte von ihr ein Gleiches.

So gab es nun im Kloster der Heiligen Dreifaltigkeit eine Novizin, die auf die Ankündigung dessen, was von ihr gefordert wurde, wartete, die neben ihren religiösen Übungen, denen sie getreulich nachkam, sich wieder den Philosophen und Geschichtsschreibern des Altertums zuwandte, die die politischen Abhandlungen Plutarchs ebenso las wie Plotin oder Augustin.

Charlotte begann zu begreifen, warum ihr schon auf dem Schoß des Vaters der Atem gestockt hatte bei den Geschichten der Normannenhelden, der Seefahrer, Wilhelms, Robert Guiscards, dann bei den kühlen Berichten der Todesverachtung eines Scaevola, beim Opfergang der Gracchen.

Jede Lebensbahn, die vom Stigma das Ungewöhnlichen, der Annahme das Todes für ein großes Ziel gezeichnet war, zog sie in ihren Bann. Alle Tugenden, die sie an ihren antiken Helden bewundert hatte, fühlte sie nun tätig in ihrem Herzen. Dem Schicksalsruf zu folgen, eine ungeheure Tat zu vollbringen, notfalls auch dieses Leben hinzugeben für das Glück ihrer Mitmenschen; ja, so musste wahres Heldentum aussehen, das eigene Glück für das Glück der anderen zu opfern.

Einige ihrer Klostergefährtinnen glaubten später, sie habe aus irregeleiteten mystischen Glaubensvorstellungen den Tod gesucht; sie hätte mit dem Tod in schamloser Weise kokettiert, hieß es bei weniger Wohlmeinenden.

Charlotte richtete ihr Augenmerk auf ihre Zeit, auf die Männer, die Geschichte machten in Frankreich. Vieles dünkte ihr groß an den Rächern des versklavten Volkes. Die Revolution gewänne ihre Kraft aus der messianischen Idee eines Erlösungswerkes, so schien es ihr. Im Gedanken der Gleichheit kamen soziale und religiöse Wahrheit überein. Es konnte nicht sein, dass der Allmächtige Schranken gesetzt hatte zwischen Menschenbruder und Menschenbruder, zwischen Adeligen und dem Dritten Stand. Die Existenz von Herren und Knechten war in ihren Augen eine Beleidigung der Schöpfung. Wie, so fragte sich die Novizin, konnte es die Geistlichkeit fertigbringen, von einer gottgewollten Ordnung der Stände zu sprechen, während diese Ordnung einen Teil das Volkes dazu verurteilte, Hungers zu sterben? Charlotte war es, als hörte sie Gottes Donnerwort im Rauschen der Revolution; das Handwerk war die Sache der Menschen, das Werk selbst, die kühne Idee der Gleichheit aller vor dem Gesetz, war sein göttlicher Wille.

Als dann die Helden der Revolution immer tiefer im Blut versanken und die Freiheit der einen die vollständige Unfreiheit und Vernichtung der anderen forderte, als die Schöpfer der Republik eine Diktatur errichteten, da wandte sich das unbestechliche Herz dieser aristokratischen Demokratin schaudernd von der Revolution ab. Von da an begannen die Gedanken Charlotte Cordays um einen zentralen Punkt zu kreisen, um die Rettung Frankreichs, um die Rettung ihres republikanischen Idealstaates.

„Die Tat!", rief es in ihr, „deine Tat!"

Es geschah während der Konventsmesse in der feierlichen Stille der Opferung. Durch die gebeugte Schar der Novizinnen ging eine erschreckte Bewegung. Alexandrine, wie immer neben ihr, fasste sie beruhigend bei den Händen.

„Nein! Nein! Nein!"

Unaufhörlich tönte ihr halberstickter Entsetzensschrei durch die zerreißende Stille; die Äbtissin erhob sich; die Messe wurde unterbrochen. Noch immer ertönte ihr Schrei, lauter und hemmungsloser nun, als die Forbin die Wankende zum Seitenportal hinaus in den Kreuzgang führte.

Die Corday habe einen Anfall gehabt, hieß es; sie liege nun zu Bett unter der Obhut von Alexandrine.

Wie leblos lag sie da. Drei Wochen wurde sie von Fieber geschüttelt. Schreckliche Träume schienen sie zu bedrängen, die mit krampfhaften Zuständen, heftigen Zuckungen wechselten. Doktor Neri, der ungerufen an ihrem Krankenbett erschien, war aufs Äußerste besorgt, erklärte aber, nichts Wirkungsvolles tun zu können, da seine Beruhigungsmittel dem tief verborgenen Herd der Erkrankung nichts anhaben könnten.

In ihren erst ganz allmählich abklingenden Fieberphantasien schien sie sich gegen etwas Fürchterliches zu wehren. Sie schlug um sich, stieß unverständliche Worte aus, denen die gute Forbin, die nicht aus dem Krankenzimmer wich, einen Sinn zu geben suchte. Einmal, während die Forbin ihr den Angstschweiß von der Stirn wischte, richtete sie sich auf und schrie mit weit aufgerissenen Augen: „Oh Seigneur! Cœur de Jésus! Victime de la Révolution! Soyez mon amour! Oh, du blutbesudeltes Scheusal! Domine, miserere mei!"

Trotz aller Zuneigung vermochte die Freundin in ihrer Verwirrung Andeutungen über das Gehörte nicht zu unterdrücken; und so kam es, dass in den nächsten Tagen mancherlei Gerüchte in den Klostergängen umliefen. Die einen besagten, dass unser Herr und Heiland die Ärmste wohl bald erlösen werde; die anderen, genährt von der Erwartung einer göttlichen Demonstration an der sündhaften Novizin, tuschelten, der Böse sei bereits in die Hochmütige gefahren.

Indessen harrte die kleine Forbin furchtlos am Krankenlager aus, wobei ihr ein Quentlein angeborener Neugier zu Hilfe kam. Es gelang ihr, einen Zipfel des Schleiers, der das Geheimnis des Leidens verbarg, doch noch zu lüften, und zwar dadurch, dass sie die geliebte Gefährtin während ihrer Fieberanfälle, die eine große Ermattung des Willens herbeizuführen pflegten, inständig nach der Ursache ihres Entsetzens befragte.

Und so erfuhr die Lauschende, dass der krankhafte Zustand ihrer geliebten Charlotte in irgendeinem Zusammenhang mit den Schreckenstaten der Jakobiner stehen musste.

Sie reimte sich noch manches dazu, aber sie gab sich auch der Hoffnung hin, dies alles würde nach überstandener Krankheit wie ein Spuk verfliegen. Und so schien es auch. Denn kaum hatte Charlotte nach vier Wochen das Bett verlassen, als sie mit großer Gewissenhaftigkeit alle auch vordem ausgeführten Arbeiten wieder aufnahm. Lediglich den Empfang des Leibes Christi suchte sie hinauszuschieben; man wusste aber, dass sie von je der Auffassung war, kein Mensch sei dieser Nähe würdig, und ließ sie gewähren. Eine eingehende Befragung durch die Ehrwürdige Mutter führte zu nichts anderem, als dass die Novizin davon sprach, die schwere Erschütterung ihres Gesundheitszustandes habe eine Schwächung ihrer Seelenkräfte bewirkt. Zu einem Teil entsprach dies ja auch der Wahrheit.

Sehr viel später, nach der Aufhebung des Klosters der Heiligen Trinität, machte sie der Forbin gegenüber in der Absicht, sich zu rechtfertigen, eine Bemerkung, deren Bedeutung diese erst begriff, als Charlotte zur Tat geschritten war. Noch im hohen Alter erinnerte sich Alexandrine de Forbin an ihre letzte Begegnung mit Charlotte:

„Sie schloss mich mit großer Heftigkeit in ihre Arme; ja, sie presste ihren Körper mit der Macht eines großen Gefühls an mich und küsste mich, eine gottgeweihte Person, in nahezu unschicklicher Weise. Ich wusste ja nicht, dass es die Schicklichkeit eines Abschieds für immer war. Und dann sagte sie, mich groß ansehend, mit ihrer vollen und für diesen Augenblick wie mir schien viel zu lauten, ungeziemend lauten Stimme einen Vers ihres Ahnherrn Corneille, den ich schon einmal von ihr gehört hatte:

'Le crime fait la honte et non pas l'échafaud!' Sonst nichts, kein Adieu, keine Geste. Sie verstummte, brachte mich auch nicht auf die Straße, stand reglos mitten im Zimmer, den Blick in diese fürchterliche Ferne gerückt. Später erst erfasste ich den Sinn dieses Wortes, aber da war es schon geschehen. Sie wollte mir im Voraus Trost zusprechen, denn sie wusste, wie ich sie liebte. Seit Charlotte Cordays Tat weiß ich, dass es so etwas gibt: Verbrechen aus Heiligkeit!"

Ein halbes Jahr nach ihrem Zusammenbruch lebte die Demoiselle noch im Kloster, als gehöre sie dazu. Nichts Außergewöhnliches geschah mit ihr, sie duckte sich unter die Schar der Frommen, kein Wort entschlüpfte ihr. Die Nonnen hatten diese Geschichte schon fast vergessen und glaubten an ein Verbleiben Charlottes im Kloster. Ihr aber wurde stets mehr bewusst, dass das Kloster nicht der rechte Ort für sie war. Fünf Jahre war sie in der Abgeschiedenheit des Klosters „Zur Heiligen Dreifaltigkeit" von den gelehrten Nonnen unterrichtet und auf den Eintritt ins Kloster vorbereitet worden. Doch jetzt erschien es ihr frevelhaft, an geweihter Stätte zu weilen, einer Gemeinschaft der Gottgefälligen anzugehören. Auch wenn die Phantasien, die sie im Fieber so sehr erschreckt hatten, nicht Wirklichkeit werden würden – es war ihr fast schon Gewissheit, dass sie zum Ordensstand nicht berufen sei.

Sie bat, in die Welt zurückkehren zu dürfen. Es wurde ihr verweigert. Die Tante Äbtissin gewährte ihr aber eine vorübergehende Dispens. Sie möge sich auf etwa ein Jahr dem unmittelbaren Einfluss des Klosters entziehen, damit sie über ihren endgültigen Entschluss nachdenken und frei entscheiden könne; damit sie der Herr in seiner Weisheit und Güte doch noch zur Klarheit führe.

Als Ort der Besinnung wurde das Haus der Bretteville für geeignet befunden, das man in Caen das Grand Manoir nannte.

Zur Klarheit sollte sie geführt werden, und wirklich, dieses Haus der einsamen alten Frau, dessen Stille tiefer war als die des Klosters, half ihr dabei, freilich in einem ganz anderen Sinne, als die Äbtissin es erwartet hatte.

Rückkehr in die Welt

Marie Anne Charlotte de Corday d'Armont wohnte nun seit fast einem Jahr als Gesellschafterin der Bretteville in diesem freudlosen Haus mit seiner noch immer vornehm-reservierten Fassade und den langen dämmrigen Korridoren. Die Zeit, in der eine Entscheidung von ihr erwartet wurde, neigte sich dem Ende zu. Drei Tage verbrachte sie fastend und betend, und endlich war es ihr, als habe sie Gottes Ratschluss erkannt: Nicht das Kloster war ihr bestimmt, sondern die Welt, in deren Räderwerk sie auf irgendeine Weise eingreifen sollte.

Sie fühlte sich erleichtert. Beschwingt ging sie im Zimmer auf und ab, öffnete das Fenster zum Garten, atmete tief die vom nächtlichen Regen feuchte Luft ein.

In diesem Augenblick wurde der Klingelzug, der vom Salon bis hierher in den Seitenflügel führte, heftig in Bewegung gesetzt.

Schon als sie den schmaleren Gang des Seitenflügels verlassen hatte und den oberen Hauptflur des Mitteltrakts betrat, hörte sie seine Stimme. Die Stimme des Öffentlichen Anklägers! In diesem Hause? Es musste irgendetwas Bedeutsames geschehen sein! Sie vernahm aus dem Salon Geräusche, Schritte, erregte Stimmen. Madame de Bretteville schien empört über den unangemeldeten Besuch. Und dann wieder der Tonfall Bougon-Longrais'. Sie eilte die Treppe hinab; die Salontür stand auf.

„Der König", sagte Bougon-Longrais. Dann stockte er einen Moment. Als hätte er bei ihrem Anblick vergessen, was er sagen wollte. Er ging auf sie zu. Sie war an der Tür des Salons stehengeblieben; ihr Gesicht war leicht errötet. Im Hintergrund räusperte sich Madame Bretteville. Der Generalprokurator blieb stehen.

„So reden Sie doch endlich!", herrschte Madame Bretteville den Generalprokurator an. „Sie wollten es ihr doch in meiner Gegenwart sagen. Nun sagen Sie es ihr! Haben diese Mörder in Paris ihm etwas angetan? Sie, mein Herr, sind ja auch einer von ihnen!"

„Nein, nein! Wo denken Sie denn hin! Nichts von alledem. Der König lebt. Es geht ihm vermutlich sogar sehr gut", sagte Bougon-Longrais, ohne die Stimme zu heben und ohne seine Augen von Charlotte zu wenden. „Ich habe soeben vom Nationalkonvent die Nachricht erhalten – und wie Sie sehen, bin ich hergeeilt, um es sogleich Ihnen, Madame, und Mademoiselle mitzuteilen, dass er vorgestern Abend um elf Uhr geflohen ist. Stellen Sie sich die Aufregung in der Hauptstadt vor! Begreifen Sie, was das für den Fortgang der Revolution bedeutet? Vielleicht hat er schon die Grenze erreicht, ist bei den Preußen oder den Österreichern! Unausdenkbar!"

„Für die Revolution, für die Revolution ...!", Madame Bretteville näherte sich dem Öffentlichen Ankläger so plötzlich, dass er zwei Schritte zurückwich. „Nehmen Sie hiermit zur Kenntnis, dass es in diesem Hause jedermann gleichgültig ist, wie es um Ihre Revolution bestellt ist und dass uns Ihre Mitteilung über die Flucht des Königs mit der größten Genugtuung erfüllt! Jawohl, mit überschwänglicher

Freunde. Sie hätten uns keine bessere Nachricht überbringen könne. Ich nehme doch an, dass die Demoiselle Corday Sie darüber informiert hat, dass wir hier immer noch gut königlich gesinnt sind!"

„Sie verkennen mich!", rief Bougon-Longrais aus, „Nichts anderes hatte ich im Sinn, als Ihnen eine Freude zu bereiten. Sie werden aber verstehen, dass mir mein Amt verbietet, in Jubel auszubrechen, weil der König uns im Stich gelassen hat. Ich weiß, für die Royalisten sind wir alle Ungeheuer! Aber Sie machen es sich zu einfach. Sehen Sie, Madame, ich bin trotz allem, was mir missfällt, Revolutionär. Und nun stellen Sie sich vor: Der Öffentliche Ankläger wünscht seiner Majestät eine glückliche Reise!"

Die Demoiselle hatte die Nachricht ohne Erregung aufgenommen. Ihr Blick hing an dem Ampelschleier. Wie hinter einem Berg von Watte hörte sie, was Bougon-Longrais da Seltsames sagte, wunderte sich über die Tante, die in ihrer Gegenwart noch nie so viel gesprochen hatte. Ein König in höchster Eile! In hinjagender, holpernder Kutsche. Das hatte für sie geradezu etwas Lächerliches. Ihre Phantasie arbeitete, Bilder drängten sich auf:

Majestät, der im viel zu langen Nachthemd feldeinwärts der Grenze zuläuft, wo die Kaiserin Maria Theresia hinter einer kleinen Anhöhe mit riesenhaftem Oberkörper hervorragt und mit Händen wie Windflügeln ihren Schwiegersohn heranwinkt, der jetzt sein Hemd hochrafft und ganz unbeschreiblich unköniglich über ein Rübenfeld hopst, bevor er an der alten Dame hinaufzuspringen beginnt, jedoch nirgends recht Fuß fassen kann.

Und da bemerkte Charlotte mit langsam aus dem Wachtraum in den Salon zurückkehrendem Bewusstsein, dass die

Kaiserin ganz verblüffend Madame Bretteville ähnlichsah, die gerade mit ihren riesigen Händen ärgerlich ein kleines Hündchen von sich stieß, das immer wieder an ihr hinaufzuspringen versuchte.

„Oh bitte, Madame! Bitte, stoßen Sie ihn nicht zurück! Wo soll der Ärmste denn auch hin?"

„Wo er hinsoll! Wo er hinsoll! Das fragen Sie mich?", Madame Bretteville hatte das Lächeln Charlottes mit Verärgerung wahrgenommen. „Wo das Hündchen, Ihr Hündchen doch, wo es hinsoll? Nicht wahr, Sie wollten ihn doch!", eiferte sich Madame noch immer. „Sie wollten ihn doch unbedingt behalten, ganz gegen meinen Willen. Brachten Sie ihn denn nicht ins Haus, nachdem er ihnen in der Stadt nachgelaufen war? Obwohl ich Hunde nicht ausstehen kann! Jetzt soll ich mich auch noch um ihn kümmern!"

Charlotte staunte über die alte Dame; sie redete wie schon lange nicht mehr, als ob ein Damm gerissen sei.

„Übrigens, ma chère tante", sagte sie jetzt mit ganz ruhiger Stimme, „Sie befinden sich da wirklich in einem mir ganz unbegreiflichen Irrtum, was meine Meinung über den König betrifft. Ich habe vor Ihnen doch niemals einen Zweifel aufkommen lassen, dass ich keine Royalistin bin. Und ich habe auch nicht die Absicht, meine Gegenwart in ihrem Hause mit meiner Gesinnung zu bezahlen!"

Bougon-Longrais richtete seine Augen bewundernd auf Charlotte.

„Du bist eine Corday!", erklärte chère tante mit großer Heftigkeit und klopfte mit ihrem Knochenfinger gegen das Eichengesims. „Und wenn man eine Corday ist, hat man keine Wahl! Es ist für uns eine Verpflichtung, royalistisch zu sein. Solltest du aber anders darüber denken, so weiß ich nicht, wo du deinen in der ganzen Familie so gerühmten Verstand gelassen hast, und ich empfehle dir, dich über die wahren Absichten dieser Leute schleunigst zu informieren. Der Umgang mit Monsieur le procurateur hat dich wohl ganz verdorben. Und dass du eine Nonne bist, beziehungsweise eine werden willst, hast du wohl ganz vergessen!"

Charlotte hob den Kopf und blickte die Tante lange an, bevor sie sagte: „Auch da irren Sie, liebe Tante!", und mit Bougon-Longrais das Haus verließ.

Madame de Bretteville war wie vor den Kopf geschlagen; sie ließ sich auf ihrem Betschemel nieder und begann unverzüglich zu beten, zuerst für dieses irregeleitete Kind, dann für die Errettung Seiner Majestät aus der Hand des republikanischen Gesindels.

Auf der Straße verabschiedete sich Charlotte von Bougon-Longrais. Dann ging sie rasch in der entgegengesetzten Richtung davon. Er blieb stehen, blickte ihr nach, bemerkte mit Erstaunen, wie sie mit großen Schritten über den Platz eilte. Etwas Feierliches, Beschwingtes, das er noch nicht an ihr wahrgenommen hatte, war in ihrem Gang. Ihr helles Sommerkleid wehte im Wind.

Das Bewusstsein, Klarheit gefunden zu haben, machte, dass sie sich glücklich fühlte. Vor der Seitenpforte des Klosters angekommen, bemerkte sie, dass sie unterwegs die ganze Zeit das Sommerlied von Onkel Charles vor sich hin geträllert hatte. Während sie schon die Schritte der Pförtnerin hörte, rief sie sich zur Ordnung.

Die gütigen Augen der Äbtissin ruhten eine ganze Weile auf dem blass gewordenen Antlitz der Novizin, die diesen Augen standzuhalten suchte. Das Fenster des kleinen

Empfangszimmers stand weit offen. Hinter dem Armstuhl der Ehrwürdigen Mutter konnte man im Klostergarten die Nonnen hin und wieder paarweise vorbeigehen sehen.

„Nun, meine Tochter, hat der Herr Sie zur Klarheit geführt?"

Leise, aber deutlich, sagte Charlotte: „Ich bitte inständig um Verzeihung, Ehrwürdige Mutter. Ich fühle mich nicht berufen!"

Streng antwortete die Äbtissin:

„Wer von uns, meine Tochter, wäre so überheblich zu sagen: ‚Ich bin berufen?' Und ist es nicht ebenso überheblich zu sagen: ‚Ich bin nicht berufen?' Wir wissen um deine unbezweifelbare Frömmigkeit wie um deine Anfechtungen. Uns ist bekannt, dass dich eine besondere Verehrung der allzeit reinen Jungfrau Maria auszeichnet, ebenso wenig ist uns entgangen, dass dein Herz stolz und eigenwillig ist. Deine Frömmigkeit hat, wie viele deiner Mitschwestern meinen, dich davon abgehalten, der Heiligen Kommunion fernzubleiben. Doch was ist denn das für eine Frömmigkeit, die sich den Sakramenten widersetzt? Woher nimmst du dir das Recht? Ist das denn nicht Hochmut, kleine Schwester Immaculata – so wolltest du dich doch nennen? Oder soll ich schon wieder sagen: Mademoiselle de Corday?"

Charlotte saß reglos mit geneigtem Kopf. Sie fühlte ihr Herz pochen.

„Nun, Schwester Charlotte, so sagen Sie mir, warum Sie keine Berufung zum Klosterstande fühlen?"

Leise und klar kam die Antwort:

„Er hat es mir offenbart; heute hat er es mich wissen lassen!"

Bestürzung zeigte sich in den Zügen der Äbtissin. Ihre großen verschwollenen Hände fuhren hoch aus ihrem Schoß.

„Er? Wollen Sie sagen, dass Sie wiederum einer überirdischen Heimsuchung gewürdigt wurden? Wer ist dieser Er? Antworte mir!"

Bis hinaus in den Garten war ihre Stimme zu hören, wo sich die Nonnen in den entfernteren Teil des Kreuzgangs zurückgezogen hatten. Die Ehrwürdige Mutter erhob sich mühsam; sie schloss das Fenster, kam mit schleppenden Schritten auf die reglos Sitzende zu und blieb dicht vor ihr stehen.

„Nun? Ich befehle es dir als deine dir vorgesetzte Obere und Äbtissin, der du Gehorsam schuldest. Du sollst mir antworten!"

Das Fräulein von Corday sah auf. Betroffen trat die Oberin einen Schritt zurück. Das Mädchen war ihr fremd geworden. Eine starke Drehung das linken Augapfels hatte ihren sonst so beseelten Blick auf unheimliche Weise verändert. Sie spürte eine unbezwingbare Macht in dieser noch schwachen, aber unbändigen Seele, und während sie diese schielenden Augen zu ertragen versuchte, murmelte sie:

„Um Himmels willen, meine Tochter, was ist mit Ihnen! So reden Sie doch! Wer hat es Ihnen offenbart?"

„Mein Herr und Heiland, Jesus Christus, dem ich gehorche!", ließ Charlotte kaum hörbar vernehmen.

Die Äbtissin hob die Arme gegen die Decke, wankte zu ihrem Stuhl und ließ sich seufzend nieder. Charlotte blickte gegen die Wand. Eine Minute war es ganz still. Von draußen drang der Gesang einer Amsel durch das geschlossene Fenster. Da kehrte der Blick der Novizin aus der Ferne zurück;

ihre Wangen tönten sich mit zartem Rot; die Verkrampfung des linken Auges löste sich; ein Lächeln umspielte ihre Lippen.

Die Äbtissin hatte die Hände gefaltet, flüsterte etwas mit geschlossenen Augen. Ratlos blickte sie auf.

„Und du bist gewiss", sagte sie tonlos in die Stille, „du bist deiner ganz sicher, keiner Täuschung zum Opfer gefallen zu sein? Du bestehst darauf, mit diesen deinen Augen, die mich ebenso sehr erschreckten, unseren Erlöser gesehen zu haben?"

„Oh nein! Nein! Ich habe ihn nicht gesehen. Verzeihen Sie mir, wenn ich das gesagt haben sollte. Habe ich das denn gesagt? Ich hörte eine Stimme. Ja, eine Stimme von überirdisch schöner Klarheit. Ich hörte sie aber gar nicht mit meinen Ohren. Ich vernahm sie innen in mir. Es war wie in meiner Kindheit, wenn der Engel im Traum zu mir sprach."

„Ich habe davon gehört; ich kenne deine Geschichte mit dem Engel. Du weißt, dass ich derartiges nicht glaube. Das sind die Ausschweifungen deiner Phantasie, die du nicht gezügelt hast, vielleicht auch nicht zügeln kannst. Ist dir nicht auch deine Mutter erschienen? Kind! Kind! Wo soll das nur hinführen?"

Sie schwieg. Eine Weile betrachtete sie eindringlich ihre Besucherin. Ein bestimmter Gedanke schien sie zu beschäftigen.

„Charlotte Corday", sagte sie sehr ernst, „du hältst dich doch nicht etwa für eine Heilige?"

„Oh nein! Ehrwürdige Mutter! Wo denken Sie hin!", rief die Demoiselle ganz erschrocken aus. „Ich bin ganz gewiss eine Sünderin, wie könnte ich sonst den Schleier zurückweisen und Sie, meine Wohltäterin, so sehr kränken! Nein,

nein! Ich bin ganz unwürdig! Es ist doch alles viel schlimmer, als Sie denken! Sicher hat Schwester Alexandrine Ihnen von meinen Fieberphantasien erzählt; ganz gewiss doch! In Ihren Augen ist das alles sicher ganz entsetzlich! Und es ist es ja auch! Aber ich kann ihn doch nicht zurückweisen, wenn er mir den Auftrag erteilen wird."

„Charlotte Corday!" Die Oberin erhob ihren Körper vom Stuhl. „Was hast du vor? Ich sehe doch, wie es um dich steht! Was hast du Schreckliches vor? Welche Sünde wirst du begehen?"

„Oh, meine Mutter! Liebste Tante! Haben Sie Erbarmen mit mir! Ehrwürdige Mutter, ich bin nicht wert, Ihr Kind zu sein."

„Welche Sünde du begehen wirst?" Die Stimme der Äbtissin hatte etwas Drohendes, zugleich aber schien sie wie von Tränen erstickt.

„Ich darf es nicht sagen. Beten Sie für mich, wenn es soweit ist. Dann werden Sie es wissen, alle werden es wissen!"

„Herr Jesus Christus", sagte laut die Äbtissin und starrte das Mädchen an, und noch einmal sagte sie: „Herr Jesus Christus!"

Fest richteten sich die dunklen Augen auf die Tante Äbtissin und ebenso fest, beinahe befehlend sagte Charlotte Corday:

„Ich bitte Sie, Ehrwürdige Mutter, mich nunmehr nichts mehr zu fragen."

Darauf erhob sie sich, ließ sich aber sogleich unmittelbar vor der erstaunten Äbtissin auf die Knie nieder und sagte mit flehender Stimme:

„Ich bitte Sie, liebste Tante, inständig um Ihren Segen!"

Sie zögerte einen Augenblick. Dann hob sie ihre Rechte über die Tiefhingebeugte und zeichnete rasch ein winziges Kreuz über das Haupt der Demoiselle.

„Armes Kind!", sagte die Oberin, als Charlotte gegangen war.

Hoffnungsvolle Aristokraten

Gleich nachdem sie das Kloster verlassen hatte, spürte sie eine für sie zunächst unerklärliche Veränderung in der Stadt. Ungewöhnlich viele Leute waren auf den Straßen; hastig und neugierig kamen sie aus ihren Häusern, standen in laut schwatzenden Gruppen zusammen. Vor dem Gerichtsgebäude gab es ein wildes Gedränge. Flugblätter waren gedruckt, gingen von Hand zu Hand, wurden laut vorgelesen:

„Franzosen! Der König hat uns verraten! Die Republik ist in Gefahr! Tod den Royalisten!" Man klatschte, schrie und pfiff. Einige junge Leute, die Charlotte zu kennen vorgaben, umringten sie, tanzten, sangen laut die Marseillaise. Aus dem Geschrei der Menge rief es empört:

„Louis Capet ist entflohen! Er hat uns an die Preußen verraten!" „Nieder mit dem Verräter!"

Abseits der großen Straßen ging es leiser zu, aus dem Stimmengewirr der dort Versammelten vernahm sie halblaut-vorsichtig: „... ihnen entkommen! Seine geheiligte Majestät ist in ... ganze Spuk bald vorbei."

Plötzlich ergriff ein wildfremder alter Mann mit blauschimmernder Säbelwunde Charlottes Hand, sprach sie unvermittelt an: „Er wird dieses Pack zu Paaren jagen!" Verschwörerisch flüsterte er: „Ich habe doch auf den ersten Blick gesehen, dass Sie, meine Allergnädigste, nicht zu denen da gehören!"

Sie lächelte ihm zu und entfernte sich schnell.

Es war ein aufregender Tag für die Hauptstadt des Calvados. Welch ein Ereignis! Bis in den Abend standen die Menschen auf den Straßen. Von den Dörfern kamen sie herbeigeeilt, um Genaueres zu erfahren. Es gab aber noch nichts Genaueres, und darum ergingen sich die Calvadossen in immer wilderen Spekulationen. Im Laufe das Tages schien sich die Überzeugung durchzusetzen, dass dem König, ‚unserem guten König Ludwig', die Flucht gelungen sei. Am späten Nachmittag waren es bereits die Königstreuen, die im Stadtbild dominierten. Fast hätte man meinen können, die gute Stadt Caen sei niemals vom Arm der Revolution berührt worden. Doch Caen war seit langem eine Stadt der Revolution, wenn auch der Prokurator und Öffentliche Ankläger als gemäßigt galt. In den Kellern des alten Normannenschlosses waren seit einem Jahr sogenannte Feinde der Republik, darunter zweiunddreißig eidverweigernde Priester, in Haft. Die Klöster im Land, mit Ausnahme jenes des Klosters Troarn und jenes der „Heiligen Dreifaltigkeit", waren konfisziert, und auch über diesen schwebte seit langem das Aufhebungsdekret; und es war auch kein Märchen der radikalen Revolutionäre, dass Seine Exzellenz Fauchet, der ehedem so fromme Bischof von Bayeux, ohne auch nur einen Augenblick zu zögern, den Eid auf die republikanische Verfassung geleistet und an ausschweifenden gotteslästerlichen Gelagen seiner neuen Freunde teilgenommen hatte.

Nein, Caen war ohne Zweifel eine Stadt der Revolution. Dennoch: Im Laufe dieses Tages schien sich eine Umkehrung zu vollziehen. Die wütenden Revolutionäre wurden immer kleinlauter und hatten sich in ihren Club zurückgezogen, schließlich sogar verbarrikadiert; dafür wurde das

Geschrei: „Es lebe der König!" immer lauter, und die Royalisten versammelten sich in den Gärten und Salons der Adelshäuser. Auch viele von denen, deren monarchische Gesinnung einer revolutionären zum Opfer gefallen war, hatten in wenigen Stunden ihre Anhänglichkeit an Seine Majestät wiederentdeckt und beeilten sich, diese phänomenale Wandlung sehr einleuchtend damit zu erklären „dass wir Calvadossen, was immer auch geschehen sein mag, im Grunde unseres Herzens doch immer königstreu geblieben sind."

Auf Madame de Bretteville übte die Flucht Seiner Majestät eine unvorhersehbare Wirkung aus. Staunend sah Charlotte, dass Türen und Fenster des Grand Manoir weit offenstanden. Unter Madames immer noch argwöhnischen Blicken bemächtigten sich sogar zwei Mägde des Staubes, soweit er nicht unmittelbar Arlettens verehrungswürdiger Sphäre angehörte. Schätze aus den ersten Ehejahren, die Enttäuschung und Geiz in Kisten und Kasten verborgen hatten, wurden herbeigeschafft: Bestecke aus massivem Silber, die hilfreiche Nachbarinnen von ihren schwarzgelben Beschlägen befreiten, ein 144teiliges Service aus mattschimmerndem Sèvresporzellan, schwergoldene Serviettenringe mit dem kleinen Krönchen des niederen Adels – alles, was an die gute alte Zeit erinnerte, wurde herbeigeschafft und zur Schau gestellt, wenn das Mahl auch umso bescheidener ausfiel. Woher sollte man in diesen Zeiten und in der Eile ein großartiges Menü nehmen. Weißbrot, Wein und etwas Obst sollten gereicht werden. Blütenweiße, nur an den Knicken vergilbte Damastdecken waren aufgelegt worden, nie gebrauchte Leuchter aus getriebenem Silber und hochstielige Kristallgläser verbreiteten festlichen Glanz.

Gegen acht Uhr erschienen die Gäste, die in aller Eile eingeladen worden waren, die adligen Freunde und Verwandten des Hauses aus früheren Zeiten: Als erste Madame de Loyer, die altjüngferliche Freundin der Gastgeberin, die es, wie schon einmal, für angebracht hielt, mit ausgebreiteten, flatternden Armen auf Madame de Bretteville zuzueilen. Die wusste eine innige Umarmung abzuwehren, so dass beide schließlich wie defekte Marionetten mit den Oberkörpern aneinander lehnten. Die wachsgesichtige Loyer presste schließlich mit einem mit einem unterdrückten Seufzer „Der König!" hervor, worauf Madame die Bretteville weitaus zuversichtlicher „Der König!" zur Antwort gab. Darauf entfernte die Loyer den tragischen Unterton aus ihrer Stimme und sagte zum zweiten Mal erleichtert „Der König!"

Gleich darauf betrat Messire de Corday, der Bürger Corday, mit seinen beiden Söhnen und dem jungen Herrn de Tournélis, der mit Alexis zu emigrieren gedachte, den Salon. Die jungen Leute waren in übermütiger Stimmung, denn sie glaubten, nach der Flucht des Königs nur eine kurze Spazierfahrt an die Ufer des Rheins vor sich zu haben. Herr Tournélis fasste mit seiner rechten Hand dahin, wo er demnächst im Heer der heranmarschierenden Flüchtlinge einen Degen zu ziehen hoffte, tänzelte auf Madame de Bretteville zu und stieß mit Pathos die Worte hervor:

„Es lebe unser erhabener und allzeit siegreicher König Ludwig!"

Nun erschien eine alte Dame mit gelbgeflecktem Haar. Sie betrachtete jeden der Anwesenden mit angestrengter Neugier und erwartete ihrerseits, mit ebensolcher betrachtet zu werden, denn sie trug den Namen eines großen Sohnes dieser Stadt, der einstmals Hofdichter gewesen war.

Man saß schon bei Tisch und begann die verschiedenartigsten, meist hoffnungsvollen Vermutungen über den Ausgang der Flucht zu äußern, als noch eine Gruppe von Gästen durch die offenen Flügeltüren hereintrat. Zunächst die Schauspielerin Lavaillant, eine Junogestalt von harmonischer Fülle. Sie besaß zwar kein großes Talent, dennoch lag man ihr zu Füßen. Sie kam aus einem naiven Staunen nicht heraus, sie bewunderte ihre Bewunderer, die Bewunderung ihrer Bewunderer und sich selbst. Monsieur Leclerc, einer ihrer Anhänger, folgte ihr mit der Ergebenheit eines Pinschers auf dem Fuße, wiederum gefolgt von den beiden fünfzehnjährigen Töchtern der Lavaillant, die sich im Hereintreten ganz ungeniert um irgendeine tatsächliche oder eingebildete Gunstbezeugung des mütterlichen Freundes stritten.

Und dann, man hatte schon wieder Platz genommen, erschien noch ein Gast. Schwitzend stand er in der Tür, fuhr sich mit einem Seidentüchlein über die breite Glatze und blickte die Anwesenden wortlos, aber voll Güte an. Keiner erkannte ihn zunächst, denn er trug einen merkwürdigen Anzug, den noch niemand an ihm gesehen hatte. Seine Füße steckten in Schaftstiefeln, ein blauer Bauernkittel überspannte den hervorquellenden Bauch. Ein schmutziger, schwitzender Mensch! Etwa einer von diesem Gesindel! Wie kam der hierher?

Aber da riefen drei, vier Stimmen auf einmal:

207

„Monseigneur! Hochwürden! Exzellenz!"

„Nur keine Titel!", entgegnete Amadieu und trat in den Salon.

Nach seiner letzten Romreise war der Prälat eines Tages spurlos verschwunden; man wusste nicht, ob er ein Opfer der Revolution geworden war. Die meisten hatten ihn schon für verloren gegeben. Und nun stand er plötzlich vor ihnen; man war außer sich vor Freude Der Zurückgekehrte wehrte bescheiden ab und erklärte kurz, wie sich die Sache verhielt:

Vor Monaten sei er gewarnt worden, man habe es auf ihn abgesehen, nicht auf seinen Tod, sondern auf sein Zeugnis für die neue Republik; das heißt, man werde alles tun, ihn zum Eid auf die neue Verfassung zu bewegen. Wie die Anwesenden wohl wüssten, sei er kein Mann der streitenden Kirche, sondern gehöre der leidenden an, mit anderen Worten, er sei ein sehr ängstlicher Mensch! Die Angst habe ihn so heftig überfallen, dass er nicht für sich hätte einstehen können; darum habe er sich sozusagen vor sich selbst, vor seiner eigenen Schwäche in Sicherheit gebracht. Bei Nacht und Nebel habe er sich davongemacht. In einer kaum betretenen Wildnis habe er nach langem Umherirren in einer Köhlerhütte Unterschlupf gefunden.

„Aber", fuhr Amadieu fort, indem er seine ungepflegten und zerkratzten Hände vor sich auf den Tisch legte, „es kam der Tag, an dem ich mich meiner Sicherheit schämte. Ich habe einen schweren Kampf gekämpft, bis ich mein Köhlerdasein, meine Sicherheit, aufgegeben habe. Ich habe in meiner Einsamkeit begriffen, dass ein Priester sich dem allem, was in Frankreich geschieht, nicht entziehen darf. Ich habe ein schlimmes Verbrechen auf mich geladen, indem ich meine Herde verlassen habe. Aber seht! Der Herr hat mir

Mut und Kraft gegeben, ich bin zurückgekehrt. Und...", er- gänzte er mit zitternder, wenig überzeugender Stimme, „ich werde Euch nicht mehr verlassen!"

Von allen Seiten bemühte man sich um ihn. Ob er denn nicht wisse? Die Revolution sei doch so gut wie vorbei. Das wusste Monseigeur noch nicht, da er bis jetzt mit niemandem gesprochen hatte und geradewegs ins Brettevillesche Haus geeilt sei. Voller Begeisterung berichtete man ihm, was geschehen war. Aber er verstand nicht, was das mit dem Ende der Revolution zu habe.

„Weil, aber so verstehen Sie doch!", rief Herr von Tour- nélis, „weil der erhabene König noch vor Ablauf dieses Monats an der Spitze der alliierten preußischösterreichi- schen Heere, umgeben von seinen tapferen Emigranten, diese Bettlerarmee schlagen wird. Er wird im Triumph in Paris einmarschieren und das Empire français wie zu Zeiten des Vierzehnten Ludwig wiederherstellen. Diese Revolu- tion ist keine Epoche der französischen Geschichte, sondern nichts weiter als eine klägliche Anekdote!"

Monseigneur begriff immer noch nicht; kopfschüttelnd betrachtete er die Begeisterten, die ihn bestürmten, seine grundlose Angst aufzugeben.

Demoiselle von Corday saß am Ende des Tisches Herrn von Tournélis gegenüber zwischen ihren beiden Brüdern. Es ging ihr ähnlich wie Amadieu. Auch sie begriff das Ganze nicht, wo doch nicht einmal feststand, ob der König in Sicherheit war. Überhaupt dieses Getue um diesen armse- ligen Monarchen. Na ja, durch seine Schwäche ist die Re- publik erst möglich geworden. Vielleicht sollte ich diesem König dankbar sein, sagte sie sich und musste lächeln.

Der junge Tournélis setzte gerade der Comtesse de Maromme auseinander, wie er, wäre er Marschall der heranrückenden Truppen, die Republik von den Vogesen und vom Norden her umfassen und ihr dann, unerwartet über Metz nach Paris vorrückend, den Todesstoß versetzen würde. Die Comtesse blickte den kommenden Helden mit leuchtenden Augen an. Überall hörte man, was jetzt zu tun sei und was man selbst Großartiges zu tun gedenke. Belustigt betrachtete Charlotte ihre Standesgenossen. Wie ein Puppenspiel kam ihr das alles vor, dieses angenommene künstliche Gehabe, schattenhaft und außerhalb der Wirklichkeit. Nur Herr von Corday und Amadieu waren schweigsam und teilten die euphorische Stimmung nicht.

Man hatte nach dem geistlichen Gewand des Monseigneur geschickt, und nun saß er nach einem kräftigenden Mahl inmitten der laut schwatzenden Gesellschaft. Seine Angst verflog, das heißt, sie verbarg sich ihm nur, so dass er wieder seine berühmte Zuversicht auszustrahlen begann. Der Wein hatte ihn erheitert und er versicherte immer wieder nach allen Seiten, nun werde er hierbleiben, bei seiner Herde, was auch geschehe. Er fühlte sich wohl, lediglich die Schönheit der Schauspielerin, an deren Seite er saß, bedrückte ihn etwas, so dass er sich wie zum Schutze des Öfteren in Charlottes Antlitz vertiefte. Schon hatte er wieder seine Vermittlerrolle übernommen, denn Monsieur de Tournélis und der augenblickliche Günstling der Lavaillant konnten sich nicht darüber einigen, wie die Hauptakteure der Revolution bestraft werden sollten. Der erste war für die Exekution, der andere wollte es mit lebenslangem Kerker bewenden lassen.

„Aber! Aber! Meine Lieben!", sagte Exzellenz. „Da gibt es doch nach beiden Seiten hin Bedenklichkeiten. Ich sehe da keinen Anlass zum Streit. Der Herr hat die Welt geschaffen, und auch die Revolutionäre sind seine Geschöpfe. Wir alle sind doch seine Kinder. Es hat ja nun doch noch Zeit mit der Bestrafung, denke ich. Wir wollen das vorerst auf sich beruhen lassen."

Und zu Madame de Bretteville, die sich um sein Wohl sehr besorgt zeigte, da es doch noch einige Tage dauern werde, bis alles vorbei sei, sagte er abermals:

„Ich werde hierbleiben, hier bei meiner Herde, bis zum Ende!"

Gegen Ende der Zusammenkunft geschah etwas, was die meisten der Anwesenden als unerhört, unbegreiflich, ja skandalös empfanden. Lange Zeit, auch noch nach ihrem Tod, sprach man in Caen von dem Affront, den sich diese irregeleitete Aristokratin geleistet habe. Fast alle hatten im Lauf des Abends ihr Glas erhoben und mit ein paar Lobsprüchen auf das Wohl des Königs getrunken. Kurz bevor man auseinanderzugehen gedachte, hatte aber die Lavaillant den Einfall, alle zum Aufstehen aufzufordern und mit der erhobenen Rechten auf die Gesundheit des Königs zu trinken.

Man war begeistert; die jungen Leute sprangen auf, die älteren erhoben sich gemessen und voll Würde; man klatschte; eine wunderbare Idee der bewunderten Lavaillant. Jawohl, wir wollen schwören, niemals, niemals wollen wir seine Majestät verlassen! Monsieur de Tournélis sprang gar auf seinen Stuhl und zog in weitem Bogen seinen künftigen Degen. Darauf erhoben alle ihr Glas und sahen sich mit dem Ausdruck bewusster Ergriffenheit in die Augen.

Alle hatten sich erhoben und ihr Glas ergriffen. Nur die Demoiselle de Corday saß auf einem Stuhl und ließ ihr Glas unberührt vor sich stehen. Der neben ihr sitzende Herr von Tournélis forderte sie zunächst erstaunt, dann in scharfem Ton auf, sich zu erheben. Alexis redete wild auf sie ein. Sie schüttelte unmerklich den Kopf. Ihre Augen suchten den Vater, der sie hilflos und traurig ansah. In das fassungslose Schweigen tönten die halblauten Worte der Madame Loyer:

„Wie, liebes Kind, Sie weigern sich, auf das Wohl dieses guten und so tugendhaften Königs zu trinken?"

„Ich halte ihn für tugendhaft", antwortete sie sanft mit leicht bebender Stimme, „aber ein schwacher König kann nicht gut sein; er kann das Unglück des Volkes nicht abwenden. Ich kann ihn bedauern. Auf sein Wohl zu trinken aber geht gegen mein Gewissen."

Tumult erhob sich. Durcheinanderrufen empörter Stimmen. Einige fühlten sich persönlich beleidigt, und es hätte nicht viel gefehlt, dass Charlotte von ihrem Stuhl hochgezerrt worden wäre. Aber Amadieus beschwichtigenden Worten gelang es, die Wogen zu glätten, so dass man ohne Charlotte Corday auf das Wohl Seiner geheiligten Majestät, Ludwigs des Gesalbten, wie er apostrophiert wurde, und auf seine baldige siegreiche Wiederkehr trank. Während der Salon sich leerte, hörte man noch die Bühnenstimme der Schauspielerin, die von einer Schande für den gesamten Adel sprach.

„An der Spitze seiner Armee, im Triumph, mein Fräulein", rief Herr Tournélis, ganz Held und Mitstreiter, über die Schulter hinweg dieser Ausgestoßenen zu, „im Glanze

seiner Erhabenheit wird der König zurückkehren und seine
Feinde zuschanden machen!"

Die Zeiten ändern sich

In der übelriechenden Küche des Bürgermeisters von Varennes saß der König, Ludwig der Gesalbte, auf einem Pökelfass. An der Tür stand ein kleiner blasser Mensch mit einem kalten, triumphierenden Lächeln. Er hatte einen Reitersäbel vor sich in die morschen Dielen gesteckt. Draußen war mittlerweile die Hölle los. Die Glocken läuteten, Menschen strömten herbei, zu Fuß, mit Kutschen und Leiterwagen, und an ihnen vorbei in gestrecktem Galopp die Nationalgardisten. Jetzt hörte man die Menge einen Namen rufen – Drouet –, den Namen des blassen Mannes an der Tür. Man ließ ihn hochleben. Zwei Nationalgardisten lösten ihn ab. Er ging hinaus.

„Das ist er, der Posthalter von Saint-Menehould. – Der hat ihn erkannt! Er lebe hoch!"

Soldaten gingen in Habtachtstellung vor ihm. Ein Garnisonskommandeur klopfte ihm auf die Schulter, nannte ihn Kamerad.

Gegen Morgen sprengte Romœuf, Lafayettes Adjutant, direkt aus Paris kommend auf schweißnassem Gaul in die Stadt, drückte ihm die Hand und dankte ihm im Namen des Konvents:

„Bürger Drouet! Sie haben der Nation einen unschätzbaren Dienst erwiesen!"

Und Drouet antwortete, bescheiden und berechnend zugleich:

„Ich habe nur meine Pflicht getan!"

Die gescheiterte Flucht schwächte das Ansehen des Königs und stärkte das Nationalbewusstsein der Bevölkerung. Ihm wurde vor allem sein Plan verübelt, mit Hilfe ausländischer Truppen die alte Ordnung wiederherstellen zu wollen. Über die zu ergreifenden Maßnahmen war man sich jedoch uneinig. Während die radikalen Cordeliers die Absetzung und die Verurteilung des Königs wegen Verrats forderten, fürchteten die Gemäßigten die unabsehbaren Folgen eines solchen Schrittes. Die Schuld, so erklärte man, treffe nicht den König, sondern seine Berater. Dennoch war der Zeitpunkt günstig, die Macht des Königs zu beschneiden. Er wurde genötigt, der Einberufung einer gesetzgebenden Versammlung zuzustimmen. Aus dem Nachfahren des absolutistisch regierenden „Sonnenkönigs" war ein konstitutioneller Monarch geworden – für ein Jahr noch; denn dann, am 21.9.1792, beschloss der Nationalkonvent die Abschaffung des Königtums und die Einführung der Republik.

Im *Bulletin de Caen* war die Flucht des Königs mit verhaltener Freude kommentiert worden. Nun, nach Bekanntwerden ihres Scheiterns, beeilte man sich, den Eindruck königstreuer Gesinnung zu zerstreuen.

Nicht so im Hause der Bretteville. Selbst Charlotte Corday empfand keine Genugtuung. Den schwachen König hatte sie verachtet, dem unglücklichen und wahrscheinlich rettungslos verlorenen aber gehörte ihre Sympathie. So war sie trotz ihres Anstoß erregenden Verhaltens nicht dauerhaft kompromittiert und nahm an den Zusammenkünften der adligen Gesellschaft teil, die Madame de Bretteville nun regelmäßig im Grand Manoir veranstaltete.

Seit jenem Treffen, da man auf das Wohl des geflüchteten Königs trank, hatte sich in Madame de Bretteville – zunächst kaum merklich – eine Wandlung vollzogen. Sie beschäftigte sich nun weniger mit ihrer unglücklichen Vergangenheit, sondern mit der Gegenwart. Sie ertappte sich dabei, wie sie während ihrer privaten Andachten für Arlette oder den König an ganz alltägliche Dinge dachte, an das schadhafte Dach oder dass sie dringend Salz benötigte. Nach langer Zeit der Trauer und Zurückgezogenheit begann sie, sich der Welt wieder zuzuwenden. Ihr Vermögen beglückte, ängstigte sie aber auch zugleich bei der Vorstellung, was nicht alles geschehen könne, während sie dasaß und nichts unternahm. Sie kaufte eine Kalesche, engagierte einen Sekretär. Zweimal in der Woche fuhr sie aus, woran sie ein fast kindliches Vergnügen fand. Selbst das ihr so fremde Bedürfnis, sich anderen mitzuteilen, begann sich zu regen. Dass sie nun Empfänge gab, war aber genau genommen gegen ihre Absicht geschehen. Sie hatte einen Tag festgelegt für die Erledigung wichtiger Geschäfte, an dem ihr Vermögensverwalter und gelegentlich auch Spekulanten bei ihr erschienen. Nach und nach ergab es sich, dass auch andere Menschen jenen Tag nutzten, ihr ihre Aufwartung zu machen. Selbstverständlich erschienen ihre royalistischen Gesinnungsfreunde, aber auch ein alter Hofrat, der sie seit langem zu kennen vorgab, ein wenig bedeutender Maler, der bei irgendeiner Gelegenheit ein schmeichelhaftes Portrait von ihr angefertigt hatte, längst verschollene Schulfreundinnen aus dem Lycée Malherbe; sie alle kamen zur festgesetzten Stunde der geschäftlichen Erledigungen. Sogar Bougon-Longrais, der für solche Geselligkeiten nichts übrighatte, erschien manchmal, wenn die Demoiselle von Corday gar zu lange die Dependance gemieden hatte.

Sommer in Caen

Dies war ihr letzter unbeschwerter Sommer. Die auf-
flackernde Lebenslust der Tante Bretteville ergriff auch sie
und verscheuchte für Monate den einen Gedanken, dem sie
so selten entfliehen konnte.

Wie in einem Rausch schien sie diese Zeit zu durchleben,
und sie begriff nicht, wie sie so lange in solcher Zurückgezogenheit hatte leben können. Sie konnte kaum erwarten,
dass sich am festgesetzten Tag, dem Dienstag jeweils, die
Flügeltüren des Salons öffneten und die Gäste übermütig
schwatzend hereinfluteten. Dann war sie wie verwandelt:
Ihr Gang war beschwingt, ihre Gesten von ansteckender
Heiterkeit, ihre Augen voll Lebensfreude. Alle fanden sie
hinreißend. Sie war die Königin dieser Empfänge. Eine
Menge junger Leute drängte sich herzu und umschwärmte
sie. Sie war glücklich.

Immer schon, auch in der Zeit ihres Noviziats hatte sie
eine starke Anziehungskraft auf ihre Mitmenschen aus-
geübt; nun aber überstrahlte ihre Schönheit den hoheits-
vollen Ernst und den abweisenden kleinen spöttischen Zug
ihrer Lippen.

Mit einer ihr unbegreiflichen, plötzlichen Lust wandte
sie sich all den früher geübten Neigungen zu; besonders ihren künstlerischen Fähigkeiten ergab sie sich nun von einem
Tag auf den anderen. Madame de Bretteville stellte sich dem
nicht entgegen, und so konnte gar nicht schnell genug

Mamas Clavichord aus der Wohnung Messire Cordays herbeigeschafft werden.

Charlotte improvisierte lieber als den Noten gehorsam zu folgen. Alle Versuche, sie zu längerem systematischen Unterricht zu bewegen, hatte man aufgeben müssen. Sie hatte ein unmittelbares, kein nachahmendes Verhältnis zur Musik. Über Leute wie Bougon-Longrais konnte sie sich nicht genug amüsieren, der zwar die Suites des großen Lully meisterhaft spielte, aber nicht das einfachste Liedchen ohne Noten wiederzugeben imstande war. Charlotte setzte sich an das Instrument; ihre Finger begannen sich zu regen. Sie spielte, ohne recht zu wissen, was es werden sollte, verlor sich in einer traumartigen Nachdenklichkeit. Und so konnte es vorkommen, dass sie auf die Frage, was sie denn spiele, antwortete: „Ich bin im Teichgarten von Mesnil spazieren gegangen."

Das Grundelement ihres Musizierens war ein choralhaft feierliches Gewoge von Akkorden, das sie stundenlang durch alle Tonarten hindurch fortführen konnte. Natürlich spielte sie auch Bach, Gluck, Purcell; aber es blieb doch immer Improvisation. Ein einziges Stück beherrschte sie fehlerlos und im Originalsatz, und nie wäre sie darauf gekommen, es auch nur in eine andere Tonart zu transponieren: jenes Menuett von Philipp Rameau, das sie tausendmal von der Mutter gehört hatte.

Auch ihr Malgerät holte sie diesen Sommer wieder hervor. Als Kind waren Bäume und Tiere ihre bevorzugten Motive, später wurden alle Familienmitglieder in Silberstiftmanier auf dickem Pastellgrund porträtiert; jedoch nur der Vater war mit seinem Konterfei trotz des schiefen gütigernsten Lächelns zufrieden gewesen und hatte es in sein

Zimmer gehängt. Jetzt malte sie den König, den unglücklichen Menschen, mit dem sie Mitleid fühlte, seit er als Gefangener im Temple festgehalten wurde.

Einige Male ging sie ins Theater. Über den Besuch eines Schauspiels, das wohl von Laien anlässlich einer Wohltätigkeitsveranstaltung gegeben worden war, schrieb sie:

Schlechtes Stück eines Provinztheaters. Noch schlechter die Schauspieler. Ähnlich den Possenreißern, die ich auf dem Marktplatz in Rouen gesehen habe. Ich wäre am liebsten fortgegangen, wenn ich damit die Mimen, Bekannte aus Caen darunter, nicht beleidigt hätte.

Dieser da, sagte ich mir, ist doch der Apotheker Olivier aus der Rue Malherbe. Er bemühte sich, einen grimmigen Menschen zu spielen. In Wirklichkeit ist er so harmlos wie seine stinkenden Mixturen, die ich Gott sei Dank noch niemals in Anspruch nehmen musste. Madame Betrand fiel es immer zu spät ein, zu erschrecken oder zu lachen. Einmal sprach sie eine ganze Weile ins Leere gegen die Luft. Ihr Partner war offensichtlich noch hinter der Bühne aufgehalten worden. Sie bemerkte es schließlich, hielt inne und sagte ihren Monolog noch einmal, nachdem er eingetreten war. Unbeschreiblich die Eifersuchtsszene, in der der Rivale Monsieur Oliviers zu Tode kam, ohne eigentlich erstochen worden zu sein. Er wurde dann doch noch erstochen und verkündete, er sei tot.

Es war das Lustigste, was ich jemals gesehen habe. Im Saal war aber viel Rührung. Zu allem Unglück hatte der Poet Alexandriner verwendet. Mein Ahn möge es ihm verzeihen. Es war ein schreckliches Bemühen.

Köstlich war Monsieur Joli, der einen König zu spielen hatte. Er war nur König, wenn er drankam; sonst stand er wie ein Tölpel

herum und wartete auf sein Stichwort. Er war Monsieur Joli, wie
er leibt und lebt, solange er schwieg, und er war voll Majestät,
wenn er den Mund aufmachte. Ach, vielleicht hatte er Angst, allzu
königlich zu erscheinen. Ja, das ist schon möglich heutzutage. Er
wollte einfach demonstrieren, dass er die Rolle nur übernommen
habe, weil es einer ja doch machen müsse. Darum wurde er
zwischendurch immer wieder Herr Joli. Natürlich – darum hat er
sich auch so auffällig während einer Pause in ein kariertes
Taschentuch geschnäuzt. Was ist das für eine armselige Zeit, in
der man durch ein revolutionäres Schnäuzen seinen Kopf retten
kann.

‚Der den König spielt, soll mir willkommen sein‘, heißt es bei
Shakespeare.

Das Schicksal Ludwigs geht mir doch zu Herzen, wenn ich
auch eine Republikanerin bin.

Der Sommer ging dahin. Die jungen Leute umschwärmten
sie. Man fuhr zusammen nach Mesnil, machte Spaziergänge,
Kahnpartien, Pfänderspiele; kurzum: Man wollte das Leben
genießen und glücklich sein.

Am liebsten war sie in der Nähe Bougon-Longrais'. Er
war in diesen Wochen mehr denn je von ihrer Schönheit ergriffen, aber gleichzeitig spürte er, dass irgendetwas Rätsel-
haftes mit ihr vorging und dass sie ihm niemals gehören
würde.

An einem warmen Augustabend – sie waren vor der Stadt
am Fluss entlanggegangen und hatten sich in der
Dämmerung eine Weile am Ufer niedergesetzt – sagte
Charlotte unvermittelt:

„Wissen Sie eigentlich, wie glücklich ich bin? – Oh ja, dieser wunderbare Sommer hat mich ganz verwirrt. Und Sie ausgerechnet ahnen nichts davon!"

„Doch, doch, natürlich!", brachte er schnell heraus. Er war verwirrt. Sollte etwa diese unnahbare Schöne ihn mit diesem Glück ... Das konnte nicht sein. Diese Hitze!

„Es war wirklich sehr heiß heute!", hörte er sich sagen.

„Das nennen Sie eine Ahnung? Das ist aber enttäuschend! Schauen Sie doch, die Sterne, wie sie auf uns hernniederblinken!"

Er schwieg. Sie schwiegen. Jenseits des Flusses war jetzt der Mond hinter dem kleinen Gehölz aufgestiegen.

„Dieser Sommer wird bald vorüber sein", sagte Charlotte und wollte sich erheben.

Da wagte es Bougon-Longrais endlich, ihre Hand zu fassen. Sie blickte ihn an. Spürte ihr Herz schneller schlagen. In diesem Moment fiel das Licht des Mondes auf ihr Gesicht, und mit einem Male schien es ihm fremd, verändert. „Charlotte ...", sagte er, doch was er hatte sagen wollen, kam nicht über seine Lippen.

„Wie ist Ihnen?" Sie war leichenblass; obwohl sie die gereichte Hand fest drückte, blickte sie angsterfüllt an ihm vorbei, die Augen weit geöffnet. Was er zunächst für den Widerschein des mondbeschienenen Wassers gehalten hatte: Die Züge ihres Gesichtes waren in heftige Bewegung geraten. ‚Es ist die Mondsucht! Sie hat die Mondsucht!' Amadieu hatte es ihm vor Jahren anvertraut.

Bougon-Longrais sprach auf sie ein, rüttelte sie sanft, führte sie schließlich aus der Mondhelle in den Schatten eines Gebüsches. „Charlotte, Charlotte. So kommen Sie doch wieder zu sich!" Schließlich, er wusste sich nicht anders zu helfen, nahm er sie in seine Arme und bedeckte sie mit Küssen.

Da spürte er, wie sich ihre Lippen regten. Der Anflug eines Lächelns. Ihr zartgelber Teint begann wieder hervorzuschimmern. Es war vorüber.

Charlotte befreite sich sanft, aber mit Nachdruck aus seiner Umklammerung. Sie lächelte unsicher, reichte ihm dann ihren Arm, und so schritten sie gemeinsam den schmalen Uferpfad entlang auf die Stadt zu.

Als Charlotte vor der Tür des Brettevilleschen Hauses ihm für den schönen Tag dankte, brach es plötzlich aus Bougon-Longrais heraus: „Charlotte, ich liebe Sie, hören Sie, und ich werde niemals aufhören Sie zu lieben, bis ...“

Die Stimme versagte ihm; er hustete und suchte nach Worten.

„Nein“, antwortete Charlotte, „davon wollen wir doch nicht sprechen. Sehen Sie, jetzt haben Sie sich erkältet. Es ist schon kalt; vielleicht ist der Sommer schon vorbei!“

Fatale Entscheidung

Ende Oktober setzte auch im Calvados die Verhaftungswelle ein. Bougon-Longrais hatte eine Zeit lang den Aufschub der Befehle aus der Hauptstadt bewirken können und
nicht wenigen gelang im letzten Moment die Flucht an die
Kanalküste oder in die Vendée, wo sich die Königstreuen
zum offenen Aufstand gegen die Zentralregierung sammel-
ten.

Auch der Kreis um Madame de Bretteville zerstob in alle
Winde: Madame Lavaillant begab sich törichterweise nach
Rouen, wo die Jakobiner nicht weniger wüteten. Die Loyer
floh Hals über Kopf irgendwohin aufs Land. Messire
Corday war vor kurzem mit Eleonore nach Argentan verzogen, nachdem auch sein kleines Bauernhaus konfisziert
worden war. Alexis und Monsieur de Tournélis befanden
sich bereits im Ausland. Nur Madame de Bretteville und
Charlotte dachten nicht daran, Caen zu verlassen. Wieder
zog die Einsamkeit in das Grand Manoir.

Inzwischen war die Stadt Caen im Besitz einer Guillotine. Mit Blumen und Girlanden geschmückt war sie nach
einer feierlichen Ansprache des Revolutionsrates stundenlang durch die Straßen geschoben und schließlich auf dem
Place Saint-Sauveur aufgestellt worden. Der Pöbel tanzte
ringsum die Carmagnole, die Revolutionäre waren außer
Rand und Band und hätten die Todesmaschine am liebsten
auf der Stelle ausprobiert. Wenige Tage später wurde man
in der Vorstadt Vauxcelles eines Mörders habhaft, an dem

der Akt der Einweihung ohne Urteil und Richtspruch sofort vollzogen wurde. Und da dieser chirurgische Eingriff offenbar zur höchsten Zufriedenheit aller überlebenden Beteiligten verlief, glaubte man, nicht allzu ungesetzlich zu verfahren, wenn man die auch anwesende, gerade eben verwitwete Frau des Hingerichteten ihm auf gleiche Weise ins Jenseits nachschickte.

Zwei Tage lang war die Guillotine in vollem Gange, als einer der vielen Kalfakter dem Öffentlichen Ankläger triumphierend berichtete, Monseigneur Amadieu, der doch seit langem auch auf der Liste der gesuchten Republikfeinde stünde, befände sich noch in Caen. Bougon-Longrais erschrak. Hatte er denn nicht dem väterlichen Freund als einem der ersten durch einen vertrauten Boten einen Wink zukommen lassen, dass sein Leben in höchster Gefahr sei? Sollte der vorsichtige, sonst so ängstliche Monseigneur die erklärte Absicht, bei seiner Herde auszuharren, wahr gemacht haben?

Amadieu hatte die Botschaft empfangen und war in Caen geblieben. Niemand hatte es ernsthaft geglaubt, wenn er versicherte, er habe nunmehr seine Pflicht erkannt, die ihm kategorisch befehle zu bleiben. Im Juli hatte er es sogar fertiggebracht, in seiner Pfarrei unmittelbar neben einem örtlichen Jakobinerclub für seine wenigen Getreuen die Messe zu lesen; und das im dritten Revolutionsjahr! Ganz Caen lief überrascht zusammen, als die Glocken von SaintJean zu läuten begannen. Die Revolutionäre standen tatenlos herum, glaubten kurz an eine Ihnen nicht bekannte Wendung der Dinge. Einige gingen sogar bis zur hintersten Bank – das konnte man auslegen, wie man wollte – und so zelebrierte Amadieu gewissermaßen unter dem Schutze der

Revolutionäre seine Messe. Am andern Tag zog jedoch früh morgens schon die Nationalgarde auf. Die Gläubigen wurden verjagt; man schnitt die Glockenseile ab und verrammelte die Kirchentüren. Der Generalprokurator hatte damals den alten Mann als nicht mehr ganz zurechnungsfähig darzustellen verstanden und somit eine Inhaftierung abwenden können.

Aber das war im Sommer gewesen. Jetzt pfiff ein anderer Wind, und dem unmittelbar bevorstehenden Zugriff der Behörden war Amadieu zunächst nur entgangen, weil er sein Domizil in der Dompropstei verlassen hatte.

An dem Abend, als der Generalprokurator die Nachricht des Kalfaktors erhalten hatte, saß Amadieu in einem seit Monaten leerstehenden Gesindehaus eines kleinen Obstguts am Rande der Stadt in einem zerschlissenen Sessel und las Pascal. Es war kalt in dem Raum, darum hatte er eine Pferdedecke um die Schulter gelegt und eine andere über die Knie gebreitet. Er rauchte eine kurzstielige Pfeife und trank Tee, was er sein ganzes Leben aus Abneigung gegen die Engländer zu vermeiden bemüht gewesen war, obwohl gerade der englische ihm besonders schmeckte. Seitdem aber England sich den Hass der Republik zugezogen hatte, war dieser innere Widerstreit zugunsten des Tees entschieden. Allabendlich ließ ihm nun die ehemalige Patronin des Gutes durch ihre Magd, eine unangenehme Person, der er nicht traute, eine große Kanne dieses Getränkes schicken, glühend heiß und goldgelb.

Monseigneur war nicht bei der Sache; selbst die Gedanken Pascals über die Religion vermochten ihn nicht hinlänglich zu fesseln und oft blickten seine Augen besorgt zum Fenster, wenn ein Geräusch von außen lauter wurde und näherkam.

So saß er da, stundenlang, blätterte im Pascal, trank den kalt und etwas bitter gewordenen Tee, wärmte sich die Finger an der kleinen Kerzenflamme, betrachtete hin und wieder den schönen Turmalin, rauchte, betete und hatte Angst.

Gegen halb elf wurde ohne vorherigen Laut heftig an die Tür geklopft. Monseigneur erhob sich sofort, ohne sich die Zeit zu nehmen, die Pferdedecken zur Seite zu legen. „Ich bin geblieben!", sagte er mit leuchtenden Augen und nahm das über seiner Soutane hängende Kreuz in die Hände; alle Furcht war von ihm abgefallen, wie die Pferdedecken, über die er jetzt hinwegschritt, um die Tür zu öffnen, die nun unter den schweren Schlägen bebte. Amadieu vermochte sogar zu lächeln; es ging ihm wie vielen Menschen, denen erst in der Stunde wirklicher Gefahr der Mut geschenkt wird.

Er öffnete und sah sofort im Schein der von den beiden Nationalgardisten emporgehaltenen Windlichtern die trikolore Schärpe des Kommissars.

„Monseigneur Amadieu?" fragte der Mann.

„Nur keine Titel", antwortete Amadieu und bat um die Erlaubnis, noch einmal ins Zimmer gehen zu dürfen. Er holte seine Pfeife und den Pascal und ließ sich willig abführen. Als er durch den Hof ging, sah er, sich noch einmal umblickend, das Gesicht der Magd aus einem Winkel hervorleuchten.

Als man Monseigneur in das muffige, menschenüberfüllte Gewölbe der Burg Wilhelms des Eroberers hinabgeführt hatte, umringten ihn die Inhaftierten und staunten nicht wenig.

Vom schnellen Marsch noch außer Atem stand Amadieu da im schmalen Lichtkreis einer Ölfunzel und gewahrte, während er noch nach seinen silberumrandeten Zwicker suchte, nur wie im Nebel die Gesichter der Mitgefangenen. Mit einem Ausdruck von Freude drängten sich die Todgeweihten um ihn. Das spürte er sehr schnell. Er stülpte seinen Zwicker auf die breite glänzende Nase, seine gutmütigen Augen blinzelten unsicher.

„Sehen Sie, ich bin doch geblieben!", sagte er. Dann faltete er über ihren Häuptern in liturgischer Weise die Hände und spendete Trost.

Hier im Todeskeller überkam ihn ein Gefühl von Stolz, anders, stärker noch als er es nach Erhalt seiner Professur an der Sorbonne empfunden hatte.

Im Laufe der nächsten Tage und Wochen verschwanden die Unglücklichen, die anfangs das Verließ mit ihm teilten, nach und nach, und an ihre Stelle traten neue. Nur er saß unvertauscht noch da. Zwischen einem Pfeifchen und einer Seite Pascal ließ Amadieu denen, die es wünschten, seine tröstliche Gegenwart unaufdringlich zuteilwerden. Er spielt Tarock, Schach und nahm die Beichte ab.

Irgendwann ging ihm der Tabakvorrat aus. Als er so in der Einsamkeit des Verschontwordenseins ganz auf sich selbst zurückgeworfen wurde, da begann er zu ahnen, dass der Generalprokurator, sein früherer Schüler, seine Hand schützend über ihn hielt. Monseigneur wollte aber gar nicht mehr gerettet werden; er wartete sehnlichst darauf, endlich von den Stufen des Kellers seinen Namen zu hören. Er hatte, wie er glaubte, durch Gebetsübungen und die Betrachtungen des Martyriums der römischen Christen, den Mut zum Tode erlangt, die Bereitschaft, sein Leben für den Glauben hinzugeben. Doch war er sich eines hinreichenden Vorrats an Furchtlosigkeit keineswegs sicher. Und so fürchtete er bereits die Wiederkehr seiner lauernden Angst. Daher wollte er jetzt sterben, da er noch genug Kraft in sich fühlte.

Der Prokurator machte es ihm nicht leicht. Ein Zettel erreichte ihn mit der Aufforderung, zu einer bestimmten Zeit in der Nacht seinen Kerker zu verlassen; es sei dafür gesorgt, dass niemand sein Entweichen bemerke oder bemerken wolle. Im Hof beginne die genau geplante Rettungsaktion, der er sich blind anvertrauen könne.

Amadieu widerstand der Versuchung.

Am folgenden Morgen beorderte Bougon-Longrais die Demoiselle Corday in dringender Sache zu sich, und noch von der Dependence aus begab sich Charlotte mit einem Schreiben des Öffentlichen Anklägers in die Burg, wo sie nach wenigen Minuten in einem fast lichtlosen Besuchsraum des Brückenturms dem eidverweigernden Abbé Amadieu gegenüberstand. Wie glücklich auch Exzellenz beim Anblick seiner „Nichte" gewesen sein mag, Amadieu ahnte natürlich den Zusammenhang dieses Besuchs mit dem Fluchtplan. Sie konnten ungehindert sprechen; Bougon-Longrais hatte dafür gesorgt, dass es keine Zeugen gab; nur draußen vor der Tür saßen zwei Soldaten. Die Unterredung verfolgte einzig den Zweck, Amadieus Todesbereitschaft zu erschüttern. Zunächst führte sie ihm die Sinnlosigkeit seines Opfers vor Augen und welchen Nutzen er an einem anderen Ort bringen könne. Monseigneur hörte freundlich zu, erklärte aber, jeder Mensch habe seine Aufgabe an dem ihm zugeordneten Platze zu erfüllen und somit sei seine höchste Aufgabe, hier in den Kellern der Revolution durchzuhalten. Charlotte glaubte es falsch angefangen zu haben und erläuterte ihm den Fluchtplan in allen Einzelheiten bis ans Deck des englischen Schiffes und hoffte, indem sie jede Möglichkeit eines Scheiterns ausschloss, ihm die Sache schmackhaft zu machen. Vergebens.

Ratlos saß Charlotte dem schweratmenden Mann gegenüber, der nun, als wäre die Sache abgetan, sich nach dem Wohlergehen der einzelnen Familienmitglieder und nach Madame de Bretteville erkundigte. Aber so schnell gab seine Besucherin nicht auf. In ihr wuchs der Gedanke, Monseigneur zum Mitwisser ihres Geheimnisses zu machen und so von seinem Todesentschluss abzubringen. Ob sie sich tatsächlich der Hoffnung hingab, durch ein solches Geständnis den alten Freund der Familie in seinem Entschlusse zu erschüttern, oder ob sie dabei dem begreiflichen Bedürfnis nachgab, das Ungeheuerliche, was sie seit Jahren bedrängte, wenigstens einem Menschen mitzuteilen, sie war sich über ihr Motiv im Unklaren.

Mehrere Kolbenschläge gegen die Tür gemahnten, das Gespräch zu beendigen. Auf dem Weg zur Tür ergriff Charlotte plötzlich seine Hand, schlang die Arme um seinen Hals. Der Abbé hörte drei heftig geflüsterte Worte. Die Ungeheuerlichkeit der Mitteilung ließ ihn zurückfahren. Die Tür wurde aufgerissen, und in der hereindringenden Helligkeit gewahrte Charlotte, wie seine Lippen haltlos zuckten. Ehe er etwas sagen konnte, trat ein Soldat heran und führte den Gefangenen mit einem entschuldigenden Achselzucken nach Charlotte hin hinaus.

Die Erfolglosigkeit von Charlottes Bemühen veranlasste Bougon-Longrais, nunmehr ein recht bedenkliches Mittel anzuwenden. Gerade war ein junger Mensch aus dem Nachbardorf verhaftet worden. Sein Delikt war nur geringfügig und zudem nicht politisch. Bougon-Longrais versprach ihm seine Freilassung, für den Fall, dass er ihm einen Gefallen erweise. So wurde denn am Nachmittag ein Häftling in den Keller hinabgestoßen, der bald in der Umgebung Monseigneur sehr anschaulich über Hinrichtungen berichtete, die er mitangesehen habe. Besonders verweilte er bei der Schilderung der Exekutierung eines sehr dicken Mannes, der nicht sofort tot gewesen sei.

„Dieser dicke Mensch also, vielleicht war er nicht ganz so dick wie Hochwürden, der liegt auf dem Brett, und da erst bemerkt man, dass das Halsbrett nicht geschlossen werden kann. Deshalb konnte man ihn auch nicht in die richtige Lage bringen, in die verhältnismäßig schmerzlose Lage. Er bewegte sich also hin und her, so dass ihm das Messer von hinten schräg in die Kinnlade fuhr und dort steckenblieb. Schrecklich! Ich höre jetzt noch sein Gebrüll. Stellen Sie sich vor, meine Herren, wie er gelitten haben muss! Minutenlang war man damit beschäftigt, die Schneide wieder herauszuziehen; denn die Sache musste doch nun irgendwie zu Ende gebracht werden. Schließlich konnte man das Ding doch aus dem Hals heraus und hochleiern. Und beim zweiten Mal klappte es dann, sprang der Kopf in den Sack!"

Amadieu hatte sich in eine Ecke verzogen und in sein Brevier zu vertiefen versucht, konnte aber nicht umhin zuzuhören. Bougon-Longrais hatte seinen Mann gut gewählt. Amadieu war völlig verstört; er spürte, wie ihn schlagartig seine ganzer Vorrat an Mut verließ, wie seine Gedanken sich in immer engeren Kreisen um die zerschmetterte Kinnlade des Unglücklichen drehten. Ob er las oder betete, ob er sich mit den Unglücksgefährten unterhielt oder zu unterhalten suchte, saß oder hin- und herlief, das grässliche Bild ließ ihn nicht mehr los. Sein Mut war dahin, abgelaufen, versickert wie Wasser aus einem undichten Fass.

Die Nacht kam und mit ihr die festgesetzte Stunde. Amadieu saß auf seinem Lager und betete.

„Oh, mein Gott? Was soll ich tun? Ich armer Mensch! Komme meiner Schwachheit zu Hilfe! Warum ließest Du mich nicht sterben, als ich die Kraft dazu hatte, als ich die Welt schon überwunden zu haben glaubte?" So inbrünstig er aber auch um Mut und Kraft flehte, diese sonderbare innere Ruhe der vergangenen Tage war dahin. Auch musste er an Charlotte denken. Die furchtbare Tat dieses Mädchens, die sie ihm anvertraut hatte. Durfte er da die Welt verlassen? Unmöglich durfte er es zulassen, dass sie ihr Vorhaben ausführte. Er war der einzige, dem sie es gesagt hatte, das wusste er mit Sicherheit. Also fühlte er sich vor allen anderen auch verpflichtet, alles zu ihrer Rettung Mögliche zu unternehmen.

„Oh, mein Gott! Allmächtiger, rechne es mir nicht zur Sünde an, falls ich mich jetzt darauf hinausrede, meinem Nächsten helfen zu wollen. Ich weiß, dass es meine übergroße Schwachheit ist, die mir solches eingibt. Ach, wenn ich doch Deinen erhabenen Willen erkennen könnte! Du weißt ja, diese schreckliche, eines Christen ganz und gar unwürdige Todesangst hat mich wieder befallen, Herr Jesus Christus, der Du am Ölberg Todesangst gelitten hast, komme mir in meiner Schwachheit zu Hilfe! Gib mir ein Zeichen, und ich werde Deinen heiligen Willen erfüllen. Strecke Deine Hand aus, Herr, und ..."

Drei schwache Schläge an die Holzverschalung der Gitterfenster ertönten. Amadieu erhob sich sofort und verließ sein Gefängnis, als sei dies das göttliche Zeichen. Die Tür war unverschlossen und unbewacht. Draußen wurde seine Hand ergriffen, und schon folgte er dem unbekannten Retter. Man wies ihn an, auf einen Wagen zu klettern und sich flach hinzulegen. Lumpen und Zelttücher wurden über ihn geworfen; immer schwerer wurde die Last auf seinem Rücken. Er hielt den Atem an; schon ging es über die rumpelnde Zugbrücke, vorbei an der Wache und in erhöhtem Tempo, während man ihm bedeutete, er könne hervorkriechen, an den letzten Häusern vorbei und schneller noch, dass er im rüttelnden und springenden Wagen kaum zu Atem kam, hinaus ins freie Feld. Nach einer Stunde hielt der Wagen an. Man hob ihn halbtot herunter; er wusste nicht, wo er war. Ein baumloser Hang, niedriges Gebüsch, weiter oben schwacher Lichtschein, eine Hütte. Der Soldat deutete mit abgewandtem Gesicht nach oben und fuhr wie gehetzt davon.

Außer Atem vom Anstieg und erwartungsvoll klopfte Amadieu an die Tür, die von einem alten, zwergenhaft verkrümmten Weib mit einem unverständlichen Wortschwall geöffnet wurde. Bestürzt stand der Prälat Amadieu vor der armseligen, schmutzstarrenden Alten, die ihn ohne Weiteres bei der Hand nahm und mit schmatzendem Gestammel an den rohgezimmerten Tisch führte, wo in einem eisernen Topf ein schwarzer, beizend riechender Brei von undeutbarer Herkunft schon bereitstand. Die schreckliche Person setzte ihr Mahl fort, indem sie den Monseigneur hilflos, vielleicht auch boshaft anfunkelte, bis es ihm klar wurde, dass er mit ihr aus dem Topf essen sollte. Amadieu hatte ein würgendes Gefühl in der Kehle; er wusste nicht, wovor ihn mehr ekelte, vor der grauenvollen Alten oder dem widerwärtigen Essen. Doch er nahm den schwärzlichen Holzlöffel, nachdem er dem Herrn für das wie auch immer geartete Mahl gedankt und um Kraft gebeten hatte, und aß sozusagen mit gesträubter Zunge vom Rande weg, wich aber dem wild zufahrenden Löffel der Alten geflissentlich aus. Es schmeckte nicht so schlecht, wie es aussah. Sie schnäuzte sich zwischendurch in die Hand und brabbelte irgendetwas Unverständliches vor sich hin.

Immer wieder hörte er in diesem wüsten Kauderwelsch ein Wort in aller Deutlichkeit, das zum festen Bestandteil jedweder Äußerung zu gehören schien: „Scheruschalim!" Wo nur hatte er von der Alten schon gehört? Hatte man ihm nicht schon einmal von diesem sonderbaren Geschwätz berichtet? Und mit einem Schlag begriff er, wem er gegenübersaß:

„Allmächtiger Gott!" rief er halblaut, „das ist ja die Viehhexe!"

Und richtig, in diesem Augenblick ergriff sie den ekelhaften Beutel und schwenkte ihn herüber zu ihm. Amadieu schauderte es, er wandte sich entsetzt ab, dankte aber noch schnell für das Angebot, um sie nicht zu kränken. Die Alte palaverte drauf los:

„Die Cordays!! – Mescher Schorday! – Und die schunge Demoiselle – Gutskind! Hokeskopus. Voller Blut! – Aber wer denn, hoc est corpus. Gutekind. Scharlottschen. Scheruschalim. Schlimm, schlimm. schlimm! Beißt mich die Gischt! Voller Blut Paris. Einsschweidrei, alles tot! – Oh Scheruschalim! Wer denn tot? –

Einsschweidrei armer dicker Ludwig tot! Oh, und Exzellenz! Scharlottschen Gutskind ganz mausetot!"

Armer Monseigneur! Welch ein schrecklicher Tag! Er glaubte natürlich nicht an ihr Geschwätz. Nein, die Alte konnte nicht in die Zukunft sehen. Natürlich nicht. Er, der studierte Jesuit und ein solches Gewäsch! Immerhin, ganz behaglich war ihm dabei nicht. Und dann war er müde, sehr müde nach all den Strapazen. Mit geschlossenen Augen saß er ihr gegenüber, aus Höflichkeit nickend, als er schon lange nichts mehr begriff. Als er seitlich vom Schemel herabzusinken drohte, begriff sie endlich, schwenkte ihren Beutel mit scheuchender Gebärde nach der Ofenecke hin und suchte ihn mit heftig aufflackerndem Exzellenz und Scheruschalim-Gekreische dorthin zu treiben, wo er ein niedriges, unbeschreiblich schmutziges Lager entdeckte. Er ließ sich zögernd und ächzend nieder. Die Alte stieß ein raues Lachen aus, löschte den Kienspan und legte sich ihm zur Seite nieder.

Es stank entsetzlich aus den Lumpen und verkommenen Kaninchenfellen. Amadieu wagte kaum zu atmen. Er lag mit gefalteten Händen auf dem Rücken. Die Viehhexe kuschelte sich ungeniert an ihn und setzte ihr Gebrabbel fort. Reglos lag er da in lähmender Beklemmung. Scham und Ekel erfüllten ihn. Er konnte nicht schlafen, auch dann noch nicht, als seine Schlafgefährtin verstummt war und den ersten Schnarcher hören ließ. Stunde um Stunde verging. Sehnlichst wartete er auf die Dämmerung. Endlich erlöste auch ihn der Schlaf von aller Beschwernis dieses Tages.

Die Alte hatte kaum geschlafen, als sie sich schon wieder erhob. Beim Anblick des friedlichen Schläfers erinnerte sie sich des Leinenbeutels, der noch vor Amadieus Ankunft abgegeben worden war, und stellte ihn vor das Lager hin auf den Lehmboden. Sie griff ihren Bettelsack und machte sich davon, um in den Dörfern und Wäldern herumzustreunen und nach etwas Essbarem Ausschau zu halten.

Als er aufwachte, war sich Amadieu sofort seiner schrecklichen Situation bewusst und öffnete nur zögernd die Augen; er blinzelte zur Seite, setzte den Zwicker auf und durchspähte die Hütte. Welch ein Glück, er war von der Alten erlöst! Er stand auf mit den Worten des Breviers auf den Lippen, entdeckte den Leinenbeutel und darin Brot, Wurst, ein Messer, eine Dose mit Tee und einen prall gefüllten Tabakbeutel. Zuunterst fand er einen Brief mit nur wenigen Zeilen:

„In der Hütte bleiben! Rettung nahe! Keine Angst vor der Alten!"

Ein Glücksgefühl durchströmte ihn; gleich rauchte er ein Pfeifchen, betete und las Pascal. Im Eisenherd war noch Glut; mit kindlicher Freude entfachte er das Feuer, bereitete sich umständlich den Tee, aß und trank mit Behagen. So verging der Vormittag. Die Elendshütte war ein Paradies.

Um die Mittagszeit hörte er in der Ferne Hundegebell; sehr weit und kaum erkenntlich. Er trat vor die Tür. Es war ein klarer, kühler Oktobertag. Die Hütte lag an einem mit vereinzelten Büschen bestandenen Hang, der sich bis zu einer steinigen Kuppe hinaufzog. Wüstes Brachland, geröllüberschüttet, fiel steil ab vor seinen Füßen; weit unten erkannte er deutlich mit bloßem Auge eine Ansammlung von Bauernhütten und Bewegung auf einer bergan führenden

Straße. Es berührte ihn nicht weiter, und er zog sich in seine Klause zurück.

Nach einiger Zeit bemächtigte sich seiner eine starke Unruhe mitten im Gebet. Er hielt inne. Jetzt erst trat das Hundegebell deutlich in sein Bewusstsein, das er während des Betens nur undeutlich wahrgenommen hatte. Nun hörte er es, viel näher und wütender als vorhin. Er ging hinaus. Weit unten auf den fahl gefleckten Wiesen und zwischen dem Buschwerk schon etwas höher herauf sah er sie heranrücken: Soldaten und Bauern mit Stöcken und Heugabeln. Dann sah er die Hunde, jaulende, winselnde, hin und herjagende, große Hunde. Er stand vor Entsetzen gelähmt. Hunde! Mein Gott! Sein Leben lang hatte er Angst vor Hunden. Er wusste sofort, dass es ihm galt. Mit Hunden gehetzt! Welch ein Ende!

Er begann zu laufen. Schräg den Hang hinauf. Mit rudernden Armen und gesenktem Kopf. Durch starrendes Geäst und mannshohen Ginster. Nach dreißig Metern begann sein Atem zu rasseln. Wann läuft schon einmal ein Monseigneur!

Er stolperte, kroch auf den Knien weiter, blieb erschöpft und schweißgebadet liegen. In seinen Ohren donnerten die rhythmischen Wellen seines peitschenden Blutes. Dennoch hörte er sie, die Hunde, lauter, mit lüsternem Gehechel herandringen. Ein einziges anschwellendes Geheul entfachter Mordgier. Er stemmte seinen schweren Leib hoch und taumelte bergan. Das Gehölz blieb zurück. Eine Geröllhalde dehnte sich muldenartig steil hinauf, strauchlos und hell flimmernd bis zur Kuppe.

Er begann sich hochzuarbeiten, sich hochzuschieben, zu ziehen mit den ausgestreckten kurzen Armen, am felsigen

Rande, kam vorwärts, rutschte wieder weiter zurück, krallte sich fest am scharfen Gestein, gewann wieder an Höhe, blieb erschöpft hängen, keuchend, mit kleinen Angstschreien. Sein Gesicht wer blaurot vor Anstrengung und Entsetzen, die Hände blutig und aufgerissen, seine Soutane zerfetzt. Jetzt sah er schräg über sich mitten aus der Mulde einen flachen Felsstein wie eine Plattform aus dem Geröll herausragen. Er kroch noch ein paar Meter, zweimal wieder zurückfallend, aufwärts und lief dann quer zur Höhe auf den Stein zu. Unten die hatten ihn einen Augenblick aus den Augen verloren. Ein tiefer stehender, riesenhafter Strauch hatte ihn verborgen.

Doch dann sahen ihn alle. Ein wütendes Geheul erhob sich beim Anblick des Laufenden. Die Hunde, große, geschmeidige Bestien, glattfellig gepunktet, anscheinend Dalmatiner, schossen zu beiden Seiten der Steinblöße schon oberhalb der Hütte aus dem Gehölz hervor und schnellten in langen Sprüngen den Hang hinauf. Unten, wo die Halde an einer breiten und hier etwas ausgebuchteten Chaussee endete, liefen von allen Seiten fuchtelnd und hinaufschreiend Menschen herum; dazwischen die Soldaten, die Flinten in den ausgestreckten Armen, heftig rudernd, als wollten sie sich aufwärtsschwingen.

Mit einem Blick sah er alles, hörte das durch die Ferne gedämpfte Geschrei hinter dem Heulen der Hunde. Eine Sekunde stand er bewegungslos vor Angst, drohte er vor Ermattung umzufallen. Sein Herz schlug in wilden großen Sprüngen. „Laufen!", rief er sich in Gedanken zu, während ein unterdrücktes aber anhaltendes Jammern aus seinem aufgerissenen Munde drang. Die Todesangst schien ihm Flügel zu verleihen; wie ein Seiltänzer bewegte er sich über den abfallenden Steinhang, tänzelte er über die ständig weg-rutschenden, glatten Steine und fiel mit einem letzten tau-melnden Sprung auf die Felsplatte. Die Hunde hatten ihn noch nicht erreicht, aber das Inferno ihres Gekläffs schlug schon von allen Seiten über ihm zusammen.

Amadieu erhob sich mühsam aus seiner Ermattung und der ächzenden Angst; er trat bis an den Rand der Felsplatte vor, die sich weit hinausstreckte, fast über den weiter unten beginnenden Abgrund. Lauschend stand er da, mitten in der heulenden, schreienden Welt. Der zweiundzwanzigste Psalm fiel ihm ein:

„Vertrocknet ist mein Schlund wie eine Scherbe,
und meine Zunge klebt am Gaumen;
bis in den Staub des Todes hast Du mich gebeugt.
Denn mich umringt der Hunde Meute,
und die Rotte der Frevler umdrängt mich!"

Aber es war keine Spur von Hass in ihm. Und während er den Psalm kaum vernehmbar krächzte, fiel die Angst wie Laub von ihm ab, die Angst, die eben noch seinen ganzen geschundenen Körper und seinen Geist mit Entsetzen an-gefüllt hatte. Die Angst war nicht mehr in ihm, nur eine große Sehnsucht nach dem Ende.

Der Monseigneur hob seine kraftlosen blutenden Hände über sein Haupt wie auf der Kanzel von Saint-Jean und machte das Kreuzzeichen, ein letztes Mal.

Da sprang ihn der riesige Bluthund, der sich hechelnd über die Felsplatte emporgearbeitet hatte, von hinten an und riss ihn mit sich in die Tiefe. Von allen Seiten stürzten die

Bestien herbei und schnappten zu; das Geröll geriet in Bewegung, und rutschend und sich überschlagend kugelte Amadieu in einem winselnden Getümmel von Hundeleibern den steilen Abhang hinunter auf den Abgrund zu.

Er lag auf dem Rücken mit offenen Augen. Einmal atmete er noch. Der Kommissar berührte seinen blutverschmierten Kopf mit seiner Stiefelspitze:

„Dieses Schwein von einem Pfaffen ist tot!" sagte er. „Es lebe die Republik!"

Der öffentliche Ankläger hat Angst

Der Generalprokurator blickte Maillard, der ohne anzuklopfen bei ihm eingetreten war, verständnislos an.

„Wir haben ihn!" meldete der, „er ist nicht weit gekommen, nördlich von Caen haben wir ihn geschnappt!"

„Und wen haben wir denn geschnappt?", fragte Bougon-Longrais. Seine Stimme zeigte kein sonderliches Interesse an einer Unterhaltung mit dem unangenehmen Menschen, diesem Kalfaktor, der schon einige der als Staatsfeinde Gesuchte aufgespürt hatte und so seine Tüchtigkeit bewies.

„Nun, den verfluchten Pfaffen haben wir geschnappt, der gestern Nacht ausgerissen ist!"

‚Er kann es ja nicht sein', überlegte Bougon-Longrais, ‚es ist ganz ausgeschlossen, dass man den Monseigneur gefangen hat; wahrscheinlich ist noch ein zweiter Pfarrer entwischt.'

„Das ist gut!", entgegnete er, „man soll ihn mir nachher vorführen!"

Der andere grinste: „Das geht nicht! Das geht beim besten Willen nicht, Bürger Prokurator, „er hat die Sache nicht überstanden; man hat ihn an Ort und Stelle eingegraben. Sie wollen doch nicht, dass wir ihn wieder ausgraben!"

„Reden Sie keinen Unsinn, Mann!" Dem Prokurator ging die kaltschnäuzige Rede an die Nerven. „Man soll aber die Stelle, wo er begraben liegt, bezeichnen. Immerhin ist es ein Mensch. Wo ist es denn geschehen?"

„In der Nähe einer Hütte. Man fand dort ein altes Weib, das seit Jahren da zu hausen scheint. Sie ist dringend verdächtig, dem Verräter geholfen zu haben. Ich habe bereits veranlasst, dass sie in dieser Sache vernommen wird; aber kein Mensch bringt etwas aus ihr heraus. Sie schwätzt ein haarsträubendes Calvadossisch!"

Dem Generalprokurator stockte einen Augenblick das Herz. Er griff nach einem Schriftstück und tat so, als ob er sich in seinen Inhalt vertiefe. ‚Mein Gott', dachte er, ‚der Monseigneur!' Aber das war doch gar nicht möglich, wenn er alle Anweisungen befolgt hatte. Er musste Gewissheit haben:

„Gut gemacht, Bürger Maillard! Man weiß doch sicher Näheres. Wie, zum Beispiel, sah der Mensch aus?"

„Fett! Vollgefressen vom Schweiß der kleinen Leute!"

Bougon-Longrais musste an sich halten. Er beugte sich tiefer über das Schriftstück:

„Handelt es sich etwa um diesen – Monseigneur?"

„Monseigneur! Bürger Prokurator! Was heißt denn hier Monseigneur! Es ist der Bürger Amadieu, hier aus Caen, der vor kurzem noch die Messe gelesen hat, der den Eid auf die Verfassung verweigerte. Aber! Sie kennen ihn doch! Kam er nicht sogar einmal spät abends zu Ihnen ins Amt? Ich meine, ich hätte ihn sogar einige Male gesehen! Der ist es jedenfalls! Wieder einer weniger von diesen Verrätern!"

„Amadieu", flüsterte Bougon-Longrais. „Ja, ich erinnere mich!" Ihm war nichts von seiner Erschütterung anzumerken. Er hatte gelernt, seine Gefühle zu verbergen. Es klang fast, als sei er befriedigt. Dennoch musste er sich noch tiefer über den Bericht des Nationalkonvents beugen. Seine Lippen zuckten auffällig.

„Ich erinnere mich seiner sehr genau!"

„Und wissen Sie, Bürger Prokurator, wissen Sie, was das Tollste an der ganzen Sache ist?", sagte Maillard. Um ein Haar wäre er uns entwischt!" Dienstbeflissen trat er einen Schritt näher:

„Nur durch einen Glücksumstand haben wir ihn entdeckt. Wir waren nämlich einem ganz anderen auf der Spur und hatten nicht die leiseste Ahnung, dass der Bürger Amadieu entflohen war. Finden Sie es nicht merkwürdig, dass Amadieus Flucht so lange unbemerkt geblieben ist? Nicht wahr, da müsste man doch eine Untersuchung einleiten, wie das möglich ist. Na also! Jedenfalls, während wir den einen da in dieser gottverlassenen Gegend suchten, glaubte dieser Pfaffe offenbar, wir seien ihm auf der Spur. Dabei lief er aus seinem Versteck heraus uns sozusagen in die Arme. Die Hunde hetzten ihn wie einen Hasen über einen Hang und kugelten mit ihm in die Tiefe."

„Hunde!", murmelte der Prokurator.

„Hätte der Kerl sich nicht vom Fleck gerührt in seiner Hütte, wäre er jetzt schon bei den verdammten Royalisten in der Vendée. Aber so leicht entkommt uns keiner. Der Teufel soll sie alle holen, diese elenden Verräter der Republik!"

Bougon-Longrais sah auf. ‚Eines Tages werde ich diesen Menschen auf die Guillotine schicken', dachte er. ‚Wahrhaftig, ich werde es tun, bei der nächsten Gelegenheit.'

Seine Stimme klang wie immer leise und wohlwollend, als er sagte:

„Sie scheinen vergessen zu haben, Maillard, dass die Revolution Gott abgesetzt hat; denn, wer vom Teufel redet, muss notwendigerweise auch an Gott glauben. Ach, richtig!

243

Sie waren ja vordem Küster in Vauxelles, hatten also hinreichend Umgang mit solchen Leuten. So lange ist das doch noch gar nicht her."

Maillard erschrak. „Aber Bürger Prokurator, das ist doch nur eine Redensart, wenn ich sage: ‚Der Teufel soll sie alle holen!' Darauf dürfen Sie nichts geben. Ich habe doch gerade jetzt erst meine Gesinnung glaubhaft unter Beweis gestellt!"

„Sagen Sie nur nichts gegen Redensarten. In ihnen spiegelt sich oft wider, was wir wirklich denken."

Der Jakobiner war blass geworden. Aber gleichzeitig fühlte er sich herausgefordert. Wollte der Generalprokurator ihm etwa einen Strick drehen? Da solle er sich nur in Acht nehmen! Schließlich hatte Maillard einiges munkeln gehört über Bougon-Longrais, und dass er Beziehungen zu den Gemäßigten unterhalte. Gelegentlich ließ er Milde walten gegenüber den Gegnern der Republik. Das hatte er schon selbst miterlebt. Und dann gab es noch dieses Fräulein von Corday, diese ehemalige Nonne, mit der er ganz offen in Verbindung stand.

„Ist es Ihnen bekannt, Herr Prokurator" – schon die Anrede war eine offene Drohung – „dass Amadieus Flucht auf eine Weise bewerkstelligt wurde, die mit Sicherheit Helfer annehmen lässt? Nein, Sie können es ja noch nicht wissen, Sie wissen ja noch von gar nichts; aber ich weiß es. Ich bin über einiges unterrichtet, was Personen in hohen Ämtern belasten könnte. Ich bin auch darüber unterrichtet, dass zum Beispiel eine gewisse Demoiselle Corday einen Tag vor der Flucht diesen verdammten Pfaffen unter vier Augen hat treffen und ein langes Gespräch mit ihm führen dürfen. Ich frage mich, ob das nicht verdammt verdächtig ist und ob man diese Person nicht sistieren sollte. Sie kennen doch das Fräulein von Corday!"

Bougon-Longrais erbebte. Wie hatte er nur Charlotte in diese Sache hineinziehen können! Wenn dieser Mensch herumschwätzte oder gar Anzeige erstattete, war alles verloren!

„Dachte ich es mir doch!", rief er aus und ging einen Schritt auf den erstaunten Maillard zu, „dachte ich es mir doch, dass ich mich auf Ihre Wachsamkeit verlassen könnte. Wie hätte ich mich auch so in Ihnen täuschen können. Tatsächlich, das alles haben Sie herausgefunden, und sicherlich wissen Sie noch mehr. Kommen Sie, setzen Sie sich hierhin, Bürger Maillard, schreiben Sie alles auf, was sie von dieser Sache wissen, damit ich unverzüglich eine Untersuchung einleiten kann."

Nachdem sich Maillard entfernt hatte, schloss sich der Prokurator ein und las mit Erstaunen, was der übereifrige Jakobiner alles in Erfahrung gebracht hatte: Ihm zufolge war eine Verschwörung der Girondisten im Calvados zu erwarten, eine Entwicklung, an der der Öffentliche Ankläger durch allzu große Milde einen Teil Mitschuld trage. Maillard ließ sich dazu herbei, seinem Vorgesetzten Ratschläge zu erteilen. Es folgte eine Liste von sofort zu verhaftenden Personen, zuletzt und unterstrichen stand der Name Corday. Bougon-Longrais schrieb augenblicklich einen Haftbefehl gegen den Bürger Maillard. Den Rest das Tages war er damit beschäftigt, einige ihm treu ergebene Subjekte auf Maillard anzusetzen, Verdächtigungen auszustreuen, falsche Zeugen herbeizubringen, den Mann ganz und gar unglaubwürdig zu machen.

Es war Charlotte, die ihn davon abzubringen versuchte.

„Was würde wohl Monseigneur dazu sagen, wenn Sie sein Andenken durch die Rache an einem Verblendeten befleckten, der zudem ja wahrscheinlich aus Überzeugung gehandelt hat? Geben Sie es nur zu, vor allem die Angst hat ihnen diesen Plan eingegeben. Die Angst aber ist ein schlechter Ratgeber!"

„Ich leugne es nicht. Ja, ich habe Angst. Maillard scheint alles zu wissen. Wenn ich ihm nicht zuvorkomme, bin ich verloren; auch Ihren Namen nannte er. Sie wissen, dass die radikalen Elemente in Caen und im Calvados schon lange an meinem Sturz arbeiten, dass sie nur noch auf die Enthüllungen eines Maillard warten. Wenn man auch nur den geringsten Zusammenhang zwischen mir und Amadieus Flucht herstellen kann, bin ich erledigt. Ich wäre ja nicht der erste Prokurator, der in den Straßen von Caen erschlagen worden ist. Stellen Sie sich auch vor, was es für die Girondisten bedeutet, wenn meine Beziehungen zur Gegenrevolution ans Licht kommen. Mit einem Schlag wären alle unsere Hoffnungen vernichtet. Darf ich das zulassen um den Preis eines Maillard? Ich finde es unbegreiflich, wie Sie lächeln können!"

„Mein lieber Freund", sagte die Demoiselle und ergriff Bougon-Longrais' Hände. „Ich denke sehr oft an den Tod. Ich versuche auch, mir vorzustellen, wie ich ihn ertragen würde. Ich habe auch Angst davor. Wovor ich aber noch mehr Angst habe, das ist, dass ich vor dem Tode zittern werde. Wie entwürdigend! Ich will nicht zittern, hören Sie. Und wenn Sie vor mir die Guillotine besteigen sollten, so denken Sie daran, die Ursache unseres Todes ist so erhaben, dass wir der Welt dieses Schauspiel unserer Schwachheit nicht zeigen dürfen. Falls wir die Guillotine besteigen müssen, so tun wir es für den zukünftigen Staat, von dem wir und unsere Freunde träumen, für einen demokratischen Staat der Milde und Menschlichkeit. Machen Sie nicht diese armselige Angst zur Richtschnur Ihres Handelns, Sie, der Sie zu den Besten des anderen, des wahren Frankreich gehören. Ich weiß, das klingt sehr emphatisch, wenn man es ausspricht!"

Der Generalprokurator entzog ihr seine Hände. Ungerührt sprach Charlotte weiter:

„Sehen Sie, mein lieber Bougon, dies hat mich Amadieu gelehrt: Je größer unsere Angst, umso größer ist auch unsere Chance, so zu sterben wie er. Ich habe ihn vom ersten Augenblick an damals auf dem Sommerfest, als Mama noch lebte, geliebt; und sein Ende hat mich tagelang völlig verstört. Aber allmählich werden die grauenhaften Umstände seines Sterbens ausgelöscht aus meiner Vorstellung. Ich beginne schon beinahe, ihn wie einen Heiligen zu verehren."

„Entsetzlich! Ich finde das alles entsetzlich! Vor allem wie Sie darüber reden. Das Ganze ist doch nur grauenvoll und weiter nichts. Der Tod! Was ist denn so Großartiges an ihm? Für mich hat er nur Schrecken. Diese qualvolle Zerstörung unseres Daseins. Ob sie sich in einem Augenblick vollzieht, gewaltsam, oder in einem langen Siechtum. Ich will ihn nicht; er ist mein eigentlicher Feind. Ich weiche ihm aus, solange ich kann. Was sind Sie nur für ein Mensch? Welch eine Unnatur spricht aus Ihnen, Charlotte! Sie sind mir grauenvoll, wenn Sie so vom Tod reden, geradezu schwärmerisch. Es ist mir fürchterlich, wie leichtfertig sie seiner angeblichen Faszination erliegen. Dieses schreckliche Pathos, das ihn annehmbar machen soll! Sie können es ruhig zugeben, für Sie hat der Tod etwas Faszinierendes, ah, ich denke an Ihre alten Römer mit ihrem Gleichmut bis zum Ende, aber wenn es nur Gleichmut bei Ihnen wäre, es ist ja schon eine Art Verzückung."

„Nein! Nein! Wie ungerecht Sie zu mir sind. Ich bin doch keine Närrin, dass ich bei der Aussicht auf meinen Tod in Verzückung gerate! Nur, und dies ist der Unterschied zu Ihnen, ich blicke ihm in die Augen; ich will mich nicht von ihm überraschen lassen; ich möchte sozusagen meinen Tod schon lange voraus und bei vollem Bewusstsein erleben. Für Sie ist er der Abgrund, der Absturz ins Nichts; ich aber erwarte etwas von ihm. Sie sollten niemals vergessen, dass ich aus religiöser Überzeugung Revolutionärin geworden bin, dass mich der Gedanke an die göttliche Gerechtigkeit und daran, dass alle Menschen vor Gott gleich sind, von der Notwendigkeit eines Umsturzes der Gesellschaft überzeugt hat. Und ebenso war es mein Glaube, der mich aus dem Kloster getrieben hat. Darum denke ich anders über den Tod, darum gibt es etwas in mir, das mit der Vorstellung seines Schreckens ständig im Widerstreit liegt; denn ich glaube, dass hinter ihm erst das eigentliche Leben kommen wird. Mein Lieber, ich begreife ihr Entsetzen bei der Vorstellung der physischgeistigen Zerstörung, der Auflösung ins Nichts. Wenn ich diesem Gefühl weniger ausgesetzt bin als andere, so kommt es daher, weil ich an diesen endgültigen Tod nicht glaube. Und ich hoffe, dass mein Glaube mir einmal den Mut verleihen wird, ihn würdig zu bestehen. Das hat mit Verzückung wahrlich nichts zu tun."

„Mein liebes Fräulein, ich bitte Sie, lassen Sie uns doch von etwas anderem reden!", unterbrach Bougon-Longrais. Es war ihm unerträglich geworden, ihr noch länger zuzuhören.

„Gut!", sagte Charlotte, „Wenn Sie wollen! Reden wir von Baïf oder Ronsard! Nur sollen Sie wissen, dass ich Sie nicht für einen Schwächling halte trotz Ihrer Verzagtheit. Mut ist oft weiter nichts als Stumpfsinn und Mangel an Vorstellungskraft. Ich kenne Sie gut. So sicher, wie auf diese blutige Zeit einmal die wahre Demokratie folgen wird, so gewiss werden Sie sich würdig erweisen, wenn es darauf ankommt!"

Bougon-Longrais schwieg. Nach einer Weile Charlotte: „Sie haben so oft ihre diplomatischen Fähigkeiten bewiesen. Und da werden Sie wegen eines Maillards kopflos?"

„Was raten Sie mir?"

„Rufen Sie Maillard in die Dependence. Seien Sie freundlich zu ihm. Geben Sie ganz offen zu, dass Amadieu Ihnen etwas bedeutet hat. Machen Sie vielleicht sogar Andeutungen, wie gerne Sie ihn gerettet gesehen hätte; dass man seine Erziehung nicht ausziehen könne wie einen alten Rock; das wisse er, der ehemalige Küster, ja wohl auch. Je nach seiner Reaktion können Sie so weit gehen, zuzugeben, dass sie nicht mit allem einverstanden sind, was in Paris geschieht, entlocken Sie ihm selbst diesbezügliche Zugeständnisse und machen Sie ihn zu einem Mitwisser, das wird ihm schmeicheln. Er wird nicht daran denken, Sie zu verraten, wenn Sie ihn geschickt in Ihre Nähe ziehen."

Bougon-Longrais hatte allen Grund, die Klugheit Charlottes zu bewundern; denn die angeratene Taktik führte zum Erfolg. Maillard fühlte sich geehrt, in einem langen Gespräch ins Vertrauen gezogen zu werden.

„Letzten Endes", sagte Maillard mit einem Augenzwinkern zu Bougon-Longrais, „letzten Endes ist die Revolution doch stärker als alle ihre Widersacher, wenn nicht, dann soll sie der Teufel holen!"

Dritter Teil

Marats Gelächter

In der ehemaligen Königlichen Reitschule in Paris tagt der Nationalkonvent. Vor vier Wochen ist der Prozess gegen den abgesetzten König von Frankreich eröffnet worden. Heute, am 11. Dezember 1792, soll die Anklage verlesen werden und das Verhör beginnen. Der Konvent, erklärtes Instrument des Volkswillens, sitzt über Louis Capet zu Gericht.

Der Saal ist grau und düster, darin ein großer, mit sackartiger Leinwand bespannter Lattenverschlag, der innerhalb der Reitbahn eilig zurechtgezimmert wurde. Im Hintergrund der Rednertribüne stehen die Gipsköpfe der großen Gesetzgeber des Altertums auf künstlich marmorierten Säulen. Die Revolution ist eine spartanische Sache und die Volksvertretung geht mit gutem Beispiel voran. Pétion, ihrem Präsidenten, war der Vorschlag gemacht worden, er möge in einem der leerstehenden Paläste Wohnung nehmen. Weil er dies Ansinnen nicht sofort und brüsk zurückgewiesen hatte, war es in der Versammlung zu tumultartigen Szenen gekommen. Tallien hatte ihn angebrüllt, das fünfte Stockwerk sei gut genug für einen einfachen Bürger wie der Präsident es sei; Tugend und Genie wohne in Mansarden! „König Pétion", wie man den selbstgefälligen Mann nannte, hatte seine Lektion erhalten.

Die erhabene Versammlung tagt meist im Halbdunkel. Kandelaber mit trübselig qualmender Beleuchtung erhellen den Saal nur unzureichend. Riesige Schatten huschen bis unter die Decke hinauf. Wenn die Sonne untergeht, während der Konvent tagt, bekommt der Ort ein gespenstisches Aussehen; und das geschieht oft, denn man tritt zusammen ohne Rücksicht auf die Zeit. 11.210 Dekrete erlässt der Konvent im Laufe seiner rastlosen Tätigkeit zum Wohl und Wehe der Franzosen und – wie man selbst glaubt – um den Fortschritt der Menschheit zu beflügeln.

Rechts sitzen die Männer der Gironde, große Geister der jungen Republik sind darunter, Dichter, Wissenschaftler, Advokaten, eine aus den Trümmern des Ancien Régimes hervorgegangene neue republikanische Aristokratie, die die Revolution so schnell wie möglich zugunsten des Bürgertums beenden will. Auf der linken Seite: der „Berg", das blutrünstige unersättliche Ungeheuer der Revolution; hier sitzen die Jakobiner. Hier ist die Maßlosigkeit der Revolution versammelt, der seit Jahrhunderten aufgestaute Hass versklavter Generationen gegen die Privilegierten der Nation. Selbst geistige Größe, die zu repräsentieren die Partei der Gironde stolz vorgibt, ist den Jakobinern anrüchig, weil Bildung ein Privileg ist. Privilegien aber sind abgeschafft worden.

In der Mitte, von beiden Parteien beschimpft und umworben, lagert sich breit eine gestaltlose Masse, ideenlos, verächtlich „Sumpf" genannt; zumeist laue Seelen, die nach links und rechts spekulieren und komplottieren, die heute „Hosianna!" und morgen „Ans Kreuz mit ihm!" rufen. Die ungeteilte Gunst dieser Mitte gehört den Mächtigeren.

Jetzt herrscht brütende Stille im Saal, gedämpfter Hass, mühsam unterdrückter Hochmut. Heute brauchen sich sogar die Mächtigen gegenseitig, denn es geht um die

Einmütigkeit des Konvents gegenüber dem Angeklagten, der nun jeden Augenblick hereingeführt werden wird.

Der tödliche Zweikampf der beiden großen Parteien ist mitten im Kampfgetümmel erstarrt. Ein paar Scheingefechte! Ja, liefern wir uns ruhig ein paar kleinere Gefechte, denn so einig sind wir uns schließlich auch in dieser Sache nicht.

Die Türen stehen offen. Das Volk drängt herein; der wahre Souverän der befreiten Nation füllt die Gänge und die zahllosen Nebenräume bis hinaus auf die Straße. Schwatzend und lachend schieben sie sich herein.

Barrère, der Liebling des „Sumpfes", sitzt auf dem Präsidentenstuhl. Jetzt schwingt er die Glocke; schneller als sonst kehrt Ruhe ein.

„Führen Sie Louis Capet vor den Konvent!", ruft er und blickt nach einer kleinen Seitentür hin. Wie von einer einzigen Hand bewegt, richten sich alle Köpfe nach dieser Seite, starren alle Augen auf diese unscheinbare Tür, durch die nach einem kleinen Augenblick die ehedem geheiligte Majestät von Frankreich, Ludwig der Ersehnte, wie ihn sein Volk einmal nannte, hereintritt. Stille. „Ein feierliches Schweigen", nennt es die Gironde später; die Jakobiner bezeichnen es dann als „ein eisiges Schweigen der Verachtung".

Bleich und übernächtigt erscheint Ludwig zwischen zwei Generälen. Flüchtiges Erstaunen malt sich auf sein blasses Gesicht, als er der schweigenden Versammlung ansichtig wird. Dann tritt er vor Barrère.

Hart und klar fällt die Stimme des Präsidenten in die bis zum Bersten gespannte Stille des Saals:

„Louis Capet! Das französische Volk hat Sie angeklagt. Der Konvent wird Sie verurteilen. Sie können sich setzen."

Ludwig lauscht aufmerksam der eintönigen Stimme des Sekretärs, der die Anklageschrift mit den 57 Punkten verliest. Manchmal horcht er erstaunt auf und blickt in die Reihen der Gironde, ob er nicht ein kleines Zeichen der Hoffnung, des Einverständnisses mit sich entdecken könne; und tatsächlich glaubt er hin und wieder ein kaum merkliches Nicken zu gewahren. Im Ganzen aber erscheint ihm der Saal wie ein breit hingelagertes, tausendfach geflecktes Ungeheuer. Er spürt Angst in sich aufsteigen.

‚Mein Gott, sie scheinen mich für einen Verbrecher zu halten', denkt er. ‚Ich habe doch wahrhaftig immer das Beste für mein Volk gewollt.' Die hohe, eintönige Stimme des Sekretärs, die seit einer Stunde Anklage auf Anklage häuft, ist gerade erst bei Punkt 17 angelangt. Der Singsang wirkt ermüdend, selbst für den Angeklagten, um dessen Leben es doch geht. Ganz weit entfernt sich nun die Stimme von ihm, und ganz weit entflieht sein Bewusstsein von ihr. Minutenlang versteht er kein Wort, als wäre es gar kein Französisch, was da gelesen wird, oder als verstünde er plötzlich kein Französisch mehr, als sei er ein ganz anderer, ein Fremder, der da teilnahmslos zuhört. Dann glaubt er einen Moment, das Ganze sei ein Traum, zumindest aber ein Missverständnis, das sich gleich aufklären müsse. Gleich werden sie rufen: „Es lebe Ludwig, unser geliebter König!" Aber das dauert immer nur kurze Zeit, dann kommt diese Stimme wieder in sein Bewusstsein, unangenehm laut und hallend, und er weiß, dass all das Wirklichkeit ist, dass er hier gemeint ist, er ganz allein.

„Louis Capet", sagt die Stimme, „wird angeklagt, sich der Abschaffung der Folter widersetzt zu haben!"

‚Wie soll ich das nur begreifen', denkt er, ‚da ich doch schon lange vor der Revolution auf den königlichen Gütern die hochnotpeinliche Befragung und auch den Frondienst abgeschafft habe?'

Und immer wieder gellt die Stimme:

„Ludwig wird angeklagt ... wird angeklagt ...!"

Er wird angeklagt, im Juli 1789 Truppen gegen die Revolution gesandt zu haben, gegen die Beschlüsse der Nacht vom vierten auf den fünften August gewesen zu sein; unter dem Beistand Mirabeaus das Volk von seinen wahren Aufgaben abgehalten zu haben; die Sicherheit des Staates durch die Duldung der eidverweigernden Priester gefährdet zu haben; er habe Millionen an die Armen ausgegeben, um sie wieder zum Royalismus zu verführen; er habe die Zusammenkunft des feindlichen Auslands, die Bildung der Koalitionsheere gebilligt und das Heer der Emigranten aus der Staatskasse besoldet; er habe absichtlich den Ausbau der Flotte vernachlässigt, den Verlust der Kolonien herbeigeführt; er habe die Massaker vom 10. August verschuldet; er habe zu seiner persönlichen Bereicherung Handel mit Weizen, Zucker und Kaffee betrieben, während das Volk gehungert habe. Punkt für Punkt werden die Taten wie die Unterlassungen während seiner Regierungszeit als Untaten oder Verbrechen gegen das Volk bezeichnet. Ein paarmal steigt Wut in ihm auf; die Wahrheit möchte er seinen Anklägern ins Gesicht schreien. Den Mund hat er schon geöffnet, doch seine Kraft reicht nur zu einem verzerrten Lächeln.

Endlich ... endlich schweigt die Stimme.

Ludwig schließt einen Moment die Augen; das hat er vorher nicht gewagt, schon schreckt ihn eine andere Stimme wieder auf. Der Präsident hat das Verhör eröffnet.

Im Gegensatz zu der Stimme des Sekretärs klingt Barrères Stimme fast angenehm. ‚Man merkt es ihm immer noch an, dass er im Salon des Herzogs von Orléans verkehrt ist‘, sagt sich Ludwig. ‚Vielleicht läuft das alles hier doch noch gut ab. Ich kann schließlich alle Punkte nacheinander entkräften.‘

Freundlich sieht er den Präsidenten an. Der weicht ihm aus. Ludwig versteht. ‚Natürlich, der Präsident des Nationalkonvents darf ihn nicht freundlich anblicken, jetzt, da alle Augen auf ihm ruhen. Das könnte ihm teuer zu stehen kommen.‘

So beginnt er also gleichgültigen Blickes auf die Fragen des Präsidenten zu antworten.

Barrère war sich von Anfang an der Gefährlichkeit seines Amtes bewusst, denn letzten Endes trägt er die Verantwortung für den Verlauf des Prozesses. Er fühlt keinen Hass gegen den Angeklagten; seinetwegen hätte man ihn begnadigen und in die Verbannung schicken können. Doch jetzt geht es darum, als guter Revolutionär zu erscheinen, und das lässt sich am besten, indem man mit dem früheren König keine Spur von Mitleid zeigt. Immer wieder gleiten die wachsamen Augen Barrères über die Reihen der Jakobiner, die jedem seiner Worte misstrauisch lauschten. Er fühlt die eiskalten Augen Robespierres auf sich gerichtet und bemerkt gerade eben, wie der Gefürchtete die schmale Hand an die Stirn legt und anscheinend über etwas nachdenkt. Er denkt ja immer, der große Denker der Revolution, der kalte unbestechliche Rechner. Nur gut, wenn man nicht selbst Objekt seines Denkens wird.

Barrères Stimme nimmt einen schärferen Ton an.

„Sie, Louis Capet, haben mit den Österreichern und Preußen verhandelt, um die Republik zu beseitigen!"

Der König entgegnet: „Das ist ein Irrtum. Ich habe niemals geplant, die Republik zu beseitigen: Ich habe auch nicht in dieser Absicht mit Preußen und Österreich unterhandelt. Die diplomatische Korrespondenz wird das eindeutig beweisen, wenn sie mir zur Verfügung gestellt wird. Leider ist das bis jetzt nicht geschehen!"

„Haben Sie nicht einen eisernen Wandschrank in den Tuilerien einbauen lassen", fragt Barrère streng, „in dem sich geheim gehaltene Staatspapiere befinden?"

Kurz erwidert Ludwig, dass er davon nichts wisse. Vereinzeltes Gelächter. Überhaupt ist die Stille im Saal längst einem ständigen Geraune gewichen, das jedes Mal anschwillt, wenn der König eine Frage beantwortet hat. Saaldiener eilen hin und her; man ruft sich halblaut etwas zu. In den düsteren Ecken nach den Gängen hin, wo die Masse sich drängt und man ohnedies den Vorgängen nicht recht folgen kann, geht es schon zu wie in einer Gastwirtschaft.

Dagegen ist es im Saal noch verhältnismäßig still; am stillsten auf der Seite der Gironde. Man orientiert sich über die Absichten der Parteifreunde. Natürlich hat es Absprachen gegeben, aber zwischen gestern und heute kann in so bewegter Zeit viel geschehen.

Anders der „Berg". Von seinem Zentrum her beginnt es zu rumoren; vereinzelte Schreie schießen empor, Stichflammen einer abgrundtief brodelnden Lava. Wenn dieser Vulkan ausbricht ...

Doch Robespierre sitzt nachdenklich da. Nur seine Kalfakter laufen hin und her, vollziehen seine Anweisungen. Er hält die Girondisten im Auge und überfliegt rasch die Zettel, auf denen ihm mitgeteilt wird, wie dieser oder jene Abgeordnete sich soeben zu einer Antwort Ludwigs geäußert hat. Er hat seine Fäden über die ganze Versammlung gesponnen, auch in den Reihen der Gironde sitzen seine Spitzel.

Er blickt Danton herausfordernd an, denn er kennt dessen Schwächen, seine Käuflichkeit, seine Beziehungen zum Hof, seine Wankelmütigkeit gegenüber Schmeicheleien und nicht zuletzt seine neuerlichen Anwandlungen von Milde gegenüber den Staatsfeinden. Ausgerechnet der gefällt sich jetzt in dem Ausspruch, es sei genug Blut geflossen!

Danton hat den stechenden Blick Robespierres gespürt. Nun hebt er sein riesiges Haupt dem andern entgegen. Die Löwenmähne umflattert ihn. Er hebt seine Pranke und schüttelt sie winkend herüber. Robespierre wendet sich ab:

‚Dieses lasterhafte, korrupte Schwein. Wahrscheinlich ist er wieder betrunken!'

Es würgt ihn in der Kehle, wenn er an die Orgien Dantons denkt, nächtliche Ausschweifungen mit den Dirnen des Palais Royale und Saufgelage in den Clubs. Er presst seine schmalen Lippen verächtlich aufeinander. Schnell kritzelt er eines seiner gefürchteten Worte für die nächste Rede auf einen Zettel: „Wer nicht tugendhaft ist, ist verdächtig! Denn Tugendhaftigkeit ist das Stigma der Revolution!"

Robespierre fürchtet diesen Danton, den genialen Schwung seiner Rede, der ihm vollkommen versagt ist; dessen überschäumende Lebenskraft, die die Massen in einen

Rausch der Begeisterung reißt. Starr und gedankenversunken sitzt er da inmitten der brodelnden Unruhe. Verächtlich ruhen seine Augen jetzt auf dem Angeklagten. ,Wer ist schon dieser Louis Capet? Eine armselige Figur, die man noch einmal aus der Versenkung geholt hat.'

Er setzt die Brille auf und betrachtet seine Stiefeletten, während Barrère Louis Capet den Fall der Festung Verdun vorwirft. Ludwig antwortet, das sei nach der herrschenden Konstitution, wie jedermann wisse, einzig und allein die Sache des Kriegsministers gewesen.

Da ereifert sich auf einmal der Präsident: „Sie haben das Blut des souveränen Volkes vergossen!", schreit Barrère in den Saal, „das Blut ganzer Armeen, indem Sie mit dem Feinde konspirierten, und das Blut der Revolutionäre, indem Sie Ihre Schweizer auf sie schießen ließen!"

Ludwig ist entrüstet: „Nein! Nein! Das ist nicht wahr. Niemals habe ich Blut vergossen! Alles andere, nur kein Blutvergießen! Mein ganzes Leben habe ich kein Blut vergießen wollen. Ich habe immer den Frieden gewollt und mein Volk geliebt!"

Ein gellender Schrei ertönt aus der gärenden Masse. Marat, an der linken Seite des Berges, springt auf, wild gestikulierend; ein tobendes Gelächter erschüttert ihn. Er schlägt um sich, wirft den Kopf in den Nacken, biegt sich dann nach vorne zum Boden und lacht sein wütendes, kläffendes Lachen, tierisches Geheul aus der Tiefe seiner zerstörten Seele. Maßlos und unbändig lacht er. Er scheint sich kaum halten zu können, jäh reißt es ihn hin und her. Hemmungslos ergießt sich sein nach Luft schnappendes Gewieher in den Konventsaal.

Sein Anhang beginnt zu lachen; zuerst die unmittelbar um ihn Sitzenden, von denen sich das Gelächter wellenartig nach allen Seiten fortpflanzt. Es ist gut zu lachen, wenn Marat lacht. Man beginnt zu toben. Der ganze „Berg" gerät in Erschütterung. Nebenan im „Sumpf" gluckst es dumpf auf; und da lacht auch der Sumpf; bei weitem nicht so laut wie der „Berg", aber man lacht. Nur die Gironde hüllt sich noch in Schweigen. Wer möchte sich schon mit diesem Marat gemein machen in der Partei der vornehmen Zurückhaltung. Barbaroux, der temperamentvolle Girondist aus Marseille, will empört aufspringen, aber Pétion und Brissot halten ihn fest. Jetzt nur keine Unbesonnenheit! Ja, Besonnenheit war das große Wort der Gironde, bis es zu spät war. Aber – da lacht doch tatsächlich jemand in den eigenen Reihen. Rebecqui ist es; er kann einfach nicht mehr an sich halten und lacht ein kleines, halbunterdrücktes Lachen. Und da fangen auch Valazé und Guadet und Gensonné an zu schmunzeln und halblaut zu lachen, natürlich mit aller Zurückhaltung, hinter der gepflegten Hand. Überall hüpft nun ein girondistisches Lachen auf. Die Gironde hat sich entschlossen zu lachen.

‚Halt! – das lässt sich erklären: Ja, wir lachen. Wer könnte sich denn dieser natürlichen Regung entziehen. Wir lachen ja nicht mit Marat, sondern über ihn, wir lachen ihn aus, diesen Kerl, der sich hier wie ein Clown aufführt. Was ist schon dabei, wenn wir ein bisschen mitlachen?'

Auch die Gironde lacht also, und so lacht schließlich der ganze Konvent, einschließlich der Zuschauer am Rande und in den Gängen draußen vor den offenen Türen, die lachen, weil alle anderen auch lachen, ohne zu wissen warum. Schließlich ist es schon ein großer Spaß, ein unbezahlbares

Vergnügen, an dieser sonst so ernsten Stätte mit all den bedeutenden Männern des Konvents lachen zu dürfen, während der König da vorn ganz betreten sitzt.

Barrère ist ratlos. Die Würde seines Amtes verbietet ihm, in den Lach-Chor einzufallen. Verräterisch zucken seine Mundwinkel. Sein Blick fällt auf den Angeklagten. Ja, sieht er denn recht? Ein kleines, wehmütiges Lächeln umspielt die Lippen des Königs, verbreitet sich über seine mit Bartstoppeln bedeckten, teigigen Wangen. Er ist unrasiert; man hat ihm alle scharfen Gegenstände weggenommen. In all seiner Verlassenheit hat er sich entschlossen, sich nicht auszuschließen von der allgemeinen Lustbarkeit, die da auf Kosten seiner Person veranstaltet wird. Aber dies ist für ihn auch der Augenblick einer schrecklichen Erkenntnis; in dieser grotesken Situation wird ihm zum ersten Mal die tödliche Gefahr, in der er schwebt, in aller Schärfe bewusst. Er fühlt den wogenden Hass der Jakobiner, die feige Unentschlossenheit der Girondisten, die Gleichgültigkeit des „Sumpfes".

„Ich bin verloren", sagt er halblaut und lächelt hinab in den Saal.

Der Präsident ergreift die Glocke, den Konvent zu ermahnen, zur Ordnung zurückzukehren. Sie heult und rasselt und kläfft wie die Feuerglocke über die auflodernden Flammen einer brennenden Stadt. Umsonst! Sogar die Glocke lacht laut und gellend.

Nur Robespierre sitzt in seiner abgezirkelten Tugendhaftigkeit ungerührt inmitten des Tumults. Er verzieht keine Miene. Dieses Lachen ist ihm unerträglich. Die Revolution ist eine heilige und todernste Sache. Wer lacht, ist schuldig, weil er sie entwürdigt. ‚Oh, diese Menschen, sie verdienen nicht in dieser Zeit zu leben, in diesem Tempel der Gerechtigkeit zu sitzen. Der ganze Konvent ist schuldig! Ich sehe viele Köpfe, die demnächst von ihren Schultern rollen werden, wenn die heilige und unteilbare Republik gerettet werden soll.'

Er steht auf. Unmittelbar um ihn verebbt der Lärm. Man deutet auf ihn, legt warnend den Finger auf den Mund. Das Schweigen umkreist ihn in immer größeren Bahnen. Nun lacht auch die Präsidentenglocke nicht mehr; sie mahnt und ruft zur Ordnung. Marat versucht noch mit seinem Anhang, gegen das ausbrechende Schweigen anzukommen. Da trifft ihn Robespierres Blick. Sein flackerndes Gelächter bricht ab. Er duckt sich, kriecht zurück in die erstarrende Masse. In ohnmächtiger Wut, aber so leise, dass es nur seine engsten Gefährten vernehmen, knirscht er:

„Er hat mich zurechtgewiesen vor dem ganzen Konvent! Der große Robespierre. Spielt sich als Diktator auf. Gebt acht! Er ist eine Gefahr für die Republik!"

Robespierre setzt sich. Nicht die Spur einer Erregung ist auf seinem Gesicht zu lesen. Er legt den Finger an seine blutleeren Lippen und denkt nach. Marat ist ihm zuwider. ‚Sicher, er hat der Revolution große Dienste geleistet, solange es darum ging, das Alte zu stürzen. Er hat eingerissen und zerschmettert und das Volk auf die Barrikaden getrieben. Doch jetzt? Das Volk hat eine Schwäche für ihn. Wir werden sehen, wir werden sehen!'

In der Diligence

Sie saß in der Diligence, die sie zurück nach Caen bringen sollte. Charlotte lehnte in der Ecke mit geschlossenen Augen.

Die Reisenden unterhielten sich laut und angeregt: über das Wetter, dass es heute besonders heftig geschneit habe, dieses Jahr habe es überhaupt früh angefangen zu schneien; es werde wohl einen strengen Winter geben; auch das noch, wo die Lebensmittel doch schon so knapp seien, in den Städten bekäme man ja kaum noch etwas für das Geld, obwohl doch der Staat wie wild Geldscheine drucke; in Paris soll das Brot ja unerschwinglich sein. Diese Bäcker! Man sollte doch einfach alle Lebensmittel gleichmäßig verteilen, ohne Geld, wozu eigentlich Geld? Damit es die Reichen wieder in ihre Taschen füllen; also wissen Sie, es ist doch immer dasselbe, ganz gleich, wer oben sitzt, die denken doch zuerst an sich; aber nein! Das dürfen Sie nicht sagen, es ist doch schon sehr viel besser geworden, die tun doch endlich einmal etwas für die kleinen Leute, natürlich von heute auf morgen geht das nicht, nur Geduld.

Es war vor allem ein Herr mit ungesund gelber Gesichtsfarbe, der redete. Er tat dies nahezu unablässig und nur von einem nervösen Schluckauf gelegentlich zur Unterbrechung gezwungen. Ihm gegenüber saß eine rundliche kleine Frau, offenbar eine Bäuerin, denn sie hatte einen Weidenkorb vor sich stehen und hielt auf ihrem Schoß zwei Hähnchen, die an den Beinen zusammengebunden waren. Zum Entsetzen aller sagte sie auf einmal unverhohlen ihre Meinung über die Revolution.

„Ach Gott!" schnatterte sie, „wenn man bedenkt, was sich da so alles Revolutionär schimpft, und was die vorher waren! In Mézidon, ich bin aus Mézidon, nicht direkt aus Mézidon, sondern aus Mesnil Mauger, das ist eins von den vielen Mesnils in dieser Gegend, und auch da wohne ich nicht direkt, sondern über dem Berg drüben. Wenn Sie in Richtung Lisieux weitergehen, liegt es etwas versteckt hinter dem Wald auf der linken Seite der Landstraße; also da; ich sage eben immer Mézidon, weil das die Herrschaften eher kennen, schließlich war ich ja auch acht Jahre bei den Méricourts in der Küche. Das herrschaftliche Gut liegt nur eine halbe Meile vor Mézidon. Das waren Leute, kann ich Ihnen sagen, sowas von Freundlichkeit fürs Personal, wie die zu mir waren, das gibt's heute schon lange nicht mehr. Der gnädige Herr Baron lebt ja auch nicht mehr; ach Gott noch mal, kann ich Ihnen sagen, ich habe tagelang geweint, hab ich, als der Bürgermeister kam, sie hätten ihn in Rennes geköpft, für nichts und wieder nichts. Nein sowas von Freundlichkeit für unsereinen, der doch nichts ist und nichts hat, und dann nicht mal im Bett zu sterben wie die armen Leute, ist das vielleicht recht? Und die gute Frau Baronin, die auch bald danach gestorben ist, wenigstens im Bett. Ach Gott noch mal, da müsste man sich ja der Sünde fürchten, aber die haben ja weder Gott noch Gebot. Ja, und was ich Ihnen eigentlich sagen wollte, die in Mézidon, die haben da einen Kommissar, na, das ist vielleicht einer, früher war der Kammerdiener bei den Méricourts. Der nämlich, kann ich Ihnen sagen, hat den gnädigen Herrn Baron auf dem Gewissen, geht doch hin zu denen und zeigt den Herrn Baron an. Und was hat der gnädige Herr diesem Scheißkerl, ich sag's grad, wie ich denke – das ist doch ein ganz gemeiner Scheißkerl – was hat der Herr Baron ihm alles zugesteckt, du lieber Gott! Die Hände hätte er ihm zeitlebens küssen müssen, und da lässt er den Herrn Baron verhaften, und die bringen ihn einfach um auf dieser Teufelsmaschine in Rennes. Ach Gott noch mal, sagen Sie doch, wo ist denn da die Gerechtigkeit, wenn man so sieht, wer da alles so herumläuft und seinen Kopf noch oben hat."

Die Mitreisenden sahen sich ängstlich an, blickten zu Boden oder zum Fenster hinaus, als hätten sie kein Wort gehört. Nur der gelbgesichtige Herr mit dem Schluckauf konnte nicht länger an sich halten und fuhr die Bäuerin mit schriller Stimme an:

„Das ist mir denn doch noch nicht vorgekommen! Ja, sind Sie denn noch ganz bei Sinnen? Was wissen Sie denn schon von der Revolution?"

Die Bäuerin drückte die Hähne tiefer in den Schoß: „Ach Gott noch mal! Ja, sind Sie denn auch so einer? Das hätte ich mir doch gleich denken können, die Galle steht Ihnen ja bis unter die Haut. Wissen Sie, meine Herrschaften", sagte sie zu den andern, die gar nichts wissen wollten, „Ihnen ist doch auch schon aufgefallen, dass die alle grün und gelb im Gesicht sind vor Gift und Galle."

„Das ist ja die Höhe! Ich muss mich doch in dieser elenden Kutsche nicht beleidigen lassen! Hüten Sie ihre Zunge, Sie ..., ich sage nur: Hüten sie sich", und an die anderen gerichtet: „Ich staune, Sie sitzen da, als ginge Sie das gar nichts an, wenn hier die Revolution in den Schmutz gezogen wird. In unserer großartigen Zeit geht aber jeden alles an!"

Charlotte hatte es aufgegeben, ihren Gedanken nachzuhängen; sie genoss ganz offensichtlich die komische Situation und lächelte der Bäuerin ermunternd zu. Dies bemerkte der kleine Herr, aber er schluckte seinen Ärger mit zweimaligem heftigem Schlucken hinunter.

„Was soll ich mich aufregen über diese Person aus Mézidon oder noch nicht mal aus Mézidon, die fast vier Jahre nach unsrer glorreichen Revolution noch von ihrem gnädigen Herrn Baron spricht. Da muss man doch Stroh im Kopf haben, wenn man denen noch eine Träne nachweint! Ich will Ihnen etwas sagen. Was glauben Sie wohl, wer hier mit Ihnen reist?"

„Ach Gott noch mal, Sie!" Die Bäuerin hob ihren Weidenkorb an und stieß ihn wieder zu Boden, als hätte sie mit ihm etwas vorgehabt, was sie sich dann doch nicht traute. Es war etwas Schwabbelndes drinnen. Das grobe Leintuch, das mit einer um den Korbrand führenden Kordel darüber gespannt war, hatte feuchte, gelblich-fette Flecken.

„Dass Sie's nur wissen! Ich bin ein Freund des Retters der Nation, des Postmeisters Drouet!"

Ein triumphierendes Lächeln lag auf seinen Lippen, denn seine Worte waren nicht ohne Wirkung geblieben. Die meisten der Reisenden wussten, wer Drouet war, und ihre Mienen nahmen einen gespannten, respektvoll-ängstlichen Ausdruck an. Demoiselle Corday warf dem kleinen Mann einen überraschten Blick zu und wandte sich voll Verachtung ab. Ein junger Mann schräg ihr gegenüber in der Ecke, der zu schlafen vorgab, blickte den Bruchteil einer Sekunde auf. Nur die Bäuerin hatte wohl noch nie etwas von einem Drouet gehört oder den Namen des Postmeisters von SaintMenehould längst vergessen.

„Du meine Güte, was wird das schon für einer gewesen sein!", sagte sie voller Verachtung und stemmte sich mit ihren kleinen Fäusten einen Augenblick vom Sitz hoch. In diesem Augenblick flatterten die Hähne wild auf in ihrem Schoß, so dass ihr Widersacher erschrocken zurückfuhr. Die Bäuerin kreischte laut vor Vergnügen und ließ sich absichtlich Zeit, die Flügel wieder fester zu packen. Der Freund Drouets zog ein seidenes Taschentuch hervor und wischte sich die Flaumfedern von den Knien. ‚Was soll ich mich aufregen!', sagte er innerlich bebend. ‚Sie kennt ja nicht einmal Drouet! Das lohnt sich doch nicht.'

Zum Glück für alle Beteiligten stieg die Person aus Mézidon an der nächsten Station aus. Die Hähne krächzten und flatterten.

Die Kutsche ruckte wieder an; Charlotte lächelte belustigt und winkte der Bäuerin.

„Von Ihnen hätte ich das am allerwenigsten gedacht. Mit so einer sich abzugeben! Ich sage Ihnen, das gefällt mir gar nicht!"

Die Demoiselle Corday sah ihn nicht einmal an und dachte nur: ‚Ein schrecklicher Gedanke, wenn ich dem gefiele.'

Die Unterhaltung erstarb; man gab sich den Anschein, müde zu sein oder über etwas Wichtiges nachdenken zu müssen. Der Mann mit dem Schluckauf trug noch eine Weile ein geringschätziges Lächeln zur Schau, sagte dann aber zu dem älteren Mann, der sich bisher an der Unterhaltung mit keinem Wort beteiligt hatte: „Es ist doch schon recht kalt geworden", worauf niemand etwas entgegnete.

Charlotte schloss die Augen. Vom monotonen Rattern der Kutsche und dem Knirschen der Räder begleitet, ließ sie ihren Gedanken freien Lauf. Wichtiges und ganz Alltägliches, Zurückliegendes und Gegenwärtiges nebeneinander, anscheinend zusammenhanglos und flüchtig, aufgescheucht wie die Dohlen dort im Schnee vom harten Getrappel der Pferde.

‚Marat! Charlotte Corday wird dich töten. Marat – merkwürdiger Name. Papas Jugendfreund. Heißt aber Marot. Wohnt auch in Paris. Schreibt ihm nicht mehr. Obwohl er ihn mag. Marot. Marot? Clément Marot, das ist doch der Psalmendichter, 16. Jahrhundert. Dass ich solange nicht an ihn gedacht habe! Marot – Marat – Marot. Seltsames Dreigespann... – Die hat's ihm aber gegeben, dem Spitznasigen! Die schöne Weste voll klebriger Kaldaunen. Hätte sie tun sollen. Mehr Courage als die ganze Gironde. Bah. Kaldaunen. Konnte ich früher nicht essen. Der Storchenkopf aß sie mit Heißhunger. Auch so ein Hasenfuß. Revolutionär aus Angst. Mut ist schon eine erstaunliche Sache. Was ist Mut eigentlich? Furchtlosigkeit ist zu wenig. Ist noch nicht Mut. Mut fängt da erst an. Energie ist gesteigerter Mut. Das die Tat Vollbringende... – Meine Füße sind kalt. Ist das ein Geschaukel und Gequietsche. Nein, ganz bestimmt nicht im Winter! Im Winter werde ich nicht nach Paris reisen. Mut, mein Herz! Wo steht das denn nur? Schön warme Hände. Der Muff. Mamas Handmuff. Dass Papa ihn mir überlassen hat. Mut, mein Herz! ... Marat. Marie Anne Charlotte de Corday, Urenkelin Corneilles, tötet ihn. Ganz allein. Aufruhr in Paris. Jakobiner verboten. Der König Präsident des Nationalkonvents. Meinetwegen. Der ideale Staat, die Republik ist gerettet ... – Wo kommt dieser Duft eigentlich her? Ob der junge Mann sich parfümiert? Würde zu ihm passen. Ein Girondist.

Es wird dunkel. Schön, im Dunkeln zu fahren. Seine Knie berühren ständig die meinen. Wenn der wüsste, wer ihm gegenübersitzt. ‚Ich bin mit ihr in der Kutsche von Bissière nach Caen gefahren', wird er später erzählen – dann. Wie gut, dass die Menschen nichts voneinander wissen. Die Lavaillant hat geheiratet. In Koblenz. Einen Preußen. Keinen der vielen traurigen Aristokraten dort. Das muss ja am Rhein ein richtiges Gewimmel sein von mutigen Emigranten. Seitdem die Preußen mit den Österreichern gegen die Revolution marschieren, sind sie mir gar nicht so unsympathisch ... Alexis hat geschrieben. Staune, dass die Briefe überhaupt noch durchkommen. Ich muss ihm schreiben, unbedingt. Vorher. Bevor ich fahre. Und den Brief bei Madame de Bretteville hinterlegen. Er soll alles genau wissen. Die Engländer werden vielleicht auch bald gegen uns ziehen. Armes Frankreich. Schlimm, dass eine Patriotin den Sieg deiner Feinde wünschen muss. – Ob Marat ständig von einer Wache umgeben ist? Wie werde ich mir Zugang verschaffen? Im Konventsaal muss es geschehen, vor aller Augen, während er redet, wenn das Ungeheuer eine seiner hasserfüllten Reden hält. Dort werde ich ihn erschießen. Der Konvent wird mir zujubeln – Andererseits ... Eine Pistole kann versagen. Ich kann damit auch nicht umgehen. Brutus nahm einen Dolch. Ein Dolch ist zuverlässiger. Brutus nahm einen Dolch und rettete die Republik. Obwohl – genau genommen ... Ach, was soll's. Ob Barbaroux das wirklich gesagt hat: „Wenn nicht der Himmel einen Retter schickt, wenn nicht eine neue Jungfrau von Orleans erscheint, ist Frankreich verloren!" Der große Brutus nahm einen Dolch. Und ich werde auch einen Dolch nehmen und Frankreich befreien. Die Judith von Caen!'

Während die Diligence sich Caen näherte, ging das erste Verhör des Königs zu Ende. Marat saß mit finsterer Miene abseits im Kreise seiner Vertrauten, stieß leise Verwünschungen gegen die Gironde aus und machte höhnische Bemerkungen über den tugendhaften Robespierre, bevor er schließlich gegen die königliche Familie schimpfte:

„Der Bürger Capet! Was halten wir uns noch mit ihm auf? Wozu überhaupt dieser Prozess! Dazu ist die Zeit doch viel zu kostbar. Man sollte dem ganzen Gesindel die Rübe wegputzen! Auch dieser falschen Österreicherin, die gegen uns konspiriert, und dem Dauphin, dem kleinen Biest. Rübe ab und vorbei! Ich glaube nicht an die Sicherheit der Republik, solange die ihre übermütigen Köpfe auf den Schultern tragen. Und dann die da drüben, diese girondistischen Arschkriecher. Der Boden der Republik muss mit Blut gedüngt werden, wenn die Saat reifen soll!"

Schmerzen im Rücken, auch im Bauch, quälten ihn. Zudem blutete das Geschwür an der linken Schläfenseite wieder. Es war während des Lachanfalls aufgebrochen. Ein Blutfaden sickerte über die unrasierte Wange. Er betupfte die schmerzhafte Stelle mit dem zerschlissenen Ende des blauen Turbans. Es machte ihm nichts aus, dass man hersah, während er sich minutenlang an der Innenseite der Oberschenkel kratzte. Sollten sich diese sauberen, reinhäutigen Volksverräter ruhig ekeln.

Das Verhör war zu Ende. Ludwig wurde hinausgeführt. Sechs Wochen lang wird man ihn noch quälen. Dann wird auch sein Blut den Boden der Republik düngen.

Draußen wandte er sich an Chaumette, den er im Vorbeigehen etwas essen sah.

„Ich bitte Sie, geben Sie mir ein Stück Brot!", sagte mit bebender Stimme, der König von Frankreich gewesen war.

Die Weihnachtslüge

Messire de Corday d'Armont war in seinem Leben nur selten glücklich gewesen. Um die Welt und das Leben zu genießen, fehlten ihm die Leichtfertigkeit und Unbekümmertheit seines Bruders Charles, der Gleichmut und vielleicht auch die schöne Torheit des Herzens, mitten im Unglück schon den Trost einer besseren Zukunft empfangen zu können.

Nun war er ein alter, hinfälliger und mürrischer Mann geworden, der seine Tage damit zubrachte, sein persönliches Schicksal und das Frankreichs zu beklagen. Die Enteignung seiner Güter konnte er nicht verwinden, wenn er auch in der Rue Venelle-aux-Chevaux in Caen ein für revolutionäre Verhältnisse ziemlich geräumiges Haus bewohnen durfte. Keinen Augenblick konnte er vergessen, was ihm „diese Leute da" angetan hatten. Er nahm kein Blatt vor dem Mund und hatte sich mehrmals auch in der Öffentlichkeit dazu hinreißen lassen, die Revolution und die Revolutionäre zu beschimpfen. Der Generalprokurator hielt seine noch immer mächtige Hand über ihn; es war jedoch das Verdienst von Eleonore und Dr. Neri, dass er dauerhaft der drohenden Gefahr einer Verhaftung entging. Dr. Neri war es gelungen, Messire Corday zu überzeugen, dass ein Spaziergang am späteren Abend und nicht allzu weit, gerade einmal die Straße auf und ab, für seinen Gesundheitszustand zuträglicher sei als am hellen Tage. So konnte man ihn nun Abend für Abend auf der fast menschenleeren

Straße und von seinen Töchtern flankiert erblicken, wie er fast im Geschwindschritt seinen Spaziergang absolvierte. Kam jemand entgegen, wechselte man die Straßenseite.

Nach der Konfiszierung des Klosters war Eleonore in das Haus des Vaters gezogen und wurde die Stütze seines Alters. Sie verstand es, ihn zu beschwichtigen, sie hörte geduldig seinen stundenlangen Litaneien zu; sie gab sich ihm zuliebe den Anschein, an das baldige Ende der Revolution und die Wiederherstellung der alten Eigentumsverhältnisse zu glauben. Seitdem Monsieur Corday in Folge eines leichten Schlaganfalls die rechte Hand nicht mehr gebrauchen konnte, schrieb sie seine wütenden Eingaben an alle möglichen privaten und dienstlichen Stellen, von denen er sich verfolgt sah, und sie verfasste auch mit großem Geschick die Antwortschreiben der betreffenden Leute, in denen er sich mit Zuvorkommenheit behandelt sehen konnte.

„Siehst du, Eleonore", rief er nach Erhalt eines solchen Briefes dann aus, „man muss diesem Pack nur die Meinung sagen! Die ahnen schon, was ihnen demnächst bevorsteht!"

Eleonore hatte im Laufe der Zeit eine erstaunliche Geschicklichkeit in der jeweiligen Veränderung ihrer Handschrift und im Anfertigen von Amtsstempeln erlangt; ohnehin waren die Augen des Vaters nicht mehr in der Lage, eine solch liebevoll durchgeführte Fälschung zu erkennen. Eleonore bemerkte die wohltuende Wirkung des „Briefwechsels", und so ließ sie es zu, dass die Schriftstücke des Vaters immer hemmungsloser wurden, während sie die Antwortschreiben gewohnt höflich, mitunter ergeben formulierte.

Auf diese Weise hatte Eleonore auch den alten, vorrevolutionären Prozess des Vaters gegen die gleichfalls längst enteigneten Glatignys wieder aufleben lassen vor einem Gerichtshof in Rennes, der gar nicht mehr existierte. Am Weihnachtsabend 1792 hielt sie es für sinnvoll, das Antwortschreiben des Gerichts ankommen zu lassen, in dem die Wiederaufnahme des Prozesses in baldige Aussicht gestellt wurde.

„Hörst du, Eleonore, wir habe gesiegt! Das Königliche Kammergericht wird schon demnächst zusammentreten. Nächstes Jahr werden wir wieder in Mesnil Imbert sein!"

Auch Charlotte kam, das Weihnachtsfest mit dem Vater und der Schwester zu feiern.

„Du scheinst dich ja gar nicht über die gute Nachricht zu freuen?", rief er ihr zu, „wie glücklich sind wir doch alle gewesen, als Mama noch lebte. Als sie noch lebte, da war alles anders. Aber wenigstens kann ich jetzt auch dort sterben. So freut euch doch, Kinder! Und ausgerechnet zu Weihnachten bekomme ich diese frohe Botschaft!"

Charlotte versuchte zu lächeln. Sie war mit den Manipulationen ihrer Schwester durchaus nicht einverstanden, fand, dass es seiner unwürdig sei, – wenn auch in der besten Absicht – auf solche Weise betrogen zu werden. Immerhin: Eleonores Betrug hatte den Vater in die heiterste Laune versetzt, und so konnte das Weihnachtsfest fast wie in alten Zeiten gefeiert werden. Sie hatte mit Jean Chappes Hilfe, der sich ab und an noch sehen ließ, einen Truthahn besorgt und als besondere Überraschung die alte Marie und einen Diener engagiert, die natürlich aufs Genaueste instruiert worden waren.

Wie immer an Festtagen sprach der Vater das Tischgebet, und er fügte ein Dankgebet an für die wunderbare Führung das Herrn, der ihnen allen die alten Zustände und die Herrschaft des Königs wiedergeschenkt habe. Charlotte verzog keine Miene. Auch sie hatte jetzt Teil an dem Betrug. Und als man am Weihnachtsmorgen in aller Frühe aufs Land hinausfuhr, hatte sie dafür gesorgt, dass sie in einer leerstehenden Kapelle von einem eidverweigernden Priester die Messe hören und kommunizieren konnten.

Im Stillen tadelte sie ihre und ihrer Schwester Schwachheit. Ja, kurz bevor sie am Ende der Festtage ins Grand Manoir zurückkehrte, kam es noch zu einem heftigen Gespräch, in dem Charlotte erklärte, Eleonore verschlimmere durch ihr Vertuschen das Unglück des Vaters und mache ihn zu einem Unmündigen, wogegen Eleonore sich nicht darin beirren ließ; der Vater sei nun einmal unmündig und könne in seinem schwachen Gesundheitszustand die Wirklichkeit nicht ertragen. Charlotte gab zu bedenken, was wohl geschehen würde, wenn der Vater die Wahrheit eines Tages erführe, denn auf die Dauer könne ihm die Weihnachtslüge – so nannte Charlotte den gutgemeinten Betrug – ja nicht verborgen bleiben. Außerdem könne man nie wissen, was für Schicksalsschläge dem Hause Corday noch bevorstünden. Es sei besser, den Vater beizeiten wieder auf die Konfrontation mit der rauen Wirklichkeit vorzubereiten. Sie halte es für gut, wenn Eleonore ihm hin und wieder auf den stoischen Mut der Römer hinweise; sie solle ihm Plutarch zu lesen geben.

„Mein Gott! Charlotte", rief Eleonore, „wie kannst du so etwas nur sagen! Du kennst die Zukunft ebenso wenig wie ich. Wenn man dich so hört, kann es einem richtig angst werden!"

Niedergeschlagen kehrte Charlotte nach den Feiertagen in der Rue Venelle-aux-Chevaux in ihr einsames Domizil zurück.

„Stell dir den Spaß vor", hatte der Vater beim Abschied gesagt, „wenn all diese elenden Enteigner wieder enteignet werden! Ich sehe schon, du wirst doch noch Nonne werden, wenn die Klöster wieder ihre Pforten öffnen!"

Lange sah sie ihn an und ernst, mit einem Beben um die Lippen. Und dann hatte sie langsam und mit einer ihr sonst ganz fremden Feierlichkeit gesagt:

„Eines Tages, Papa, wirst du verstehen, warum ich den Schleier nicht genommen habe. Weil niemand unwürdiger ist als ich."

Noch als er die Treppe hinaufging, hörte sie die Stimme des Vaters, der zu Eleonore sagte:

„Nicht würdig! Hast du das gehört, Eleonore, Marie sollte nicht würdig sein und ist ja noch frommer als ihre Mutter war. Nein, ich werde aus ihr einfach nicht schlau!"

‚Es wird sehr schlimm werden für die Familie Corday!', dachte Charlotte, als sie die Gartentür schloss.

Die geköpfte Majestät
macht der Demoiselle ihre Aufwartung

Nach zweiundsiebzigstündiger Sitzung des Konvents wurde Ludwig XVI. am Abend des 17. Januar 1793 zum Tode verurteilt. Von 749 Abgeordneten waren 726 anwesend. Jeder Abgeordnete wurde namentlich zur Entscheidung aufgerufen. 361 Konventsmitglieder sprachen sich unumwunden für den Vollzug der Todesstrafe aus; für den Tod nach dem Friedensschluss entschieden sich 46; 26 für ein Todesurteil mit Vollstreckungsaussetzung. 288 Stimmen wurden abgegeben für Gefangenschaft und anschließende Verbannung. Fünf enthielten sich der Stimme. In der tags darauf erfolgten zusätzlichen Abstimmung über den Zeitpunkt der Hinrichtung sprachen sich 380 für die sofortige Vollstreckung des Urteils aus. Auch die Gironde hatte mehrheitlich für den Tod ohne Aufschub gestimmt.

Am Montag, den 21. Januar morgens kurz nach zehn Uhr fiel das Haupt Ludwigs unter dem Beil der Guillotine.

Rasch verbreitete sich die Nachricht vom Ende des französischen Königs. Einen Tag später schon wusste man es in Caen. Trotz aller Wachsamkeit war es Eleonore nicht gelungen, auch diese Hiobsbotschaft von ihrem Vater fernzuhalten. Er erlitt einen Nervenzusammenbruch. Charlotte wachte lange bei ihm. Als er etwas ruhiger schien, ging sie in das Grand Manoir und legte sich früh zu Bett.

Kaum dass die Lampe gelöscht war, fiel sie in tiefen Schlaf.

Heftig pochte es an die Tür. Sie erwachte oder glaubte zu erwachen. Abermals klopfte es. Da öffnete sich die Tür. Mühsam und stöhnend kam der König auf sie zu, in blauschillerndes Licht getaucht. Die Halskrause dampfte von Blut, obwohl er sein Haupt unverletzt auf dem Rumpfe trug. Auch das Beinkleid war blutverschmiert, die blütenweißen Strümpfe mit feinen Blutspritzern übersät. Aufrecht saß Charlotte im Bett, die Hände ins Laken gekrallt. Der König kam mit schlurfenden Schritten näher; und dann öffnete er den breiten vollen Mund und sagte zu ihr:

„Rächen Sie mich, Madame!" Drei schwere Glockenschläge hallten in diesem Moment durchs Zimmer. Schon wandte er sich um und ging zur Tür. Sie hörte seine Stiefel quietschen, sah nun ein blaues Seidenband, mit dem das Haar am Hinterkopf hochgebunden war. Sie verfolgte jede seiner langsamen Bewegungen und erinnerte sich später an die kleinste Einzelheit: an das weißwollene Kamisol, das unter dem offenen Rock hervorschimmerte, an das nervöse Zucken der linken Hand, besonders auch an den schwarzverkrusteten Fleck auf dem Ärmel des hellbraunen Rockes, der aus weichem englischen Tuch gewesen zu sein schien. Besonders an diesen hässlichen Fleck erinnerte sie sich später noch ganz genau, weil sie sich im gleichen Augenblick gefragt hatte, wie der dahinkomme, da ihr doch berichtet worden war, und jedermann wusste es, dass der König vor der Hinrichtung seinen Rock ausgezogen hatte. An der Tür blieb er stehen; seine Hand ruhte schon auf der Klinke, eine ganze Weile stand er unbeweglich, als dächte er über etwas nach; er stand mit dem Rücken zu ihr, nun aber drehte sich langsam sein Kopf, ohne die geringste Bewegung seiner

Schultern, auf dem Rumpf wie auf einer Scheibe. Er hob die Augenlider, zornig und befehlend blickte er sie an.

„Vergessen Sie es nicht!", rief er mit einer Stimme, dass es laut und rollend durchs Zimmer dröhnte. Kaum hatte der König die Tür mit einem Ruck ins Schloss gezogen, als sie mit einem Aufschrei aus dem Bett sprang. Die Vorhänge waren nicht zugezogen, voll strahlte der Mond ins Zimmer. Sie wusste nicht, was sie tat, wozu sie etwas tat. Sie eilte zur Tür, nahm sich nicht die Zeit, die Kerze anzuzünden; tastete sich über den dunklen Gang, die Treppe hinab. Es war etwas ganz Wirkliches, das sie bemerkt zu haben glaubte, während der König vor ihr stand. Zum Uhrenzimmer lief sie. Da wurde ihr bewusst, dass sie immer dieselben Worte flüsterte: „Drei Uhr! Drei Uhr!" Noch als sie die Tür aufriss, war ihr nicht klar, was sie suchte. Drei Uhr! Drei Uhr! –Dunkelheit, nur das Ticken der Uhren; sie lief in die Küche, zündete mit fliegenden Händen eine Kerze an, die zweimal wieder ausging. Endlich – drei Uhr! drei Uhr – gelang es ihr, am glimmenden verkohlten Holzscheit die Kerze zu entflammen; sie eilte zurück, hob die Kerze gegen die aufleuchtenden Zifferblätter der vielen kleinen und großen Emaille und Metall und Holzuhren, die zirpten und wisperten und pochten, und sah und wusste und sagte sich ganz ruhig: „Es ist drei Uhr." Und da sagte es sogar die große hölzerne Eckpendule mit dem makabren Aufsatz, die in letzter Zeit etwas nachging, mit drei kurzen trockenen Schlägen, während die aufgehobene Sense des Todes blitzschnell herabfuhr.

Nun wurde ihr klar, warum sie ins Uhrenzimmer gelaufen war. Das war der Beweis. Sie hatte nicht geträumt. Es war die Turmuhr der gegenüberliegenden Saint-Jean-

Kirche, die sie hatte schlagen hören, als der König in ihrem Zimmer stand. Die Uhrensammlung hatte es ihr dutzendfach bestätigt. Nicht der Mond war im Spiel. Es war nicht Somnambulismus, wie man ihr immer wieder einzureden versucht hatte. Zum zweiten Male war ihr jetzt ein Mensch nach seinem Tod leibhaft erschienen. Auch die Mutter war ihr in der gleichen Weise erschienen; nie hatte sie daran gezweifelt, so ungeheuerlich es auch war. Was wusste unser begrenzter Verstand schon vom Sein der Abgeschiedenen! Charlotte zweifelte keinen Augenblick:

Es gab eine Möglichkeit der Kommunikation der Geister mit unsrer Welt!

Marats Triumph
und der Fall der Gironde

Die Nachrichten, die im Frühjahr 1793 aus Paris eingingen, beunruhigten Bougon-Longrais. Der entscheidende Zweikampf zwischen Berg und Gironde schien unmittelbar bevorzustehen. Ausgerechnet in dieser Zeit erhielt Bougon-Longrais Weisung, vor dem Wohlfahrtsausschuss über die Lage im Calvados Bericht zu erstatten. Wohl war ihm nicht dabei, musste er doch fürchten, dass dieser revolutionäre Überwachungsausschuss ihn seiner gemäßigten Vorgehensweise wegen zur Rechenschaft ziehen würde. Allzu leicht konnte eine solche Order mit dem Gang zur Guillotine enden. Es gelang ihm jedoch, gleich zu Beginn der Befragung die Aufmerksamkeit auf die bedrohte Küstenregion zu lenken. Seit Februar befand man sich im Kriegszustand mit England und der verhasste Pitt hatte seine Kriegsflotte auch vor der Mündung der Orne aufziehen lassen. Es war also eine Flucht nach vorn, als Bougon-Longrais vor dem Ausschuss die Entsendung der Armee zum Schutz der normannischen Küste erbat. Drei Tage blieb er in Paris, zeigte sich einige Male sogar in den Clubs der Radikalen, hatte aber des Nachts geheime Zusammenkünfte mit Barbaroux, Roland und Vergniaud, die ihn über den Ernst der Situation aufklärten. Niedergeschlagen kehrte er nach Caen zurück, wo er den Vertretern der Gironde hinter verschlossenen Türen Mitteilung machte. Robespierre hatte die Gironde der Konterrevolution bezichtigt. Auf Betreiben Marats war ein

Misstrauensantrag gestellt worden, der den Ausschluss ihrer führenden Repräsentanten im Konvent forderte, darunter Barbaroux, Brissot, Grangeneuve, Pétion, Guadet, Louvet und Vergniaud.

Die verzagten Calvadossen fühlten bei den Schilderungen Bougon-Longrais' bereits das Messer der Guillotine im Nacken. Man kam überein, im Geheimen eine Erhebung vorzubereiten und Maßnahmen gegen die Jakobiner in Caen und Umgebung zu planen. Mutige Worte! Einige Stimmen wurden sogar laut, nicht allzu laut, die von einem offenen Abfall des Calvados von Paris sprachen.

Zunächst neigte sich die Waage vorübergehend noch einmal auf die Seite der Gironde. Es gelang der Partei, Marat wegen Aufstachelung der Massen zu Plünderung und Mord und damit wegen Gefährdung der Republik anzuklagen. Wie das Abstimmungsergebnis zeigte, befürworteten zu diesem Zeitpunkt auch gemäßigte Jakobiner den Ausschluss Marats aus dem Konvent. Marat, der mit seiner Verhaftung rechnen musste, tauchte für einige Tage unter und verstand es, sich als „Märtyrer und Apostel der Freiheit" darzustellen und in dieser Zeit seine Gefolgschaft zu mobilisieren. Die Sansculotten sorgten für Aufruhr. Gerüchte über Mordpläne der Girondisten machten die Runde. Marats Verschwinden versetzte die Pariser Kommune in höchste Erregung. 35 der 48 Pariser Sektionen forderten seine sofortige Rehabilitierung. Als sich Marat dann am 24. April dem Revolutionstribunal stellte, war unter dem Druck der Straße aus dem Angeklagten der Ankläger geworden. In allen Punkten wurde der Volksfreund freigesprochen. Das Tribunal, das ihn vernichten sollte, wurde zur Stätte seines größten Triumphes. Von allen Seiten beeilte man sich, ihm

Ergebenheit und Freude über seinen Sieg zu bezeigen. Unter den Rufen „Lang lebe Marat" wurde er auf einem brokatenen Sessel zur Rednertribüne des Konvents getragen. Einige girondistische Abgeordnete verließen angewidert den Saal, die meisten blieben sitzen und wohnten mit gedämpfter oder offener Entrüstung dem entwürdigenden Schauspiel bei, wie der Mann, dessen Streben auf den Untergang des Konvents zielte, eben dort gefeiert wurde.

Marat erhob sich. Stille kehrte ein.

„Deputierte! Gesetzgeber! Männer des National-konvents. Die überschwängliche Freude, die Kundgebungen vaterländischer Gesinnung des wahren Frankreichs, diese Beifallsäußerungen der Republik gelten nicht mir, sie sind eine Huldigung für euch, die ihr die gesamte Nation vertretet."

‚Welch eine Bescheidenheit! Hört ihr diesen wahrhaft großen Menschen! Und einen solchen Mann hat man angeklagt!'

Frenetischer Beifall.

„Mir, der ich solchen Lobes unwürdig bin, mir spendet man diesen Beifall nur als einem von euch, als einem Mitglied dieser erhabenen Versammlung, dessen heilige Rechte verletzt waren. Denn mich hat man schamlos angeschuldigt! Euch alle aber in mir, in meiner Person verletzt und beleidigt! In feierlicher Gerichtsverhandlung hat meine Unschuld den Sieg davongetragen über die dunklen Machenschaften der Volksverräter, deren Namen ich euch nicht zu nennen brauche. Genug damit! Erwählt jetzt einen Tribun – oder ihr seid rettungslos verloren. Aber wählt den Richtigen! Ihr wisst, dass ich alles getan habe, um euch zu retten. Nun bin ich wieder hier in eurer Mitte, und ich werde nicht aufhören, die gefährdeten Rechte der Menschheit, der selbstlosen Bürger und unseres heißgeliebten französischen Volkes zu verteidigen mit der ganzen ungestümen und wütenden Kraft des reinen Herzens."

Danton stand auf. Auch er hatte Marat Beifall geklatscht, laut und anhaltend. Aber nun wurde es ihm zu viel. Mit seiner Löwenstimme bat er das Volk, nunmehr, da es seine Dankbarkeit erstattet habe, den Saal zu verlassen; der Konvent habe zu arbeiten.

Man hob Marat wieder aus dem Sessel und schleppte ihn hinaus. Im Triumphzug wurde er durch die überfüllten Straßen zum Jakobinerklub getragen. Und wieder sprach Marat; hier brauchte er sich keine Hemmungen aufzuerlegen. Er spracht ganz offen von der Gironde als der Pest im Herzen des Konvents, von diesen Schurken, die mit den Royalisten und dem republikfeindlichen Ausland in Verbindung stünden, die den Verrätergeneral Dumouriez vergötterten und schon lange die Gegenrevolution mit den Aufrührern in den nördlichen Provinzen, vor allem in der Vendée plane.

„Zu den Waffen, Freunde! Diesmal geht es um alles! Die Freiheit muss mit Gewalt eingeführt werden, und der Augenblick ist gekommen, vorübergehend den Despotismus der Freiheit zu errichten, um den Despotismus der Könige zu zerschlagen! Hinweg mit der Partei der Milde. Milde ist Verrat! Reißt den Verschwörern die Maske vom Gesicht. Vor das Tribunal mit Dumouriez und Custine! Der Zeitpunkt ist gekommen, an dem die Köpfe der Schurken Lafayette, Bailly und der Verräter im Generalstab fallen müssen. Denkt Tag und Nacht an die Rettung der Nation. Es ist nicht wichtig, dass wir leben, sondern dass die Republik lebe!"

Die Republik über das eigene Leben zu stellen, war auch Charlotte Corday bereit. Nach ihrer Tat verfasste sie im Gefängnis einen Brief an Barbaroux. Darin schrieb sie, dass in eben jenen Tagen, da in Paris die große Politik zur Entscheidung drängte, aus dem Gedanken, Marat zu töten, fester Entschluss wurde.

Anfang März war der Beichtvater ihrer Mutter verhaftet und wenige Tage später auf dem Erlöserplatz hingerichtet worden. Einer ihrer Nachbarn, der Bierbrauer Lacouture, der als einziger in seiner Eigenschaft als Mitglied des Tribunals den Abbé zu retten versucht hatte, berichtete ihr auf ihren ausdrücklichen Wunsch über die Vorgänge bei der Exekution.

Bald darauf trennte sie sich von ihrer kleinen Bibliothek, den von ihr so geliebten römischen und griechischen Schriftstellern, auch von der „Geschichte der beiden Indien" des Abbé Reynal, einem der wenigen unterhaltenden Bücher, die sie gelesen hatte. Das hierfür sowie für einen Kupferstich und zwei Briefe Corneilles zusammengebrachte Geld legte sie zurück.

Anfang April machte sie ein Gesuch an den Magistrat wegen eines Passes nach Argentan. Argentan lag an der Poststraße nach Paris. Vermutlich fürchtete sie zunächst, als einer ehemaligen Adligen könnte ihr ein Visum nach Paris verweigert werden. Sie versuchte es mit Argentan, um wenigstens in den Besitz eines Passes zu gelangen. Am 8. April wurde ihr der Pass ausgehändigt. Ermutigt durch diesen Erfolg erschien sie nach vierzehn Tagen abermals vor dem Munizipalbeamten Enguellard und bat um ein Visum nach Paris, das ihr ohne Umstände am 25. April erteilt wurde.

Alle Vorbereitungen waren getroffen. Der Gesundheitszustand des Vaters war jedoch kritisch, weshalb Doktor Neri ihr eindringlich davon abriet, ihn jetzt zu verlassen.

Indessen verfolgte sie das tödliche Ringen der beiden Parteien, das Ende Mai seinem Höhepunkt zueilte, von Caen aus.

Ende Mai erklärten sich die Jakobiner zu Aufständischen und riefen das Volk auf, sich zu erheben. Nachdem der Konvent ihre Forderungen, darunter den Ausschluss der girondistischen Führung, abgelehnt hatte, wurde der Konvent am 2. Juni von 80 000 bewaffneten Bürgern umstellt. Um zehn Uhr abends war der Staatsstreich beendet.

Die Gironde wurde per Dekret von der Volksvertretung ausgeschlossen, zweiundzwanzig girondistische Abgeordnete unter Staatsaufsicht gestellt.

Panik bemächtigte sich der aufgelösten Partei; die meisten verließen fluchtartig die Stadt. Wohin? Nach Norden! In die Normandie, in die alten königstreuen Provinzen, wo man sich gerade anschickte, der Revolution den Rücken zu kehren, in die Vendée, wo die Bevölkerung seit dem Königsmord bewaffnet Widerstand leistete.

Charlotte und die Anhänger der unglücklichen Partei im Calvados waren entsetzt. Jetzt war alles verloren!

Bougon-Longrais ließ sich tagelang nicht im Amt sehen. Im Stillen hatte Charlotte immer noch auf den Sieg ihrer Partei gehofft. Nun blieb sie in ihrem Zimmer, verweigerte

Speise und Trank, schwankte zwischen Verzagtheit und wilder Entschlossenheit.

Sie hatte den Bericht das Konvents an den Generalprokurator gelesen und konnte den Mut und die Entschlossenheit Babaroux' nicht genug bewundern, sich während der turbulenten Sitzung jeder Gewalt zu widersetzen; und den großen Redner Vergniaud, der noch immer redete, als die Sektionen schon die Türen besetzt hatten. Aber gleichzeitig erkannte sie hierin den Fehler ihrer Partei: geistige Größe bei politischer Unentschlossenheit. Hatte die Gironde nicht schon immer nachgedacht und geredet, während der Berg schon handelte?

Kuriere eilten zwischen Paris und Caen hin und her. Paris, das ist die Weltgeschichte! Aber Caen! Was war schon Caen?

Caen – das Herz des Aufruhrs

Der Mai war voller Beglückungen dahingegangen; verheißungsvolle Milde verströmte der Juni über die weiten Ebenen der Normandie, dass ihre gesegneten Landschaften sich noch eher als sonst in einen blühenden Garten verwandelten. Schon begannen die Weideflächen zu wogen im von der nahen Küste herströmenden Wind. Die Menschen gingen wie eh und je ihren wichtig-unwichtigen Geschäften und Verrichtungen nach, nahmen jeder nach Temperament und Laune die kleinen und großen, die gewöhnlichen oder außerordentlichen Ereignisse ihres Daseins entgegen.

Das Herz dieser Landschaft mit dem merkwürdigen Namen Calvados schlägt in der alten Hauptstadt Caen. Ihr großer Herzog Wilhelm hat sie, und nicht Falaise oder Rouen, nicht Cherbourg, Coutances oder Lisieux, vor allen geliebt. Hier baute er sein festes Schloss, stiftete Kirchen und Klöster. Hier fasste er den abenteuerlichen Plan, England normannisch zu machen.

In der steinernen Kühle dieser alten Stadt dämmerte noch das Bewusstsein der großen Vergangenheit, als sich im Sommer 1793 noch einmal die Aufmerksamkeit des ganzen Landes ihr zuwenden sollte, und der Name Caen in einem Atemzug mit Paris genannt wurde.

Wer am Sonntag, den 30. Juni, die schöne Stadt Caen zum ersten Mal betreten hätte, dem wäre nach wenigen Schritten schon aufgefallen, dass hier etwas Besonderes im Gange war. Die frühsommerlichen Sonnenstrahlen umspielten wie seit siebenhundert Jahren den mächtigen Leib der dreitürmigen Sainte-Trinité, aber auf den Straßen wimmelte es von Menschen, als sei Caen der Treffpunkt der ganzen Normandie geworden. Vielleicht hätte der Besucher zunächst vermutet, man rüste zu einem großen Fest. Die Erker und Balkone waren mit Winkenden besetzt. Es fehlte jedoch der einem Fest unverzichtbare Grundakkord freudiger Erwartung. Vielmehr haftete allem der Ausdruck einer noch ungewissen Gemütsbewegung an.

Es hatte lange gedauert in der schnelllebigen Zeit, in der in Paris Ereignis auf Ereignis folgte und sich die Entmachtung der Gironde in wenigen Wochen, ja Tagen vollzog, dass sich in Caen der Widerstand formierte. Sie alle liebten das Licht der flimmernden Frühlingssonne, das sich endlich über die hohen Dächer und auf die breiten Steintreppen und die noch lange märzkühlen Gemächer ergossen hatte; sie waren zufrieden, durch die schläfrige, gelbblanke Sonntagsbehaglichkeit ihrer weiten Stadtplätze zu spazieren, im April endlich bis in die Dunkelheit unter den Platanen vor der Dependance zu sitzen und im Mai die Pariser Ungeheuerlichkeiten halblaut zu besprechen. Schließlich ging das abendliche Geflüster in ein Taggeflüster über. Die Läden und Gasthäuser und die Barbierstuben waren von einem ständigen Raunen erfüllt, das nur abbrach, wenn ein Fremder hereinkam. Als dann das Gerücht von der Zerschlagung der Partei sich bestätigte und bei Nacht und Nebel die ersten Flüchtlinge der Gironde an die Fensterläden hiesiger Gewährsleute klopften, war das heisere vorsichtige Geflüster in noch unterdrückte Empörung umgeschlagen. In wenigen Stunden hatten alle das Unerhörte gehört; von

Haus zu Haus pflanzte sich die Botschaft fort: „Die Gironde ist aufgelöst! Ihre Führer verhaftet!"

Am Morgen war die Stadt ein summender Bienenkorb: Wahrheit, Lüge, Gerücht bildeten ein unentwirrbares Knäuel. Erschrockene Parteigänger der Gironde wollten aus Richtung Lisieux schon jakobinischen Kanonendonner gehört haben. Viele deckten sich mit Lebensmitteln ein. Die offiziell zum Mut Verpflichteten, die Anführer der Gegenrevolution, hatten sich bereits in der Nacht zusammengefunden und hielten Rat.

Im Laufe des folgenden Tages trafen neue Hiobsbotschaften aus Paris ein. Eine Verhaftungswelle habe eingesetzt. Ein großer Teil derer, die noch an eine baldige Korrektur der Entwicklung gehofft hatten, waren verhaftet und in die Conciergerie zur Aburteilung überstellt worden. Einigen der nunmehr Verfemten und per Dekret Gesuchten war es gelungen, sich bis nach Südfrankreich durchzuschlagen und dort den Aufruhr gegen das verbrecherische Paris zu schüren. Die meisten aber flohen in die nahen Provinzen. Caen wurde in kurzer Zeit magnetischer Anziehungspunkt, ein Hort der gemäßigten Sache.

Je mehr Flüchtlinge den vorerst noch geheimen Sammelplatz der Verfolgten erreichten, umso lauter, umso empörter wurden die Stimmen der braven Bürger von Caen, umso mehr Leute stellten sich der wachsenden Zahl der Girondisten an die Seite, umso mehr fielen von den Jakobinern ab. Die Anhänger des Pariser Regimes, die nun ihrerseits um ihren Kopf bangen mussten, flohen Hals über Kopf aus Caen, soweit sie nicht schon im festen Keller des Stadthauses oder in der Burg auf ihr Schicksal warteten. So war in diesen Tagen ein Wettlauf zwischen Jakobinern und

Girondisten ausgebrochen, die in jeweils entgegengesetzter Richtung auf Paris und Caen zueilten. Diejenigen Jakobiner im Calvados aber, die weniger auffällig in Erscheinung getreten und mitgelaufen waren, zogen – wie viele Girondisten auf der Île de France – die Köpfe ein, um sie nicht zu verlieren, tauchten unter oder liefen über, weil sie ja sowieso niemals an die Sache dieser Verräter geglaubt hätten.

Nichts mehr von Vorsicht bei den Ängstlichen. ,Vorsicht? Wer spricht denn hier von Vorsicht! Mut! Mut, Kameraden!' Es zeigte sich, dass die vordem so Vorsichtigen immer schon die Mutigsten waren.

Inzwischen offenbarte sich auch der Umfang der Empörung in anderen Departements.

,Bordeaux, Toulon, Marseille sind auf unserer Seite! Auch Toulouse, Nîmes, Grenoble und Lyon! Hört ihr, Lyon! Nur Mut! Wir werden sie zu Paaren jagen!'

Nun endlich trat der Rat der Stadt, der bisher sehr klug hin und her geschwankt war, geschlossen und offiziell zur Gironde über. Ein großes Ereignis! Um jeden Zweifel auszuschließen, wurde beschlossen, alle Flüchtlinge auf Kosten der Stadt unterzubringen.

Allein achtzehn Konventsabgeordnete suchten in Caen Asyl, unter ihnen Buzot, Duval, Louvet, Pétion, Gorsas, Valady und – nicht zuletzt – Barbaroux, der Deputierte von Marseille. Nun müsste endlich etwas geschehen, denn Paris würde nicht untätig sein. Und in der Tat, man begann tätig zu sein, man entfaltete eine eifrige Tätigkeit, aber es war eine Tätigkeit ohne Taten. Es wurden Beratungen abgehalten, Kommissionen gewählt, Resolutionen erlassen, Artikel verfasst. Und es wurde geredet, endlos geredet, denn es waren ja große Redner, und ihr Ruhm beruhte auf dem, was sie gesagt hatten. Flammende Reden auf den sonst so stillen Plätzen weckten Begeisterung und patriotisches Gefühl:

„Wir müssen handeln. Unsere Sache ist die Sache des Vaterlandes, ist auch die Sache Gottes, denn wie könnte er denn auf der Seite dieser Königsmörder und Kirchenschänder stehen? Genug der Reden, eine so große Sache duldet keinen Aufschub. Wer wollte da abseitsstehen? Nieder mit den Verrätern!"

Der Aufruhr erfasste alle normannischen Provinzen, die 1790 gegen ihren Willen mit neuer Grenzziehung in fünf Departements verwandelt worden waren: Calvados, Seine-Inférieur, Manche, Eure, Orne. Alles blickte auf die alte glorreiche Hauptstadt. Ergebenheitsadressen an die „Wahre Regierung von Frankreich" gingen in der Dependance ein; Abordnungen beeilten sich zu erscheinen und die Verbundenheit der alten Provinzen zu bekunden.

Die Gestalt eines neuen Frankreichs zeichnete sich schon ab, ehe das alte noch beseitigt war. Wortgewaltige machten sich an die Ausarbeitung einer Verfassung für den neuen Staat.

,Los! Los! Vorwärts! Lasst uns marschieren. Auf nach Paris!' Die Stadt geriet in einen Begeisterungstaumel.

Doch sie waren noch nicht so weit mit ihren Plänen und Verfügungen und Dekreten, die großen Männer der Gironde. Nur schwer verbargen sie ihre Bestürzung; dass das so schnell ging, schien ihnen nicht recht zu sein. Ihre Reden wurden zurückhaltender, sie mahnten zur Vorsicht. Ein so großes Werk brauche doch seine Zeit. Nur nichts überstürzen! Erfahrene Militärs müssten den Feldzug planen.

Und siehe da! Als hätte er nur darauf gewartet, da stellte er sich auch schon ein, der General. ‚Hoch lebe unser General, wenn er auch sehr klein ist! Da, seht ihn auf den Stufen der Dependance! Wimpffen heißt er. Na und? Er ist kein Franzose dem Namen nach. Hauptsache, er ist ein echter General.'

Und das war er. Ein Freund des aufsässigen Dumouriez, des gegenrevolutionären Generals Dumouriez, der nach der verlorenen Schlacht von Neerwinden zu den Österreichern geflohen war.

Genral Wimpffen schlug sein Hauptquartier in der Dependance auf. Eine Ehrenwache auf der Freitreppe, desgleichen vor den Häusern der Deputierten. Wimpffen erließ Ordres an die Bevölkerung, Aufrufe an die normannischen Provinzen, in die Armee einzutreten. Dennoch fanden sich nur etwa 2000 Freiwillige ein. Die königstreuen Bauern aus der Vendée und zahllose bretonische Antirevolutionäre seien unterwegs nach Caen, hieß es.

Mit viel zu großem Stab saß der General in einem Saal seines Hauptquartiers über Karten gebeugt und entwarf einen Kriegsplan. Er hatte es nicht leicht, sich durchzusetzen. Mehrfach wurden seine Pläne verworfen. Die Zeit verrann. Als die Armee am 7. Juli endlich aufbrach, hatte sich die Begeisterung gelegt. Zweifel waren laut geworden, ob man gegen die Streitmacht der Hauptstadt überhaupt eine Chance habe, ob man dem General trauen könne – schließlich war er von Paris kurzzeitig zum Oberbefehlshaber der Verteidigungstruppen an der Küste von Cherbourg eingesetzt worden – ob die girondistische Sache es wert sei, sein Leben zu riskieren; immerhin, die Revolution hatte ja doch auch eine ganze Menge geleistet.

So kehrten sie von Pacy, wo sich die beiden Heere begegnet waren, eine Schlacht aber vermieden worden war, gar nicht so unglücklich nach Caen zurück. Sie zogen ihre girondistischen Röcke mitsamt ihrer anti-jakobinschen Gesinnung ohne allzu große moralische Beschwernis wieder aus.

Abschiedsbesuche

Nur kurze Zeit hatte sich Charlotte Corday von der Betriebsamkeit dieser papierenen Revolte mitreißen lassen, ehe sie wusste, dass von ihr nichts zu erwarten war. Sie hatte sich den Ausschüssen zur Verfügung gestellt, an internen Beratungen teilgenommen; ihre Meinung stand hoch im Ansehen, wenn auch Pétion sich dagegen aussprach, eine Frau so sehr ins Vertrauen zu ziehen. Einige meinten gar, sie sei eine Gefahr für die Gironde, da sie mit allzu ungestümem Eifer zur Tat dränge.

Charlotte Corday begann, die Partei ihrer Hoffnung zu verachten. Nur mit Barbaroux verkehrte sie noch, weil sie wusste, dass er rückhaltlos an den Sieg der Gironde glaubte, und natürlich mit Bougon-Longrais. Er verehrte und liebte sie umso mehr, als er sie angesichts des allgemeinen Versagens zu wilder Tatkraft entflammt sah.

Am 30. Juni 1793, als die Stadt ohne eigentlichen Glauben an den Sieg in den Straßen die baldige Niederschlagung der jakobinischen Tyrannei feierte, fiel ihre Entscheidung. Sie saß an ihrem Schreibtisch über Papieren und Briefen. Es soll ihnen nichts in die Hände fallen, dachte sie. Was sie ihren Angehörigen hinterlassen wollte, hatte sie bereits unter einem Vorwand in die Rue Venelle-aux-Chevaux gebracht. Alles andere verbrannte sie nun bis auf den letzten Fetzen im Kamin: politische Aufzeichnungen, Visitenkarten ihrer Bekannten, Briefe der Brüder aus Koblenz, eine Broschüre mit den Reden Marats, einen Packen Briefe von Bougon-Longrais, die sie erst noch einmal las; einige Stellen schrieb sie ab in ihr Tagebuch, ehe sie sie den Flammen übergab.

,Bevor ich gehe, muss ich das Tagebuch noch auf dem Speicher verstecken; und dass ich nicht vergesse, Bougon-Longrais mitzuteilen, wo es zu finden ist. Es soll ihm gehören. – Es ist keine Zeit mehr zu verlieren!', sagte sie sich und starrte in die verglimmenden Briefe. ,In wenigen Tagen werde ich nach Paris fahren!'

Lärmende Soldaten, die zu viel Calvados getrunken hatten, zogen unten vorbei. „Wir werden sie alle umbringen", schrie der eine, während der andere sich lallend in der Schilderung erging, wie er das anstellen werde.

Noch nach Mitternacht saß die Patriotin an ihrem Schreibtisch, den Kopf in beide Hände gestützt. Sie wird ihr Werk vollbringen, ganz allein, von niemandem angespornt.

Charlotte Corday nahm Abschied von ihrer Stadt. Oft sah man sie in diesen Tagen langsam durch die Straßen und über die Plätze gehen, begleitet von Pierre, einem vertrauten Hausangestellten im Dienste von Eleonore, und Filou, dem Hündchen. Sie suchte ihre Bekannten auf, ein letztes Mal, wobei sie ihrem Gefühl feste Schranken setzte und sich selbst von Anfang an zum Aufbruch mahnte. Sie gab Pierre Anweisung, sich nach zehn Minuten zu räuspern.

„Ich komme nur, um Ihnen Lebewohl zu sagen", sagte sie jeweils mit gespielter Gleichgültigkeit. „Ich werde in den nächsten Tagen in einer wichtigen privaten Angelegenheit nach Paris reisen."

‚Ach, so plötzlich, und warum denn und in diesen unsicheren Zeiten und auch noch nach Paris!' bekam sie zu hören. ‚Ah, eine Familienangelegenheit, da wollen wir nicht näher fragen, aber dennoch ...' Man war erstaunt, ein wenig gerührt, je nach dem Grad der Bekanntschaft; man wünschte Glück zur Reise. Pierre räusperte sich, nein, bitte, keinen Tee, auch kein Gebäck, bitte. Es war noch eine Menge zu erledigen; man lächelte sich aufmunternd zu; schon wollte Pierre sich abermals räuspern, da stand man schon auf, verabschiedete sich, war glücklich draußen.

Einer älteren Dame, die gerade an einem wahren Wunderwerk von Valenciennes Spitze klöppelte und zur Verfeinerung ihrer Arbeit noch einige Klöppelhölzer benötigte, versprach sie, ihr die Fehlenden durch Pierre zukommen zu lassen.

Nicht immer ging es so glatt; es gab Leute, die sich mit einer solchen, noch so sicher vorgebrachten Erklärung nicht zufriedengaben; aus purer Neugier die einen, die andern aus echter Besorgnis. Wenn ich nur schon bei Madame Loyer gewesen wäre, seufzte Charlotte. Die tränenreiche Loyer, wie sie sie im Stillen nannte, Freundin Madame de Brettevilles, hatte Charlotte vor Jahren Italienischunterricht erteilt, war nach der gescheiterten Flucht des Königs panikartig geflohen und nun in die aufständische Stadt zurückgekehrt. Sie hatte eine Schwäche für Charlotte und war entsetzt über ihre Absicht. Sie beschwor ihre schöne junge Freundin – sie dürfe Demoiselle doch so nennen? – zu bleiben, und brach dann in Tränen aus:

„Nein! Sie werden doch nicht! Nicht nach Paris! Es gibt keinen Grund, nach Paris zu gehen! Warum, meine schöne junge Freundin, wollen Sie nicht noch ein paar Wochen warten, bis alles vorbei ist? Oh, bitte, tun Sie mir das doch nicht an. Mein Gott, wenn Ihnen etwas zustieße!"

Charlotte, obwohl sie wusste, dass ein Tränenausbruch bei Madame Loyer nicht allzu viel zu bedeuten hatte, blieb doch nicht gänzlich unberührt. Darauf schien die Loyer nur gewartet zu haben. Sie breitete die Arme aus und stürzte auf Charlotte zu, die nicht umhinkonnte, sie aufzufangen, worauf Madame Loyer sie heftig an ihren hochgeschnürten Busen drückte und sich dem schönen Gefühl, aus Herzenslust weinen zu können, anheimgeben wollte. Aber Pierre, für diesen Fall besonders zur Wachsamkeit angehalten, war auf der Hut und räusperte sich mit missbilligender Entschiedenheit. Charlotte schob sie sanft zurück, und gleich darauf fand Madame sich von ihrer schönen jungen Freundin alleingelassen.

Sie begab sich in die Dependance zum sehr förmlichen Abschied von ihren girondistischen Freunden. Nur mit Barbaroux hatte sie ein langes Gespräch unter vier Augen.

„Wo stecken Sie die ganze Zeit? Jetzt, wo es losgeht! Man hat sich endlich geeinigt. Oder wissen Sie's schon? Nein? Am nächsten Sonntag marschieren wir!"

„Wie schön für unsere Sache. Ich wollte schon nicht mehr daran glauben."

„Was, Sie? Verehrteste Demoiselle. Sie sind hier doch der gute Geist der Gironde! Was soll denn das heißen? Ständig werde ich gefragt, wo Sie stecken. Wir brauchen Ihren Rat."

„Sie werden ohne mich auskommen müssen. Ich bin gekommen, mich von Ihnen zu verabschieden. Ich reise am Neunten nach Paris."

„Meine Beste! Wieso denn das? Jetzt, da alles in Bewegung gerät. Ist ihre Reise denn schon fest beschlossen? Richtig, Sie sprachen ja schon von dieser Reise."

„Sie ist unaufschiebbar. Wann gedenken Sie in Paris zu sein?"

„Wenn es nicht zum Kampf kommt, in spätestens acht Tagen. Wir werden unterwegs starken Zulauf haben, und wenn sich unser erstarktes Heer der Hauptstadt nähert, könnte es dort zu einem Aufstand kommen. Ich rechne damit."

„Gott sei mit Ihnen! Wie wird es weitergehen, wenn Paris erobert ist?"

„Ehe wir die neue Verfassung ins Werk setzen, ist die Abrechnung mit dem Berg unausweichlich. Robespierre, St. Just, Tinville, Barras und Konsorten werden verbannt oder hingerichtet; natürlich auch diese Kellerratte Marat. Unsere Anhänger hätten für Milde ihm gegenüber kein Verständnis. Das heißt, wenn er dann noch lebt. Im Moment weiß niemand, wo er sich aufhält. Der gestrige Geheimkurier berichtete von einem schweren Anfall im Konvent; man hätte ihn fortgetragen. Wie gesagt, keine Gnade für Marat, wenn wir ihn erwischen. Sie sehen mich so entgeistert an. Halten Sie in seinem Fall Gnade für angebracht?"

„Oh! Nein, nein! Keineswegs!", antwortete Charlotte gedankenverloren.

„Sehen Sie! Selbst Sie, die Sie Güte und Liebe in einer Person sind, selbst Sie stimmen für Tod! – Mein liebes, gnädiges Fräulein von Corday. Ich weiß gar nicht, wie ich es Ihnen sagen soll. Und ich muss es Ihnen doch jetzt sagen, da sie abreisen! Sie müssen es wissen. Ich kann Sie nicht nach Paris gehen lassen, ohne dass ich Ihnen gesagt habe ... Sie wissen es, Sie wissen es, wie grenzenlos ich Sie verehre. Wenn dies alles vorbei ist, Mademoiselle, darf ich hoffen, Sie wiederzusehen? Ja, ich habe die große Hoffnung, durch Sie ..."

„Nicht! Nein! Davon wollen wir nicht sprechen! Jetzt nicht und dann auch nicht. Meine ganze Liebe gehört Frankreich. Und Sie, Herr Abgeordneter Barbaroux, sollten in dieser Zeit nichts anderes tun, als an das Wohl Frankreichs zu denken!"

„Nun gut! Nun wissen Sie es. Was auch geschehen mag, ich bin immer für Sie da. Wir werden uns ja dann in Paris sehen. Sollten Sie Zeit haben, könnten Sie schon einiges für unsere Sache tun. Mit äußerster Vorsicht natürlich. Begeben Sie sich nicht in Gefahr! Vor allem: Reden Sie mit Duperret. Duperret ist nach wie vor Deputierter; er ist auf unserer Seite; sein Einfluss ist immer noch groß. Ach! Jetzt fällt es mir wieder ein. Ich hatte das vollkommen vergessen; ich wollte Ihnen doch ein Empfehlungsschreiben an ihn mitgeben. Wir haben ja schon darüber geredet. Aber sehen Sie sich diesen Ameisenhaufen hier an. Dennoch, ich bin untröstlich, es vergessen zu haben. Sagen Sie mir noch einmal, wie war das mit ihrer Klosterfreundin, derentwegen Sie die Reise auf sich nehmen? Forbin? Hieß sie nicht Forbin?"

„Es handelt sich um die Familienpapiere der Forbins, die sich im Innenministerium befinden; man benötigt sie dringend. Außerdem will meine ehemalige Klosterfreundin mit ihrer Schwester in die Schweiz auswandern, was die hiesigen Behörden verweigern. Sie sagten, Professor Garat könne in dieser Hinsicht viel tun."

„Richtig, Garat! Professor Garat ist ja im März Innenminister geworden. War früher Girondist. Aber ich rate zur Vorsicht. Einer der Intimen von Danton. Ja, jetzt erinnere ich mich: ich wollte Duperret schreiben, dass er bei Garat – die sind oder waren befreundet – etwas in Ihrer Sache unternimmt. Ich bitte tausendmal um Vergebung. Ich habe es in diesem Durcheinander vergessen! Sie müssen morgen noch einmal zu mir kommen, gleich heute Abend schreibe ich den Brief!"

„Pierre wird ihn abholen."

„Sollte es in Paris irgendwelche Schwierigkeiten geben, Duperret wird für Sie da sein. Ein Ehrenmann. Sie können ihm absolut vertrauen. Das ist, wie Sie wissen, heute etwas Außergewöhnliches. Was haben Sie noch vor in Paris?"

„Ich werde unter allen Umständen in den Konvent gehen. Ich will diese Despoten von Angesicht zu Angesicht sehen."

„Davon rate ich ab. Das ist nichts für Sie! Sie werden schockiert sein von diesem sognannten Menschheitsparlament. Marat nur zu sehen ist schon schrecklich genug. Begeben Sie sich nicht in Gefahr!"

„Herr Abgeordneter Barbaroux! Sie sollten von mir nicht allzu gering denken. Wissen Sie nicht, dass ich in direkter Linie von Corneille abstamme? Es hat mir noch nie an Mut gemangelt für eine Unternehmung, die ich für notwendig hielt. Während Sie marschieren, Barbaroux – Sie werden doch mit den Unseren marschieren? – werde ich vielleicht schon eine Schlacht für Sie gewonnen haben."

Barbaroux lachte: „Sie tun schon genug, wenn Sie Duperret den Brief und einige andere Schreiben übergeben. So kann ich ihn auf dem sichersten Weg über alles unterrichten. Lassen Sie die Sachen nicht in fremde Hände fallen."

Er brachte sie zur Tür. „Mademoiselle! Denken Sie daran, ich gebe die Hoffnung nicht auf!"

Ihr Weg führte sie auch in die Kirche. An einem Seitenaltar vor der Sacré-Cœur-Figur kniete sie lange nieder, betete die Sterbelitanei, wissend, dass ihr niemand im Tode beistehen würde. Dann warf sie sich, wie sie es als Novizin oft getan hatte, zu Boden und betete:

„Oh Seigneur! Erbarme Dich Deiner großen Sünderin! Ich bin Deines Erbarmens ganz und gar unwürdig, weil ich die schreckliche Sünde schon im Herzen trage. Weil ich aber auch weiß, dass Deiner Barmherzigkeit keine Grenzen gesetzt sind, vertraue ich aus ganzer Seele darauf, dass Du mich erretten wirst vom ewigen Tode. Errette mich vor der ewigen Verdammnis; denn Dir ist nichts unmöglich. Ich, Deine unwürdigste Dienerin, unterwerfe mich aber auch ganz Deinem Ratschluss und nehme die ewigen Strafen der Hölle auf mich für meine Sünde. Denn ich muss meine Tat vollbringen. Erbarmen, oh mein Heiland Jesus Christus!"

Den Küster, der durch das Seitenschiff herankam, bat sie, indem sie ihm das Geld dafür aushändigte, vom 11. Juli an eine große Kerze für ein besonderes Anliegen anzuzünden. Er würde es erfahren, wann er sie auslöschen könne.

Das Schwerste stand ihr noch bevor: das Gespräch mit dem Vater. Es war nicht länger aufzuschieben. Doch Messire Corday hatte einen schlechten Tag. Dann morgen früh; sie blieb in der Rue VenelleauxChevaux.

Vater und Tochter

Eleonore hatte den Tisch gedeckt und war in die Stadt gegangen; schon seit einer Stunde wartete der Vater. Charlotte hatte sich zum Morgenkaffee verspätet; unbegreiflich für ihn; aber manches an ihr war ihm unbegreiflich.

Er hörte ihre Schritte, blickte zur Tür und sah gerade noch, wie sich ihr ernstes Gesicht etwas zu rasch entspannte und einen Ausdruck heiterer Zerstreutheit annahm, bevor sie auf ihn zuging und mit den Lippen seine Stirn berührte.

‚Seit gestern haben wir kaum ein Wort gewechselt. Was sie nur hat?', dachte der Vater. ‚Ich muss es herausfinden.'

‚Ich muss es ihm sagen!', dachte Charlotte. ‚Er muss doch wenigstens wissen, dass ich nach Paris fahre.'

Sie saßen sich eine Weile schweigend gegenüber. Nur Filou, der Spitz, winselte; er freute sich, an Charlottes Füßen liegen zu können. Die Tassen klirrten. Der alte Mann bewegte sich schwerfällig in seinem Stuhl; krampfhaft überlegte er, wie er das Gespräch beginnen, wie er der Ursache ihrer Verstimmung auf die Spur kommen konnte.

Fünf Minuten rührte sie jetzt schon in ihrem Tee.

„Englischer Tee!" sagte er. „Bei Cherbourg sollen sie ein Schiff gekapert haben, das aus Ostindien kam."

Sie lächelte, reichte ihm die Milch.

‚Ich trinke doch meinen Tee ohne alles; woran sie nur denkt!'

Sie bückte sich hinab zu dem Hund, kraulte ihn; bellend sprang er hoch.

‚Dieser dumme Hund!' Herrn Corday war durch das plötzliche Kläffen die eben zurechtgelegte Frage entfallen, eine anscheinend harmlose Frage, ohne dass man ihr zu nahegetreten wäre. ‚Ich habe mein Lebtag keine Hunde gemocht', dachte der Vater. ‚Nicht im Hause jedenfalls.'

Man musste die Sache anders beginnen. Er griff nach der Zeitung, dem *Bulletin de Caen*.

‚Ich werde einfach etwas vorlesen, ja, am besten den Artikel von diesem Barbaroux über die ‚Verwirklichung der Republik nach der Beseitigung der Jakobinerherrschaft'. Dann wird man schon weitersehen. Sie ist doch erst neulich wieder bei ihm gewesen. Kein übler Mensch, darüber besteht nicht der Allergeringste; man kennt ihn ja vom Mittagessen bei der Bretteville; gar kein übler Mensch; schrieb Gedichte in seiner Jugend, als er noch Sekretär der Marseiller Munizipalität war. Bewundert Mirabeau, na meinetwegen, das geht ja noch. Also, das wird sie interessieren.'

„Ich habe den Artikel von Barbaroux schon gelesen", tönte ihre Stimme klar in seine Überlegungen, „auch den Aufruf des Generalstabs an die Freiwilligen. Die Herren schreiben zu viel!"

Er schüttelte unwillig den Kopf, sah sie kurz und scharf an und wusste, dass auch dieses Gespräch zu nichts führen würde.

'Ein schwieriger Mensch, was ist das nur für ein Mädchen? Ach was! Was kann es schon sein. Junge Menschen haben ihre Anfechtungen. Abwarten. Warten wir ab. Was wollt' ich denn? Ja, so.'

„Die Rosenstecklinge müssen geschnitten werden! Handlang, sagt der Nachbar; für einen jungen kräftigen Austrieb. Sommerstecklinge seien besser als die im Herbst.

Gut, dass ich jetzt wieder in den Garten darf. Doktor Neri hat darauf bestanden."

Herr Corday las wieder im *Bulletin de Caen*.

Charlotte saß ihm aufrecht gegenüber und betrachtet ihn. Die Zeitung lag auf dem Tisch; seine linke Hand zitterte leicht, aber unaufhörlich, während der Zeigefinger die Zeilen nachfuhr. Die Haut war dünn und gelb, das bläuliche Geflecht der Adern schimmerte hindurch; die Fingergelenke waren wächsern hell und angeschwollen. Rührung stieg in ihr auf; aber sie beherrschte sich, sonst hätte sie die Hand ergreifen und mit Küssen bedecken müssen. Unbeherrschte Gefühle aber waren im Hause Corday nicht üblich.

„Vater!", sagte sie laut, überlaut. Sie erschrak vor dem rauen Klang ihrer Stimme. Der alte Mann bewegte sich leicht nach vorn. Er war eingeschlafen. Der leichte, stets lauernde Schlummer des Alters, der die müden Sinne zu überschwemmen bereit ist, hatte ihn heute schon am Morgen übermannt. Sein Kopf hing kraftlos auf die linke Schulter herab. Der erschlaffte Mund, leicht geschlossen, blähte sich bei jedem Atemzug auf, bevor die Luft in einem sanften Blasen ausströmte.

Sie kannte jede Unebenheit und jede Farbtönung dieses Gesichts. Vor Jahren hatte sie es mit Silberstift auf Kreide gezeichnet in leichter Schrägsicht, so wie sie es jetzt sah. Mühevoll war es, diesen Ausdruck zwischen Güte und Strenge, Freundlichkeit und Stolz festzuhalten. Jeden Ausdruck für sich darzustellen, war ihr nicht schwergefallen. Doch der Versuch, alles zusammenzubringen, hatte zahllosen Skizzen etwas Fratzenhaftes verliehen: ein Gesicht mit lächelnden Augen und böser Mundpartie etwa. Bis es ihr fast zufällig gelang, diesen allzu offensichtlichen Gegensatz durch eine

Dämpfung sowohl des strengen Mundes als auch der Freundlichkeit der Augen zu einer gewissen Vereinbarung zu bringen, wodurch aber seltsamerweise die Ähnlichkeit des Bildes mit dem Original erhebliche Einbuße erlitt.

Wie gebannt betrachtete sie das Gesicht des Vaters. Sie verglich es mit ihrer Zeichnung, die in seinem Zimmer hing. Sie nahm plötzlich mit Schrecken die Veränderung wahr, die Hinfälligkeit des Alters, den Verfall, der sich in der Schlaffheit der Züge ankündigte, in der härteren Kontur des Schädels. Jetzt im Schlaf lagen Strenge und Güte weit auseinander, unvereinbar wie in ihren Skizzen.

‚Armer Vater!', dachte sie, ‚der Tod hat schon seine Hand nach dir ausgestreckt.'

Jetzt bemerkte sie auch die zinnfarbene Blässe, die wie von innen her die pergamentene Haut durchschattete. Unter der atmenden Hülle erkannte sie schon das Totenantlitz, das darauf wartete, dass das Herz den letzten Schlag tat, damit es starr durch die verwelkte Haut empordringen und dem Gesicht alles Lebendige nehmen konnte. Sie ergriff die Hand des Vaters, die in der ihren leicht bebte. Nun küsste sie sie doch. Der Alte atmete tief und blickte sie verwirrt an, als wäre sie eine Fremde. Er entzog ihr die Hand und fuhr sich über den feuchtgewordenen Mund.

„Wie!", murmelte er. „Ach, sagtest du was? Bin ich eingeschlafen? Ja so, was wollt ich denn? Hast du den Artikel gelesen? Erinnere mich an die Stecklinge, ach was, setzen wir uns doch in den Garten!"

Sie gingen die Treppe hinunter, setzten sich unter den Birnbaum, dicht neben den Oleander. Filou fegte über den Rasen.

„Was ich dich fragen wollte, Charlotte: Die Nonnen sind vorige Woche ins Stift zurückgekehrt; wann gehst du ins Kloster zurück? – Ach so. Du willst nicht. Aber du wolltest einmal. – Auch gut. Dann nicht. Aber dann solltest du heiraten. Vielleicht diesen Marseiller, Barbaroux, kein übler Mann!"

„Nein, auf keinen Fall, Vater!", sagte sie leise.

„Gut, dann nicht!", sagte der Alte fast sofort, als habe er es gewusst. „Wie du willst. Die Bretteville –, was wollte ich denn sagen? Die Bretteville ist doch nichts für dich. Zwei Jahre hast du das ausgehalten. Komm doch zu uns, wo jetzt auch François fort ist. In einem fremden Haus zu wohnen! ... Barbaroux nicht. Dann einen andern!"

„Keinen, Vater! Ich werde niemals heiraten!"

„Ja, ja! Ach so. Niemals heiraten! Deine Mutter wollte auch nicht. Na gut. Aber doch – das geht doch nicht! Ein Mädchen, wie du bist. Sitzt bei der Bretteville herum. Wirst noch trübsinnig. Was ich sagen wollte! Was wollte ich denn sagen. Ja so. Eine Reise. Willst du nicht eine kleine Reise machen. Zu Vetter Armand nach Bayeux. Nein, Bayeux ist zu weit. Meinetwegen nach Bissière. Ivette ist immer noch besser als die Bretteville. Fahr nach Bissière. Einen Tag."

Der Vater war glücklich, dass das Gespräch im Gang war. Er bemerkte gar nicht, dass er die ganze Zeit schwätzte, während sie schweigsam dasaß. Charlotte blickte den grasüberwucherten Kiesweg entlang durch das Gittertor auf die leere Straße.

Es war heiß, um neun Uhr morgens. Sie schwiegen; Filou schnüffelte unter dem Oleanderstrauch.

,Jetzt', dachte sie, ,jetzt ist der richtige Augenblick. Sage ich es jetzt nicht, dann ist es zu spät. Und ich werde mich fortschleichen müssen ohne Abschied. Nein! Er muss es wissen!'

„Vater!", sagte sie laut.

Er missverstand den harten Ton in ihrer Stimme.

‚Sie rügt mich. Sie will gar nicht fort; sie will bei mir bleiben. Aber jetzt werde ich so tun, als wollte ich unbedingt, dass sie verreist. Das wird ihr gefallen und sie wird erst recht hierbleiben.'

„Ja wirklich", sagt er, „eine Reise würde dir guttun!"

„Ich reise nächste Woche nach Paris."

Sie hatte befürchtet, der Vater könnte bei ihrer Eröffnung in heftige Erregung geraten. Da für sie das Ziel der Reise mit dem Schrecklichen, das ihr bevorstand, unlösbar verknüpft war, glaubte sie, auch dem Vater müsse augenblicklich klar sein, dass dies kein gewöhnlicher Abschied war. Nichts dergleichen geschah. Nach einem Augenblick der Ratlosigkeit sah er sie geradezu heiter an:

„Dachte ich schon, Bayeux ist doch zu weit und Bissière nur ein Katzensprung. Paris, na ja, fahr nur hin. Es ist ja wohl alles vorbei, bis du hinkommst."

‚Das war es also. Sie will einmal nach Paris. Warum nicht. Freilich in diesen Zeiten. Vielleicht dauert es doch noch länger. Na ja! Was kann man machen.'

„Nächste Woche, sagst du! Kannst du nicht noch warten? Nein? – Auch gut! Wie du willst. Was kann dir schon passieren, wo alle Welt weiß, dass Cordays Tochter eine Republikanerin ist. Natürlich gehst du auch zu Hilaire nach Vincennes, ich geb' dir seine Adresse. Und vergiss nicht, bei Marot vorzusprechen. Gestern, stell dir vor, gestern kam ein Brief von ihm, nach drei Jahren. Ist das nicht sonderbar? Er wohnt, warte, es ist nicht das beste Viertel, sie wohnen in der Rue des Cordeliers."

Wie das Leben mit ihr spielte! Wo war Absicht, wo Zufall? Marot, der Jugendfreund des Vaters! Mit dem er den Feldzug in Flandern erlebt hatte! Dass er gerade jetzt einen Brief schrieb! Natürlich hatte sie sofort an den anderen gedacht, mit dem ähnlichen Namen, der auch in Paris lebte, der das eigentliche, das einzige Ziel ihrer Reise war. Noch ungeheuerlicher aber war die ihr noch unbekannte Tatsache, dass dieser andere gleichfalls in der Rue des Cordeliers wohnte. Und dass der Vater selbst sie in diese Straße wies.

„Dann ist da noch René. Du kennst ihn ja nicht, aber schön wär's, wenn du ihn grüßen könntest. Aber, wie gesagt, vor allem Marot; das darfst du nicht versäumen. Zehn Jahre haben wir uns nicht gesehen. Aber, was wollt ich denn sagen? Nach Paris? Was du nur da willst? Wie lange, weißt du schon, wie lange du bleiben wirst?"

Sie blickte ihm in die Augen, las nun doch Beunruhigung in seinem Gesicht.

„Das kann ich nicht sagen. Es wird länger dauern. Unter Umständen sehr lange. Ich habe etwas zu erledigen für die Forbin, im Innenministerium; weißt du, das dauert. Vielleicht eine Woche oder zwei, vielleicht noch länger. Und wenn ich dann noch René besuchen soll ..."

„Nein! Geh doch bitte erst zu Hilaire, zuallererst, verstehst du, sein Schwager ist in irgendeinem Ausschuss. Für alle Fälle, man weiß nie, was sein kann; eine Verwechslung, du bekommst Schwierigkeiten. Hilaire wird dir helfen können. Also erst zu Hilaire ..."

„Gut! Erst zu Hilaire", sagte Charlotte folgsam, „dann zu René, dann die Sache mit der Forbin, und dann zu Marat!"

Jeder Blutstropfen war aus ihrem Gesicht gewichen, ihre Hände zitterten so heftig, dass sie sie unter dem Tisch verbarg.

„Marot! Marot! Nicht Marat! Marot!" Zum ersten Mal seit langem hörte sie den Vater lachen, laut lachen. Er rang nach Luft.

„Sagt sie doch, sie ginge zu Marat! Du wirst dich wohl hüten, zu Marat zu gehen!" Seine Augen tränten. Er fuhr sich mit dem Handrücken über die Wangen. „Also wirklich ... Das ist gut. Na also. Und wann wirst du zurückkommen? Ungefähr!"

Fast unwiderstehlich fühlte sie in diesem Augenblick den Drang, dem Vater alles zu bekennen, das ganze Ausmaß ihres Plans mitzuteilen, ihn mit glühender Beredsamkeit für sich und ihre Sache zu gewinnen, ihn, den Feind der Revolution, zu einem Mitverschworenen zu machen. Wenn er es wüsste! Wie leicht wäre dann alles. Wenn er es ertragen könnte! War es nicht so, dass die Menschen, wenn es sein musste, mehr ertragen konnten, als man ihnen zugemutet hatte? ‚Es wäre doch möglich', dachte sie fieberhaft, ‚dass dieser alte Mann, der ehedem so familienstolze Herr von Corday, sagte: „Geh hin, meine Tochter, tue, was tun musst. Eigentlich habe ich es schon lange von dir erwartet! Enkelin eines heroischen Ahns!" Aber nein! Müde saß er vor ihr; das Lachen hatte ihn ermattet, gleich würde er wieder einschlafen. ‚Armer alter Mann! Wie wird es dich treffen, wenn die Botschaft aus Paris kommt. Nein, du wirst es nicht überstehen, jetzt nicht, wenn ich es dir sagte, und in drei Wochen nicht. Nie, nie komme ich zurück, du wirst mich nie mehr sehen! Es saß auf ihrer Zunge, und sie presste die Lippen aufeinander.

„Es kann lange dauern, Papa. Länger, als du denkst! Immerhin in Paris kann manches geschehen –"

Er hörte es nicht, war schon wieder eingenickt. Dass der Vater mit solcher Ahnungslosigkeit die schreckliche Reise, ihre letzte Reise, hinnahm. Aber so hatte sie es doch gewollt. Genauso. Ohne Tränen würde sie gehen, von niemandem beweint. Der Vater würde warten, eingewiegt von der Hoffnung ihrer baldigen Wiederkehr. Kommt sie heute nicht, kommt sie morgen! Charlotte ist in Paris, wird er sagen, wenn man ihn fragt, eigentlich wollte sie schon zurück sein, morgen kommt sie bestimmt. Aber morgen komme ich nicht und übermorgen auch nicht. Seine Unruhe wächst; er läuft durch die Zimmer, in den Garten, steht am Tor, lässt sich nicht abhalten in die Stadt zu laufen, zur Poststation. Er schreibt an Hilaire, an Marot, nichts, keine Antwort, dann: Charlotte? Wieso? Die war doch gar nicht hier! Aber weißt du denn nicht? Ach nein, Eleonore, die ja schon alles weiß, alle werden es schon wissen, außer ihm. Eleonore wird die Briefe abfangen. Er läuft hin und her, redet irres Zeug, seine Hände zittern. Vierzehn Tage, drei, vier Wochen vergehen; welch eine Qual für ihn! Ich töte dich Vater, so sicher wie ich den anderen töte.

Sie nahm noch einmal, halbherzig, einen Anlauf, als er die Augen wieder aufschlug.

„Es könnte geschehen, dass ich aufgehalten werde. Dass man mich länger aufhält, oder dass etwas Ernsthaftes geschieht. Das ist doch immer möglich!"

Fast hätte sie die letzten Worte geschrien, damit er es endlich begreift, was er doch nicht begreifen soll.

Der alte Mann war jetzt in bester Laune:

„Ja, ja! Gut", rief er, „hoffentlich wird etwas mit dir geschehen, Marie! Und weißt du, was? Du wirst dich verlieben, Hals über Kopf. Du in Paris. Na, das wäre doch was!"

Entsetzlich war dies Gespräch für Charlotte. Sie stand am Abgrund, und der Vater machte seine Späße. Die Unterhaltung spann sich fort, von Messire Corday mit bedächtigzerstreuter Lustigkeit geführt. Sie lächelte mit äußerster Anstrengung, auch als der Vater noch mal auf die, wie er es nannte, spitzbübische Verwechslung zu sprechen kam.

„Du sagtest doch vorhin, nicht wahr! Du sagtest doch, du wolltest zu Marat, nicht Marot." In angenommener Besorgnis beugte er sich über den Tisch:

„Dass du mir ja nicht zu Marat gehst! Eine Corday ist zu allem fähig!"

„Ja, so ist es!" rief sie in sein Lachen hinein.

Er sah nicht, dass Charlotte ihm bleich gegenübersaß, unbeweglich wie in Stein gehauen. Er wischte sich die rotgeränderten Augen. Freundlich saß er nun da; der Lachanfall war vorüber, er war mit sich und der Welt zufrieden.

‚Na ja, was man sich so einbildet. Gar nichts ist mit ihr.' In seiner Freude bemerkte er kaum, dass sie sich erhob, flüchtig seinen Arm berührte und zitternd die Treppe zur Terrasse hinaufstieg. Oben blieb sie stehen, zwang sich, ehe sie sich umdrehte, zu einem Lächeln; sie wollte dem Vater noch etwas zurufen, aber die Stimme versagte ihr.

Girondistische Messe

Die alte Abtei Saint-Etienne, in deren Chorraum Herzog Wilhelm begraben lag, war gedrängt voll, denn die Normannen hatten allen Grund, Gott um Beistand anzuflehen für ihren Krieg mit Paris, der nun doch ausgebrochen war. Und so füllten sie an diesem Sonntag die hohe Halle bis in die Seitenschiffe hinein und bis hinauf in die Arkaden unter dem Kreuzrippengewölbe. Es war eine bunt zusammengewürfelte Schar. Überall zwischen den einheimischen Bürgern und Flüchtlingen, zwischen den Kaufleuten, Tagelöhnern, Fischern und Bauern sah man Männer meist jugendlichen Alters oder doch noch in den besten Jahren, die, zum Teil uniformiert, zum Teil auch nur mit irgendeinem militärischen Ausrüstungsstück gekleidet, ihr soldatisches Wesen durch eine ganz besondere Art dazustehen oder zu sitzen, um sich zu blicken oder die Arme zu verschränken zur Schau stellten. Es waren die aus allen Teilen des Landes herbeigeeilten Freiwilligen, die, obwohl bei weitem nicht eines Sinnes, mit der Gironde zu ziehen gedachten.

Die Gironde war zu keiner Zeit eine Partei mit einheitlichen, von einer politisch weitgehend homogenen Anhängerschaft getragenen Zielen. Das hatte einen großen Vorteil, denn wer immer auch unzufrieden war mit dem augenblicklichen Regime, selbst unzufriedene Jakobiner, konnte sich von der Gironde vertreten fühlen. Das hatte aber den zuletzt ausschlaggebenden Nachteil mangelnder Stoßkraft.

Es gab in den Reihen der Gironde neben enttäuschten Anhängern des Berges enttäuschte Royalisten; die einen enttäuscht, weil Robespierre dabei war, sich zum ungekrönten Herrscher von Frankreich zu machen, die andern, weil das Königtum so rasch kapituliert hatte. Es gab Königstreue und Republikaner und alle nur denkbaren Schattierungen von beiden; es gab kirchenfromme Katholiken und überzeugte Atheisten und alle nur denkbaren Schattierungen von beiden. Es gab Leute, die der jakobinischen Schreckensherrschaft entrinnen wollten, und Leute, die eine ebensolche girondistische Prägung aufzurichten gedachten. Manche waren unter ihnen, die aus Überzeugung oder Angst König Ludwig in den Tod geschickt hatten und jetzt den Dauphin auf den Thron setzen wollten. Uneinig waren sich die Girondisten auch, ob der Absolutismus wiedereingeführt oder einer konstitutionellen Monarchie nach englischem Vorbild der Vorzug gegeben werden sollte; uneinig des Weiteren, ob dies mit Hilfe Englands oder der Preußens und Österreichs zu bewerkstelligen sei. Gegen beide Gruppierungen wandten sich energisch jene, die solches Vorgehen als Landesverrat bezeichneten und für den Fall eines Paktierens mit dem Ausland der Gironde den Rücken zu kehren drohten.

Obwohl ein Teil der Führer freigeistlich, sogar atheistisch gesinnt war, setzte die katholische Kirche fest auf die Gironde. Denn zu welchen politischen Konsequenzen diese in sich zerstrittene Partei auch kommen mochte, dass sie den alten Glauben wieder in seine Rechte einsetzen würde, daran konnte kaum gezweifelt werden.

Das feierliche Hochamt in Saint-Etienne kam einer Vollversammlung der Gironde gleich, der auch die religiös Gleichgültigen, sogar erklärte Gegner der Religion beiwohnten. Die vielbeschäftigten und bestaunten Häupter der Partei waren mit ihren Beratern gekommen, die sie in den ersten Reihen das Langhauses gegen die Seitenschiffe hin abschirmten. Selbst hier ruhte die politische Tätigkeit nicht. Neuigkeiten wurden auf Zetteln gereicht, weitergeleitet, beantwortet, eiligst seitwärts davongetragen.

General Wimpffen war mit seinem Stab in großer Gala erschienen, links und rechts von Adjutanten flankiert. Unangefochten von der militärischen Betriebsamkeit um ihn lehnte der Generalprokurator Bougon-Longrais in seinem Stuhl; bleich und teilnahmslos blickte er über die Menge. Etwas abseits stand Barbaroux in einem viel zu engen, wahrscheinlich geliehenen Rock.

Das Hauptschiff war bis zur Hälfte von den politischen und militärischen Hauptakteuren sowie den Würdenträgern aus Caen und Umgebung besetzt. Hinter ihnen und in den Seitenschiffen drängten sich die weniger bedeutenden Gäste, Bürger von Caen, die gewöhnlichen Kirchgänger, aber auch eine Vielzahl von Neugierigen und Schaulustigen, Spitzeln und Halunken, die sich vom Gedränge ein gutes Geschäft versprachen.

Die Orgel brauste auf, Gläubige wie Ungläubige erhoben sich, während ein Schwarm von Messdienern und Geistlichen sich auf den Hochaltar zubewegte. In diesem Augenblick betraten Charlotte, Eleonore und der alte Corday die Abtei. Gemeinsam mit ihrer Schwester stützte sie den Vater, dem es an diesem Tage schlecht ging und der sich nur mühsam durch den Spalt der Menge vorwärts zum seitlich vom

Mittelschiff aufgestellten Gestühl der einflussreichen Familien zu schleppen vermochte, wo auch die Cordays ihren Platz hatten. Charlotte war sich bewusst, dass dies ihr letzter Gottesdienst sein würde. Gleich beim Eintritt in die Kirche hatte sie das Gefühl, aufgehoben zu sein wie ehedem in der Gemeinschaft der Nonnen im Kloster zur Heiligen Dreifaltigkeit. Ein angenehmer Schauer überkam sie, die Empfindung, vom quälenden Drang des Irdischen der letzten Wochen losgelöst zu sein. Sie gewahrte nicht die vielen Blicke, die sich auf sie richteten, auch nicht jene von Barbaroux und Bougon-Longrais. Andächtig streifte ihr Blick über die Menschenmenge zum Altar und hinauf zum Deckengewölbe.

Wie ein in den Raum der Ewigkeit hinaufgetriebener Schacht stieg die mächtige Halle auf; spielend leicht von Säulen und breiten Arkaden getragen schwebte das Gewölbe, breitete sein feinrippiges Netz über der Schar der Gläubigen aus.

Die Wirklichkeit um sie herum erschien ihr als Schatten in einer stillstehenden Zeit.

Die Bässe der Orgel dröhnten. Ein leidenschaftliches Gedränge entfesselter Mächte, dämonischer Einbruch des Irdischen, Schlachtenlärm? Aufruhr? Ein Meister, man hatte ihn aus Rouen herbeigeholt, saß auf der Orgelbank. Charlottes Herz pochte schneller. Im Spiel des Organisten erkannte sie das Lärmen der Zeit. ‚Die Welt ist voll Unheil! Wer könnte sich vor ihr bewahren!' Plötzlich in der Höhe die Vox celestis, strahlend wie Sternenlicht überm aufgewühlten Meer, gläsern, als fiele Licht wie Tropfen aus einer überströmenden Schale in das Dunkel dieser Welt.

Stimme des Engels, unberührt von allem Leid, fern auch der Lust. Die Wut der Bässe besänftigte sich.

Die Versammelten beteten für den Sieg der Gironde, die Mütter und Väter der Freiwilligen für die unbeschadete Heimkehr ihrer Söhne. Im Chorgestühl knieten die Karmeliterinnen, zur Feier des Tages im weißen Festmantel, um den zukünftigen Rettern des Glaubens ihre Dankbarkeit zu erzeigen. Auch Charlotte Corday betete – wissend, dass es Sünde war, zu bitten Gott ihr Mitverschworener sein möge, auch wenn er ihr noch kein sichtbares Zeichen gesandt hatte. Ihre Frömmigkeit brachte sie der Verzweiflung nahe. Die ehemalige Novizin wusste, es gab keine Rechtfertigung des Mordes. Das fünfte Gebot ließ keine Ausnahme zu. Und doch: ging es nicht um die Rettung Frankreichs, um das Überleben auch der Kirche? War es nicht noch schlimmer, sich der Stimme des Gewissens zu widersetzen; der Stimme, durch die Gott zu uns sprach, durch die sein Wille in uns wirkte, auf dass wir die Geschicke der Welt nach seinem ewigen Willen gestalteten?

Dann wieder schauderte es Charlotte vor der Hoffart dieses Gedankens: Gott könnte sie in all ihrer Armseligkeit zum Werkzeug seiner Pläne auserkoren haben.

Sie folgte den langsamen Bewegungen des alten Priesters unter den schweren Gewändern. Die goldbestickte Kasel hing in schräg gezogenen Falten über den viel zu schmalen Rücken und überragte den kleinen Kopf in einer spitz zulaufenden Kante. Ein greisenhafter Mann, der nur mit größter Kraftanstrengung die heilige Handlung zu vollziehen vermochte. Als höchster Würdenträger des halbverwaisten Kapitels hatte er aber auf die ihm zustehende Amtshandlung nicht verzichten wollen. Langsam, wankend, ließ er sich aufs Knie nieder; zog sich dann unter Aufbietung aller Kräfte am Altarrand hoch. Dünn war seine Stimme und zittrig.

Nach der Opferung ließ der Organist erneut sein Instrument ertönen; laut, gewaltig hallte es durchs Kirchenschiff. Da war es Charlotte, als spräche mit Donnerstimme wieder der Engel zu ihr, mitleidlos und befehlend, so dass kein Raum mehr blieb für die armselige Frage: ‚Herr, warum gerade ich?' Furchtbar war der Engel, ein unnahbar kühler Herold des zürnenden Richters.

„Schrecklich", flüsterte Charlotte, „in die Hände des lebendigen Gottes zu fallen. Denn er ist ein furchtbarer Gott!"

Während sich der Domherr, auf zwei Messdiener gestützt, in seinen Sessel neben dem Altar niederließ, bestieg ein jugendlicher Pater mit leichtem Schritt, zwei Stufen auf einmal nehmend, die Kanzel.

Die versammelte Gemeinde setzte sich geräuschvoll. Auch als erwartungsvolle Stille eingekehrt war, hielt der Prediger, ein eidverweigernder Priester, noch einen Moment inne.

„Der Wolf ist in die Menschenherde eingefallen", begann er laut und eindringlich. „Er verschlingt ihrer, soviel er will, und die übrigen reißt er in Stücke. Er zerfetzt den Leib Frankreichs. Uns aber hat die Menschenfurcht gepackt. Der Tod geht um in Frankreich. Wir aber sind ängstlich darauf bedacht, keinen Argwohn zu wecken, damit er nicht auch uns am Kragen packe. Der Antichrist regiert in Paris und treibt Spott mit der heiligen Mutter Kirche. Und was geschieht? Sogar die Hirten verlassen ihre Herde wie Mietlinge und machen sich mit denen gemein, wie Seine Exzellenz in Evreux. Was sind das für Christen, die aus armseliger Furcht ihren Schöpfer verleugnen? Ich sage euch: Der Herr der Heerscharen wird kommen und sie mit Macht züchtigen, wie er die Rotte Korahs gezüchtigt hat.

Seht, meine lieben Brüder und auch ihr Schwestern in Christo! Auch ich war ein schlechter Hirte. Auch ich habe meine Herde verlassen; auch ich habe meine Stimme nicht erhoben wider das blutige Untier, das an unseren Leibern und am Leib der Kirche frisst; auch ich war von Menschenfurcht gepackt worden. Ich schlich ängstlich umher gleich euch; und dann floh ich von plötzlichem Entsetzen gepackt, damit der Tod mich nicht ereile. Aber – ich bin zurückgekehrt. Ich habe die Furcht abgetan, die Furcht vor den Menschen, weil mich die Furcht vor Gott ergriffen hat. Und von nun an will ich reden mit lauter Stimme, denn schweigen ist Sünde! Die Sünde dieser Zeit! Das Schweigen derer, die da mitlaufen, statt stehenzubleiben und sich gegen diesen Strom des Bösen zu stellen. Denn ein Priester, der seine Augen verschließt und seine Ohren verstopft und seinen Mund nicht auftut, der ist schlimmer als einer von denen, die nicht wissen, was sie tun. Was nützt es, Gott heimlich Ehre zu bezeigen und Werke der Barmherzigkeit zu verrichten, wenn ihr den Herrn verratet, nicht dreimal wie Petrus, sondern unablässig, mit jedem Gedanken, weil ihr zu den Freveltaten der Mörderbanden schweigt! Oh, solches Christentum ist dem Herrn ein Gräuel!

‚Wer mich vor den Menschen bekennt, den will auch ich bekennen vor meinem Vater, der im Himmel ist‘, sagt unser Herr Jesus Christus. Ich frage euch: Und wo denn bekennt ihr ihn?

Zu Hause hinter verschlossenen Türen? In der Kirche? Da ist es kein Kunststück, ein guter Christ zu sein. Ich sage euch:

Wenn ihr euch nicht aufmacht und ihn bekennt, draußen, vor aller Ohren, mit lauter Stimme in dieser gefährlichen Welt, wenn ihr euer Leben nicht einsetzt für euren Glauben, so werden euch die Pforten des Paradieses auf ewig verschlossen verbleiben.

Während ich hier predige, saust das Fallbeil unablässig hernieder in dem neuen Babylon, das einmal die Hauptstadt eines christlichen Königs war. Wehe, wenn die Langmut des Herrn erschöpft ist! Er wird kommen und die Stadt der Gottesleugner und Mörder in Rauch und Flammen aufgehen lassen, und er wird sie und alle, die untätig zusahen, hinabstürzen in den tiefsten Pfuhl der Hölle.

Da rede ich und rede! Als ob ihr nicht bereit und entschlossen wäret, ihr tapferen Männer der Gironde, die Gott und Frankreich zugefügte Schmach zu rächen. Ich bin aber auch unterrichtet, wie viele noch abseitsstehen, wie viele nur halben Herzens dabei sind, ängstlich besorgt um den Ausgang des Unternehmens. Hört mich an! Dies ist ein Kreuzzug, zu dem der Herr selbst aufgerufen hat. Versagt euch nicht der Stimme des Herrn aus Furcht vor Trübsal und Tod. Reiht euch ein in die Schar der Wackeren! Lasst euch nicht beschämen von den ersten Christen, die im heidnischen Römerreich ihr Blut für Jesus Christus vergossen! Denkt an unsere Jeanne d'Arc, die ausersehen war, ihr Leben für Frankreich und den Glauben zu opfern."

Hier machte der Pater eine Pause, ließ seinen Blick über die gespannt lauschende Menge gleiten, bevor er erneut einsetzte:

„Gott der Allmächtige, der Herr über Leben und Tod hat auch uns zu seinem Werkzeug ausersehen. Er tröste und beschirme euch. Er gebe euch den Löwenmut der christlichen Märtyrer und nehme von euch alle Verzagtheit. Der Friede des Herrn sei mit euch!"

Charlotte hatte zunächst der Predigt wenig Aufmerksamkeit geschenkt. Sie versuchte, der immer mehr verhallenden Stimme des Engels nachzuhorchen. Allmählich aber war ihr, als ob des Paters und des Engels Stimme eins geworden seien. Als ob diese Stimme, der Anruf ihres Gewissens, aus ihr herausgetreten sei und nun von der Kanzel her zur Menge spräche. Starr vor Entsetzen vermochte sie sich nicht zu rühren. Sie fühlte alle Augen auf sich gerichtet. Doch niemand achtete auf sie.

Die Messe nahm ihren Fortgang. Charlotte aber hatte keinen Teil mehr an ihr. Beim Verlassen der Kirche wurde ihr schwindelig. Sie hatte Mühe, am Arm des Vaters durch all die grüßenden und lachenden Leute hindurchzukommen. Eleonore versuchte, dem Vater etwas klarzumachen. Charlotte nahm es als etwas weit Entferntes war, das sie nicht verstand. Die Straße begann sich zu drehen. Charlotte löste sich vom Vater, begann zu laufen, taumelnd die Rue Venelle-aux-Chevaux entlang. Eleonore lief ihr ein Stück weit nach. Zu Hause erbrach sich Charlotte, schloss sich in ihr Zimmer ein. Sie warf sich auf die Knie und versuchte zu beten. Es ging nicht. Völlige Leere war in ihr, aber dennoch schrie es in dieser Leere mit tausend Stimmen. Charlotte lag, ohnmächtig fast, am Boden, umfangen von einer tosenden, brüllenden Leere.

Später erinnerte sie sich, dass sie gehofft hatte, dies sei der Tod. Es war aber das Leben, das sich aufbäumte wie ein junges Ross, das seinen Reiter abwerfen will.

Eleonore klopfte an die Tür. Nein, sie wolle nichts essen! Schlafen. Sie fand keinen Schlaf. Aufstehen! Fort aus dem Zimmer! Eleonore hatte ihr Pfefferminztee bereitet. Gut.

Sie ging in die Stadt, zum großen Platz vor der Dépendence. Menschen ohne Gesichter, lärmende Rufe. Marschierende. ‚Ah! Sie marschieren. Tapfere Calvadossen. Endlich marschieren sie.‘

Sie defilierten. An einem Brettergerüst vorbei. General Wimpffen stand auf einem Podest. Weil er so klein war. Auf der anderen Seite die Zuschauer: Schreie, Winken, Hochrufe. Das Ertönen der Clairons.

Charlotte stand der Ehrentribüne gegenüber, blickte den Marschierenden nach. Sie spürte trotz des zur Schau gestellten Mutes die Trübseligkeit des Unternehmens.

‚Ihre Begeisterung wird erlahmen wie ihre Beine‘, dachte sie, ‚lange bevor sie Paris erreicht haben!‘

„Die Reiter! Die Reiter kommen. Seht doch! Da kommen die Reiter!"

Auf frisch gestriegelten Gäulen, deren Leiber in der Sonne glänzten, senkten sie vor der Tribüne ihre Lanzen, weiße Fähnchen an den Spitzen. Wimpffens Gestalt straffte sich. Sogar Bougon-Longrais, dem alles Militärische zuwider war, gab zu erkennen, dass er die Berittenen nicht übersehen hatte. Vorweg auf tänzelndem Schimmel ritt der Führer der kleinen Streitmacht, Graf Joseph de Puisaye, ein düster dreinblickender alter Oberst, den der General zu seinem Stellvertreter ernannt hatte.

Felix Wimpffen selbst zog nicht mit in den Krieg. Ja, aber? Einer musste ja schließlich die ganze Sache in die Hand nehmen, sie lenken und leiten. Wofür war er General? Er hatte das Spielchen ersonnen und nun musste er höllisch aufpassen, dass auch richtig weitergespielt wurde. Das ging natürlich nicht vorn im Pulverdampf.

Charlotte fröstelte mitten in der heißen Julisonne. Keine Fahne flatterte ihr zu Ehren. Ihren Feldzug hatte kein General entworfen. Keine Clairons beflügelten ihren Mut; kein Soldat marschierte für Charlotte Corday. Aber die unsichtbare Flagge der Freiheit umrauschte sie und in ihrem Herzen schrillten die Clairons den Hymnus auf eine ferne Republik einer befreiten Menschheit.

Die Abreise
Traumartiges Intermezzo

Das Fenster stand weit offen. Mondlicht fiel auf ihr Bett. Der Hauch des Sommerwindes spülte in ihr Zimmer. Lautlos blähten sich die Vorhänge und fielen schlaff ans Fenster zurück. Sie dachte an den Vater, der ihr heute so hinfällig erschienen war.

‚Ich werde ihm nicht die Augen zudrücken können. Wer wird bei ihm sein in seiner letzten Stunde? Eleonore?‘

Schon drängte sich ein anderes Bild vor, von ihrer Phantasie nach den wenigen Worten Barbaroux' über Marats Krankheit gemalt: Ein widerliches Gesicht grinste sie an.

‚Nicht mehr lange wirst du grinsen‘, dachte sie voll Hass. Auf dem Gipfel deines Berges, im Konvent, werde ich dich töten, vor den Augen der Volksvertretung. – Dass ich nur Filou nicht vergesse! Bei Bougon wird er es guthaben. Pierre soll ihn hinbringen.‘

Unten gingen Menschen vorbei, laut lachend. Die Patrioten auf dem Weg nach Hause. Eine Peitsche knallte, eine Kutsche setzte sich knarrend in Bewegung. Ihre Gedanken verloren sich im Schlaf ...

Charlotte will in die Diligence steigen, da fegt Filou mit wildem Gekläff über den Platz. Mit einem Satz ist er auf ihrem Arm gelandet. Der Kutscher mahnt zur Eile. Sie setzt ihn behutsam zu Boden.

„Geh jetzt! Los, mach dich nach Hause!"

Doch der bleibt sitzen und winselt. Jemand schlägt die Tür zu und die Kutsche rollt davon. Charlotte wundert sich, wie viele Reisende im Innern sitzen, denn eigentlich ist doch nur für sechs Platz. Da merkt sie, dass sich die Kutsche nach beiden Seiten gedehnt hat. Einige Gesichter kommen ihr bekannt vor. In den Blicken der Mitreisenden spürt sie einen Anflug von Feindseligkeit. Tuscheln hinter der vorgehaltenen Hand. Ein älterer Herr mit gelblicher Gesichtsfarbe starrt sie unverhohlen an. ‚Das ist ja der wütende Revolutionär aus der Kutsche von Bissière‘, fährt es ihr durch den Kopf. Ihm gegenüber sitzt eine Bäuerin, die auf ihrem Schoß einen Hahn hält und einen mit einem dünnen Tuch bedeckten Weidenkorb vor sich stehen hat. Ein sehr dicker, fast kugelförmiger Abbé mit herabhängenden, zur Seite hin anschwellenden Kinnbacken und schweißglänzend gerötetem Antlitz sitzt friedlich am Fenster und betet sein Brevier, indem seine Lippen manchmal halblaut mitflüstern. Die Bäuerin holt aus dem Weidenkorb ein flaches Schüsselchen mit Austern hervor und schlürft eine von ihnen genüsslich aus.

„Ha, das ist wunderbar bei der Hitze. Möchten Hochwürden nicht eines von den Tierchen kosten? Sie sind heut Morgen ganz frisch aus Honfleur gekommen."

Der Pfarrer lächelt ihr gutmütig zu, als wolle er sagen: ‚Ich weiß, Sie sind eine gute Christin und gönnen mir eine Erfrischung‘, wehrt aber die dargebotene Muschel dankend ab. Die Bäuerin lässt die Auster nun die Runde machen, hält aber erst vor dem Gelbgesichtigen. Der scheint einen Moment mit sich zu ringen, streckt dann aber doch seine Hand aus, den Leckerbissen zu ergreifen. Im gleichen Moment zieht er jäh mit einem Aufschrei den Arm zurück:

„Er hat mich gebissen! Dieser verfluchte katholische Hahn hat mich gebissen!" Der Hahn krümmt wie eine kampfbereite Viper den Hals empor und blickt ihn mit funkelnden Augen an.

„Sie werden sich zu verantworten haben. Sie wissen wohl nicht, wer ich bin? Mein Name ist Drouet, Jean-Baptiste Drouet."

Einen Augenblick ist es in der Diligence ganz still. Nur das Schlagen der Hufe und das Quietschen der rostigen Federn ist zu hören.

Der Vorhang streift über das Gesicht der Träumenden. Es liegt jetzt im vollen Mondschein.

Drouet holt ein Stück Papier hervor, schreibt etwas darauf.

„Ich war im Auftrag des Konvents in der Normandie, um die Rädelsführer des Aufruhrs gegen die Revolution namhaft zu machen. In meiner Rocktasche steckt eine Liste der Verschwörer. Ich beschäftige mich mit den Menschen, mit ihren Gedanken und Absichten. Und es interessiert mich besonders, wie sie über die Revolution denken. Ihr Verhalten und das ihres Hahns, Madame, finde ich sehr interessant."

Eine Liste. Auch Charlotte hat eine Liste. Eine Liste, die ihr Zutritt bei ihm verschaffen soll. Ihre Gedanken bewegen sich im stürzenden Rhythmus der hämmernden Hufe pfeilschnell der Kutsche voraus in ein Haus, das sie noch nie gesehen hat, in einen halbdunklen Raum.

Sie greift die Liste aus ihrer Tasche, um sich zu vergewissern, will sie sogleich wieder verstauen. Da fällt ihr die Liste zu Boden.

Drouet bückt sich und hebt ein Blatt Papier vom Boden auf.

‚Die Liste, mein Gott, er hat die Liste, alles ist verloren.'

„Ich interessiere mich sehr für Listen!"

„Halt!", sagt da eine Stimme. Charlotte weiß im Augenblick nicht, woher sie kommt.

Ein junger Mann, der die ganze Zeit schläfrig in der Ecke gesessen hat, zielt mit einer Pistole auf Drouet, drückt ab.

Drouet ist tot. Niemanden in der Kutsche scheint das zu kümmern. Der Abbé hat sich wieder über sein Brevier gebeugt, betet jetzt sehr laut. Er sieht aus, als wäre er aus verschiedenen Menschen zusammengesetzt. Manchmal sieht er aus wie Onkel Amadieu. Aber irgendetwas stimmt nicht mit ihm. Wieso lächelt er in einem solchen Augenblick? Nanu – was ist das? Er trägt ja Pantoffeln. Er reist nach Paris mit grünen Plüschpantoffeln. Der Mittelstreifen über dem Spann ist herausgeschnitten und stattdessen ein Stück gelber Seide eingesetzt. ‚Aber das sind ja meine Pantoffeln, die ich bei Tante Ivette für Papa bestickt habe', denkt Charlotte. Da streckt der Pfarrer seinen linken Fuß aus und hält ihn hoch, dass Charlotte ihn genau sehen kann. Eine rote Rose ist auf den Seidenstreifen gestickt. Ganz rot ist sie, bis auf den äußeren Rand. Der ist lila. Natürlich, sie hatte ja an jenem Abend kein rotes Garn mehr und einen lila Faden genommen, weil sie mit den Pantoffeln fertig werden wollte. Jeden einzelnen Stich ihrer Stickerei erkennt sie wieder. Ein Irrtum ist ausgeschlossen. Sie ist in Versuchung, mit dem Finger die Rose zu betasten, und da tut sie es tatsächlich; fühlt auch schon, dass es keine einfache Seide ist, sondern dass sie dick und weich unter ihren Fingern nachgibt, und weiß auch warum; sie hat doch, damit Papa besser hinein-schlüpfen konnte, das seidene Mittelteil nicht glattgezogen und rechts und links angenäht, sondern sehr viel Spielraum gelassen und von unten her mit Schafwolle dick abgefüttert.

Wieso hat dieser wildfremde Mensch Papas Pantoffeln an? Der Wissensdrang ist größer als die Angst vor diesem unheimlichen Pfarrer. Sie tippt drei, viermal mit Heftigkeit gegen den ausgestreckten Fuß und schreit dem Pfarrer ins Gesicht:

„Das sind Papas Pantoffeln!"

Im gleichen Moment hat sie das Gefühl, als sause die Kutsche dahin, viel schneller, als es durch die Kraft der Rös-ser möglich wäre. Auch hört sie weder Federknirschen noch Hufeschlagen. Sie empfindet ein rasend schnelles lautloses Gleiten wie in einem Riesenschlitten.

„Nicht wahr, es sind schöne Pantoffeln. Nur hier, sehen Sie, das eine Blütenblatt gefällt mir nicht. Wie konnte die junge Dame nur einen lila Faden nehmen? Wenn ich dar-über nachdenke, erkenne ich in ihrem Charakter etwas, was mir gar nicht gefällt."

Kalt läuft es ihr den Rücken herunter. Sie drückt sich ganz fest an die Wagenwand und rutscht von dem Pfarrer fort. In ihrer Angst beschließt sie, die Bäuerin zu wecken. Der Pfarrer darf ihre Absicht nicht bemerken; er lauert hin-tere seinem Zwicker hervor. Unbemerkt will sie die Schla-fende mit dem Fuß anstoßen.

‚Mein Gott! Was ist das? Ich kann den Fuß nicht be-wegen; meine Hände sind im Schoß festgewachsen; mein Rücken mit Eisenklammern an den Sitz geheftet. Schreien! Ich muss schreien!'

Ein heiseres Gurgeln sitzt in ihrer Kehle! Die Nachbarin ansehen, wenigstens ansehen; vielleicht spürt sie es und wacht auf! Aber ihre Augen bewegen sich nur um Millimeter und verursachen ein Geräusch, als würden Steinkugeln in Schalen aus Porzellan gedreht.

‚Das ist die Lähmung, die schreckliche Lähmung meiner Kindheit, wenn ich starr im Bett lag, kurz vor dem Aufwachen!'

Mit einem gewaltigen Aufwand an Willenskraft gelingt es ihr, die Augen auf das Gesicht der Bäuerin zu richten.

‚Sie ist ja wach! Hält die Hand vor den Mund und unterdrückt ein Lachen. Auch der Pfarrer lacht. Sie ist mit ihm im Bunde! Von ihr ist keine Hilfe zu erwarten!'

Die Kutsche fährt schneller. Es geht bergab. Sie fliegt dahin. Der Pfarrer hält sein Brevier in der Hand, liest aber nicht, blickt über den Rand, beobachtet Charlotte.

Sie spürt, wie sich seine Sinne auf sie richten, begehrlich, zerstörerisch.

‚Alle sind gegen mich', denkt sie. ‚Obwohl ich sie erlösen werde. In diesem Pfarrer hat das Böse die Oberhand gewonnen. Er hat sich über mich geärgert. Ich bin der Stein des Anstoßes. Die Kirche wird mich verleugnen. Begreift ihr denn nicht, dass ich tiefer glaube als all die Nonnen hinter Klostermauern? Ich glaube an Jesus Christus mit einer alles zerstörenden Kraft und Wildheit. Mich hat er gerufen, nicht euch, mich hat er aus dem Chorgestühl der Heiligen Trinität hinaufgerissen in seiner Taten Sturm!'

Immer schneller jagt die Kutsche dahin, als würde sie von einer Riesenfaust vorwärtsgeschleudert. Donnernd geht es über eine Holzbrücke. Am Horizont taucht Lisieux auf unter grellblauem Himmel, durch den ein schneeweißes, hochgeballtes Wolkengebilde dahinschwebt.

Wie durch eine Nebelwand dringt die Stimme des Pfarrers blechern an ihr Ohr. Alles ist gedämpft: der surrende Singsang der Räder, der schrille Fetzen eines zeternden Sperlingshaufens. Sie fährt zu Marat. Wild saust die Kutsche. Ihr immer dünner werdender Lebensfaden spult sich mit jeder Umdrehung der wirbelnden Speichen schneller ab.

Da sind die ersten Häuser von Lisieux. Schon hält die Diligence mitten in der Stadt auf dem großen, von Ulmen bestandenen Platz. Der Schlag fliegt auf. Da steht Drouet, den sorgfältig gebürsteten Zylinder in der Linken. Sofort erhebt sich strahlend die Bäuerin und reicht ihm den Korb mit Austern. Der Pfarrer winkt den beiden zu. Schon fährt die Kutsche weiter.

Der Pfarrer rutscht näher an sie heran.

„Drouet wird die Bäuerin heiraten. In der Liebe spielt, wie Sie vielleicht wissen, die Gesinnung keine Rolle. Sie waren wohl nie verliebt, Mademoiselle? – Ich weiß, Sie lieben nur Ihre Gesinnung."

Der Pfarrer bückt sich hinunter und streichelt mit eiskalter Hand an ihrer Wade hinab.

Plötzlich wird es Nacht. Eben noch, in Lisieux, war es taghell. In schwefelgelber Düsternis liegt die Hochebene, durch die die Kutsche jetzt fegt. Eine Landschaft voller Leichen. Auf kahlen Schädeln schleimige Tropfen Lichts; unter einer Galerie Gehenkter geht es hindurch, deren Beine wie Glockenschwengel ans hölzerne Verdeck schlagen.

„Tot, tot", stöhnt sie. „Ich bin schon tot."

Sie sieht, wie ihr Kopf zum Fenster herausschwebt, um alles genau zu sehen. Sie erkennt die Freiheit in einem Käfig aus Gebeinen, die Gleichheit als ungleich großes Brüderpaar; der längere wird gerade auf die Größe des Kleineren zurechtgesägt.

Sie schließt die Augen, während ihr Kopf dem Wagen nachjagt.

„Ein süßer, ach, ein bezaubernder Duft, Ambraduft", hört Charlotte die Stimme des Pfarrers. Mit offenem Mund atmet er die hereinwehenden Pestschwaden ein.

„Nein, lassen Sie das Fenster ruhig offen."

Charlotte lehnt erschöpft in der Ecke. Mit aller Macht sträubt sie sich gegen diese Wirklichkeit. Aber es gelingt ihr nicht zu erwachen.

Die Kutsche saust auf eine Pappelallee zu; eine im Sturmwind hingebogene Prozession von pfeifenden Besenstielen schießt links und rechts in irrsinniger Flucht zurück. Wie ein Panther springt der Wagen durch die Luft. Eine Veränderung ist mit ihren Sinnen vorgegangen. Sie sieht alles, ohne hinzublicken, selbst wenn sie die Augen schließt, als sei ihre Haut mit unzähligen Augen bedeckt. Sie sieht durch die Kutsche hindurch, ohne den Kopf zu drehen. Sie sieht hinter sich Lisieux und eine ziemlich entfernte Stadt, Caen; ein einstöckiges Haus in der Rue Venelle-aux-Cheveaux, eine schweißgebadete junge Dame, die stöhnend im Bett liegt, und sie sieht vorwärts auf eine menschenwimmelnde Stadt. Sie sieht, wie das gläserne Geschoss auf ein kleines Städtchen zufliegt, auf eine zusammengeduckte Häuserherde zu, mitten hinein und hindurch, so dass sie wie eine geteilte Wasserflut nach links und rechts zurückweicht und hinter dem aufgeschnallten Riemenkasten zusammenschlägt.

„Evreux!", ruft der Pfarrer. „Sie wissen sicher, dass der Bischof von Evreux vor kurzem eine Nonne geheiratet hat. Hören Sie mich? Eine Nonne! Waren Sie nicht Novizin?"

Bevor sie irgendetwas sagen kann, kläfft schon der Pfarrer:

„Mantes! Wir sind in Mantes! Merken Sie, Paris saust auf uns zu!"

Charlotte hält sich an Türgriff und Fensterrahmen fest, um nicht durch die Kutsche geschleudert zu werden, während der Pfarrer unbeweglich breit dahockt, als hätte die Schwerkraft keine Macht über ihn.

„Gleich sind wir in Paris. Sie brennen doch darauf, nach Paris zu kommen! Verlieren Sie nur ja Ihre Liste nicht!"

Er lacht laut auf und schlägt sich auf die kurzen Schenkel.

Kopfsteinpflaster knattert; Lichtfetzen zucken herein.

„Versailles!", schreit der Pfarrer triumphierend und rutscht wieder auf Charlotte zu, fällt dabei vornüber und kommt auf Händen und Füßen angekrochen.

„Versailles!", schreit er noch einmal, „das Drachennest der Bourbonenbrut! Aber wir haben es ausgeräuchert. Ihr lieber Ludwig ist Ihnen schon vorangegangen und erwartet Sie!"

Seine Hände greifen nach ihr, umklammern ihre Knie, ihre Hüften, ihre Arme, die auf seinen Schädel einschlagen.

Sein Wolfsgesicht hebt sich ihr entgegen, Hass und Begierde. Eine ungeheure Angst schnürt ihr die Kehle zu.

Sie wusste es ja schon. Das ist nicht der Pfarrer! – Allmächtiger! Das ist ...

„Küssen Sie mich! Sie sollen mich küssen!", schreit der Furchtbare sie an. Sein feuchtes schwarzes Haar hängt in die niedrige Stirn. Schweiß und Eiter triefen auf das aufgerissene Hemd.

„Ich weiß doch, wie sehr sie sich nach mir sehnen. So nehmen Sie doch Ihr Federmesserchen, liebste Demoiselle, und stoßen Sie zu, stoßen Sie zu!"

„Marat!", heult es da aus dem Mund der Gequälten. „Du bist Marat!"

„Hast du mich endlich erkannt! Oh, du meine Schöne."

Er zerrt sich an ihr hoch, bedeckt ihren Hals mit Küssen, sein um ihren Nacken geschlungener Arm zieht sie zu sich hinab.

Der Ruck ist fürchterlich, als die Kutsche zum Stehen kommt; sie schaukelt noch eine Weile.

„Paris!", brüllt Marat und stößt sie von sich. Er springt auf und hält sich die Seiten vor unbändigem Lachen.

„Paris! Du heilige Stadt des Schreckens! Ich bringe dir meine Geliebte zum Opfer!"

Tief lag sie in den Kissen, nass und zitternd. Kaum wagte sie zu atmen. Die langen, halb zugezogenen Vorhänge bewegten sich wie von Geisterhand. Es dauerte eine Weile, ehe sie begriffen hatte, dass es ein Traum war, dass sie zurückgekehrt war in die Wirklichkeit; dass sie im Hause ihres Vaters in Caen wach im Bett lag; dass sie Marat noch nicht gegenüberstand; eine schmale Frist war ihr noch geschenkt.

Die Zeit schien stillzustehen im Flimmern des brütend heißen Tags. Charlotte saß seit Stunden am Fenster im Prälatenstuhl. Vor ihr auf dem Tisch lagen der „Cid", „Caesars

Tod" und die Bibel. Manchmal blätterte sie in den Büchern, las ein wenig. Meist aber saß sie nur da und blickte in die Ferne. Das Haus war wie ausgestorben. Eleonore war wieder bei den Nonnen. Fast heiter hatte man voneinander Abschied genommen. Der Vater schlief.

Sie hielt das Ambrafläschchen in der Hand. Die kühle Glätte beruhigte sie. Manchmal löste sie den goldenen Verschluss. Ein kaum merklicher süßer Hauch entschwebte der porösen Höhlung, der Duft von Mama, der die Erinnerung an sie augenblicklich lebendig werden ließ. Im Gartenzimmer schlug es drei. Marie kam zaghaft herein mit gekühltem Kirschsaft. Charlotte nickte; sie rührte nichts an.

Am Abend ging sie in die Stadt, in das Haus, das ihr so lange Zuflucht gewährte; Abschied von Madame Bretteville. Die alte Dame gab ihrem Erstaunen Ausdruck, dass sie in diesen Zeiten nach Paris reisen wollte. Ob sie nicht doch von ihrer Reise ablassen wolle? – Übrigens habe sie sich entschlossen, ihr ein lebenslanges Wohnrecht im Grand Manoir zu gewähren und sie in ihrem Testament zu bedenken.

Auf dem Rückweg ging sie über den großen, jetzt schläfrig daliegenden Platz vor der Dependance. Filou kannte hier jeden Stein und sprangt ausgelassen vorweg. Beim Anblick des Stadthauses befiel sie ein leichtes Zittern, denn nun würde sie einen der letzten Fäden abschneiden, der sie noch ans Leben band: Abschied von Bougon-Longrais. ‚Eigentlich war es ein Abschied von Anfang an', dachte sie.

Nach dem Abendessen begab sie sich sofort zu Bett; traumlos und tief schlief sie in den Morgen des 9. Juli.

Gegen zwölf Uhr erschien sie im Gartensaal, wo Marie den Mittagstisch gedeckt hatte. Trotz der bevorstehenden Abreise seiner Tochter machte Messire Corday keinen betrübten Eindruck. Er lachte sogar manches Mal laut, dass man es auf dem Flur hörte. Gegen Ende des Mahls fing er an, Pläne zu machen, wie es sein werde, wenn der Spuk in Paris vorbei sei.

„Dann kehren wir wieder nach Mesnil Imbert zurück, nicht wahr, Charlotte? Wer weiß, vielleicht geht das jetzt ganz schnell. Wenn du also hierher zurückkommst und niemanden vorfindest, dann nimm dir gleich eine Kutsche und fahr auf dem schnellsten Weg hinaus zu uns. Das wird ein Fest!"

Er bemerkte nicht, dass seine Tochter nichts erwiderte und redete weiter drauflos. Das war zu viel für Charlotte. Sie stand rasch auf und verließ das Zimmer über die Terrasse in Richtung des Gartens, wo sie eine Viertelstunde auf dem Kiesweg hin und her ging. Auch wandte sie dem Haus beharrlich den Rücken zu. Sie putzte sich mehrmals die Nase und wischte sich ein paarmal über die Augen.

Es war ein Uhr; die letzte Stunde vor der Abfahrt. Charlotte ging auf ihr Zimmer. Der Vater hielt seinen Mittagsschlaf. Dieses entsetzliche Warten! Wenn man sich doch ohne Abschied davonschleichen könnte! Vielleicht blieb Papa im Bett. Dann wäre es leichter.

Leise ging sie die Treppe hinunter. Es war noch zu früh. Unten im Gang blieb sie stehen, lauschte an der Tür des Schlafzimmers. Sie machte sich an ihrem Koffer zu schaffen, schnallte einen Lederriemen auf und wieder zu. Die Schlafzimmertür ging auf. Der Vater stand auf der Schwelle, verschlafen mit einem hilflosen Lächeln, nahm die goldene Uhr aus der Westentasche:

„Wie? Ja, so! Es ist Zeit, Charlotte!"
Sie ging auf ihn zu.

„Pierre geht aber mit dir!"

Das war ihr nicht recht, aber sie entgegnete nichts. Sie wollte endlich allein sein, alles hinter sich haben. Sie ging noch einen Schritt näher auf den Vater zu, wollte ihn umarmen, der hatte es aber wohl nicht bemerkt und sich schon abgewendet; er ging hinter Pierre her, der Koffer und Reisebeutel an sich genommen hatte.

An der Haustreppe stand Marie; die Schürze an den Augen umarmte sie mit der Linken die Demoiselle, die sie ihrerseits kurz an sich drückte. Sie gingen durch den Garten. Pierre öffnete das Gittertor. Der Vater hob die Arme. ,Was konnte man da machen.' Sie standen sich gegenüber.

„Ja", seufzte er tonlos, „ja!"

Sie streichelte seine Hand, küsste ihn rasch auf beide Wangen, folgte Pierre mit großen Schritten. ,Nur nicht umsehen. Nicht stehenbleiben. Nicht umsehen! Gleich ist es vorbei.'

Da rief der Vater. Sie blieb stehen; eine irrsinnige Hoffnung, der Vater riefe sie zurück, riss sie herum.

Der Vater stand gebückt am Gartentor in seinem alten abgewetzten, apfelgrünen Flauschrock. Sein dünnes weißes Haar wehte ihm von hinten in die Stirn. Plötzlich verzog sich sein Gesicht und sogleich erschütterte ein fast lautloses Lachen seinen Körper.

„Papa", rief sie ängstlich und wollte auf ihn zueilen. Er schüttelte aber heftig den Kopf, drohte ihr mit dem gekrümmten Zeigefinger. Dann lachte er laut und sie hörte seine vom Lachen geschüttelte Stimme:

„Zu Marot, hörst du! Nicht zu Marat!"

Einen Augenblick setzte ihr Herzschlag aus; ehe sie wusste, was sie tun soll, hatte er ihr den Rücken zugekehrt und ging den Grasweg zurück.

Sein meckerndes Lachen hallte ihr noch lange im Ohr.

Stumm ging Pierre an ihrer Seite. Bekannte grüßten; sie lächelte zurück, flüchtig. Der große, fast menschenleere Platz vor der Dependance. Um die Mittagszeit schlief man in Caen. Die Kämpfer hatten die Stadt in Richtung Paris verlassen. Jetzt musste man warten. Die Kutsche stand schon auf dem Platz unter den Platanen. Die Knechte der Posthalterei verstauten das Gepäck der wenigen Reisenden auf dem hölzernen Dachgestell.

Charlotte Corday setzte den Fuß aufs Trittbrett, sagte über die Schulter freundlich:

„Leben Sie wohl, Pierre, und vergessen Sie nicht, den Hund zum Generalprokurator zu bringen!"

Sie stieg ein. Pierre schloss den Schlag. Mit einem Ruck setzte sich die Diligence in Bewegung. Es war ein klappriges Gefährt, an dem kaum eine Schraube oder Niete ganz fest zu sitzen schien. Ein ständiges Geigen und Quietschen von ausgeleierten Federn. Die Fahrt in die zwei Tagreisen entfernte Hauptstadt – zumal bei dieser Hitze – versprach eine Strapaze zu werden. Die Reisenden waren noch dabei, ihr Handgepäck zu verstauen und sich in den verschlissenen Polstern zurechtzurücken. Zwei junge Männer, die die Fahrt gemeinsam zu unternehmen schienen, plauderten miteinander, sonst herrschte Schweigen und gegenseitiges Beobachten in abwartender Zuvorkommenheit. Charlotte blickte aus dem Fenster, wo das rasch wechselnde Bild der Stadt wie eine Kulisse bald hinter Hecken und Knieholz schräg nach hinten weggezogen wurde. Jemand deutete aus den Wagen auf einen kahlen Hügel, der jetzt sichtbar wurde, und sagte etwas in die Runde. Sie nickte nur flüchtig, hatte keine Lust, ihren Abschiedsschmerz mit einer banalen Unterhaltung wegzudrängen. Nach einer Weile bemerkte sie, dass einer der beiden jungen Männer sie anhaltend ansah und auf eine Gelegenheit zu warten schien, ein Gespräch mit ihr zu beginnen. Sie schloss daraufhin die Augen und gab sich ganz ihren Gedanken hin, ließ die Ereignisse der letzten Tage Revue passieren. Vor allem der Abschied vom Vater ließ sie nicht los. War sie nicht beinahe bereit gewesen, ihr Vorhaben aufzugeben, in die Arme des Vaters zu eilen und die Revolution Revolution sein zu lassen?

Es ist noch lange Zeit bis Paris. Es ist noch nicht geschehen, und es liegt ganz in deinem Wollen, es zu tun oder zu unterlassen. Kein Entschluss ist unwiderruflich. Unwiderruflich ist nur das Geschehene. Ist es dir denn unmöglich zu denken, dass dein Entschluss falsch, dass dein Denken in die Irre gegangen sei? Der Glaube, auserwählt zu sein — Selbsttäuschung, geboren aus Überheblichkeit, oder gar Wahn? Ist es wirklich Liebe zu Frankreich, oder treibt dich nur der Hass? Heute könntest du im stillen Chorraum der Klosterkirche sitzen, könntest die schicksalslose Luft deines Klosters atmen. Steig aus! Sofort! Schrei, dass der Kutscher anhalten soll! Springe hinaus und laufe, laufe zurück nach Caen, trommle an die Klosterpforte, wirf dich der Ehrwürdigen zu Füßen. Sie kniet auf ihrem Schemel und betet für dich, denn sie weiß, dass du heute abgefahren bist. Sie horcht hinaus; sie wartet auf dich! Bereue deinen Hochmut! Bringe dein Gewissen zur Ruhe! Warum soll dein Gewissen rebellieren, ausgerechnet deines, wo doch alle übrigen Gewissen in Frankreich schlafen. Steige aus! Sobald dein Fuß den Boden berührt, bist du gerettet.

„Bissière!", rief der Kutscher vom Bock herab und hielt an. Charlotte Corday stieg nicht aus.

Vierter Teil

Das Protokoll
des Generalprokurators

Als der Generalprokurator des Departements Calvados, Bougon-Longrais, ein halbes Jahr nach dem Tode der Mörderin Marats verhaftet worden war, forderte man ihn auf, seine Beziehungen zu Charlotte Corday zu Protokoll zu geben, denn er hatte es nicht im Mindesten zu leugnen versucht, hätte es wohl auch nicht gekonnt, dass er in den letzten Jahren ihr Freund und Vertrauter gewesen war. Man glaubte dadurch die politischen Hintergründe des Attentats aufzuhellen; man erwartete Gespräche verschwörerischen Inhalts, Namen von Mitverschworenen, präzise Angaben über den ganzen Umkreis der Mitwisser. Das Nest des Aufruhrs sollte ausgehoben werden. Denn dass dieses in den Augen der Jakobiner wahnsinnige und, wie man in Erfahrung gebracht hatte, mondsüchtige Mädchen nur Werkzeug eines planmäßig vorbereiteten Komplotts sein konnte, stand für sie von Anfang an fest. Der Generalprokurator fand sich zu dieser Niederschrift bereit.

Sein Protokoll lautet:

Im September 1788 machte ich im Hause von Madame Malherbe in Caen, Rue Saint-Jean, anlässlich eines Besuches (sie war eine Cousine meiner Mutter), die Bekanntschaft einer jungen Dame namens Marie Anne Charlotte de Corday d'Armont. Ich hatte wegen ihrer außerordentlichen Erscheinung schon vorher, seit sie aus dem aus dem Kloster ausgetreten war, (mit Billigung der Äbtissin), den Versuch unternommen, mich ihr zu nähern, was jedoch an ihrem äußerst zurückhaltenden, ja, Männern gegenüber geradezu scheuen Wesen (später erfuhr ich, dass Verachtung dabei eine Rolle spielte) scheiterte, wiewohl meine Unternehmungen natürlicherweise mit allem Anstand vonstattengegangen waren. Der Vollständigkeit halber füge ich an, dass ich sie zum allerersten Mal im Hause ihrer Eltern, des Messire Jacques-François de Corday d'Armont und seiner Gemahlin, einer geborenen Gauthiers des Authieux, in Mesnil Imbert während eines Sommerfestes gesehen habe. Damals war sie noch ein Kind, erregte jedoch schon meine Aufmerksamkeit.

In der Rue Saint-Jean kamen wir über eine gerade veröffentlichte Hamlet-Übersetzung ins Gespräch, die uns beiden aus dem gleichen Grunde missfiel (auch darum, weil Hamlet beim Durchstoßen der Tapete, hinter der Polonius sich verbirgt, ausruft ,Eine Maus!' – was ganz und gar lächerlich ist – und nicht, wie es richtig heißen müsste ,Eine Ratte!'); wir sprachen über Descartes' La Géométrie, die sie zu meiner Verwunderung gelesen hatte. Meinen Einwand, der ewige Zweifler (er hat aber auch den Zweifel überwunden!) sei doch wohl keine Lektüre für eine junge Dame der Gesellschaft, ließ sie als typisch männliches Vorurteil gegenüber dem weiblichen Intellekt nicht gelten und entkräftete alle meine Vorbringungen mit so überlegenen Argumenten, dass ich schon nach wenigen Augenblicken sie zu bewundern begann.

Ihr Wissen war auf der Höhe der Zeit, alles war ihr augenblicklich gegenwärtig; ihr Geist sprühte, kühn und mitreißend, von phantastischen Einfällen. Sie war grüblerisch, ging in die Tiefe. Ihr Gesicht war geistdurchstrahlt, zugleich von hinreißender Schönheit. Ich liebte sie vom ersten Augenblicke an.

(Niemals würde ich ein solches Bekenntnis vor Ihnen ablegen, wüsste ich nicht, dass die Zeit kommen wird – sehr bald – in der man diese junge Frau in ganz Frankreich bewundern wird. Ich möchte in dieser Zeit, da man sie verunstaltet und hasst, mich wenigstens der Ehre versichern, der erste gewesen zu sein, der ihre Seelengröße und Tatkraft erkannte!)

Seit diesem Tage sahen wir uns oft. Oh, hätte ich ihr nur mein ganzes Leben widmen dürfen, dieser Einzigartigen, die für ein besseres Frankreich starb! Sie wollte es nicht. Ich glaube nicht, dass sie mich liebte; sie verschwendete ihr Herz an Frankreich! Sie gestattete mir nicht einmal, sie im Brettevilleschen Hause aufzusuchen, was dennoch einige Male geschah, sondern sie kam in meinen Amtsraum in der Dependance, und auch dies nur, um sich Bücher auszuleihen, bei welchem Anlass wir dann allerdings ins Gespräch kamen, in sehr lange und unvergessliche Gespräche, deren Nachschriften sich teilweise bei meinen Papieren finden werden. Ich sage dies, weil ich weiß, dass man einmal nach Zeugnissen ihres Daseins suchen wird.

Hunderte von Büchern hat sie aus meiner Bibliothek entliehen, meist wissenschaftlichen, philosophischen und geschichtlichen Inhalts; die griechischen und römischen Schriftsteller kannte sie größtenteils; Platons „Staat" und „Das Gastmahl" las sie immer wieder. Von den Engländern liebte sie Bacon und John Locke, selbstverständlich Shakespeare; Molière und die Werke der Aufklärung waren ihr gegenwärtig. Romane verabscheute sie; einer, den sie gelesen hat, stammt von dem jetzt auch bei uns bekannt werdenden Deutschen, Herrn Goethe, über den sie sich manchmal mokierte, weil er „larmoyant" sei; den Titel habe ich vergessen. Eines ihrer liebsten Bücher war Voltaires „Caesars Tod". Bei dieser lückenhaften Aufzählung darf ich jedoch einen nicht vergessen: Pierre Corneille, dessen Urenkelin sie war.

Immer mehr spüre ich, wie wenig ich ihrer Persönlichkeit gerecht werde, und dass es bei einer dürren Aufzählung bleiben wird, wenn es mir nicht gelingt, meinen Schmerz zu überwinden und ihre Seele zu beschreiben, zum Beispiel durch die Aufzeichnung eines Gesprächs. Man hat mir drei Tage Zeit gegeben; der erste ist um. Ich hoffe, morgen ihr einzigartiges Wesen in einem Gespräch darstellen zu können, wenn der Schmerz über ihren Tod und die Trostlosigkeit meiner Lage es gestatten. Heute nur noch dies: Sie spielte sehr gut auf dem Clavichord; Gluck, Bach; Mozart nicht, aber Philipp Rameau; am bewegendsten ist es, wenn sie stundenlang improvisiert, was ich am meisten bewundere, zumal ich nur nach Noten und sonst keinen Ton spielen kann. Nicht minder großartig sind ihre Portraits, eines davon, ihre Mutter, hing im Treppenhaus bei Madame de Bretteville, ein anderes, ihren Vater darstellend, schenkte sie mir zum Abschied. Ich bitte darum, dies Bild Herrn von Corday zurückzuerstatten.

Einen Tag vor meinem Tode, am 4. Januar 1794

Wie sehr ich mich gestern darauf eingerichtet hatte, von meiner Freundin Charlotte Corday zu schreiben und so den Tag aufs Angenehmste zu verbringen, so wenig ist daraus geworden. Obwohl ich weiß, wie gefasst sie in den Tod ging, vielleicht um auch mir ein Beispiel zu geben, die Todesangst sitzt in mir im Kerker. Und ich konnte mich ihrer gestern kaum erwehren, am vorletzten Tag meines Lebens. Schreckliche Bilder bestürmten mich, und es bedurfte meines ganzen Mutes, Haltung zu bewahren. Auch der Gedanke an meine Mutter, meine mitverhafteten Freunde, mein Patenkind, dessen Mutter gerade gestorben ist, dies alles beschäftigte mich, so dass ich in einem schrecklich desolaten Zustand mich befand, der mich nicht zum Schreiben kommen ließ. Heute Morgen bin ich in sehr gefasster Stimmung aufgewacht, und auch das

345

Bewusstsein, dem Tode um so viel näher gerückt zu sein über Nacht, konnte mich nicht schrecken. Meine Seele ist ganz erfüllt von dem Gedanken an Charlotte Corday. Etwas von ihrem wunderbaren Mut scheint in mir zu sein. Ich fahre in der Beschreibung meines Verhältnisses zu ihr fort:

Bei aller Offenheit, mit der wir miteinander verkehrten, spürte ich sehr bald, dass sie mir doch etwas Wichtiges verbarg, dass sie von einem Gedanken gequält wurde. Mitten im Gespräch verstummte sie; krampfhaft und schmerzlich schlossen sich ihre Augen. Nie aber hat sie ausgesprochen, was sie bewegte. Sie dachte an ihr Ende in Paris. Aber niemand, auch ich nicht, sollte an ihrem Geheimnis teilhaben.

Am 8. Juli 1793, einen Tag vor ihrer Abreise nach Paris, nachmittags um fünf Uhr kam sie zu mir in die Dependance, um sich von mir zu verabschieden; sie habe in der Hauptstadt eine wichtige Angelegenheit zu erledigen. Sie war ruhig, fast heiter und von einer hinreißenden Schönheit. Meine Bestürzung war groß; ich ahnte, dass sie ihr sogenanntes Hauptgeschäft, in dem ich eine große Gefahr für sie sah, ausführen wolle. Wie so oft versuchte ich zu erfahren, worum es sich handele, und da dies nicht gelang, sie von dieser Reise abzubringen oder diese wenigstens um ein paar Tage hinauszuschieben. Sie erklärte mir, ihre Reise dulde nun keinen Aufschub mehr und wir sollten nicht so töricht sein, die Abschiedsstunde mit unnützen Erwägungen zu vergeuden.

Sie begann, in scherzendem Ton mit mir zu plaudern, als mache sie sich über meine Befürchtungen lustig. In dem Augenblick aber, als ich desgleichen, wenn auch nur scheinbar, einen lebhafteren Ton anschlug, wurde sie ernsthafter. Sie nahm ein Buch von meinem Schreibtisch, in dem ich gerade gelesen hatte (Recueil des plus belles Pièces des Poètes français, depuis Villon jusqu' à M. de Benseradé), blätterte darin und las schließlich halb für sich

die Anfangsverse einer Ode von Ronsard, die mich noch mehr
beunruhigten:

> *Celui qui est mort aujourd hui*
> *Est aussi bien mort que celui*
> *Qui mourut aux jours du déluge,*
> *Autant vaut aller le premier,*
> *(Que de séjourner le dernier)*
> *Devant le parquet du grand Juge.*

Sie dachte eine Weile darüber nach, machte dann aber eine Be-
merkung, die mit den Versen nichts zu tun hatte, nämlich darüber,
dass nur der Staat gerecht zu nennen sei, der seinen Bürgern bei
größtmöglicher Freiheit ein Höchstmaß an Glück zu verschaffen
geeignet sei. Ganz plötzlich entspann sich dann folgender Dialog,
der sich mir deshalb so eingeprägt hat, weil sie mit solcher Leiden-
schaft daran teilnahm. Außerdem habe ich ihn gleich nach ihrem
Fortgang gewissenhaft aufgezeichnet.

Sie hatte noch einmal Ronsards düstere Verse zitiert, und ich
sagte ihr etwas heftig, dass es mir keineswegs gleichgültig sei, ob
ich heute oder in zehn Jahren stürbe, ja, dass ich es sogar vorziehe,
morgen statt heute zu sterben. Es verwunderte sie nicht. Wir hat-
ten uns oft über den Tod unterhalten und sie wusste auch, dass ich
nur ungern an seine Notwendigkeit erinnert wurde. So wurde ich
zum Initiator dieses Gesprächs und ich kann nicht sagen, ob sie es
nicht vielleicht fertiggebracht hätte, von sich aus über etwas ganz
Belangloses zu sprechen.

Letztes Gespräch mit Charlotte Corday

Demoiselle Corday:

Mein lieber Bougon. Wenn Sie wüssten, wie bedeutungslos alles für mich geworden ist. Wir sollten uns gerade in dieser Zeit angewöhnen, mit der Möglichkeit eines plötzlichen und sehr unangenehmen Todes zu leben.

Ich:

Nein! Reden Sie bitte nicht weiter. Jetzt weiß ich es! Sie dürfen nicht nach Paris. Es ist meine Pflicht, Sie daran zu hindern. Ich spüre doch aus jedem Ihrer Worte, dass es mit dieser Reise etwas Ungeheuerliches auf sich hat. Bin ich Ihrer denn so unwürdig, dass Sie mich mit keinem Wort an Ihrem Geheimnis teilhaben lassen? Als Generalprokurator des Calvados werde ich Ihre Abreise zu verhindern wissen. Die Munizipalität wird auf meine Veranlassung Ihren Pass einziehen

Demoiselle Corday:

Wollen Sie, bester Freund, mir wirklich zumuten, den weiten Weg zu Fuß zurückzulegen? Denn lediglich dies hätte es zur Folge, dass ich auf Umwegen, bei Nacht und Nebel die Hauptstadt erreichte. Aber ich würde sie erreichen! Denn niemand hätte die Energie, der meinen sich zu widersetzen. Niemand vermag den Pfeil aufzuhalten, der bereits, von der Sehne geschnellt, seinem Ziele zufliegt. Auch Sie nicht, und Sie vermögen viel über mich. Dies nicht. Geben Sie es auf. Es ist schwer genug! Muss ich es Ihnen denn sagen, dass Sie mir dabei am meisten im Wege stehen. Noch vor Ihrer Tür wollte ich umkehren, wollte ohne Abschied gehen. Von Minute zu Minute machen Sie es mir schwerer.

Ich:

Ich will es Ihnen so schwer machen, dass Sie mich nie mehr verlassen werden.

Demoiselle Corday:

Schweigen Sie! Noch ein solches Wort, und ich verlasse Sie auf der Stelle! Mein lieber Bougon! Ich wusste, wie schwer es sein würde! Noch einmal: Kein Mensch, auch Sie nicht, vermag hieran etwas zu ändern. Es ist schon so gut wie geschehen. Darum duldet mein Auftrag keinen Aufschub mehr. Ich spüre die wachsende Ungeduld meines Auftraggebers. Ich gehöre mir nicht mehr; ich gehöre niemandem, ich gehöre nur ihm. Oh, wenn Sie doch endlich verstünden...!

Sie war sehr aufgeregt. Ich musste das Äußerste wagen – jetzt ! – sonst war es mit Sicherheit zu spät. Ich warf mich ...

Von hier an ist eine ziemlich lange Textstelle mit breiten Strichen unleserlich gemacht. Wahrscheinlich war sie ihm beim abermaligen Durchlesen als zu persönlich erschienen. Seltsamerweise sind die dann folgenden Wörter zwar durchgestrichen, aber doch nicht gründlich genug. Mit einiger Sicherheit lässt sich entziffern:

Du Unbegreifliche, meine einzige, geliebte Charlotte!
Die nächsten zwei Zeilen sind anscheinend nachträglich eingefügt, denn die Schrift des Generalprokurators ist noch kleiner als seine übrige Handschrift. Sie lauten:

Sie stieß mich weg. Ihre Augen flammten auf. Niemals habe ich sie schöner gesehen. Ich wusste, dass ich sie verloren hatte, die ich doch niemals besitzen konnte."

Der Gesprächsniederschrift nach zu urteilen, waren beide nun bemüht, ihre Gefühle zu unterdrücken. Noch einmal geht es um die Wirklichkeit oder Unwirklichkeit des Lebens.

Demoiselle Corday:

Lassen wir es damit genug sein. Vielleicht grämen Sie sich ganz grundlos um mich, und es ist wirklich so, wie unser guter Chappe sagte: ‚Das Leben ist ein Traum!' Vielleicht, wer weiß, sind wir nur die geträumten Gestalten Gottes und die ganze Welt ist nichts als ein göttlicher Traum! Nie war ich von der Unwirklichkeit des Lebens überzeugter, als jetzt, da ich fortgehe ... Wovon wollen wir reden? Von allem gerne, nur nicht von der Wirklichkeit. Sie sagten mir einmal: „Der Gedanke verändert den Traum wie ein Metall die Säure; unter Umständen wird er vollkommen zerstört, da die Traumbewegungen der Seele für die logische Schwerkraft des wachen Verstandes nicht erfahrbar sind." Ihr Ausspruch hat mein Denken über Träume sehr beeinflusst. Weiterhin erklärten Sie damals; wenn jemand sage, ‚mir träumte', so sei nur eines gewiss, dass wir niemals erführen, was er wirklich geträumt habe; denn das, was der Wachende darüber zu denken imstande sei, verhielte sich so zu seinem Traum wie das Spülwasser zum aufgetragenen Mahl. Dennoch war ich so töricht, meine Träume oder was ich dafür hielt, niederzuschreiben. Das Spülwasser meiner Träume! Was mag ich in Wahrheit geträumt haben?

Ich:

Ich höre Ihnen mit Erstaunen zu, wenn ich auch nicht begreife, worauf Sie hinauswollen. – Es ist schön, dass Sie bei mir sind.

Demoiselle Corday:

Oh, ich bin so glücklich! Sehen Sie, wie glücklich ich bin. Ich weiß ja selbst nicht, was ich daherrede. Dass ich heute noch so glücklich sein würde! Vergessen Sie mich nicht. Wir wissen nicht, was auf uns zukommt. Dass ich noch einmal so glücklich sein darf! Gott im Himmel! Ein schwarzer Abgrund, mein Freund, liegt zwischen heute und morgen, zwischen dem traumhaft schillernden Bereich des Möglichen und den wirklich eintretenden Ereignissen, die sich mit tödlicher Gewissheit vollziehen. Denn das tausendfach Mögliche kann sich nie und nimmer vollziehen, weil das Eine, das eine Wirkliche, ihm ständig zuvorkommt. Wir wissen nicht, was ist, nicht, was sein wird!

Ich:

Ein Wort von Ihnen, beste Demoiselle, genügte, und Ihr Leben, Ihr wirkliches Leben, das Sie verschmähen, wird Wirklichkeit. Lassen Sie endlich Ihr Leben sich ereignen. ... – Ich weiß, es ist umsonst! Ich habe verloren!

Demoiselle Corday:

Nicht verloren. Wir haben beide gesiegt. Jetzt, da alles schon fast vorbei ist. Nur die Sehne des Daseins zittert noch; aber der Pfeil fliegt. Ich lasse meinen Traum nicht; denn ich habe kein anderes Leben.

Ich:

Könnte ich Ihnen meines geben, Charlotte!

Demoiselle Corday:

Sie werden es selbst brauchen, mein Freund! Fassen Sie Mut! Es ist diejenige Tugend, die ich am meisten bewundere.

Sie war aus der Tür, ehe ich ihr die Hand reichen konnte. Ich habe Charlotte Corday nie mehr gesehen. Als ich das Ungeheuerliche vernahm, war ihr Schicksal schon besiegelt.

Ich danke meinen Richtern für die Gelegenheit, mich vor meinem Tode noch so lange mit dieser einzigartigen Frau beschäftigen zu können. Die Ausführlichkeit und Genauigkeit desjenigen Teils meines Berichts, der sich mit dem letzten Gespräch befasst, ist auf meine grenzenlose Bewunderung für die Demoiselle zurückzuführen und auf den Umstand, dass ich nach ihrem Fortgang am gleichen Abend noch eine sehr exakte Aufzeichnung des Gesprächsverlaufs anfertigte. Denn alles, was sie betraf, war mir bedeutsam, weil ich ahnte, was Frankreich ihr einmal zu verdanken haben würde. Einer meiner Wächter, den ich darum bat, hat mir, wohl mit Ihrem Einverständnis, die betreffenden Aufzeichnungen gebracht. Es war mir ein hohes Vergnügen, jeden ihrer Gedanken Wort für Wort nachzuschreiben und in einer letzten Zwiesprache eins zu werden mit ihr.

Noch einmal bitte ich Sie inständig: Geben Sie alles, was sich in meinem Besitz befindet und an Charlotte Corday erinnert, an ihre Familie zurück. Es sind: zwei Aquarelle, fünf Gedichte, ein Bild ihres Vaters, die Aufzeichnungen unserer Gespräche, ein Halstuch und zwanzig Briefe.

Von ihren politischen Anschauungen Ihnen etwas mitzuteilen, sah ich keine Veranlassung. Sie hat sich dazu vor ihren Richtern in Paris geäußert. Sie hat das vollbracht, was andere glühend herbeisehnten.

Charlotte Corday! Meine einzige, meine edle und heldenmütige Freundin! Du gabst mir die Energie, dem Unrecht zu widerstehen. Du gibst mir die Kraft und den Mut, das Schafott zu besteigen. Ich habe den mir zugemessenen Vorrat an Zeit fast bis zur Neige aufgezehrt und wünsche nichts sehnlicher als mit Dir vereint zu werden. Erwarte mich, ich werde Dir wieder begegnen!

Leb' wohl, Mutter, leb' wohl; der Moment ist gekommen, man drängt mich. Das Glück, länger zu Dir zu sprechen, ist mir nicht mehr vergönnt. Leb wohl ... Ich umarme dich, dich und meine treuen Freunde, die alle bis zuletzt in meinem Denken gegenwärtig sind.

Rennes, am Morgen des 5. Januar, eine Stunde vor meinem
Tode
Bougon-Longrais, exprocureur géneral syndic du Calvados

Welch eine Enttäuschung für das Revolutionstribunal! Kaum hatte Bougon-Longrais, der die ganze Nacht mit Schreiben zubrachte, seinen Namenszug unter den Bogen gesetzt, als man ihm auch schon das Protokoll fast unter den Händen fortzog, zum Rathaus brachte, wo man hastig zu lesen begannt. Man hatte gehofft, eine Namensliste der

Aufrührer zu finden. Was auch sollte er so lange geschrieben haben.

Doch was schrieb der Kerl? „Celui qui est mort aujourd'hui" – Eine Kutsche, die in zehn Stunden von Caen nach Paris fährt? – Hemmungsloses Geschwafel einer Verrückten! Wir wussten ja, dass sie mondsüchtig war! ‚Und da meint dieser Erzverräter, er habe uns Wichtiges mitzuteilen! Er hat uns genarrt! Hier – habt ihr schon einmal solchen Unsinn gehört: ‚Ist es denn wirklich ausgeschlossen, da dies alles gar nicht existiert, dass die Welt eine einzige Täuschung ist.' Sie weiß nicht, ob sie wirklich existiert? Wie recht sie hat: Sie existiert ja nicht mehr. Und dieser verdammte Narr wird in wenigen Augenblicken auch nicht mehr existieren!'

„Eine Irre!", denkt Duperret

Die junge Dame, die nach über vierzigstündiger Fahrt am Donnerstag, den 11. Juli gegen elf Uhr mittags in Paris vor dem Bureau des Messageries der dumpfen Hitze der Diligence entstieg, begab sich sogleich in das Stationsgebäude, wo man ihr nach der Passkontrolle das Hotel „La Providence" als Unterkunft empfahl. Es sei nicht allzu weit gelegen, in der Nähe des Place Notre-Dame-des-Victoires – zum Teufel, wer habe denn da in der alten Liste den Namen nicht geändert – 19 rue des Vieux-Augustins, Ecke rue Soly, man könne es nicht verfehlen. Das Angebot, der Hitze wegen ihr Reisegepäck tragen zu lassen, schlug sie aus. Nach einigem Fragen erreichte sie das unscheinbare Gässchen und betrat das Vestibül des Gasthauses, wo der Hausdiener ohne Eilfertigkeit die *Chronique de Paris* zusammenfaltete und ihr im ersten Stock ein Zimmer anwies:

„Voilà, Mademoiselle!"

Kaum war die Tür geschlossen, beeilte sich Charlotte Corday, sich mit dem wenigen lauwarmen Wasser, das sie in einem Henkeltopf vorfand, zu erfrischen, um sogleich wieder die Treppe hinabzusteigen, vorbei an dem Hausknecht, der die Chronik diesmal sehr schnell zusammenfaltete und herbeikam, aber zu spät, denn schon war die junge Dame in die glühende Mittagshitze hinausgetreten.

Zunächst wollte sie dem Abgeordneten Duperret in der Angelegenheit ihrer Klosterfreundin Forbin und im Auftrage Barbaroux' ihre Aufwartung machen. Duperret war

355

nicht zu Hause. Er sei im Konvent, es stehe Wichtiges auf dem Spiel, vertrauten ihr seine Töchter an. Sie übergab ihnen ein Empfehlungsschreiben von Barbaroux; sie käme gegen Abend wieder; er möge sie bitte in einer dringenden Angelegenheit empfangen. Charlotte hatte das Wohlgefallen der beiden Töchter erregt. Die Einladung, das Mittagessen mit ihnen zu teilen, schlug sie jedoch aus unter dem Vorwand, sie sei nur kurz in der Hauptstadt und wolle natürlich etwas sehen, worauf Colette, die ältere Tochter, meinte, in Paris gäbe es nichts mehr zu sehen im zweiten Jahr der Republik. Ihr Vater sage, Paris sei gewesen, ci-devant, man habe es guillotiniert; ja auch eine Stadt könne man guillotinieren. Die Jüngere beeilte sich nachzuschieben: Das sei natürlich nur politisch gesehen so. Und wenn sich Mademoiselle amüsieren wolle – und das wollten doch die Leute aus der Provinz - das könne man immer noch.

Charlotte ließ sich ein wenig durch die Stadt treiben. Ein Gefühl tiefer Verlassenheit überkam sie. Auch spürte sie erst jetzt die Hitze und ihre Müdigkeit. Im Park der Tuilerien setzte sie sich auf eine Bank. Madame Loyer hatte ihr einmal erzählt, es gäbe keine schönere Gartenanlage. Sie sah aber nichts weiter als ein riesiges Gemüsefeld, dem die Rosen der Königlichen Gärtnerei in Anbetracht des allgegenwärtigen Hungers hatten Platz machen müssen. Vor dem Palais Royal blieb sie lange stehen. Es sei nicht mehr sehenswert, hatte die ältere Tochter Duperrets gesagt. Nachdem sie eine Zeitlang die ein- und ausgehenden Besucher, insbesondere die aufgeputzten Damen beobachtet hatte, wusste sie, warum. Sie ging bedrückt weiter. In einer Seitenstraße standen in einer langen Reihe Menschen um Brot an. Die meisten Läden schienen leer, einige Schaufenster waren eingeschlagen.

Über den Türen von Gasthäusern und Hotels hingen Plakate mit ungelenken Aufschriften: ‚Eigentum des souveränen Volkes'. Eine Kirche. Erst als sie die Stufen hinaufgeschritten war, sah sie, dass das Portal verbarrikadiert war. Hinter ihr wurde gelacht.

Unheimlich war ihr diese Stadt. Wie eine Ausgestoßene kam sie sich vor. Sie kam durch die Straße, in der Papas Jugendfreund Marot wohnte. Sie hatte nicht die Kraft, ihm ihre Aufwartung zu machen. Vielleicht morgen. Sie gelangte, ohne es zu wollen, zum Marsfeld. Sie war wohl dem Strom der Menschen gefolgt. Als sie das Heer von Handwerkern erblickte, die damit beschäftigt waren, Holzbuden und Tribünen aufzubauen, fiel es ihr ein: ‚Natürlich. Der 14. Juli, das Freiheitsfest. Aber diese Verhöhnung der großen Idee der Menschheit wird er nicht mehr erleben.' Sie schritt langsam über den Platz, und im Takte der zuschlagenden Hämmer und Äxte dachte sie immer nur das eine: ‚Dann wird er tot sein!' So heftig und alles übertönend war der Gedanke in ihr, dass sie sich hüten musste, ihn nicht hinauszuschreien über die Weite des Platzes.

Um sechs Uhr traf sie Duperret zu Hause an. Er wirkte mitgenommen und erschöpft. Dem sonst so höflichen Mann fiel es schwer, sie in den Flur zu bitten, wo Colette ihm jetzt erst Barbaroux' Brief überreichte.

„Ich bin außerordentlich beschäftigt, Mademoiselle", sagte er, während er noch stehend den Brief überflog. „Und diese Hitze! ... Ich habe eben erst meine Wohnung betreten. Barbaroux weiß, dass ich seinen Freunden immer helfen werde; aber ich bin am Ende meiner Kraft. Morgen, Mademoiselle, kommen Sie morgen wieder. Morgen werden wir weitersehen. Ich verspreche Ihnen, dass ich mich um die Angelegenheit Ihrer Freundin kümmern werde!"

„Monsieur, ich bedaure es wirklich, so insistieren zu müssen; ich verkenne nicht Ihren Zustand. Dennoch muss ich Sie bitten, mir noch heute Gehör zu schenken. Es geht nicht nur um Mademoiselle Forbins Pension, es geht um eine höchst wichtige Angelegenheit von öffentlichem Interesse. Der Aufstand in Caen." Sie überreichte ihm die Geheimpapiere Barbaroux'. „Wir haben keine Zeit zu verlieren!"

„Auch der hat Zeit bis morgen! Beim besten Willen! Es ist mir unmöglich, heute auch nur das Geringste für Sie zu tun."

„Aber es geht doch gar nicht um meine Angelegenheiten! Natürlich ist die Sache für die Familie Forbin wichtig, und ich bitte Sie, in dieser Sache beim Innenminister vorzusprechen. –

Es geht um Frankreich! Um das Schicksal der Gironde! Lesen Sie, was Ihnen Barbaroux mitzuteilen hat. Die ganze Normandie ist im Aufstand, die Gironde marschiert gegen Paris. Hören Sie denn nicht! Morgen? Wer weiß, was morgen ist? Wer weiß, ob Sie noch dazu kommen, zu Garat zu gehen. Sie als Freund der Aufständischen befinden sich hier in höchster Gefahr!"

„Ich finde es rührend, meine liebe Demoiselle ... oh, entschuldigen Sie –" er blickte in Barbaroux' Brief – „meine liebe Demoiselle Corday, wie Sie sich um mich bemühen. Glauben Sie mir, dass ich in jedem Falle sehr gut unterrichtet bin. Dass ich mich in Gefahr befinde – daran ist nicht zu zweifeln. Dennoch ist mein Bedürfnis zu schlafen größer als meine Angst, verhaftet zu werden. Hier in Paris gewöhnt man sich an dergleichen. Sie sind erregt, und wie ich annehme zum ersten Mal in Paris? Ich verstehe. Glauben Sie mir, es ist nicht so schlimm, wie es aussieht. Gehen Sie ruhig in ihr Hotel und schlafen Sie sich erst einmal gründlich aus. Morgen werden wir weitersehen. Verlassen Sie sich ganz auf mich!"

Sie ging in die Providence zurück; noch beim Einschlafen dachte sie: „Das also ist Duperret! Der Mann, der öffentlich gegen Marat auftrat! Morgen! Morgen! Schicksalswort der Gironde."

Immerhin, am anderen Morgen kam Duperret in die Providence. Sie gingen zusammen ins Innenministerium; der Minister Garat ließ sich nicht sehen. Er habe keine Zeit; Duperret möge eine Notiz hinterlassen, worum es sich handele; er erwarte den Abgeordneten am Abend.

Charlotte kehrte in die Herberge zurück. Bis zum Mittag saß Charlotte im Vestibül und las im *Moniteur*, als Duperret aufgeregt hereinkam und darum bat, ungestört mit ihr sprechen zu können. Sie führte ihn in ihr Zimmer.

Man habe, berichtete er, in seiner Abwesenheit sein Haus durchsucht, seine Töchter belästigt, die sich zur Wehr gesetzt hätten, als man seinen Sekretär gewaltsam öffnete. Seine Papiere seien beschlagnahmt worden, zum Glück aber habe er Barbaroux' Berichte an einem anderen Ort versteckt.

Charlotte Corday erblasste: „Um Himmels willen!", rief sie. „Fliehen Sie, gehen Sie nicht nach Hause zurück. Eilen Sie zu Ihren Freunden nach Caen!"

Duperret entgegnete, es sei an ihr, auf der Stelle Paris zu verlassen. Ihr Leben sei in Gefahr, da man sie zusammen gesehen habe. Was ihn aber angehe, so denke er nicht daran, sein Amt im Stich zu lassen, erst recht nicht seine Töchter. Noch sei er ja Abgeordneter und er werde im Konvent die Bestrafung der Schuldigen fordern. Sie beschwor ihn abermals, keinen Augenblick mehr zu zögern; nicht sie, sondern er schwebe in höchster Gefahr, wenn man erst in Erfahrung gebracht habe, dass er mit ihr in Verbindung gestanden habe.

„Flüchten Sie, oder Sie sind rettungslos verloren! Morgen wird es für Sie zu spät sein. Aber besteigen Sie die Diligence erst außerhalb Paris; es gibt strenge Kontrollen!"

Duperret sah sie groß an:

„Ich verstehe kein Wort, Mademoiselle. Was hat das mit Ihnen zu tun? Sie meinen, weil Sie mit der Gironde sympathisieren! Meine liebe Demoiselle Corday, was meinen Sie, was die jakobinischen Schnüffler nicht alles von mir wissen und wahrscheinlich auch schon von Ihnen. Sie dürfen in Paris niemandem trauen. Übrigens, hüten Sie sich vor dem Hausknecht! Es würde mich nicht wundern ... Aber so sagen Sie mir doch, was das mit Ihnen zu tun hat. Wieso bin ich durch Sie in Gefahr?"

Da Charlotte nicht sofort antwortete, fuhr er fort.

„Der Konvent weiß nahezu alles. Wahrscheinlich weiß er auch schon, was Sie mir nicht sagen wollen. Er ist zum Beispiel bis in alle Einzelheiten über den Aufstand der Calvadossen unterrichtet. Und er hat schon gehandelt; das heißt natürlich, diese diktatorische Versammlung, in der es ja fast nur noch Jakobiner gibt. Seit gestern früh marschieren die Bataillone gegen die Normandie. Es steht schlecht um die Gironde. Ich fürchte, es gibt in Frankreich nur noch eine Partei, die andere wird über kurz oder lang ausgelöscht sein, ,gewesen sein', wie man hier sagt. Ich bin von Beruf zwar

Landmann, war aber lange Zeit Soldat, und ich liebe die soldatischen Tugenden, vor allem die Furchtlosigkeit. Machen Sie sich, verehrte Mademoiselle, keine Sorgen um mich. Ich habe der Monarchie in Ehren gedient; nun bin ich Republikaner und gedenke der Republik bis zum Ende zu dienen. Ich habe nun einmal das Unglück, der unterlegenen Partei anzugehören. Sie waren wohl noch nicht auf dem Revolutionsplatz? Gehen Sie bitte nicht hin. Es ist jungen Damen nicht zu empfehlen."

Unwillig entgegnete ihm Charlotte:

„Herr Abgeordneter Duperret! Es ist eine großartige Sache, dem Tod gegenüber Haltung zu bewahren. Dem Tod sinnlos in die Arme zu laufen, halte ich für unverzeihlich. Was ist nur los mit den Männern der Gironde? Anstatt sich bis zum letzten Augenblick dem Unrecht zu widersetzen, besteigen sie einer nach dem andern die Guillotine. Die ganze Partei wird ihr Haupt unter das Fallbeil lagen und sich für mutig halten. Diese großartige Partei der geistigen Erneuerung, des politischen Fortschritts, des wahren Frankreichs!"

Duperret trat einen Schritt zurück. Diese junge Frau wurde ihm allmählich unangenehm. Er zog seine Uhr aus der Westentasche, erkannte mit leichter Bestürzung, dass schon später war, als er erwartet hatte, und verneigte sich, um anzudeuten, dass die Pflicht ihn rufe.

Charlotte betrachtete ihn schweigend. Sie überlegte, ob sie sich ihm anvertrauen sollte. ‚Es gibt so wenig wahre Patrioten, die für ihr Land zu sterben verstehen', dachte sie, ‚fast alles ist Egoismus. Was für ein trauriges Volk zur Begründung einer Republik. Dennoch, ich muss es versuchen. Mit seinen Verbindungen und den Kenntnissen der lokalen

Verhältnisse könnte er als Mitverschworener vielleicht von ungeahntem Nutzen sein.'

„Ich wüsste wohl, wie man innerhalb weniger Stunden diesen ganzen Spuk der Tyrannei hinwegfegen könnte!", sagte sie plötzlich.

Duperret spielte mit seiner Uhrkette, versuchte zu lächeln. Es gelang ihm. Belustigt blickte er sie an:

„Darüber, meine Verehrteste, denken wir seit Jahren nach. So kommen Sie uns mit Ihren Einsichten zu Hilfe, ich bitte Sie!"

„Ist es nicht so, dass 25 Millionen Franzosen von im Grunde nur wenigen unterdrückt werden? Was uns fehlt, ist ganz einfach der Mut. Ich meine nicht den Mut einer Partei oder den, der sich hinter Armeen verschanzt, nicht die organisierte Tapferkeit der Massen. Nein, ich meine den Mut Einzelner, die zu allem bereit sind. Den unbeugsamen Willen unserer Seele, den wir Energie nennen, der Taten vollbringt, vor dem die Siege der Armeen verblassen. Es sind nicht die Massen, die diese Welt verändern."

„Ich bin zwar Mitglied dieser großartigen Partei des Geistes, wie Sie sie nannten", sagte Duperret kopfschüttelnd, „aber sonst doch ein einfacher Mensch. Offengestanden, ich begreife kein Wort. Sagen Sie mir, worauf Sie hinauswollen, bevor ich nun wirklich gehen muss!"

„Monsieur Duperret. Jedermann weiß, dass sie ein mutiger Mann sind. Sie haben es gewagt, im Konvent den Degen gegen ihre Widersacher zu ziehen. Dennoch erlauben Sie mir Ihnen diese Frage zu stellen: Wären Sie bereit, ihr Leben für die Freiheit, für die Neuordnung Frankreichs hinzugeben? Halt! Folgen Sie nicht dem ersten Impuls! Denken Sie darüber nach."

Duperret wurde bleich. Was wollte diese unheimliche Frau von ihm?

„Nun, wie lautet Ihre Antwort? Gut! Bedenken Sie sich noch. Zehn Männer, mein Herr, zehn von diesem schrecklichen Mut beseelte Männer, und Frankreich ist gerettet. Verstehen Sie? In einer einzigen Stunde, mein Herr, fallen die Führer der jakobinischen Gewaltherrschaft: Robespierre, Danton, Marat, Chabot, Legendre, Saint-Just, Collot d'Herbois, Barras, Manuel, Fouquier-Tinville! Es kann kein Hindernis geben, sich zu diesen Leuten Zutritt zu verschaffen, sie zu beseitigen, wo immer sie sich zeigen, am besten in der Öffentlichkeit mitten in Konvent vor aller Augen auf ein gemeinsam verabredetes Zeichen hin. Stellen Sie sich vor, wie der allmächtige Berg wanken wird, wann er seiner Führer beraubt ist; wie die Gemäßigten sich erheben werden gegen die Unterdrücker der Freiheit. Von den Pyrenäen bis zum Rhein wird Frankreich aufatmen und der wahren Republik zujubeln."

Duperret war ratlos. Er konnte nicht begreifen, wie Barbaroux diese Person zu ihm hatte schicken können. War es denn möglich, dass er ihre Pläne billigte, diese Gedanken, die nur aus Verzweiflung, vielleicht auch Verrücktheit entsprangen? Ein paarmal hatte er die Hand gehoben, um sie zum Schweigen zu veranlassen. Vergebens. Wenn man sie nur nicht belauschte, dachte er erschrocken, bemerkte aber zugleich, dass sie gar nicht laut gesprochen hatte. Sie hatte geflüstert; aber ihr Flüstern war wie ein Schreien. Es gellte ihm in den Ohren. Vermutlich hatte diese Mademoiselle Corday durch irgendein Ereignis, vielleicht die Teilnahme an einer Exekution, seelisch Schaden genommen. Natürlich, er hatte es mit einer Wahnsinnigen zu tun, sagte er sich, während er sie von Kopf zu Füßen genauer betrachtete, um auch äußere Zeichen einer Geistesverwirrung festzustellen.

„Nun, mein Herr", herrschte sie ihn an. „Ich erwarte Ihre Antwort!"

Duperret schwieg einen Moment. Er nahm sich vor, beruhigend auf sie einzuwirken.

„Mein Kind!", begann er. „Sie sind außerordentlich erregt, geradezu außer sich, möchte ich sagen. Irgendetwas Ungewöhnliches hat Sie in diesen Zustand versetzt. Sie haben diese anstrengende Reise hinter sich, noch dazu bei dieser Hitze. Sie kommen aus der Provinz! Ihre Nerven sind offensichtlich überreizt von all dem, was Sie hier erfahren und gesehen haben. Meine liebe Demoiselle Corday, vielleicht sollten Sie einen Arzt aufsuchen ..."

Sie unterbrach ihn:

„Ist das alles, was Sie mir zu sagen haben, Monsieur Duperret? Mehr fällt Ihnen nicht ein, der Sie doch bereit sind, Ihr Leben für Frankreich zu opfern! Stoßen Sie Robespierre nieder! Erschießen Sie Saint-Just!"

'Eine Irre', dachte Duperret. ‚Jetzt ist es sicher. Welch' eine Schönheit, und kommt auf solche Abscheulichkeiten!' Seine Abneigung, ihr länger zuzuhören, wuchs. ‚Eine Zumutung! Ich werde gehen und den Arzt herschicken.' Verärgert wandte er sich ab:

„Wir Girondisten sind keine Meuchelmörder!"

Sie zuckte zusammen. Das war es, was sie am meisten fürchtete, dass man zwischen ihrer Tat und der eines gewöhnlichen Mörders keinen Unterschied erkennen könnte. Doch schon holte sie zum Gegenschlag aus. Ihr war etwas eingefallen, das diesen Menschen zum Schweigen bringen würde: der Bericht im *Moniteur* über die namentliche

Abstimmung im Prozess gegen den König. Hatte er das denn vergessen? Sie schrie es ihm laut ins Gesicht, dieses Mal schrie sie wirklich, dass Duperret beschwörend die Hände hochhob und ängstlich zur Tür blickte:

„Sie haben für den Tod des Königs gestimmt, Duperret. Sie haben den König von Frankreich gemordet! Aber Sie wollen Gnade für diese gewissenlosen Verbrecher, die nicht nur das Leben unzähliger Menschen, sondern auch den republikanischen Staat auf dem Gewissen haben. Was sind Sie denn für ein Mensch, Duperret?"

Duperrets Kopf sank auf die Brust. Musste sie ihn an diese schreckliche Stunde erinnern. Ja, er hatte für den Tod gestimmt, allerdings mit der Empfehlung, die Vollstreckung auszusetzen. Bis in seine Träume verfolgte ihn dieser Augenblick, als er nicht mehr er selbst war, als ein anderer, ein gehetzter und feiger Duperret ihn überwältigte. Aber was weiß denn ein junger Mensch wie dieses Mädchen von den Verwirrungen und Verirrungen unseres Wollens und Handelns?

Charlotte Corday ließ nicht locker. Vielleicht war Duperret doch noch umzustimmen.

„Ist es erlaubt, einen anderen in den Tod zu schicken, wenn man dadurch das eigene Leben retten kann? Ich weiß, Sie nennen es nicht Mord. Sie haben ihn ja nicht wirklich getötet, nicht mit ihren eigenen Händen. Sie haben nur für seinen Tod gestimmt. Für mich aber ist das noch schlimmer. Herr Abgeordneter, waschen Sie die Schuld das Königsmords von sich ab durch diese heilige Tat. Sie haben keine größere Aufgabe, als heute noch die mutigsten Männer des Konvents um sich zu versammeln und zuzustoßen. Werden

Sie der Retter Frankreichs! Ich werde indessen meinen Teil dazu beitragen."

Duperret hatte die Augen geschlossen, als ob er schliefe; er lauschte dieser kühnen, hellen schwingenden Stimme, die ihn mitzureißen drohte. Aber er ließ sich nicht überwältigen. Nur kurz war die Verunsicherung, schon arbeitete er wieder, sein kühler politischer Verstand. Er hörte den Zwischenruf des Gewissens, rief sich aber sogleich zurück zur Ordnung.

Es gab hier nichts mehr für ihn zu tun, es war auch nichts mehr zu sagen. Angesichts dieser rücksichtslosen Entschlossenheit war jede Debatte aussichtslos. Es galt nur noch auf der Hut zu sein, dass man unbeschadet aus dieser Sache herauskam. Sie wird für Frankreich sterben. Er konnte ein Gefühl der Bewunderung nicht unterdrücken, ließ ihn doch dieser Löwenmut zu sehr die eigene Verzagtheit spüren. Aber die Angst, in ihr Verderben hineingezogen zu werden, behielt die Oberhand. Er blickte erneut auf seine Taschenuhr, zum Fenster, zur Tür. Ging zur Tür:

„Begehen Sie keine Unbesonnenheit, Mademoiselle!"

Sie stellte sich ihm kurz in den Weg.

„Kein Wort, Monsieur Duperret, über dieses Gespräch! Darum muss ich Sie bitten. Mein Auftrag verlangt absolutes Schweigen. Hätte ich Sie besser gekannt, wäre dieses Gespräch unterblieben."

„Ich verstehe", antwortete Duperret müde. „Kein Wort wird über meine Lippen kommen. Ich beuge mich vor der Unerbittlichkeit Ihres großen Herzens, Mademoiselle. Tun Sie, was Sie tun müssen!"

Als sie schon seine Schritte auf dem Korridor hörte, eilte sie ihm nach. Er blieb auf der Treppe stehen.

„Wo finde ich den Abgeordneten Marat?", flüsterte sie.

„Er war seit Tagen nicht im Konvent. Er soll einen schweren Anfall gehabt haben. Sie wissen, woran er leidet? Außerdem ist er magenkrank. Aber um Himmels willen, was wollen Sie von Marat?"

„Wo?"

„Fragen Sie in der Rue des Cordeliers."

Stimmen und Schritte näherten sich vom Vestibül her. Duperret räusperte und sagte laut: „Mademoiselle. Es war mir ein Vergnügen. Ich werde Sie nicht vergessen!" Er küsste rasch ihre Hand und ging schnell die Treppe hinab. Draußen blickte er auf seine Taschenuhr und eilte schnellen Schritts davon.

Eine Nacht im Paris der Revolution

Paris schläft. Wie der Leviathan wälzt sich der steinerne Leib der Riesenstadt über die Hügel und Niederungen, hebt und wölbt sich aus der Finsternis ins gleißende Licht des Vollmonds, dass da und dort die Schuppen der hohen Dächer leuchten und die Türme der Kirchen und Paläste wie spitze Nadeln aufblitzen. Schwarz gähnen die langen von einzelnen Lichtpünktchen betupften Schächte der Prachtstraßen und Gassen. Die Seine schleicht raunend und plätschernd durch ihr versumpftes Bett, vorbei an den Kähnen und Nachen an der zerbröckelten Kaimauer, vorbei an dem an seiner Kette zerrenden, schwankenden Marktschiff.

Der Sommerwind weht still und gleichmäßig dahin.

Endlich, für wenige Stunden schläft Paris. Es sieht so aus, als schliefen auch der Hass, die Dummheit und die Verblendung. Der Schlaf macht alle gleich, ebnet alle Höhen und Tiefen des Standes, des Geistes, des Herzens ein. Hände, die tagsüber Dolche schwingen und Todesurteile hinkritzeln, hängen ebenso kraftlos über die Bettlade wie diejenigen, die in aller Stille noch Rauchfässer schwenken. Hirne, die Tod und Schrecken ersinnen, verwandeln die Schlafenden im Traum in übermütige Buben, die hinter Schmetterlingen herrennen.

Auf dem Hügel des Montmartre hockt der schauderhafte Dämon dieser Stadt. Den ekelhaften Bockskopf stützt er in die Hände wie jene gehörnten, kurzohrigen Vampire und

Fabelwesen, die von der Galerie der Notre-Dame hinabstarren. Er hasst den Schlaf. Aber Paris wird erwachen, mit wieder erweckter Wut wird es in sein Tagwesen schlüpfen, die Maske der Verblendung anlegen und das berauschende Kostüm der Freiheit. Friedlich Schlafende werden, wenn sie die Augen verwundert aufschlagen, sich zu Ungeheuern verwandeln, zu einer Rotte Kainsbrüdern, in die Arena das Vaterlands stürmen und im Namen der Gerechtigkeit ihr blutiges Werk fortsetzen. Die Mörder werden wieder Mörder sein, die Dolche werden wieder blitzen und die Federn über die Todeslisten huschen, um den ängstlichen Dämmerzustand der Gefangenen in einen endgültigen Schlaf zu verwandeln.

Aber noch ruht Paris; noch liegen Dunkelheit und Stille über dem kolossalen Labyrinth des Freiheitstempels, der der neuen Menschheit errichtet werden soll.

Doch nicht jeder schläft; manch einem flieht der Schlaf.

In den kühlen Gewölben der Sorbonne geht ein Mann seit Stunden mit kleinen Schritten im Laboratorium auf und ab. Sein blauer Galarock ist mit Orden bedeckt. Manchmal bleibt er sinnend stehen, tritt hastig an den Tisch und schreibt; Phiolen, Gläser, Flaschen und Mörser stehen herum. Er nimmt ein Reagenzglas mit brauner Flüssigkeit und schüttet aus eingekniffenem Papier ein metallisch glänzendes Pulver hinzu; flüchtig erhitzt er es über der kleinen, halbgedeckten Flamme, schüttelt, sinnt, eilt zum Tisch und schreibt Formeln, Zahlen.

Dieser Mann, der erst nach Mitternacht aus einer Versammlung im Club des Cordeliers gekommen ist und eher einem Kavalier des Ancien Régimes ähnelt als einem Gelehrten, ist der große Lavoisier, die Leuchte am aufstrahlenden Himmel der Naturwissenschaften. Mit dreiundzwanzig Jahren erhielt er die goldene Medaille der Akademie für sein Traktat, das sich mit der Gefährlichkeit des nächtlichen Paris befasste und wie man der Dunkelheit durch Leuchtkörper beikommen könne. Heute ist er längst Mitglied der Akademie. Er gehört außerdem dem Ausschuss an, der den Nationalschatz verwaltet, er bekleidet einen wissenschaftlichen Aufsichtsposten über Lothringen und Flandern. Er ist der Direktor der republikanischen Pulvererzeugung. Aber all dies ist ihm lästig, diese Ämter und Verpflichtungen, die ihm seine Zeit im Laboratorium stehlen. Weil er ehedem königlicher Generalsteuerpächter war und folglich zu den Begüterten gehörte, ist er den neuen Machthabern ein Dorn im Auge. Sollen sie ihn doch in Ruhe lassen mit ihrer Bespitzelung. Natürlich führt er eine umfangreiche Korrespondenz mit ausländischen Naturwissenschaftlern. Natürlich interessieren ihn die Salpetergewinnung und die Zusammensetzung der Luft mehr als die Errungenschaften der Revolution! Er hat herausgefunden, dass dieser geheimnisvolle Luftstoff, das Oxygen, augenscheinlich die Verbrennung bewirkt und die Oxydation der Metalle hervorruft, und nicht, wie manche meinten, das vielgepriesene Phlogiston. Was wollen die eigentlich! Schließlich hat er ja seinen Geist dieser Republik zur Verfügung gestellt und der französischen Wissenschaft zu internationalem Ruf verholfen. Und werden nicht auch seine „Neuen Untersuchungen über das Vorhandensein eines elektrischen Fluidums" dazu beitragen?

Das scheint aber alles nicht mehr zu zählen in Frankreich, wenn man nicht gleichzeitig „Vive la République!" schreit. Immer deutlicher werden die Vorwürfe, immer bedrohlicher. Noch schützen ihn die Universität und die Hohe Akademie. Neuerdings macht man ihm sogar sein Wissen zum Vorwurf. Einer von diesen fanatischen Hohlköpfen hat öffentlich erklärt, es sei nicht im Sinne der Brüderlichkeit, mehr zu wissen als andere. Dabei wähnt Lavoisier sich erst am Beginn seiner Erkenntnisse, und über den Lichtstoff weiß er so gut wie gar nichts. Das Einzige, was er braucht, ist Zeit und Ruhe. Aber man lässt ihn ja nicht zur Ruhe kommen. Der Staat will einen republikanischen Lavoisier, der seine politische Überzeugung demonstriert. Wie soll man da dem Mysterium der Elektrizität auf die Spur kommen?

Er setzt sich hastig nieder und vertieft sich in seine Abhandlung. Er schreibt, bis der graue Morgen durch die Kellerfenster sickert.

Ja. Er hat nicht mehr viel Zeit, der große Lavoisier! In zehn Monaten wird er vor seinen Richtern stehen. Ihr Spruch lautet: Tod!

„Lasst mir noch 14 Tage", wird er sagen, „bis ich mein letztes Experiment über die quantitative Stabilität der Stoffe ausgewertet habe!"

Geringschätzig wird ihm Coffinhal entgegnen, dass die unteilbare Republik weder Gelehrte noch gar Chemisten benötige. Am gleichen Tag, dem 8. Mai 1794, wird er mit einunddreißig Generalsteuerpächtern hingerichtet werden.

Im Temple, wo die Königliche Familie untergebracht ist, kniet Madame Elisabeth auf ihrem Betschemel. Sie betet für den toten Ludwig. Tagsüber ist sie den argwöhnischen Augen des Wächterehepaars Tison ausgesetzt. Der ‚Engel von Versailles', wie die Hofgesellschaft sie genannt hatte, wirkt seltsam gefasst. Während die Königin sich oft hemmungslos ihrem Jammer hingibt, kommt über Elisabeths schmale Lippen kein Wort der Klage. Wenn mitten in der Nacht die Beauftragten des Konvents erscheinen und Matratzen und Schränke nach irgendwelchen Schuldbeweisen durchwühlen oder wenn der Kommissar sie anschreit, weil sie beharrlich für ihre Nichte Marie-Thérèse den ehemaligen Leibarzt Brunyer fordert, stets ist sie liebenswürdig, selbst gegen den Königsverräter Drouet und den Inspizienten Bernard, die ihre republikanische Gesinnung durch besondere Rohheit gegenüber der königlichen Familie kundtun zu müssen meinen.

Nebenan schläft die Königin. Die vierzehnjährige Prinzessin Marie-Thérèse liegt in ihrem Arm. Das Bettchen des Dauphins ist leer. Beamte der Pariser Kommune haben vor kurzem im Auftrag des Wohlfahrtsausschusses den schreienden kleinen König fortgeschleppt. Er sei eine Gefahr für die Republik, heißt es, solange er noch lebt. Solche Stimmen mehren sich, nachdem die Aufständischen in der Vendée ihn zum neuen König Ludwig XVII. ausgerufen und die Engländer das Nesthäkchen der Bourbonen anerkannt haben.

In einer abgelegenen Kammer des Temple sitzt der Kleine in seinem schmutzigen Bett und blickt ängstlich zur Tür, hinter der er die zänkische Stimme Madame Simons hört. Die Tür wird aufgerissen, der Schuster, sein Ziehvater, kommt hereingetorkelt. Er hat seine Amtsschärpe angelegt. Schwer lässt er sich auf dem Bett nieder. Warum der Bürger

Capet nicht schlafe? Ob etwa das Lager zu hart sei? So möge er doch geschwind einen Kammerdiener rufen! Ludwig ist vor dem branntweindünstenden Mann zurückgewichen. Simon kramt in seiner Hosentasche und zieht eine Maultrommel hervor.

„Da", sagt er, „spiele die Marseillaise!" Ludwig rührt sich nicht.

„Ach was! Noch besser! Rufe: Es lebe die Republik!"

„Die Republik hat meinen Vater getötet", sagt das Kind leise.

„Ich bin dein Vater!", schreit Simon. „Ich werde einen Revolutionär aus dir machen. Was werd' ich aus dir machen?"

Die Simon erscheint auf der Schwelle:

„Gib ihm! Gib ihm!" ruft sie.

„Na, na!", entgegnet Simon, der sich bei aller Rohheit eine letzte Scheu vor dem hilflosen Kind bewahrt hat. „Davon ist bis jetzt nichts verlautet, und du wirst dich hüten!"

„Ja. Das sieht dir ähnlich! Verhätschele ihn nur! Warum, glaubst du denn, hat man ihn dir in die Lehre gegeben? Sieh dir doch die zarten Händchen an! Sind das Schusterhände? Schuhe soll er flicken! Und siehst du nicht, wie hochmütig er auf uns herabsieht? Dir werd' ich's zeigen!"

„Na, na!", sagt Simon abermals, aber schwächer. Er hat eine Heidenangst vor dem Überwachungsausschuss, dem er über die Fortschritte seines Zöglings regelmäßig Bericht erstatten muss.

Die Bürgerin Simon ist von weitaus roherer Gemütsart als ihr Mann.

„Du verfluchtes vornehmes Gesichtchen!", schreit sie. Sie stürzt auf Ludwig zu, und es hilft gar nichts, dass Simon ihr erregt zuruft: „Muss das sein!", denn er weicht sofort vor ihr zurück. Ihre ungeschlachte Hand fährt in Ludwigs Haar, sie zerrt ihn aus dem Bett und zischt ihm ins Gesicht:

„Auf der Stelle rufst du: „Es lebe die Republik!"

„Es lebe die Republik!", wimmert das Kind, der Nachfahre von sechzig Königen. Weinend fällt es auf das Lager, während das Weib die fetten Arme nach Simon ausstreckt und die Carmagnole mit ihm zu tanzen begehrt.

„Das hättest du nicht tun sollen!", sagt Simon noch. Doch dann tanzt er.

Im Treppenhaus des Bischofspalastes huschen Diener, Sekretäre und Kapläne auf und ab. Seine Eminenz, Jean-Baptiste Gobel, hat wieder einen Anfall. Der 75-jährige Greis liegt seit einer Stunde reglos in seinem Kabinett auf dem Diwan und stöhnt. Die Ärzte stehen flüsternd herum. Zwar können sie nicht die Spur einer ernsthaften Krankheit entdecken, doch beschließen sie, weil es immer gut ist, wenn ein Arzt etwas tut, den Bischof von Paris zur Ader zu lassen. Händeringend steht der Vikar dabei und redet auf Seine Eminenz ein, die sich zur Wand gedreht hat und alles mit sich geschehen lässt. Kaum aber haben die Ärzte mit bedeutungsvollem Stirnrunzeln das Kabinett verlassen, da springt die Eminenz mit erstaunlicher Behändigkeit auf die Beine und läuft im Zimmer hin und her; sein harter Bauernschädel ist vor unterdrücktem Unwillen krebsrot angelaufen.

„Was lassen sie mich zur Ader! Ich bin kerngesund! Aber meine Nerven halten das nicht mehr aus! Diese fluchbeladene Stadt! Meine Diözesanen sind Gottesleugner. Und diese abgefallenen Priester! Hören Sie auf mit Ihrem ewigen

Händeringen, Vikar! Sagen Sie mir, was ich tun soll! Oh, ich habe ihn heute genau beobachtet, diesen Apostata. Er untersteht sich, sein Kebsweib hierher zu bringen, in meiner Gegenwart mit ihr zu schäkern, ihre Wange zu tätscheln, sich an meinem Wein zu berauschen! Mein Gott, wo soll das alles hinführen?"

Der Vikar nickt teilnahmsvoll. An diesem Abend hatte Seine Eminenz den Amtsbruder aus Evreux zu Gast. Der abgefallene Bischof, Thomas Lindet, war mit einer tief dekolletierten Dame gekommen, die er als seine Frau präsentierte. Die Bischöfin war ein dralles Landmädchen von höchst ungeniertem Gebaren, die den Kapaun mit zehn Fingern aß und sich mit Champagner bekleckerte. Gegen Ende des Mahles war sie einen Gassenhauer trällernd durch den Saal spaziert. Lindet, der Gobels stille Empörung wahrgenommen hatte, flüsterte ihm beim Abschied vertraulich zu: „Das nächste Mal bekommt sie keinen Champagner!"

Gobel ist trotz aller Empörung ein schwacher Mensch. Er hat ohne viel Umstände der neuen Republik den Treueeid geleistet: Was will man denn auch machen! Entscheidend ist, dass man im Herzen Christo nicht abschwört. Seid untertan der Obrigkeit, heißt es doch auch. Also hat er einen Hirtenbrief erlassen, in dem Mirabeau als eine Art Kirchenvater verherrlicht wurde. Und als der Konvent immer noch nicht zufrieden war, ließ er sich herbei, den verheirateten Vorstadtpfarrer von Saint-Antoine, den seine aufgebrachte Gemeinde davongejagt hatte, mit großer Feierlichkeit in einer anderen Pfarrei wieder einzusetzen.

Die Angst, eines Tages die Köpfmaschine besteigen zu müssen, machte Gobel zu Wachs in den Händen der Jakobiner. Mit süßsaurem Lächeln hatte er die rote Mütze auf sein graues Haupt gesetzt und den Bruderkuss des Konventspräsidenten empfangen. Die höchste Form seines Widerstands ist die süßsäuerliche Miene. Wer Gobel vor der Revolution hatte predigen hören, der meinte sicher annehmen zu können, hier spreche ein Mann, der für seinen Glauben alles hingeben würde. Doch dann erwies es sich, dass eine Mitra und eine Märtyrerkrone nicht einfach vertauscht werden können. Gobels Christentum emigrierte nach innen. Sobald er die Tür seines Kabinetts verschlossen hat – auch im Bischofspalast gibt es Jakobiner in Sutanen – kehrt sein Bekennermut zurück. Zerknirscht beklagt er mit Inbrunst die Erschütterung der Werte. Angst ist seine Krankheit. Da ist mit Aderlässen nichts zu machen.

Es wird aber noch viel schlimmer kommen mit dir, Bischof Gobel. Wenn erst der Konvent die Abschaffung des Gottesdienstes verfügt und Büsten von Lepeletier und Marat die Nischen der Heiligen ausfüllen, dann wirst du mit dem Domkapitel vor dem Wohlfahrtsausschuss erscheinen, dein Bischofsamt niederlegen und der abergläubischen Lehre Christi öffentlich abschwören. In deiner Notre-Dame wird der Konvent vor der nackten Sängerin Maillard auf den Knien liegen und sie als Göttin der Vernunft anbeten; in den mit Tapeten verkleideten Seitenkapellen der ehrwürdigen Kathedrale werden sich unbeschreibliche Szenen abspielen: Jakobiner und Flintenweiber zechen und tanzen auf den Altären, und das Riesenschiff wird einem hemmungslosen Karneval gleichen. Dann, Bischof Gobel, dann wirst du oben auf der Empore stehen und dem Fest des Höchsten Wesens beiwohnen. Du wirst beifällig lächeln, wenn man heraufblickt, immerhin, das muss gesagt werden, es wird ein süßsaures Lächeln sein.

Doch dies alles, die ganze Maskerade deiner Halbheit, wird dir nichts nützen. Eines Tages wirst auch du den Todeskarren besteigen, trotz aller pharisäischen Künste. Ein gewisser Abbé Lothringer wird dir im Vorbeigehen die Lossprechung erteilen – ab omnio vinculo excommunicationis. Der wüste Kirchenschänder Chaumette, der Regisseur des Festes der Vernunft, wird im selben Karren fahren.

Im Weidenkorb werden eure Köpfe übereinanderkugeln.

Durch die Rue Saint-Honoré kommen Arm in Arm Camille Desmoulins und Georges Danton. Sie waren im Club des Cordeliers. Danton redet laut, wenn er lacht, ist es wie ein Brüllen. Er hat wieder viel getrunken. Camille ist schweigsam. Alles schweigt, wenn Danton redet.

„Sentimental bin ich wirklich nicht, Camille. Denk an den 10. August. Mir! Mir machen sie den Vorwurf der Milde? Ich weiß, die Canaille ist wütend, weil ich mich distanziere, weil ich Schluss machen will mit all den –, den Scheußlichkeiten. Was wir getan haben, war notwendig. Und das Notwendige muss getan werden. Aber heute sieht es doch ganz anders aus. Die Revolution ist vorüber, wir müssen unseren Frieden machen mit Frankreich, denn unser Feind heißt Europa!"

„Es gefällt ihnen nicht, dass du Mitleid walten lassen willst."

„Mitleid! Camille, Mensch, wirst du Danton niemals begreifen! Ich hasse nichts so sehr wie diese Schwäche. Mitleid! Dass ich nicht lache! Es ist ein Mittel der Staatsklugheit, weiter nichts. In den Tuilerien die Massaker waren eine Notwendigkeit, und das Notwendige muss getan werden. Doch jetzt ist es die Besonnenheit, die notwendig ist. Kein Mittel ist verwerflich genug, nicht einmal dein Mitleid, wenn es um das Heil Frankreichs geht. Gnade ist das schönste Attribut der Macht! Das hast du doch geschrieben, Camille. Jawohl! Aber darum bleibt sie doch auch ein Mittel der Macht!"

Camille Desmoulins schweigt besorgt. Während Danton, dieser unbegreifliche Mensch, die Republik in neue Bahnen lenken will, wird sein Freund von düsteren Vorahnungen geplagt.

„Verdammt noch mal!" – Danton spricht jetzt gedämpft; aber auch das hört man noch auf zehn Schritte. – „Es kotzt mich an, wie sie alles verhunzen. Ich möchte dem schleichenden Tinville in die Fresse spucken. Und dem aalglatten Saint Just, dem werd' ich in den Arsch treten, wenn er noch einmal von Bestechungsgeldern faselt."

„Es stimmt aber doch, Georges, und leider wissen es deine Feinde, dass du mit vollen Händen nimmst, was sich dir bietet. Montmorin hat dir während des Prozesses gegen Ludwig allein 150.000 Livres gegeben aus dem Königlichen Geheimfonds für die Rettung Ludwigs!"

„Na und? Sag ich denn, es stimmt nicht? Es war sogar noch mehr. Einen Dreck wissen die von Danton!"

„Du hast das Geld genommen und dann für seinen Tod gestimmt!"

„Erst wird die Gans gerupft, und dann wird sie doch gegessen!"

Dantons Lachen dröhnt durch die dunkle Straße. Schritte nähern sich.

„Ich protestiere!", sagt jemand erregt, „das muss ein Irrtum sein!"

Zwei Nationalgardisten und ein Konventsbeauftragter haben eine nächtliche Verhaftung durchgeführt. Als sie herangekommen sind, bleibt der eine Soldat stehen und hebt die Stocklaterne gegen Danton.

„Verschwinde, du Mistkerl!", sagt Danton, ohne stehenzubleiben. Der Kommissar nähert sich, packt Desmoulins am Arm. Danton dreht sich um; der Lichtschein fällt auf sein riesiges Gesicht. Der Kommissar fährt zurück, läuft dem Nationalgardisten nach und brüllt ihn an: „Du Mistkerl!" Eilig entfernt sich der Trupp. Am Arm Desmoulins wankt der Koloss weiter. „Ach, Camille", sagt er, „ich möchte ihnen den ganzen Kram vor die Füße schmeißen. Die Natur, Bäume und Wiesen! Ein kleines Landgut, wo ich mit Antoinette glücklich sein kann. – He, du lachst ja gar nicht! Dein Freund Danton ist von oben bis unten mit Blut beschmiert, und nun schwärmt er davon, am Busen der Natur auszuruhen und Rousseau zu lesen. Lach, Camille!"

Camille lacht nicht.

„Was bist du für ein Mensch, Danton! Du hast, ohne mit der Wimper zu zucken, Aristokraten auf die Guillotine geschickt. Dann rührt dich auf einmal deine eigene Großmut zu Tränen, wenn du dem Tribunal ein Opfer entrissen hast. Und jetzt setzt du dein Leben aufs Spiel und unterhandelst mit Baron Batz, um den Dauphin zu retten. Du bist das Idol der Revolution, und nun sagst du, du würdest alles verraten für ein kleines Landgut inmitten deiner Bäume und Wiesen. Wer bist du eigentlich, Georges? Ich erschrecke vor dir!"

Danton stampft heftig auf: „Jawohl, ich bin ein großartiges Ungeheuer. Ich drücke die Menschheit an mein Herz und zerquetsche sie dabei."

Desmoulins lächelt gequält. Nach ein paar Schritten sagt er: „Georges, meinst du nicht, dass wir achtsam sein müssen. Vielleicht stehen wir schon vor dem Abgrund und merken es nicht einmal."

„Wer, sag mir's. Wer von dem Gesindel will mich hinabstoßen! Männer von meinem Schlag sind unersetzlich, unbezahlbar; auf ihrer Stirn thront das verwegene Zeichen der Freiheit! Wer will Danton in den Abgrund stoßen?"

Vor dem Haus des Tischlers Duplay bleibt Desmoulins plötzlich stehen. Aus einem Fenster des ersten Stocks dringt Licht.

Desmoulins deutet zu dem Lichtschein hinauf: „Er arbeitet noch. Leute, die keinen Schlaf kennen, sind gefährlich."

„Ha, deine alte Angst vor Robespierre!"

„Du bist blind, Georges, dass du ihm vertraust. ‚Nur nichts gegen Robespierre, den großen Mann, den Unbestechlichen.' Seit acht Tagen triefen seine Reden wieder nur so von Menschenfreundlichkeit. Das ist schlecht, ich kenne ihn besser als du. Er plant irgendetwas Ungeheuerliches. Sieh ihm doch in die kalten, lauernden Augen. Warum schläft er nicht, der vaterländische Tugendwächter?"

„Sehr einfach: Er hat ein Schäferstündchen mit der Tochter Duplays!"

„Das glaubst du doch selbst nicht! Ich sag' dir, Georges, der liebt keinen Menschen – und dich am allerwenigsten. Der blasse Neid lässt ihn nicht schlafen, sein kleiner Literatenehrgeiz, dich zu überflügeln, jagt ihn aus dem Bett. Von dir geht Kraft aus und Geist und Kühnheit. Deine Rede ist wie ein Orkan. Aber was hat denn er? Nichts, nichts von alledem! Nur seine Kälte und Unberechenbarkeit. Darum ist er so beherrscht, weil er zu gar keiner Empfindung fähig ist.

Wenn dein ganzes Wesen vor Wut erzittert, bleibt er kalt wie ein Stein und berechnet seine Chance."

Danton blickt einen Augenblick zu dem Fenster auf, schlägt Camille auf die schmächtige Schulter:

„Bist du wahnsinnig, Camille! Und seit wann bist du denn so ungerecht? Ich liebe ihn auch nicht. Leichenbitterminen bringen mich in Rage. Aber er ist doch unbestechlich, verzehrt sich für das Wohl der Nation. Mag sein, dass er auf mich herabsieht. Aber Angst, Angst vor dem Bürger Robespierre? Pass mal auf!", lacht Danton.

Er geht auf das Haus zu, und während er die Hosen aufknöpft, scherzt er gegen Desmoulins:

„Geh ins Bett und lass dir von Lucilie einen Beruhigungstee kochen!"

Er kommt erst gar nicht zurecht mit seiner Hantierung, als hätten die fünf Flaschen Champagner einen Stau verursacht. Aber dann, als er zu lachen aufhört, geht es doch, sehr spärlich rinnt es erst, und ein befreites Gestöhn entfährt dem Giganten, als der harte Strahl an die Wand spritzt.

„Camille!", ruft er, denn der vornehme und nervöse Desmoulins ist unangenehm berührt ein paar Schritte weitergegangen. „Camille! Ich pisse ihm an die Wand und dafür kann er mich am Arsch lecken!"

Er schlägt den Marderpelz hoch und schließt die übernächtigten, geröteten Augen, um seine Rede zu memorieren. Seine schmalen Lippen sind wie ein glatter, geschnittener Spalt. Die linke Schulter zuckt nervös. Jetzt greift er zu Rousseaus „Emile", der auf dem Schreibtisch liegt, blättert, liest darin.

Der Sekretär tritt ein und bleibt an der Tür stehen. Robespierre schlägt kurz die Augen zu ihm auf, und sofort tritt er heran und legt einen Packen Briefe, Zeitungsausschnitte und Akten auf den Tisch.

Es ist drei Uhr nachts, und noch ist das Pensum des Musterschülers der Republik nicht bewältigt. Der Sekretär bleibt stehen; er hat die letzten Tagesereignisse noch zu berichten: Pariser Klatsch aus Kaffeehäusern, Spelunken und Läden, der ihm von den Kalfaktern bis spät in die Nacht zugetragen wird; denn abends lösen sich die Zungen. Heute hat er eine unglaubliche Sache erfahren, und er brennt darauf, Rapport zu erstatten.

Schon lange spricht man von der geistesschwachen Cathérine Théot in der Rue Contrescarpe, die sich von ihrem Anhang als Mutter Gottes verehren lässt. Der Kartäusermönch Dom Gerle, der Arzt Lamotte und die schöne Madame Amblard sind ihre Propheten. Schon einmal wollte der Konvent gegen das Unwesen dieser immer größer werdenden Sekte einschreiten; unbegreiflicherweise hat Robespierre sein Veto gegen die Verhaftungen eingelegt. Heute nun, so berichtet der Sekretär, hat sie unter großem Zulauf verkündet, es sei ihr in einer Vision die göttliche Abkunft Robespierres offenbart worden.

Robespierre lässt das Buch sinken.

„Paris lacht", sagt sein Zuträger und versucht, im Gesicht seines Herrn zu lesen, ob auch er sich zu lachen erlauben dürfe.

Aber Robespierres Miene bleibt unbeweglich. Nur die linke Schulter zuckt.

„Wer lacht?", fragt er.

Überall lache man. Sabre habe ihm gemeldet, die Elf-Uhr-Sitzung des Konvents sei in ein einziges Gelächter ausgeartet. Lacroix, Philippeaux, Séchèlles, Fabres d'Eglantine hätten sich danach noch lange unterhalten. Grangeneuve sei lachend hinzugekommen und habe laut ausgerufen: ‚Das wird Robespierre gefallen, wenn wir ihn für einen Gott halten!'

„Wie sagte er das? Gutmütig? Verächtlich? Herausfordernd?"

„Es war purer Hohn!"

Robespierre liest weiter im „Emile". Sein Zuträger Carrier hat ihm heute Mittag schon diese irrsinnige Äußerung der Théot berichtet. Die Spötter sollen sich hüten.

„Was soll mit dieser Verrückten geschehen?", fragt der Sekretär.

Robespierre blickt nicht einmal auf: „Ist sie denn verrückt?"

Der Sekretär erschrickt. Es gäbe aber eine Menge Leute, beeilt er sich zu versichern, die an Mutter Théot glaubten, so die ganze Rue Contrescarpe, viele alte Sansculotten, vor allem aber die ehemalige Baronin von Châtenois mit ihrem Anhang. Robespierre verzieht keine Miene. Der Sekretär reicht ihm eine Liste mit 23 Namen. Robespierre streicht einen aus.

„Ja, ja! Diese Unglücklichen!", sagt er sanft und unterschreibt. Nachdem der Sekretär gegangen ist, löscht er die Lampe. Der Tugendhafte sitzt im Dunkeln. Er grübelt. Ihn beschäftigt die neue Staatsreligion, der Kult des Être suprême. Er denkt darüber nach, wie man aus einer Republik eine Diktatur machen könne. Eines Tages wird er mit einem Federstrich diese Staatsform beseitigen und Papst und Herrscher der Franzosen sein. Nur als Übergang natürlich! Denn die Franzosen sind noch nicht reif für die Republik. Der zukünftige Gott Robespierre lächelt verdrießlich.

Auch ihn, der der Menschheit eine neue Wohnstatt, ein irdisches Paradies bereiten will, wird die Revolution verschlingen. Er wird dem eigenen Sturz die wankelmütigen Männer der Gironde vorausschicken, Madame Elisabeth, Marie-Antoinette, aber auch Desmoulins und Danton mitsamt seiner Partei der neuerlichen Milde. Er wird mit der gleichen unbewegten Miene überzeugte Jakobiner, Royalisten, Katholiken, weil sie immer noch glauben, Atheisten, weil sie an gar nichts glauben, Enzyklopädisten, Hébertisten, Gelehrte und Künstler und eine Legion Namenloser auf das Schafott schicken; die einen, weil sie vor ihm zittern und darum schuldig sind, die andern, weil sie nicht zittern und darum schuldig sind. Und er wird keinen Augenblick daran zweifeln, richtig zu handeln.

Bis zum zehnten Thermidor. Denn dann, an einem einzigen Tag, wird der große Puritaner, der Schrecken und Abgott von gestern, von seiner Höhe herabstürzen und mehr tot als lebendig mit zerschmetterter Kinnlade unter unbeschreiblichem Jubel zur Guillotine geführt werden, wo Maximilien Robespierre, vor Schmerz und Entsetzen aufheulend wie ein Wolf, seine kalte Seele aushauchen wird.

Gegen Morgen wird der Schlaf der Stadt Paris nahezu vollkommen. Die Geschäftemacher und Nutznießer der neuen Zeit haben ihr Lager aufgesucht wie die kleinen Gauner und Diebe, die Trunkenbolde und Huren. Auch Marat schläft; den ganzen Freitag über hat ihn die Krankheit geplagt;

gegen Abend hat er eine Flasche billigen Rotweins getrunken; nun liegt er schnarchend in der halbleeren Wanne. Friedlich schläft er seinem letzten Erdentag entgegen.

Ein erhabenes Schauspiel
des Welttheaters

Alles kann dargestellt werden, nur nicht die Fülle der Zeit, die Menschen und Ereignisse umgibt, und wie die sanfte Luft die blauen Hügel umweht und noch in den Wipfeln der gefällten Bäume spielt. Das Wesen allen Geschehens ist die Zeit; Zeit aber kann nicht dargestellt werden, und so erscheint jede Darstellung des Historischen als ein Gemälde ohne ein Partikelchen Farbe.

Es ist ein Schauspiel, ein Meisterstück des großen Dramaturgen. Und weil die Idee so erhaben ist und die Schauspieler so unübertrefflich spielen, wird es gleich nach dem letzten großen Vorhang endgültig vom Spielplan der Menschheit abgesetzt, denn das Vollendete ist unwiederholbar.

Der Schauplatz heißt Frankreich. Die entscheidenden Szenen, zugleich die glanzvollsten, führen die Franzosen in dem ungeheuren Amphitheater Paris auf. Und die aufgeschreckten Völker, die europäischen Zuschauer recken die Hälse und starren gebannt auf die Bühne.

Applaus für die Verfasser des großartigen Prologs; Montesquieu, Voltaire und Rousseau, Beifall auch für das aufwühlende Motto: „Liberté, Égalité, Fraternité". Man applaudiert bei der Kapitulation der alten Reichsstände, bejubelt das Manifest der Menschenrechte und des Friedens. Die Franzosen werfen ihre blauen Bauernkittel und Soutanen ab und legen die heiligen Gewänder der nationalen

Begeisterung an, die Uniformen der Nationalgarden, die Schärpen und Jakobinermützen. Sie sind jetzt kostümiert und warten auf ihr Stichwort. Einer nach dem anderen betritt die Bühne, spricht seinen Text, vollbringt Heldentaten oder Ungeheuerlichkeiten. Unermüdlich peitscht der Regisseur die Nachfolgenden einzeln und haufenweise auf die Bühne, und alle geben ihr Bestes. Vor allem aber sterben sie. Viele besteigen den Karren, der die überflüssig gewordenen Schauspieler hinausschafft, jene, die zu lange, zu kurz, zu kalt oder zu hitzig sich gebärdet haben.

Da naht der unglückselige wankelmütige König, schuldig, weil er König ist, denn niemand herrscht ohne Schuld. Er ist einer der schwächsten Darsteller anfangs, doch er wächst in seine Rolle hinein und stirbt zur großen Zufriedenheit aller mit Anstand. Es treten die Aristokraten auf, eine ganz hervorragende Truppe, die über alle Register verfügt, bewundernswerte Standhaftigkeit wie auch rührende Verzweiflungsszenen darzustellen imstande ist. Es regnet Bonmots; vielen fällt im letzten Augenblick noch etwas Großartiges ein, ein tiefsinniges Wort über Gott oder das Vaterland, was des Aufschreibens wert ist. Kirchenfürsten, königliche Kammerherren, Hofräte machen ihre Referenz vor der Guillotine, ziehen zum letzten Mal ihren aufgebügelten Staatsrock aus rosa Seide an. Die Damen von Versailles greifen an den roten Stufen noch einmal zum Schminktöpfchen und zur Puderquaste, um ihre Todesblässe zu übertünchen.

Danton tritt auf. Mit einem sardonischen Lächeln steht der Koloss auf den Brettern, die Tod bedeuten, während sich der Weidenkorb mit den Köpfen seiner Genossen füllt. Der erste Korb ist voll. Die Köpfe werden ausgeschüttet wie Runkelrüben, kapitale Früchte der Revolution. Fabre d'Eglantine sagt lässig, als säße er in der Loge: „Das war der erste Akt." Und Danton entgegnet: „Dann werden wir also im zweiten auftreten!"

Wer immer auch dieses Podium betritt, das kein Hinabsteigen mehr zulässt, ein wirkungsvolles Ende ist allen gewiss. In diesem Stück ist der Tod immer der beste Abgang.

„Wie schrecklich!", hat die Mitwelt gerufen, und die Nachwelt hat es gedankenlos nachgeplappert; vergessen die Befreiung der Völker, das große Richtfest für die neue Wohnstatt der Menschheit.

Schrecklich, sicher! Und doch ist es gar nicht so trübselig in Paris. So wie wir im Theater uns nicht entsetzt abwenden, wenn das tödliche Schicksal des Helden sich erfüllt, sondern ergriffen auf die Bühne starren, so lässt man alles Furchtbare in einer Art gespenstischer Lust geschehen. Auf dem Revolutionsplatz wird gestorben, aber gleichzeitig wird in Paris getanzt, ja sogar auf diesem Platz. Natürlich geht man dem Tod nach Möglichkeit aus dem Weg. Aber er ist wie eine ansteckende Krankheit, ein Schnupfen; wenn es soweit ist, niest man den Kopf in den Korb. Man feiert Orgien und bacchantische Feste, die einen, weil sie noch leben, die andern, weil sie morgen sterben werden. Es ist längst Sitte geworden, dass die Todeskandidaten in den Kellern der Conciergerie ein rauschendes Abschiedsbankett veranstalten, mit Dichterlesungen, Trinksprüchen und Reden, das dann in einem wüsten Gelage oder in gespenstischer Feierlichkeit endet. Immer ist man bereit, noch ein Tänzchen zu wagen, vielleicht ist es ja das letzte. Und so sieht man in ganz Europa nirgendwo eine solche Lustbarkeit wie gerade im revolutionären Paris, weil die Lebenden nirgends einen so unaufschiebbaren Grund zur Freude haben. Paris ist ein Festsaal. Sechzig Ballsäle sind Tag und Nacht geöffnet. Dreiundzwanzig Theater spielen. Unablässig sind die Massen unterwegs zu den Brennpunkten der Stadt, zu den Jardins Du Luxembourg, zum ehemaligen Palais Royale, zum Palais Evreux und natürlich immer wieder zum Grève-Platz, wo man am herrlichsten das Gefühl genießen kann, noch zu leben.

Alles wird in Szene gesetzt. Das Tribunal wird zur Szene, die Szene kann sich jeden Augenblick in ein Tribunal verwandeln. Der Prozess des Königs ist die Galavorstellung der jungen Republik; wie in der Arena hallen Beifall und Abscheu durch den Saal. Es folgt der Todesgang der Gironde als Intermezzo. Und immer wieder der Tanz. Aus den Kirchen werden Altäre und Chorgestühl hinausgeschafft und verbrannt, damit man besser tanzen und buhlen kann. Die Trommeln wirbeln und das Fallbeil schlägt den Takt. Über den Abgrund des Todes hinweg schreitet gleichmütig das Menuett des Lebens.

Und dann die Festzüge, die spontanen und die organisierten, die feierliche Inthronisation des Höchsten Wesens und das gigantische Fest der Brüderlichkeit vom 10. August 1793. Der Hofmaler der Revolution, Jacques-Louis David, kündigt es dem Konvent mit den pathetischen Worten an:

„Hochherziges und edelmütiges, der Freiheit wahrhaft würdiges Volk! Dich selbst will ich als Schauspiel dem Ewigen vorführen!"

Für David ist Paris die Weltbühne, die Revolution ein grandioses Drama! Ganz Paris verwandelt er mit den kolossalen Kulissen vaterländischer Allegorien. Über den Trümmern der Bastille erhebt sich haushoch das imposante Bildnis der Allmutter Natur, aus deren Brüsten der

Jungbrunnen der Freiheit fließt. Weihrauchdüfte steigen zu ihr empor, Gebete, Hymnen! Ein theatralischer Rausch hat alle erfasst. Unter Kanonendonner setzt sich der Zug der Hunderttausend in Bewegung. Inmitten des Geschehens der Nationalkonvent, der den Tabernakel der Republik, ein Gestell mit den Gesetzestafeln der neuen Verfassung, umschart. In ihren Händen halten die Würdenträger der Nation Ährenbündel und allerlei Früchte des Feldes. Endlos wälzt sich der Lindwurm vorbei an den Attrappen der Brüderlichkeit. Bei Sonnenaufgang hat das Fest begonnen, am Mittag endlich erreicht der Zug die Gipsfigur der Freiheit auf dem Revolutionsplatz.

Das Erhabene liegt ewig im Widerstreit mit dem Verwerflichen und Lächerlichen, nicht selten auch wird das eine mit dem anderen verwechselt.

Reden und Schwüre. Dreitausend Vögel mit trikoloren Bändchen rauschen in die Luft. Auf dem Marsfeld ist der Altar des Vaterlands errichtet worden. Unter ohrenbetäubendem Jubel, Kanonendonner und Fanfarengeschmetter wird das Allerheiligste, die Verfassungsakte, in den Schrein eingelassen und die Masse leistet den Treueeid.

Das Aufgehen in der Masse verändert den Einzelnen.

Da ist der Kanzleidiener Lefèbvre. Sein Leben lang hat er nichts weiter getan als Listen angelegt, Akten geschleppt und nachmittags in seinem kleinen Garten Kohl angebaut und die Raupen abgelesen. Niemals hat er auch nur einen einzigen ausschweifenden Gedanken geäußert. Nun aber ist er hinzugelaufen, als die Menge vor dem Bäckerladen seines Viertels zusammenströmte, denn die Brote waren um 50 Gramm zu leicht. Und schon fängt er an zu schreien, und der Ausdruck seiner sonst so sanften Augen verändert sich.

Als man den Meister aus dem Laden zerrt, gebärdet er sich wie ein Rasender und brüllt immer nur wie die andern: „An die Laterne! An die Laterne!" Unfasslich, woher diese Wut in ihn gefahren sein mag, die ihn nicht eher loslässt, bis man dem Bäckermeister den Strick um den Hals gelegt und an der Laterne hochgezogen hat.

Das Spiel ist noch nicht zu Ende. Er wird sich wieder verpuppen, und aus der Bestie in Menschengestalt wird wieder ein Kanzleidiener werden. Alles Böse wird von ihm abfallen. Herr Lefèbvre wird wieder Einwohnerlisten schreiben und nachmittags in seinem Garten auf und ab spazieren, mit dem Ausdruck besorgter Sanftmut seine Kohlköpfe betrachten und behutsam die grüngelb gefleckten Raupen ablesen.

Merkwürdig! Nicht einmal die Erinnerung an sein böses Ich vermag ihn noch zu behelligen. Er hat es von sich abgestreift und hinweggehängt wie ein zerschlissenes Kleidungsstück in eine abgelegene Kammer, wo sich die Motten drüber hermachen, bis es der Lumpensammler abholt. Und schließlich weiß er gar nicht mehr, dass er es jemals getragen hat. Die gute Seele hatte den verlockenden Traum des Bösen geträumt. Eine der vielen Möglichkeiten seines Seins hatte ihn für kurze Zeit überwältigt. Und als er erwachte, hätte er schwören können, nur geträumt zu haben. Wenn er noch ein Weilchen lebt, wird er – als wäre die Republik nie gewesen – ohne Mühe „Vive l'Empereur!" schreien und nun wahrhaftig Anspruch auf ein hohes Staatsamt haben.

Der göttliche Verfasser war über die Leistung seiner Schauspieler überrascht. Gleich bei den ersten Proben waren sie

Feuer und Flamme. Als sie sich jedoch immer wilder ge-
bärdeten und mit höllischer Lust ihren Totentanz tanzten,
schüttelte er bedenklich den Kopf und hätte die Premiere
am liebsten abgebrochen.

Doch er blieb reglos sitzen in seiner Loge. Für dieses sein
bestes Stück hatte er sich nämlich verbindlich die Regel gesetzt, in die Freiheit der Darsteller nicht einzugreifen bis
zum fünften Akt. Und so musste das Stück zu Ende gespielt
werden.

Ein Messer für Marat

Sie hat den Hausknecht beauftragt, sie um halb sechs zu wecken, ist aber schon eine Stunde früher aufgewacht und sofort aufgestanden. Mit äußerster Sorgfalt macht sie Toilette. Während sie ihr langes Haar bürstet, überdenkt sie ihren Plan noch einmal in allen Einzelheiten. Sie betet ihr Morgengebet, das noch aus ihrer Kinderzeit in Mesnil Imbert stammt, kleine Stoßseufzer zum Tagesanfang, zur Bewahrung vor Krankheit, Tod und vor aller Sünde, wie jeden Morgen, als sei dies kein besonderer Tag. Dann betet sie lange für ihre Mutter, denkt aber dabei schon an die Worte, die sie vor einem Jahr in ihrer Bibel rot unterstrichen hat. Sie hatte damals das Buch Judith zum ersten Mal gelesen und glaubte, in diesem Text einen göttlichen Fingerzeig zu erkennen. Von da an betete sie des Öfteren das Gebet der Judith, wandelte es ab, so dass es auf ihre Zeit und ihr Vorhaben passte. Immer ähnlicher fühlte sie sich der alttestamentarischen Vorgängerin werden, die ohne menschlichen Beistand mit List und großem Mut den Feldherrn Holofernes ums Leben gebracht hatte.

„Hilf mir, Herr mein Gott! Du hast bewirkt, was vorzeiten und hernach geschehen ist. Und was Du willst, das muss geschehen. Strecke, Herr, auch jetzt Deinen Arm aus und zerschmettere ihn, der Dein Haus besudelt hat, mit Deiner Macht, damit er umkommt durch Deinen Zorn. Solltest Du aber wollen, dass er durch mich gerichtet wird, so schenke mir die Kraft zu der Tat. Ich bin bereit. Das wird Deines Namens Ehre sein, dass die Hand einer Frau ihn niedergestreckt hat, weil sie Deinen Willen tat. Denn wie könnte ich es ohne Dich? Deine Macht stützt sich nicht auf die Stärke der Rösser und Männer. Du kannst den Schwachen beistehen, auf dass sie den Sieg davontragen.

Herr, erhöre mein Gebet, denn ich vertraue auf Deine Barmherzigkeit. Gib mir ein, was ich reden und denken soll und verleihe mir Glück dazu, auf dass Dein Haus bleibe und auf dass Frankreich von den Verderbern errettet werde!"

Sie zieht das weiße Kleid an, das zu enge Seidenkleid der Mutter, das die ahnungslose Madame Grollier aufgebügelt hat. Sie nimmt den Reisebeutel vom Haken, in dem sich ein Taschentuch befindet, das Ambrafläschchen und eine Liste mit den achtzehn Namen, mit der sie Marat zu täuschen gedenkt. Bevor sie geht, steckt sie ihren Pass noch dazu, denn sie hält es für denkbar, dass Anhänger Marats sie in Stücke reißen werden. Man soll wissen, wer Frankreich gerettet hat.

Das Haus schläft noch; nur der Hausknecht, wortlos ärgerlich über ihren frühen Aufbruch, kommt aus der Küche geschlurft: Es sei für sie gedeckt. Sie rührt das Essen nicht an, trinkt nur den lauen Kaffee und geht. Es ist sechs Uhr. Sie geht zum Palais Royale, das jetzt Palais Egalité heißt, wo schon das Leben erwacht ist, setzt sich in einer Seitenstraße auf eine Haustreppe, von wo aus sie die Läden und Etablissements des Gebäudes überblicken kann. Ein junger Mann in Hemdsärmeln öffnet die Läden seines Schaufensters; im Näherkommen liest sie das Ladenschild: Bodin. Messerschmied. Ohne zu zögern, betritt sie den Laden und kauft in wenigen Augenblicken ein gewöhnliches Messer, wie es in der Küche gebraucht wird zum Schneiden von Gemüse und Brot; weil sie einen Moment unschlüssig scheint, fügt der junge Mann hinzu, man könne es auch zum Tranchieren benutzen und auch zum Zerschneiden von rohem Fleisch; diese sehr schöne Lederscheide gehöre dazu. Charlotte besieht sich das Messer; die Klinge ist schmal und lang, der Griff breit, aus dunklem Ebenholz. Sie kauft es für vierzig Sous, die Scheide lässt sie liegen.

Es ist noch nicht sieben und schon sehr warm. Ihr Haar flimmert rötlich in der Sonne. Übernächtigte Menschen kommen aus dem „Palast der Gleichheit". Sie geht weiter in den Garten hinein in den Schatten der alten Bäume.

Dort sitzt sie mit geschlossenen Augen lange Zeit auf einer Bank. Sie hört weder das Geschrei der Zeitungsausrufer noch die über ihr zwitschernden Vögel. Als es neun Uhr schlägt, erhebt sie sich, als hätte sie auf diese Stunde gewartet. Vor dem Portal winkt sie eine Kutsche heran. Der Kutscher weiß zwar, dass der Abgeordnete Marat in der Rue des Cordeliers wohnt, kennt aber die Hausnummer nicht. Er fragt bei seinen Kollegen herum.

Sie sitzt schon im Wagen und wartet. Endlich erscheint der Mann wieder und besteigt den Bock:

„Nummer 30!", ruft er und fährt los. Das Innere der Kutsche ist schmutzig und verwahrlost. Ein widerlich süßes Parfum haftet den zerschlissenen Kissen an, ein verwelkter Rosenstrauß liegt am Boden. Sie wirft ihn durchs Fenster. Sie entnimmt ihrem Reisebeutel das Messer und schiebt es mit der Spitze voran in ihren linken Ärmel zwischen die Blätter des *Bulletin de Caen*, das sie dort festgenäht hat. Wie in einer Scheide sitzt es fest und lässt sich ohne die geringste

Mühe herausziehen. Sie knöpft den engen Bund zu und steckt ihr Taschentuch in den Ärmelschlitz.

Der Wagen hält. Sie gibt dem Kutscher das Geld. Ihre Hand zittert. „Nur ruhig Blut, Madame!", lacht der Mann. Sie geht auf das Haus zu. „Dauert es lange?", ruft er ihr nach.

„Sie brauchen nicht auf mich zu warten!"

Hinter ihr klappt der Schlag zu. Sie betritt das Haus.

Ein düsterer Flur mit Sandsteinplatten belegt. Sie erkennt im Dämmerlicht den Treppenaufgang, ein eisernes grüngestrichenes Geländer – wie im Armenhaus in Caen. Sie tastet nach dem Dolch, der Liste. – Ruhig Blut! – Sie hat fast die Treppe erreicht, als sie aus dem Halbdunkel von hinten angerufen wird.

„Wohin?"

„Zum Abgeordneten Marat!", entgegnet sie, als ginge sie hier ein und aus.

„Er ist für niemanden zu sprechen!", sagt die Concierge mit solcher Bestimmtheit, dass Charlotte sich im nächsten Augenblick wieder auf der Straße befindet.

Der Volksfreund predigt Mord

An diesem Morgen des 13. Juli 1793 geht es Marat ausgezeichnet. Nach zwei Tagen hat er die Nacht wieder durch-
schlafen können. Wie neugeboren fühlt er sich, doch er gibt
sich diesem Gefühl nicht lange hin, weiß er doch, auch wenn
er es vor aller Welt und manchmal auch vor sich selbst zu
verheimlichen sucht, dass ihm nicht mehr viel Zeit bleibt.
Keine Zeit ist zu verschwenden. Seit sechs Uhr sitzt er ihm
Bett und schreibt für den *Ami du Peuple*. Die Aussagen sind
einfach, klar verständlich; es liest sich, als gäbe es jeweils nur
eine, nämlich die soeben vorgestellte Möglichkeit. Die Vehe-
menz seiner Sprache, das Zuschlagen der Sätze, das sprunghaft Zupackende seiner Forderungen; die Wiederholungen,
die sich so leicht einprägen und das Gesagte als Selbst-
verständlichkeit darstellen (Politik ist die Kunst, das Volk zu
betrügen – Regierung tyrannische Herrschsucht), in allem,
was er sagt und wie er es sagt, spiegelt sich nicht nur der
Autor, sondern auch die Zeit aufs Genaueste: die Hektik,
ihre Maßlosigkeit und ihr Absolutheitsanspruch. Schnell
huscht die Feder über das Papier; zu viel, das es noch mitzuteilen gibt. Marat schreibt mit einer dämonischen Be-
sessenheit, mit wütender Hingabe, leicht geht es ihm von
der Hand.

Ein flinker Schreiber. Über zehntausend Seiten sollen es gewesen sein, die er zum Druck gebracht hat. Marat hatte das
Talent, so zu schreiben, dass auch die einfachen Leute ihn

verstanden. Umgekehrt wusste er, was sie hören wollten, kannte ihre Sehnsüchte, Hoffnungen, auch ihre gefährlichen Wünsche. Da war also endlich einer, der genau das sagte, was sie ja schon immer gedacht und gewusst hatten, einer von denen, die das Volk verstanden, ein Freund der braven einfachen Leute eben, und so war es nur folgerichtig, dass der schreckliche Vereinfacher sich selbst und seinem Blatt den Namen *Ami du Peuple*, „Volksfreund", gab. Nie wurden Robespierre und Saint-Just, die kalten Denker der Revolution, so umjubelt wie Marat; sie wurden aber auch nicht so glühend gehasst.

Der „Bluthund", wie ihn seine Feinde nannten, rief in seiner Zeitung immer wieder zum Mord an den politischen Gegnern auf, tötete durch Reden und Schriften. Sollte die Vision einer gerechten Gesellschaftsordnung eine Zukunft haben, so mussten die Gegner der neuen Republik vernichtet werden. ‚Aristokraten und Geistlichen sollte man je ein Ohr und den rechten Daumen abschneiden, dass man sie gleich erkenne! – Die gegenrevolutionären Mitglieder des Stadtrates, der Friedensrichterkollegien, des Departements und der Nationalversammlung müssen ausgemerzt werden.' – ‚Erinnert euch an das Massaker auf dem Champs de Mars. Begreift Ihr denn nicht, dass man eine kleine Zahl Köpfe abschlagen muss, um eine große Zahl zu retten? Nur keine Milde!'

„Störe mich nicht", sagt er mit abwesendem Blick zu Simonne Evrard, die hereingekommen ist, weil sie ihm unbedingt sagen muss, wie glücklich sie ist. Sie hat endlich Geld auftreiben und einen Korb mit Lebensmitteln kaufen können. Für ihn sorgen zu dürfen, das ist ihr die schönste

Aufgabe. Sie setzt sich sogleich in eine Ecke, still, um ihn nicht zu stören. Es reicht ihr, ihn anzusehen, zu bewundern, den großen Mann. Wenn er ihr jetzt auch keinen Blick schenkt; das macht ihr nichts aus. Schließlich arbeitet er ja an seiner Unsterblichkeit.

„Ich habe dir schon einmal gesagt, du sollst mich nicht stören. Begreife endlich, Simonne, dass dein Herumsitzen mich stört." Sie steht sofort auf:

„Ich liebe dich doch", sagt sie mit leiser Stimme.

„Ja, ja, ja. Liebst mich. Gut. Wenigstens du liebst mich."

„Aber Jean-Paul. Sie lieben dich doch alle!"

„Halt's Maul! Als wüsstest du nicht ganz genau, dass das nicht stimmt. Sie hassen mich, weil ich ihnen unbequem bin; und ich hasse sie, weil sie Verräter sind an der großen Sache Frankreichs. So ist das. Morgen, Simonne, morgen, wenn ich auf der Rednertribüne stehe, werde ich ihnen ins Gesicht schreien, wie ich sie hasse. Dabei, und das wissen die doch, liebe ich sie, diese Schweine und Nichtstuer. Ich bin der verhinderte Liebhaber Frankreichs! Morgen werde ich vor ihnen die Zukunft der Nation entfalten. Werde hinwegblicken über Zeiten und Räume in die Zukunft der Menschheit! Wenn das Reich der Freiheit aller angebrochen ist. Keine Heuchelei mehr! Kein hundsföttischer Aberglaube einer trügerischen Hoffnung auf das Jenseits, damit die Unterdrückten im Diesseits sich auch noch freudig bücken. Wir brauchen das Paradies nicht im Himmel zu suchen. Wir holen ihn herunter. Hinweg mit dem christlichen Jammertal! Ein Tal der Wonnen soll es werden. Unser Staat wird das Paradies auf Erden sein!"

Simonne will ihn umarmen:

„O Jean-Paul! Das Paradies auf Erden! Das ist ein wunderbarer Gedanke!"

Er stößt sie weg.

„Und nun geh in die Küche, Simonne. Und störe mich nicht mehr!"

„Du bist großartig, Jean-Paul!"

„Als wüsste ich das nicht. Aber jetzt in die Küche. Du störst mich, hörst du. Bewunder' mich meinetwegen, aber von der Küche aus!"

„Sag mir noch, dass du mich liebst!"

„Verdammt noch mal. Du fängst an, mir lästig zu werden mit deinem Liebesgeseufze. Das ist alles unwichtig. Hörst du? Wir gehören der Revolution. Das Glück der Menschheit ist wichtig. Nichts sonst!"

„Lästig", sagt sie mit weinerlicher Stimme und geht in die Küche. Sie besieht sich im Spiegel, der auf der Anrichte steht. Sie seufzt.

„Ich bin ihm lästig."

Marat hat den Artikel beendet und schreibt jetzt an seiner Konventsrede; plötzlich hält er inne und ruft in die Küche:

„Du bist mir furchtbar lästig, elendes Miststück!" Er wartet einen Augenblick. Simonne wischt sich eine Träne fort und lauscht. „Aber, Simonne, hörst du mich? Ich liebe dich nun einmal!"

Sofort erhebt sie sich. In der Ecke steht ein großer Bottich. Sie trällert vor sich hin und macht sich unverdrossen an die Arbeit, die blutigen Tücher und Binden des großen Marat zu waschen.

Marat, noch immer im Bett, eine lederne Schreibmappe auf den Knien schreibt schon wieder weiter. Er blickt durchs Fenster, ohne zu sehen.

Paradies. Das Paradies ist Wirklichkeit geworden. Es gibt keine Privilegierten und keine Entrechteten mehr. Die Mittellinie der Glückseligkeit ist erreicht. Armut und Versklavung des einen Teils der Menschheit, damit der andere, weitaus kleinere Teil, in Reichtum und Überfluss leben kann, das ist vorbei. Die Güter dieser Erde sind gerecht verteilt; Hass, Neid und Missgunst werden bald gegenstandlos geworden sein, auch der Krieg eines Tages, weil es dann keine Völker mehr gibt; der Staat hat sich selbst überflüssig gemacht; der Mensch ist in den Urzustand der Gleichheit zurückgekehrt.

„So wird es einmal sein!", flüstert Marat, „dafür leben und leiden wir. Wir müssen heute grausam sein, damit die Kommenden in einem Paradies leben können. Einmal wird die Saat dieser Revolution, oft zertreten und zerstampft von den Stiefeln der Unterdrücker, fast erstickt vom Unkraut ihrer eigenen Unzulänglichkeiten, einmal wird das, was wir blutend säen, für alle Zeiten und für alle Menschen aufgehen."

Eine Zeitlang sinnt er noch dieser Utopie nach; dann kehrt sein Geist aus der Ferne der Zeiten zurück. Die Rede! Er schlägt die Bettdecke zurück, steht auf, geht zum Tisch. Er juckt sich, am Bauch, an den Oberschenkeln, setzt sich. Liest den Entwurf seiner Rede, zunächst ohne zu korrigieren. Im zweiten Durchgang unterstreicht er, macht sich am Rand Notizen, streicht durch; dann kommt die endgültige Fassung. Absatz für Absatz wird durchgearbeitet. Neue Ge-

danken fallen ihm ein, die er auf einem anderen Blatt fest-
hält. Zu dumm, dass er nicht alles so schreiben darf, wie er
es denkt. Rücksichtnahme vor der Versammlung, dem Präsidenten. Ein Gräuel. Er arbeitet schnell, in fliegender Eile.
Nach zwei Stunden ist er fertig. Ein Luftzug lässt ihn frös-
teln. Er schleppt sich zum Bett, hängt sich das Laken über
die Schulter, liest dann die fertige Rede halblaut durch:

*Ihr Idioten und Schweine, die ihr diesen Tempel des Gesetzes
durch eure Gegenwart beschmutzt.* So steht es noch unberich-
tigt in der Fassung des ersten voller Wut hingeschriebenen
Entwurfes. Das sollte ich ihnen ins Gesicht schreien. Es gibt
keine zutreffendere Anrede. Aber das geht dann doch nicht.

*O du erhabene Versammlung, Zierde des Gesetzestempels. Fran-
zosen, Konventsabgeordnete, Männer des Wohlfahrtsausschusses.*

*Wenn ich heute hier vor euch stehe, am 26. Messidor des Jah-
res 1 der einen unteilbaren Republik, so geschieht das wahrhaftig
nicht, weil ich eine Lobrede auf euch halten will, auf euren un-
ermüdlichen Fleiß, eure Wachsamkeit gegenüber unseren Feinden,
eure Aufopferung für Frankreich. Nein! Ich bin zu euch gekommen, weil die Sorge um unseren Staat mich hertreibt, weil ich
keinen Schlaf mehr finde wegen der verdammten Leichtfertigkeit,
weil ich euch die Binde von den Augen reißen muss, damit ihr
endlich erkennt, dass wir am Abgrund stehen. Seit Jahren erhebe
ich meine Stimme gegen Reaktionäre und Konterrevolutionäre.
Aber ihr hört mich nicht. Oder ihr sagt: ‚Dieser Verrückte. Ihn
treibt der Wahn. Die Feinde der Republik sind tot! Lasst uns zurückkehren zum normalen Alltag!' Ja schlaft ihr denn hier, anstatt
unablässig an der Wohlfahrt und Sicherheit des Landes zu arbeiten? Hört ihr denn nicht, dass es überall schon knistert im Gebälk*

unseres Staats, dass die Fugen schon auseinanderklaffen? Fürchtet die Reaktion, wiederhole ich euch. Morgen schon werden die Verräter diese Revolution auf den Abfallhaufen der Geschichte schmeißen, wenn ihr hier und heute nicht handelt. Eure Feinde werden euch nicht schonen, wenn die Würfel wieder zu ihren Gunsten gefallen sind. Deshalb keine Gnade!

Noch niemals ist innerhalb kürzester Zeit Größeres geleistet worden als im revolutionären Frankreich. Aber nie auch stand mehr auf dem Spiel als heute, nämlich alles zu verlieren und zum Gespött der Menschheit zu werden. Wie großartig hat dieses neue Zeitalter begonnen! Soll es nach vier Jahren untergehen, weil wir zu schwach sind, zu armselig und unentschlossen, zu weichherzig, um den Feind endgültig zu zerschmettern? Ich schreie es euch ins Gesicht: Viele unter euch sind nicht die Hüter das Staates, sondern seine Totengräber! Abgeordnete des französischen Volkes, wie ihr euch nennt, hört ihr nicht den wütenden Schrei: ‚Was habt ihr aus unserer Revolution gemacht?‘ Ich frage euch: Was habt ihr denn gemacht aus dem ungeheuren Anspruch aus der Tiefe der gemarterten Kreatur, aus ihren tausendjährigen Flüchen? Aus dem Sturzbach der Tränen? Aus den Seufzern und Leiden aller, auch jener, die nach uns kommen werden? Was habt ihr denn gemacht mit der Urgewalt dieser entfesselten Kraft, die euch emporgetragen hat an euren Platz, damit ihr unnachsichtig handelt? Was? Was habt ihr gemacht? Habt ihr die Rädelsführer in Marseille und Toulon aufgespürt und verurteilt? Habt ihr die royalistischen Schweine in der Vendée und der Bretagne ausgelöscht? Warum habt ihr den gottverdammten Dumouriez ins Ausland entwischen lassen? Wie kommt es, dass dieser königliche Balg noch immer am Leben ist und seine hohlköpfige Mutter? Warum habt ihr diese aufständische Verräterstadt Caen noch nicht

dem Erdboden gleichgemacht? Und wie eigentlich konnte das gi-
rondistische Gelichter dorthin fliehen, von denen noch einige die
Frechheit haben, sich hier in dieser Versammlung offen zu zeigen.
Warum werden sie nicht in diesem Augenblick ergriffen und ge-
richtet, da ihr Verrat doch erwiesen ist?

Im vergangenen Monat habe ich folgende Anträge gestellt: den
General Ligonier anzuklagen als Hauptschuldigen an der Nieder-
lage bei Saumur, wo wir achtzig Kanonen und 4000 Gefangene
verloren; desgleichen anzuklagen Dumouriez' Helfershelfer
Westermann, die Abgeordneten Duchâtel und Lecointre-
Puycraveau sowie Carras, weil General Quétineau auf sein Be-
treiben hin entfliehen konnte; ferner bat ich euch am 12. Juni fle-
hentlich, die Verfolgung der Aristokraten, dieser Kakerlaken und
Kellerasseln, mit unnachsichtiger Strenge fortzuführen. Denn nur
so, durch unermüdliche Anstrengung, werden wir das Ziel er-
reichen, Frankreichs Boden von diesen Blutsaugern zu befreien.
Nichts von alledem ist geschehen! Und darum sage ich: Hinweg
mit allen Unentschlossenen und Wankelmütigen, weil sie das
Grab der Revolution schaufeln.

Ja, steckt nur die Köpfe zusammen, brüllt ihn nieder, den un-
bequemen Marat, der euch schonungslos die Wahrheit sagt. Ich
bin der Rächer der Enttäuschten und Geschundenen, die Wut der
betrogenen Revolution. Wer ihr Wegbereiter sein will, muss alles,
was sich ihr in den Weg stellt, ausrotten! Sonst nichts. Mehr ist
nicht zu tun. Und das ist genug. Denn ihre Feinde sind unzählig!
Hört ihr nicht schon den Marschtritt der Armeen, die die Tyran-
nen Europas gegen uns aussenden? Die sich Paris nähern! Das
tausendjährige Ancien Régime der Sklavenhalterstaaten schickt
sich an, uns in unserem Blut zu ersäufen. Und die Dumouriez'
und die Lafayettes und das girondistische Natterngezücht reichen
sich schon die Verräterhände! Macht endlich ein Ende mit ihnen.

Erdolcht, erwürgt, ersäuft, erschießt sie! Das sind die wahren Ver-
dienste, die das Vaterland euch abverlangt! Wir brauchen keine
Butter und keinen Kaffee oder Tee. Wir brauchen Kanonen und
Guillotinen. Unsere Armeen stehen gegen die verdammten Preu-
ßen, Österreicher und die heimtückischen Engländer. Wir haben
hier unsere Pflicht zu tun. Schont niemand, nicht einmal euch
selbst. Wir sind nichts, Frankreich ist alles! Ich blicke über blut-
verpestete Zeiten, aber ich sehe den Garten der Menschheit, das
wahre Paradies auf Erden. Und ihr, meine Brüder, habt den ersten
Baum gepflanzt. Der Geist der Revolution wird nicht vom Erd-
boden verschwinden. Abgeordnete von Frankreich! Geht an euer
schreckliches Werk! Verbreitet den Schrecken, damit die Mensch-
heit dereinst in Frieden leben kann. So und jetzt führt Marat zur
Guillotine.

Erschöpft sinkt er über seinem Manuskript zusammen.
Das Laken klebt an seinen Schultern. Er legt den Kopf auf
die Arme und schläft ermattet ein. Nach einer halben Stunde
erwacht er, zieht das Betttuch enger um den Leib, geht zur
Tür in die Badkammer. Er legt sich in die Wanne. Ah,
Simonne hat sie mit frischem Wasser gefüllt. Fast
augenblicklich schläft der Revolutionär ein.

An die Franzosen

Ist das alles, was ich vermag?, fragt sie sich. Ich will Frankreich von diesem Ungeheuer befreien, und eine Pförtnerin jagt mich davon! Kaum vermag sie ihre Tränen zurückzuhalten, während sie die Straße entlanggeht bis zu dem baumbestandenen Platz in der Nähe des Boulevard Saint-Germain. Niedergeschlagen setzt sie sich auf eine Bank und sieht ein paar spielenden Kindern zu.

‚Gott, gib mir Kraft!', betet sie, ‚damit diese Kinder in einem freien und glücklichen Lande aufwachsen können. Habe ich jahrelang mich auf diesen Tag vorbereitet, um bei der ersten Schwierigkeit davonzulaufen? Wer weiß – vielleicht habe ich aber unbewusst das Richtige getan. Denn wie hätte ich hineingelangen sollen, wenn ich den Unwillen dieser Frau erregt hätte? Sie wird ja wohl nicht immer da sein. In einer Stunde werde ich wieder hingehen.'

Aber diese Stunde wird lang nach dem ersten Fehlschlag. Um der immer wieder aufkommenden Verzagtheit Herr zu werden, nimmt sie das Ambrafläschchen, atmet die noch hauchdünn aufsteigenden Düfte von Mamas Parfüm ein, schraubt es wieder zu und hält es fest in ihrer Hand, von den Fingern dicht umschlossen. Es hilft; sie beruhigt sich.

Nicht nur, um etwas zu tun, sondern um neue Kraft aus der Gewissheit ihres Wollens, aus ihrer Überzeugung, das Richtige zu wollen, zu schöpfen, nimmt sie das Schriftstück aus ihrem Reisebeutel, das sie nach dem Besuch Duperrets entworfen und am selben Abend noch in ihrer klaren Handschrift niedergeschrieben hat und liest es Wort für Wort.

An die Franzosen, Freunde der Gesetze und des Friedens

Wie lange noch, o unglückliche Franzosen, wollt ihr euch noch mit dem Zustand der Unruhe und Zerrissenheit abfinden? Genug und viel zu lange haben die Anführer und Verbrecher ihr selbstsüchtiges Interesse an die Stelle des allgemeinen Interesses gesetzt. Warum, unglückselige Opfer ihrer Raserei, metzelt ihr euch nieder und vernichtet euch, um ihre Tyrannei auf den Ruinen des verzweifelten Frankreichs zu errichten?

An allen Ecken und Enden entstehen Fraktionen der Aufrührer; der Berg triumphiert durch Verbrechen und Unterdrückung. Einige Ungeheuer, die sich an unserem Blut vollgetrunken haben, schmieden dessen verabscheuungswürdige Ränke und führen uns auf tausend verschiedenen Pfaden zum Abgrund.

Wir verwenden mehr Energie auf die Arbeit an unserem eigenen Untergang, als wir jemals aufgebracht haben, um die Freiheit zu gewinnen. Oh Franzosen, nur wenig Zeit noch, und es wird nichts von euch übrigbleiben, als die Erinnerung an euer Dasein!

Schon marschieren die aufgebrachten Departements nach Paris; schon hat das Feuer der Zwietracht und des Bürgerkriegs die Hälfte dieses weiten Reiches entflammt. Es gibt noch ein Mittel, es zu löschen, aber es muss sehr schnell angewandt werden.

Nun bringt der Übelste der Verbrecher, Marat, dessen Name allein für seine Verbrechen steht, den Berg ins Wanken, wenn er dem rächenden Stahl zum Opfer fällt, und lässt Danton und Robespierre erblassen, die anderen Banditen, die auf diesem blutigen Throne sitzen, den die Götter zur Rache der Menschheit mit

Blitzen umzüngeln, zweifellos um ihren Sturz zu erhellen, und all jene abzuschrecken, die versucht sein könnten, ihr Wohlergehen auf den Ruinen betrogener Völker zu begründen!

Franzosen, ihr kennt eure Feinde! Erhebt euch! Marschiert, auf dass, wenn der Berg vernichtet ist, nur noch Brüder und Freunde bleiben! Ich weiß nicht, ob der Himmel eine republikanische Regierung für uns bereithält, aber er kann uns nur im Fall äußerster Rache einen Montagnard zum Meister bestimmen ...

Oh Frankreich, deine Ruhe hängt von der Ausübung des Rechts ab; ich verletze es nicht, wenn ich Marat töte, der vom Universum verurteilt ist. Er steht außerhalb des Gesetzes ... Welches Tribunal wird über mich urteilen? Wenn ich schuldig bin, so war es auch Alcide, als er die Ungeheuer erschlug; aber hat er ebenso hassenswerte getroffen? Oh, Freunde der Menschheit, ihr werdet kaum eine von eurem Blut getränkte, wilde Bestie bedauern, und ihr, traurige Aristokraten, die euch die Revolution nicht genug mitgenommen hat, ihr werdet ihn auch nicht bedauern; ihr habt nichts mit ihm gemein.

Oh, mein Heimatland! Dein Unglück zerreißt mir das Herz, ich kann dir nur mein Leben anbieten, und ich danke dem Himmel, dass ich die Freiheit besitze, darüber zu verfügen. Niemand wird durch meinen Tod etwas verlieren, ich werde Paris nicht nachahmen, indem ich mich töte. Ich will, dass mein letzter Seufzer meinen Mitbürgern nützlich sei, dass mein Kopf, wenn er durch Paris getragen wird, ein Signal der Vereinigung aller Freunde des Rechts werde, dass der wankende Berg seinen Untergang mit meinem Blut geschrieben sieht, dass ich ihr letztes Opfer sei und das gerächte Universum verkünde, dass ich mich um die Menschheit verdient gemacht habe; im Übrigen, wenn man mein Verhalten mit anderen Augen sehen sollte, bekümmert mich das wenig.

Qu'à l'univers surpris, cette grande action
Soit un objet d'horreur ou d'admiration,
Mon ésprit, peu jaloux de vivre en la mémoire,
Ne considère point le reproche ou la gloire:
Toujours indépendant et toujours citoyen,
Mon devoir me suffit, tout le reste n'est rien.
Allés, ne songés plus qu'à sortir d'esclavage...[2]

Meine Eltern und Freunde sollen nicht behelligt werden; niemand kannte mein Vorhaben. Ich füge diesem Schreiben meine Geburtsurkunde bei, um zu beweisen, was die schwächste Hand kraft vollkommener Hingabe vermag. Falls mir mein Plan misslingen sollte, Franzosen, habe ich euch den Weg gezeigt. Ihr kennt eure Feinde, erhebt euch, marschiert und schlagt den Feind.

---

[2] Aus Voltaire, Mort de Césasr, 2.Akt, 2.Szene. In „Briefe aus der französischen Revolution", herausgegeben von Gustav Landauer. Bd.II, Frankfurt/M 1919, findet sich folgende Übersetzung des Verses:

> *Laß diese große Tat der schreckensstarren Welt*
> *Ein Grauen sein, dem sich Bewunderung gesellt.*
> *Mein Geist, der nicht erwägt, ob Nachruhm ihm gebührt,*
> *Bleibt gegenüber Preis wie Vorwurf ungerührt.*
> *Zufrieden, Bürger, stets und immer frei zu sein,*
> *Kenn' ich nur meine Pflicht, das übrige ist Schein.*
> *Geht, denkt nur noch, wie ihr der Sklaverei entflieht! -*

Ein Essigbad im Arbeitszimmer

In der Mitte der Kammer steht die Badewanne. Marats turbanumwundener Kopf ruht, seitlich über die Schulter zurückgelegt, auf einer herangeschobenen Kommode. Der rechte Arm hängt kraftlos über den Rand der Wanne; die Finger berühren den Boden. Der linke Unterarm liegt auf einem Schreibbrett, das von der Brust bis zum Fußende reicht; eine olivgrüne Decke ist glatt darübergebreitet. Zwischen Arm und Decke liegt ein flachgepresster Stoß Schreibpapier; die Hand hält ein beschriebenes Blatt. Vor der Wanne, in unmittelbarer Reichweite der herabhängenden Hand, steht ein bis zur Höhe des Brettes ragendes pultartiges Möbelstück. Darauf: Tintenfass und Feder, ein abgelegtes, bereits beschriebenes Blatt. Er schläft wohl. Außer Marat ist niemand in der Kammer. Nichts regt sich. Die Dinge starren in den Raum. Es herrscht Lautlosigkeit. Auch im Haus ist nichts zu vernehmen, kein Schritt, keine Tür.

Die Ausstattung des Raumes ist karg. Links in der Ecke, halb vor dem knietiefen Fenster mit der groben Gardine ein dreibeiniger Tisch; das eine Bein ist fingerbreit über dem Boden abgebrochen oder weggemorscht; ein zusammengeschnürter Packen Zeitungen ist darunter geschoben, die sich im Laufe der Zeit mit feuchter Schwärze vollgesogen haben. Eine hohe Kaffeekanne steht auf der vorderen Tischkante, daneben eine noch halbgefüllte, blauweiß getüpfelte Tasse in einer schwärzlichen Pfütze.

Die erdbeerfarbene Gardine ist zurückgezogen; die Fensterflügel sind weit geöffnet; zwischen ihnen ein hochlehniger Rohrstuhl mit ausgebeultem Sitzgeflecht. Das Licht der noch tiefstehenden Morgensonne fällt bis zur Mitte auf die ehedem rotgestrichenen, jetzt verwaschenen Holzdielen. Überall beschriebene Bögen, zerrissene Zettel, zerknülltes Papier.

In der dem Tisch gegenüberliegenden Ecke steht ein rohgezimmertes Bücherregal. Es ist unten weit weggerückt von der seitlichen Wand und oben, da seine wacklige Konstruktion offenbar keine senkrechte Stellung zugelassen hat, in ziemlicher Schräge angelehnt; wohl um seine Standfestigkeit noch zu erhöhen und ein Wegrutschen zur anderen Seite unmöglich zu machen, hat man es bis unter die Decke mit Zeitungen vollgestopft. Im obersten Fach steht eine Reihe schöner rotgoldener Lederbände. Dies sind Marats Lieblinge, Werke von Rousseau und Voltaire. Eine Vielzahl zwischen die Seiten gesteckter Zettel, Pergamentstreifen und Federkiele ragen über die Buchrücken hinaus. Neben den beiden Franzosen befindet sich der „Leviathan" in der englischen Originalausgabe; es folgt etwa ein Dutzend broschierter Exemplare, das Erstlingswerk des in seiner Wanne liegenden Verfassers: die bereits 1774 in England erschienenen und im ersten parlamentarischen Staat Europas zu nicht ganz unbeträchtlichem, doch flüchtigem Ruhm gelangten „Chains of Slavery", die nun endlich, vor einem Jahr, auch in französischer Sprache herausgekommen, aber nunmehr von den revolutionären Ereignissen zu sehr überholt worden sind, als dass sie dem alternden Literaten den so ersehnten Ruhm eingebracht hätten. Auch von der französischen

Auflage gibt es einen Restbestand, der nebst einem verdorrten Rosenstrauch ein ganzes Regal füllt. Darunter verschiedene Dinge, die den Eindruck erwecken, als seien sie erst einmal vorläufig in einem der unteren Fächer ohne ordnende Absicht abgestellt worden: ein blaugrauer Weinkrug, eine dünnhalsige Zinnkanne, Porzellan und Glasbehältnisse, eine wachstropfenbedeckte Flasche mit abgebranntem Kerzenstummel, eine flache Messingbüchse mit aufgeklapptem Deckel, dazwischen verschiedenfarbige Kieselsteine und Porzellanfigürchen in tänzerischer Pose.

Vor dem Regal, einen rindsledernen Reisebeutel fast verdeckend, liegt Marats hingeworfenes Hemd, vom langen Gebrauch unrein grau, an einigen Stellen gelblich verfärbt und blutbefleckt.

Ein ziemlich scharfer Geruch wie von Essig schwebt durch den Raum. Er steigt aus dem hinten, zwischen der angelehnten Tür und der Wanne stehenden, noch leicht dampfenden Wassereimer.

In die Stille hämmert das aufgescheuchte Gezeter einer Amsel, die am schmalen Fenster vorbeifliegt. Mit einer jähen Bewegung stößt er das Waschbrett zurück. Er stöhnt auf. Seine Arme klatschen ins aufspritzende Wasser. Trübselig betrachtet er die abgemagerten Arme, betastet vorsichtig die Eiterbeule an seiner rechten Hüfte, die blaurot aufgeschwollenen Schwären an der Innenseite seiner Oberschenkel. Sein matter Blick fällt auf den schief aufgeblähten Bauch, dessen Nabel knotenhaft hervortritt. Ein schmerzverzerrtes Lächeln huscht über seine Lippen:

„Ich bin schwanger! – Geschwängert von der Revolution! – Ich werde euch den Schrecken gebären, ihr erbärmlichen

Hasenfüße! Hinweg mit denen, die Mitleid haben mit unseren Feinden. Der Hass ist das einzige Mittel, die Revolution zu retten. Und ich bin schwanger von Hass; ich, der Abgeordnete der Menschheit!"

Er fühlt sich elend und schwach; so elend, dass er nicht einmal das bisschen Kraft aufbringt, die Hand nach der Kaffeetasse auszustrecken. „Liebste! hilf mir!", versucht er zu rufen. Doch Simone hört ihn nicht. Obwohl er weiß, welch unglaubliche Wirkung dieses Wundermittel auf ihn ausübt – während der Niederschrift der „Chains of Slavery" hat er fast nur von schwarzem Kaffee gelebt – vermag er die im Wasser liegende Hand nicht hochzuheben. Nur diese eine geringfügige Bewegung, und augenblicklich würde er wieder zu Kräften kommen, könnte er weiterschreiben an seiner großen Rede, begänne es zu zucken und zu sprühen in seinem Hirn, dass seine Hand kaum nachkommen könnte mit der Niederschrift. Denn er muss schreiben! Und wenn der Schmerz ihn noch so sehr übermannt. Er muss schreiben. Bis zum letzten Atemzug! Er muss diesen leichtsinnigen Franzosen sein politisches Testament hinterlassen! Und wenn diese verfluchte Krankheit ihm das Fleisch von den Knochen schälen sollte; er muss Tag und Nacht schreiben, damit diese Dummköpfe im Konvent endlich die Gefahr erkennen, in der sich die Nation befindet, denn die Aristokraten und Royalisten, diese Urfeinde des politischen Fortschritts, recken schon wieder die Köpfe, die man vergessen hat abzuschlagen. Gironde! Diese verdammten Reaktionäre!

Ermattet sitzt er in seiner klobigen Wanne, der letzten Zufluchtsstätte vor seinen Leiden. Den größten Teil des Tages und oft auch der Nacht verbringt er dort; denn das einzige Mittel, das ihm in diesem Stadium seiner unheilbaren Krankheit ein wenig Linderung des über die ganze verseuchte Haut hinflammenden Juckreizes gewährt, ist eine lauwarme, hochprozentige Kochsalzlösung mit Essigessenz und ein paar Kügelchen Quecksilber, die er sich nach jahrelanger Beobachtung und Experimenten am eigenen Leib selbst verordnet hat.

‚Diese gottverdammten Ärzte, Schmarotzer am Leibe der Nation! Haben doch alle keine Ahnung und sind schuld daran, dass es mit mir so weit gekommen ist. Dieser Idiot damals mit seinem indischen Öl. Als hätte ich die Lepra. Zum Teufel mit dem Kerl und seiner Chaulmoogra-Salbe. Was wissen die schon von den wahren Ursachen der Krankheit, von den Möglichkeiten der Heilung? Nichts! Gar nichts! Helfershelfer des Todes! Ich weiß, dass mir nicht zu helfen ist. Aber ein Jahr noch! Ein einziges Jahr muss dieser elende Kadaver noch aushalten Was ist schon dabei, wenn Marat wie ein Hund krepiert, die Republik aber gerettet wird!'

Wieder packt ihn der Schmerz. Schlimmer als je. Dieses Stechen, Wühlen und Brennen nicht nur in der Haut und im Fleisch, sondern ganz innen, in den Knochen, im Rückgrat bis in den Hinterkopf. Er schließt die Augen; Schweißperlen treten auf die Stirn. Der Abgeordnete der Menschheit stöhnt auf.

„Hilfe!", schreit er auf, so laut er kann. ‚Wo sind sie denn nur alle? Wollen sie mich hier elend umkommen lassen?'

Niemand hört ihn. Simonne Evrard, seine Waschfrau, Haushälterin und Geliebte, ist unterwegs, um irgendwo Geld aufzutreiben. Und der Sekretär bringt die fertigen Korrekturfahnen des *Ami du Peuple* in die Druckerei. Noch einmal ruft er mit schwacher Stimme; mit letzter Kraft schiebt er sich in der Wanne hoch, versucht sich aufzurichten. Dann schlägt sein Kopf hart gegen den Wannenrand, Marat ist ohnmächtig geworden.

Ihre Worte haben sie entflammt. Sofort steht sie auf, obwohl die Stunde noch nicht um ist.

‚Diesmal wird die Concierge mich nicht hindern!'

In wenigen Minuten steht sie abermals im Haus; von der Hausmeisterin unbemerkt (oder ist sie etwa im Augenblick nicht da?) geht sie die Treppe hinauf, gelangt auf einen fast lichtlosen Flur. Lärm von ungewissen menschlichen Hantierungen und erregte Stimmen dringen aus den Zimmern. Wie betäubt bleibt sie stehen. Auf die vielen Menschen ist sie nicht gefasst. Nun erkennt sie die lange Reihe der Türen, fünf, sechs giftgrün gestrichene Wohnungen. Er wohnt nicht allein. Wohin? Soll er wirklich hier wohnen, der große Marat? Sie wendet sich nach rechts, geht den schmalen Korridor entlang. Da ist der Tumult noch lauter. Ausgeschlossen; hier kann es nicht sein! Sie geht zurück in den links der Treppe hinführenden Teil des Ganges. Hinter ihr verebbt der Lärm. Eine Tür wird aufgestoßen; grelles Licht erhellt plötzlich die gegenüberliegende Wand. Der klagende Schrei eines Säuglings ertönt. In der Helle erscheint die Silhouette eines Mannes. Mit weggestrecktem Arm hält er einen Eimer. Sobald er sie erblickt, stellt er ihn ab. Sie geht aus dem Halbdunkel auf ihn zu, erkennt ihn jetzt besser. In Pantoffeln mit nacktem Oberkörper steht er da, mit lauerndem Blick unter verquollenen Lidern.

„Wo wohnt der Bürger Jean-Paul Marat?"

„Ah, Madame!", sagt er mit übertriebener Freundlichkeit. „Ich verstehe, Madame wollen dem Volksfreund ihre Aufwartung machen. Da wird er sich freuen. Über schöne junge Damen freut er sich immer. Gehen Sie nur, bitte." Er ergreift den Eimer.

„Wo?", fragt Charlotte unwillig.

„Oben! Gehen Sie nur, oben links, hinten auf dem Gang; hinter der Bretterwand. Ein schönes ruhiges Appartement. Es wird Ihnen bei ihm gefallen", erwidert er und zwinkert ihr zu, als wüsste er genau, warum sie Marat aufsucht.

Ohne Gruß wendet sie sich um, geht die Treppe hinauf zum oberen Gang, der von der rechten Seite her durch ein großes Fenster beleuchtet wird. Eine junge Frau, rothaarig, erschreckend dürr, kommt auf sie zu:

„Wie können Sie nur Lacombe fragen!", flüstert sie hastig. „Der schimpft doch nur auf Marat, weil er selbst mit seiner Alten nur so ein elendes Loch bewohnt. Dabei, stellen Sie sich vor, Mademoiselle, bewohnt der Deputierte des souveränen Volkes auch nur eine kleine Wohnung. Der arbeitet doch Tag und Nacht wie ein Besessener und braucht natürlich mehr Platz als so ein Idiot. Haben Sie nicht bemerkt, dass Lacombe ein Idiot ist? Sie sollten ihn nach Charenton schicken!"

Dicht steht die Frau vor Charlotte, die nun etwas zurückweicht.

„Hätten Sie nur gleich mich gefragt", sagt sie nun lauter, denn unten hat sich die Tür wieder geschlossen. Sie rafft ihr dünnes weites Hemd über der knochigen Brust zusammen. „Ich putze nämlich dienstags die Treppe, und jedes Mal, wenn Marat vorbeigeht, sagt er etwas zu mir: ,Na, Bürgerin Mussot, wie geht's denn heute Morgen?' Ich putze nämlich, müssen Sie wissen, morgens die Treppe, manchmal auch abends, aber morgens geht er immer hinunter in den... – na, Sie wissen schon – den Konvent. Vorige Woche – oder war's ... Moment mal, war es doch schon vor 14 Tagen? – blieb er stehen und sagte ganz freundlich: ‚Bürgerin Mussot!', sagte er – ich hatte nämlich gerade einen Hustenanfall – ‚ich sehe doch, dass Sie Fieber haben. Geben Sie nur acht mit ihrer Lunge. Legen Sie sich gefälligst ins Bett!' Sie wissen doch, dass der Herr Abgeordnete früher Arzt gewesen ist? Dabei sieht er selbst aus wie's Leiden Christi. Ach, Verzeihung. Na, auf jeden Fall sieht er selbst aus wie, also meinetwegen wie der Tod."

Aus einer Wohnung brüllt jemand.

„Und deshalb sag' ich zu ihm: Ich danke vielmals, Bürger Marat – sagen Sie ja nicht: Herr Deputierter. Das mag er nicht – ich sage also zu ihm: ‚Aber gut sehen Sie auch nicht gerade aus, Bürger Marat. Sie sollten sich auch etwas schonen!'

Charlotte lächelt mühsam und will gehen. Aber die Rothaarige tritt ihr in den Weg.

„Sie wissen doch gar nicht, wie Sie hineinkommen!" Wieder das Brüllen, diesmal ungeduldig.

„Wart's ab!", schreit sie zurück durch die Tür, wo lautes Geschimpfe anhebt.

„Den Blick, den er mir zuwarf, werd' ich mein Lebtag nicht vergessen. ‚Merken Sie sich, Bürgerin Mussot, nehmen Sie zur Kenntnis, dass es mir ausgezeichnet geht.' Also, wenn Sie zu ihm kommen – kein Wort von seiner Krankheit!"

„Ivette, kommst du jetzt endlich?", schreit es aus dem Zimmer. Ivette schneidet eine Fratze nach der Tür hin, und Charlotte nutzt die Gelegenheit, an ihr vorbeizukommen.

„Sie wissen doch gar nicht, wie Sie hineinkommen", ruft die Bürgerin und läuft Charlotte nach. „Nein, nein. So geht das nicht! Jetzt können Sie auf keinen Fall zu ihm! Er liegt seit acht Tagen in der Wanne. Niemand wird vorgelassen!"

„Mich wird er empfangen!", sagt Charlotte und geht mit großen Schritten auf den Lattenverschlag zu, der das Appartement durch einen drei Meter tiefen Vorraum vor den Geräuschen der übrigen Wohnungen schützen soll.

„Vor vier Wochen hat man extra die Bretterwand angebracht, damit man aufdringliche Besucher besser abfertigen kann, ohne ihn zu stören. Man wird Sie schon vor der Bretterwand fortschicken, wenn Sie meinen Rat nicht befolgen. Noch gestern hat mir die Simonne gesagt, dass er niemand sehen will!"

„Wer ist Simonne?", fragt Charlotte schnell.

„Na Simonne Evrard, seine Geliebte, die, mit der er zusammenlebt. Woher kommen Sie eigentlich, und was haben Sie denn für einen unmöglichen Hut auf. So was trägt man doch allenfalls in Chartres. Die Evrard, ha, die ist vielleicht in schlechter Laune, weil sie nur noch 23 Sous besitzt, hat sie mir gestern noch gesagt. Aber ich hab' ja auch nur, was ich von dem da drinnen kriege! Verdammter Scheißdreck! Wo der Laib Brot schon 14 Sous kostet!"

„Ist sonst noch jemand bei ihm?"

„Ja, doch. Der Herr Sekretär Bas ist natürlich auch da. Der kommt und geht. Ein sehr netter Mensch. Wenn Sie mir folgen, Mademoiselle, kommen Sie in ein paar Tagen wieder. Er rappelt sich ja immer wieder auf. Ist es denn wirklich so dringend?"

„Wenn du jetzt nicht kommst, verdammtes Miststück ...!", schreit die Männerstimme.

„Jetzt wird er aber wütend!", lacht Ivette und fängt an zu husten, und während sie noch Luft holt, sagt sie keuchend: „Ich bin ganz vernarrt in ihn, wenn er richtig wütend ist. Wissen Sie was? Kommen Sie doch herein. Um diese Zeit trinke ich immer was. Irgendwo hab' ich noch was ...“

„Ich muss nun gehen!", fährt ihr Charlotte in die Rede.

„Wie Sie wollen. Aber ausrichten werden Sie nichts. Denken Sie an mich, Mademoiselle. Links an der Wand ist die Glocke. – Ja! Du ekelhafter Kerl, so geh doch zum Teufel, wenn du' s nicht abwarten kannst! – Vielleicht kommen Sie nachher auf einen Augenblick herein. Ich komm ja schon!"

Charlotte Corday geht auf den Lattenverschlag zu und setzt den Klingelzug in Bewegung. Nichts. Kein Geräusch, keine Stimme. Nun reißt sie an der Quaste des Drahtzugs. Das Gebimmel schrillt in ihren Ohren.

Eine schöne junge Dame aus Caen

Simonne Evrard hat an diesem Morgen zum zweiten Mal das Haus verlassen. Es gehört zu ihren Vergnügungen, ein paarmal am Tag auf den nahen Boulevard SaintGermain zu laufen und den Neugierigen von Marat zu berichten. Inzwischen ist der Sekretär Laurent Bas, der auch den Druck des Blattes überwacht, mit den Korrekturfahnen gekommen und arbeitet sie noch einmal durch. Als Simonne um halb elf die Wohnung betritt, hört sie Marat mit matter Stimme nach ihr rufen.

„Simonne? Komm' schnell!"

Sie eilt in die Kammer, sieht ihn hilflos und entkräftet liegen. Er stöhnt.

„Jesus Maria!"

„Schrei nicht. Mir geht's verdammt schlecht. Ich glaub', es ist aus mit mir."

Sie fängt an zu jammern. Der Sekretär kommt aus dem kleinen Nebenzimmer herbeigeeilt.

„Schafft mich ins Bett!", befiehlt er.

Sie ziehen ihn aus dem Wasser und bringen ihn ins Bett. Nach wenigen Minuten schläft er trotz großer Schmerzen erschöpft ein. Simonne sitzt bei ihm, streichelt sein zerwühltes, schon spärliches Haar und weint leise. Zischendes Geräusch aus der Küche; schnell läuft sie hinüber, schiebt den überlaufenden Wasserkessel vom Feuer, nimmt ein paar Strümpfe vom über den Herd gespannten Seil, setzt sich wieder ans Bett und beginnt zu stopfen.

Gegen elf ertönt die Klingel; erst zaghaft, dann laut und lange. Es wird Cathérine sein, denkt Simonne, obwohl, so hat sie noch nie geschellt; als ob etwas passiert sei. Cathérine ist ihre Schwester, die im Haushalt und beim Falzen der Druckbögen hilft. Simonne geht zur Tür. Auch Laurent Bas unterbricht von dem Gebimmel aufgeschreckt die Arbeit, geht zur Tür und lauscht. Es ist nicht üblich, bei Marat Sturm zu läuten. Wer vor diese Tür tritt, kommt meist als Bittender, etwa ob der Herr Deputierte nicht ein Wörtchen einlegen könne beim Tribunal für den Vater oder den Gatten, für irgendeinen Unglücklichen, der morgen den letzten Gang gehen soll. Und tatsächlich, manchmal verspricht es Marat, manchmal hält er es sogar. Wer so die Glocke zieht, kann kein Bittsteller sein, sagt sich Monsieur Bas. So läutet nur Danton, der kommt aber so früh nicht.

Es ist auch nicht Cathérine.

„Ich muss den Bürger Marat sprechen!"

„Der Bürger Marat ist nicht zu sprechen!"

„Ich muss ihn sprechen! Es dauert nur wenige Augenblicke."

„Marat ist krank, Bürgerin! Der Volksfreund schläft; er darf unter keinen Umständen gestört werden."

„Ich habe ihm Dinge von höchster Wichtigkeit mitzuteilen. Wenn Ihnen etwas am Schicksal Frankreichs liegt, so gehen Sie aus dem Weg!"

„Das ist ja unerhört! Was erlauben Sie sich?"

Heftig wird die Tür zugeschlagen. „Wichtigkeit", sagt die Evrard ärgerlich. „Ich weiß schon, was die von ihm wollte."

Der Sekretär geht lächelnd an seine Arbeit zurück. Er weiß, wenn die Dame schön ist, hat sie kaum noch eine Chance, bis zu Marat vorzudringen; es sei denn er öffne ihr selbst die Tür.

Um zwei Uhr wird ein Brief für Marat abgegeben:

Ich komme von Caen. Ihre Liebe zum Vaterland muss es Ihnen wünschenswert erscheinen lassen, die Komplotte, die man dort schmiedet, zu kennen.

Unterschrieben von einer Mademoiselle Corday.

‚Das ist bestimmt die impertinente Person, die am Morgen da war', denkt Simonne und zerreißt den Brief.

Um vier Uhr wird Marat ein Brief durch die Stadtpost zugestellt. Der Bote braucht nicht einmal zu läuten; die Evrard lauert schon an der Tür. Marat schläft noch immer. Sie öffnet den Brief und liest:

Ich habe Ihnen heute Morgen geschrieben, Marat; haben Sie meinen Brief erhalten, kann ich auf einen Augenblick Gehör hoffen? Wenn Sie ihn erhalten haben, hoffe ich, dass Sie mich nicht abweisen werden. Ich habe Ihnen Wichtiges mitzuteilen. Zudem bin ich sehr unglücklich und habe Anrecht auf Ihren Schutz.

„Die Unverschämte", flüstert Simonne. „In welchem Ton spricht sie mit Marat! Anrecht auf Schutz. Na, warte nur, meine Schöne, du wirst auch ein zweites Mal umsonst an die Tür klopfen. Und wenn du den Schellenzug abreißt."

Sie zerknüllt den Brief und wirft ihn auf den Haufen schmutziger Wäsche in die Ecke.

‚Ach, unglücklich ist sie. Diese unglücklichen jungen Damen, das habe ich gern, wenn Marat euch tröstet. Aber du wirst ihn nicht zu Gesicht bekommen, du nicht, mit deinen verteufelten Augen!'

Nach einer Weile ruft Marat. Sie hört sofort, dass es ihm besser geht, und läuft freudig erregt zu ihm.

„Simonne", sagt Marat, der im Bett sitzt und sich den Arm mit einer frischen Binde umwickelt, „was wollte die Bürgerin vorhin, die an der Tür war?"

„Vorhin war keine Bürgerin an der Tür. Vielleicht hast du geträumt?"

„Dann hab' ich wohl auch geträumt, dass du laut schimpfend meine Gäste vertrieben hast. Lüg' nicht. Es kann auch schon länger her sein. Auf jeden Fall war heute jemand an der Tür, der mich sprechen wollte. Wer war es?"

„Ach so. Du meinst heute Morgen. Wer wird die schon gewesen sein? Irgend so eine impertinente Person, die fast mit Gewalt zu dir eingedrungen wäre. Beruhige dich nur. Sie schielte. – Ach, Jean-Paul! Wie die Leute dich lieben. Kaum lass ich mich auf der Straße sehen, kommen sie auch schon angelaufen: ‚Wie geht es denn Marat. Unserem Marat, sagen sie. Wann wird er denn wieder im Konvent sein. Das ist doch etwas anderes, wenn unser Marat für uns eintritt. Und, Mademoiselle Simonne – manche nennen mich immer noch so, die meisten sagen aber einfach Madame Marat – bringen Sie dem Volksfreund doch dieses Hähnchen. Und die Flasche Bordeaux wird ihm auch guttun. Und alles Gute für unseren Abgeordneten Marat.'

Marat sitzt im Bett; er hat sich eine rote Wolljacke, die ihm Simonne gestrickt hat, übers Hemd angezogen; es ist ihm kalt. Er friert und schwitzt in einem; die Beine hat er unter der Decke hervorgestreckt. Bei Simonnes Worten lächelt er geringschätzig:

„Du lügst schon wieder, Simonne! Niemand hat nach mir gefragt. Sie haben einen Bogen um dich gemacht wie vor einer Aussätzigen. Warum lügst du mich an. Nun gut! Wer hat dir denn das Hähnchen geschenkt? Hol's her! Ich habe große Lust auf ein Hähnchen! Geh! Her damit! Und bringe auch gleich den Bordeaux mit!"

Er versetzt ihr, die gerade vor ihm kniet, um ihm die Pantoffeln über die Füße zu ziehen, einen leichten Tritt.

„Verdammte Lügnerin! Alle verraten und belügen mich! Du am allermeisten."

„Ich wollte dir eine Freude bereiten", wimmert Simonne.

„Aber sie sollen mich kennenlernen! Morgen, hörst du, du verlogenes Stück! Morgen werde im Konvent sein!"

Er erhebt sich schwankend, geht hin und her, bleibt vor ihr stehen. Sein Mund verzieht sich spöttisch:

„War es eine hübsche Dame?"

Sofort antwortet Simonne, heftig und überstürzt:

„Nein! Was du denkst. Hübsch? Keine Spur. Ein schielendes Miststück!"

„Eine so hässliche Person sollte es sich einfallen lassen, mich sprechen zu wollen? Gestehe nur, es war ein hübsches Weib!"

„Jean-Paul, quäle mich doch nicht so! Nein, sie war gar nicht so hässlich. Aber hüte dich vor ihr, Jean-Paul, es ist eine gefährliche Person!"

„Du meinst wohl für dich!", Marat lacht schallend.

„Ich habe gute Lust, dich zum Teufel zu jagen! Meine Besucherinnen zu verscheuchen – mach dich in die Küche!"

„Ja, schimpfe nur. Aber sie wird bestimmt wiederkommen. So, wie sie geschrieben hat, wird sie wiederkommen."

„Was? Sie hat mir geschrieben, und du hast mir die Post nicht gegeben? Den Brief her!"

„Der Brief! Um Himmels willen! Der Brief! Wo hab' ich den Brief? Liebster, ich hab' ihn weggeschmissen in der ersten Wut!"

Mit zitternden Händen reißt sie Schubladen auf, wühlt in der Wäsche.

„Was stand in dem Brief, du Aas? Du hast ihn doch gelesen!", schreit er sie an.

„Irgendeine Mitteilung, die sie dir zu machen habe. Aber so beruhige dich doch, sie wird ja wiederkommen. Höchst wichtig für das Wohl der Republik!"

Marat ist außer sich vor Wut. Er hat sich Hemd und Jacke aufgerissen und steht nun nach Atem ringend da. „Welche Mitteilung?"

„Sie käme aus Caen."

Marat möchte platzen vor Wut. Aber er ist ganz ohne Kraft.

„Aus Caen!", sagt er mühsam atmend, und nur ein leises Beben seiner Stimme verrät seine Erregung.

„Sieh doch an! Eine Mitteilung aus Caen, aus der Brutstätte des girondistischen Natterngezüchts. Und du wirfst sie zur Tür hinaus. Oh, von welchen Idioten bin ich umgeben! Da warte ich seit Tagen auf Nachricht aus Caen, und du jagst die Botin weg – aus Eifersucht. Hast du den Brief endlich gefunden?"

Simonne irrt von einem Zimmer zum andern, wühlt in den durcheinandergeworfenen Sachen der vorhin schon herausgerissenen Schubladen.

„Ob du den Brief gefunden hast? Verdammt noch mal, such ihn!"

Nach einer Weile hat sich Marat wieder beruhigt. Mit hängendem Kopf sitzt er im Bett. Simonne kommt langsam hinzu. Sie schlingt ihm den Turban um den Kopf. Er lässt es wortlos geschehen. Sie hilft ihm wortlos ins Bett; sie zieht ihm die Strümpfe bis zum Knie hoch und steckt seine Beine unter die Decke, denn er zittert am ganzen Körper. Er liegt mit geschlossenen Augen da. Eine Viertelstunde sitzt sie an seinem Bett, rührt sich nicht. Nun scheint er zu schlafen. Als sie aber vorsichtig aufsteht, kommt es von seinen Lippen kaum hörbar:

„Die schöne Retterin der Revolution soll wieder-kommen!"

So begab sich die Merkwürdigkeit, dass Marat nieman-den sehnlicher erwartete als Charlotte Corday.

Marat isst ein Hähnchen
und denkt über den Tod nach

„Nun iss!", sagt die Evrard und schiebt das Brett näher an ihn heran. „Essen muss man! Wer nicht isst, der ist bald hin! Wie lange hast du nichts gegessen? Warte! Heut' ist Samstag. Am Dienstag hast du das letzte Mal richtig gegessen. Das sind Mittwoch, Donnerstag, Freitag, Samstag, das sind vier Tage. Nichts außer Fleischbrühe! Das hält doch keiner aus! – Ich weiß, dein Magen. Trotzdem. Das geht schon wieder vorbei. Hauptsache ist doch, dass man bei Kräften bleibt. Nun iss doch!"

So schwätzt sie drauf los, wie man einem Kind zuredet, und er, ganz fröhlich, fällt in ihre Leier:

„Denn wer nicht isst, der ist bald hin! Essen muss man!"
Sie lachen.

Marat hat sich aufgesetzt und beginnt zu essen. Das Hähnchen duftet. Er löst einen Schenkel ab, sagt mit vollem Mund:

„Es soll aber auch vorkommen, dass einer dahin muss, der sich sein Lebtag mit Aalpastete und Kaviar vollgestopft hat!"

„Das stimmt auch wieder", sagt sie von der Tür aus.

„Jetzt schließ' die Tür, und stör' mich nicht!", ruft er ihr nach. „Verstanden?"

Sie steckt den Kopf zur Tür herein und sagt: „Die Armut ist ein Privileg! Wohl dem, der ein Hähnchen zu essen hat!"

Er wirft den Schenkelknochen nach ihr. Schnell fliegt die Tür zu. „Du Luder!", hört sie ihn durch die geschlossene Tür rufen.

Marat sitzt im Bett und isst, während er in Voltaires „Caesars Tod" liest. Er ist ein leidenschaftlicher Leser, der oft mehrere Werke gleichzeitig liest. Die meisten seiner Bücher sind in einem schauderhaften Zustand, abgegriffen, mit Kaffee- und Rotweinflecken beschmutzt. Hat er keinen Bleistift zur Hand, so reißt er die Seiten einfach ein, um sie zu markieren, denn er ist immer in Eile. Die Ränder sind mit seiner kleinen Schrift vollgekritzelt, auch quer über die Seite schreibt er: „Welch ein Mist!" „Denken – aber wie, wenn man nichts zum Denken hat! Du elende Kakerlake!" Was ihm gefällt, das verschlingt er. Er liest, ohne zu kauen.

Genauso macht er sich über das Hähnchen her. Simonne ist eine Meisterköchin und kocht wie für einen Fürsten, wenn auch Marat stets behauptet, Essen sei eine üble Angewohnheit und die Franzosen machten viel zu viel Gerede darum. Für ein gutes Essen seien sie bereit, ihre Seele, vielmehr ihre Gesinnung zu verkaufen. Gut zu essen sei an sich schon ein gewisser Verrat an der großen Sache.

Wie dem auch sei, Simonne lässt es sich nicht nehmen, exzellent zu kochen. Für das Hühnchen hat sie beispielsweise eine Füllung zubereitet aus feingehacktem Hühnerklein, unter Zugabe von einem Schuss Rotwein, Petersilie, Beifuß, einer Winzigkeit ausgepressten Knoblauchsaftes und sehr viel Dill.

Marat schlingt das Hähnchen in großen Bissen hinunter ohne zu genießen. Gerade betupft er mit seinem fettglänzenden Finger eine Zeile, die er nachher abschreiben will. Seine Augen lösen sich keinen Augenblick von der Seite, während er die ringsum von dem Gerippe herunterhängenden Hautfetzen schlürfend verzehrt. Er packt mit beiden Händen zu und reißt es mit einer schraubenden Bewegung auseinander. Schließlich wischt er sich die klebrigen Hände an dem über das Brett gebreiteten Tuch ab und stellt den Rest zur Seite auf das niedrige Tischchen. In einem Zug trinkt er einen Becher Rotwein aus, verschluckt sich aber dabei und beginnt, nach Atem ringend, zu husten. Schon ist die Simonne da, zieht ihn hoch und klopft ihm auf den Rücken; Rotwein fließt ihm übers Kinn; ein roter Sprühregen ergießt sich über die grüne Decke, bis endlich der Hustenreiz vorbei ist. Sie macht ihm Vorhaltungen, dass er so hastig trinke, immer stürze er den Wein so hinunter. Er habe doch Zeit. „Nein", sagt er gereizt, „ich habe alles Mögliche, aber Zeit habe ich nicht!"

Er habe ihr das doch schon einmal erklärt. Töricht sei es zu sagen: Man habe Zeit oder man habe keine Zeit; denn die Zeit sei es, die einen habe, und zwar beim Wickel. So. Und genau genommen, stimme nicht einmal das. Denn die Zeit selbst sei nichts. Nichts zu sein, aber alles zu bewirken, das sei das Wesen der Zeit. „Verstanden? Ach, geh! Geh! Mach, dass du fortkommst! Was habe ich mit dir zu schaffen. Schert euch alle zum Teufel!"

Es klopft. Laurent Bas, klein und spitznasig, in einem viel zu engen blauen Rock, bringt wortlos das neueste Exemplar des *Ami du Peuple*. Marat ist unwillig.

„Lasst mich zufrieden, lasst mich doch endlich zufrieden!", knurrt er und will sich zur Wand drehen, da aber fällt ihm die Überschrift auf der ersten Seite ins Auge.

„Jawohl!" sagt er laut, „eine Überschrift muss das Bewusstsein alarmieren. Gut so: 'Tod den Verrätern in der Normandie!'"

Laurent Bas lächelt bescheiden. Marat überfliegt den Artikel, murmelt: „Barbaroux, alter Freund, diesmal bist du geliefert. Habe ich denn diesen Menschen wirklich einmal geliebt, als er von Marseille nach Paris kam und keine Ahnung von Politik hatte?" Im gleichen Atemzug wendet er sich ohne aufzublicken an den Sekretär:

„Du solltest deinen Rock ausziehen bei dieser Hitze!"

Laurent Bas merkt sofort, dass dies eine spitze Bemerkung war, da Marat zu frieren scheint. Obwohl es sehr heiß ist draußen, schließt er rasch den obersten Knopf seines Rockes und entfernt sich.

Draußen wäscht er sich schnell die Hände. Schrecklich ist ihm Marats Krankheit. Sooft er mit ihm zu tun hat, reinigt er sich die Hände. Er hat sich angewöhnt, die Türen mit dem Ellbogen zu öffnen.

In der Nebenkammer sind an einem großen raumfüllenden Tisch Madame Pain und Cathérine damit beschäftigt, die neueste Ausgabe des *Ami du Peuple* zu falten. Die fertigen Exemplare sind bereits meterhoch am Boden gestapelt. Laurent Bas muss über die Stapel steigen, um seinen Rock, den er jetzt ausgezogen hat, am Fenstergriff aufhängen zu können. Er drückt sich dabei an Cathérine vorbei, der er rasch etwas zuflüstert, denn die Pain soll es nicht merken. Cathérine legt jeweils zehn Bögen aufeinander, faltet sie zusammen und schiebt sie dann Madame Pain zu. Die hat sich ungeniert ihrer Bluse entledigt. Sie arbeitet im Korsett. Ihre Linke schlägt auf das untere Ende der zugeschobenen Bögen, während die Rechte das Falzbein hochschwingt, um es dann mit voller Wucht dicht neben der gespreizten Hand niederfahren zu lassen, mit der sie die Bögen zusammenpresst. Sogleich fährt sie dann mit dem Falzbein mit einem kraftvollen Ruck die flach gewölbte Biegung an den Rücken der Blöcke entlang, und schon ist ein weiteres Exemplar des *Ami du Peuple* fertig. Schwitzend, aber ohne zu ermüden, und immer im gleichen Takt arbeitet Madame Pain. Klatsch macht es, wenn ihre fleischige Hand niederfährt, zack, wenn das Falzbein heruntersaust, ratsch, wenn es den von Cathérine vorgefalteten Bruch entlangquetscht. Klatsch-Zack-Ratsch geht es bei ihr alle vier Sekunden; sie arbeitet aus revolutionärer Überzeugung. Dazu beizutragen, dass die Zeitschrift möglichst schnell unter die Leute gebracht werden kann, das ist ihr Einsatz für die Revolution. Auf die blasse, schwindsüchtige Cathérine ist sie nicht gut zu sprechen; die arbeitet ihr zu langsam.

Laurent Bas hat sich jetzt zwischen die beiden Frauen gestellt. Er geht Cathérine zur Hand. Auf diese Weise kann er ihr unauffällig nahe sein. Er verehrt sie insgeheim; doch seine Schüchternheit erlaubt es ihm nur selten, sie anzusehen. Und so äußert sich seine Zuneigung in steter Besorgnis um ihre angegriffene Gesundheit. „Tun Sie nur langsam", hat er ihr vorhin zugeflüstert. „Ich mach das schon!"

Ermattet von der Anstrengung des Mahls liegt Marat ausgestreckt im Bett. Sein rechter Fuß ragt unter der Decke hervor; das Gelenk ist etwas angeschwollen. Die Evrard bringt auf Zehenspitzen den aufgebügelten Rock herein, zieht die Decke über den Fuß, trägt Teller und Knochenreste hinaus. Kommt wieder.

„Das Licht tut mir weh!", sagte er.

Sie schließt die Läden, tastet sich zur Tür, überlegt, was sie ihm Tröstliches sagen könne.

„Siehst du, das Hähnchen und der Rotwein sind dir gut bekommen. Mit deinem Magen ist es gar nicht so schlimm. Dieser Doktor Pelletan, woher will er eigentlich …"

„Warum in Teufelsnamen hast du mir nur Hähnchen serviert. Du weißt doch, dass das mein Magen nicht mehr verträgt," stöhnt er. „Ich bin bald hin. Ein Vierteljahr vielleicht, dann bin ich hin."

„Ach, das bisschen Bauchweh. Da wird dir deine Simonne gleich einen besonders starken Thymiantee kochen." „Ja, Simonne, meine Beste! Mach einen Thymiantee. – Morgens Thymian, dann Pfefferminze, Thymian, Pfefferminze. Keinen Rotwein mehr. Was ein Leben!"

„Morgen ist der 14. Juli, da werden wir ausgehen. Versprich mir, dass du mit mir tanzt. Wie lange hab' ich nicht mehr getanzt!"

„Noch niemals habe ich gut getanzt, und morgen werde ich ganz bestimmt nicht tanzen!"

„Schäm' dich!", lacht die Evrard. „Du solltest wirklich schämen! Was meinst du, wie Danton tanzen wird!"

„Thymiantee", unterbricht sie Marat in flehendem Ton.

Simonne hat in kurzer Zeit den Tee aufgegossen; denn da das Badewasser ständig bereit sein muss, geht der Herd nie ganz aus. Marat schlürft ihn mit Behagen:

„Wie gut!", seufzt er. „Es geht mir schon besser."

Nachdem Simonne wieder hinausgegangen ist, ist es still geworden in der abgedunkelten Kammer. Auch auf der kleinen Straße ist kaum ein Laut zu hören. Auf den Boulevards aber flutet heute das Leben; Paris gibt sich ein Stelldichein am Vorabend des Befreiungsfestes. Die meisten der Hausbewohner Marats sind ausgeflogen. Die drei in der Nebenkammer beeilen sich. Schneller und lauter geht es: Klatsch-Tack-Ratsch. Das Pochen der Falzbeine ist das einzige Geräusch. Es macht die Stille hörbar.

Marat denkt an den Tod. Seit dem Tod seiner geliebten Mutter lässt ihn dieses Thema nicht los. „Man muss dem Tod ins Gesicht sehen", soll er einmal gesagt haben, „wenigstens die Toten sagen die Wahrheit!"

,Der Tod ist das Nichts. Das ist gewiss. Nicht aber gewiss ist, was das Nichts, dieses Nichts ist. Das Nichts muss etwas sein. Wäre es nämlich das Nichts, die vollkommene Leere, die Abwesenheit von allem Sein, so könnte das Nichts nicht *sein*. Das Nichts ist also etwas, das existiert, ohne eigentlich Existenz zu haben. Denkbar ist aber nur das Sein; das Nichtsein, das Nichts ist undenkbar. Dennoch heißt das nicht, dass das, was nicht gedacht werden kann, darum nicht sein könnte. Denn dann wäre ja als Grund allen Seins die ihm innewohnende Eigenschaft anzunehmen als Vorstellung zu existieren.

Welch ein Wahnsinn! Philosophie ist systematischer Wahnsinn. Wer sagt überhaupt, ob die Logik das richtige Instrument der Erkenntnis ist? Unsere Vorstellung von der Welt und ihren Erscheinungen ist vielleicht nichts weiter als ein ungeheurer Betrug, der niemals entlarvt werden kann, weil jedes Menschenhirn letztendlich der Eisenklammer logischer Prinzipien unterworfen ist.

Und doch: Das Nichts ist nicht. Daran ist nicht zu rütteln! Alles ist vergänglich, und außer dem Vergänglichen ist nichts. Wer sagte doch vor seiner Hinrichtung: Gleich werde ich im Nichts sein? Sein letzter Gedanke war noch ein Irrtum. Nirgends wird er gewesen sein oder gar jetzt noch sein. Die Hoffnung auf das Jenseits sollte verboten sein. Der Tod ist der Tod! Nichts weiter. Das Ende unserer Endlichkeit.

Jean-Paul Marat! Bald wirst du tot sein. Nicht mehr sein. Gut. Wenn ich aber morgen tot sein sollte, so will ich heute noch meine Pflicht tun, alles für die Zukunft der Menschheit tun, was ich tun kann. Wer nicht alles tut, tut nichts! Und wenn mir meine Pflicht befiehlt zu hassen, so will ich bis an mein Ende hassen. Hinweg mit der erbärmlichen Müdigkeit. Kein Schlaf. Viel zu mild ist der Entwurf meiner Rede. Ich will sie aus ihrem Schlaf aufschrecken. Schlaf ist ein Verbrechen an der Revolution. Ich habe nicht genug gehasst! Oh, morgen soll der Konvent zittern, wenn Jean-Paul Marat sich von seinem Sitz erhebt.'

Ein stechender Schmerz. ‚Hinweg mit dem Schmerz. Ich werde ihn hinwegfegen!'

Marat steigt aus der Wanne. Sein unbändiger Wille lässt ihn zum Schreibtisch gehen. Ein unterdrückter Schmerzensschrei. Damit Simonne ihn nicht hört. Die käme doch gleich gerannt. Der Schreibtisch! Er lässt sich nieder, stöhnend. Doch sogleich, obwohl er eine Steigerung der Schmerzen nicht für möglich gehalten hätte, ist ihm, als ob es ihm den Bauch zerreißt. Zum Abort. Schnell. Nur leise, dass niemand ihn hört. Diese Evrard! Er schleicht über den Gang. Verflucht! Es fängt wieder an! Nicht langsam, sondern jäh zupackend. Das Dasein ein einzig aufheulender Schmerz. Vorsicht, die Küche! Idiotin! Strotzt vor Gesundheit!

Er hat kaum die Tür geschlossen, sich noch nicht zurechtgesetzt, als die Eruption ihn bis zu den Fersen besudelt.

Schwarze, pestende Brühe, von hellgelben Schleim-
klümpchen durchsetzt, wässrig Grünes, dunkelblutige Fetzen. Ein ungeheurer bösartiger Gestank steigt auf. Marat
friert, zittert am ganzen Körper. Zähneklappernd nimmt er
einen am Boden liegenden *Ami du Peuple* und wischt sich
den Dreck von seinen Beinen. Der Ekel würgt ihn. Er tunkt
das Handtuch in den Wasserkübel, reinigt sich so gut es
geht. Draußen geht eine Tür. Abwarten! Das Geräusch flie-
ßenden Wassers. Aha! Laurent Bas wäscht sich die Hände.
Er ist wieder weg. Marat schleppt sich zur Wanne zurück.
Der ungeheure Schmerz hat ihn verlassen, aber das tief-
sitzende bohrende Gefühl im Rücken und der Juckreiz kommen wieder.

Die Wanne! Simonne, liebes Weib. Hat frisches Wasser
eingefüllt. Hinein. Ah! gerade richtig, etwas wärmer als lau.
Oh, wie gut ist das! Hat sie nicht auch etwas Rosmarin
hineingestreut?

Er gießt Kochsalzlösung in die Wanne und einen Schuss
Essig. Die Quecksilberflasche ist leer! Wasser ist doch das
Beste. Alle Salben sind nichts gegen die Wohltat des Wassers. Wozu braucht es Chaulmoogra-Salbe! Ah! Welche Erlösung! Ich sollte ein Traktat schreiben über die heilende
Kraft des Wassers bei Hautkrankheiten, genauer gesagt: der
Kochsalz-Essig-Quecksilber-Lösung. Entdeckung des Jako-
biners Marat, der einer der wenigen guten Ärzte ist. Arbeiten ist die beste Medizin! An die Arbeit, Marat! Die Konventsrede! Wer nicht alles tut, tut gar nichts.

Die Feder fliegt über die Bögen. Er hat eine Stelle neu geschrieben. Er greift zum Leimtopf und löst die verkrustete
Masse in seinem Badewasser auf; er klebt die Neufassung
über die alte, viel zu zahme Stelle. Schweiß perlt auf seiner

flachen Stirn. Seine Lippen sind blau. Er flüstert, während er schreibt. Marat hat den Schmerz besiegt. „Morgen!" flüstert er.

Zur selben Stunde liegt auch Marie Anne Charlotte Corday in der Badewanne. Madame Grollier, die Patronin selbst, hat ihr das Bad gerichtet. Zwar geschieht es nicht alle Tage, dass ein Gast der Providence zu baden wünscht, auch noch ein Gast aus der Provinz, doch sie hat die Mademoiselle ins Herz geschlossen. Zudem: Es ist ja der Vorabend des 14. Juli.

In Erinnerung an Judith, die im Zustand der Reinheit an Leib und Seele ihre Tat vollbrachte, wäscht sie sich und salbt ihren Körper mit einer wohlriechenden Tinktur, ordnet ihr Haar. Madame Grollier hat darauf bestanden, dass Charlotte auch die Dienste ihres Friseurs in Anspruch nimmt, ein schwatzhafter Mensch mit Mundgeruch, der aber schnell und geschickt arbeitet. Bereits am Nachmittag hatte sie bei einem alten Priester gebeichtet und kommuniziert, ohne allerdings ihr Vorhaben preiszugeben. Er möge alle Sünden, die sie vergessen oder nicht genannt habe, in die Lossprechung einbeziehen.

Charlotte entsteigt dem Bad, kleidet sich ruhig an, ohne zu zögern, ohne sich zu beeilen. Sie zieht das weiße Seidenkleid der Mutter an.

Madame Grollier ist begeistert.

„Sie sehen ja aus wie eine Pariserin! Gut, dass es Ihnen wieder besser geht! Schlecht sahen Sie aus, gestern und vorgestern und auch heute Mittag noch, als sie aus der Stadt kamen. Wirklich, ich dachte schon, Sie seien in Schwierigkeiten. Nein, Sie sollen gar nicht wissen, was ich dachte. Ach, also, es hätte Sie einer sitzen lassen, habe ich gedacht.

Aber wer würde denn ein Mädchen wie Sie sitzen lassen. So einen Dummkopf wird man selbst in Paris nicht finden. Aber jetzt weiß ich alles. Er hat Sie gar nicht sitzen lassen. Sie haben ihn nicht angetroffen. Aber heute Abend werden Sie ihn wiedersehen! Nein, mein Kind! Sagen Sie nichts. Madame Grollier können Sie nichts vormachen. Oh. Sie sind in Gedanken schon bei ihm und ich halte Sie auch noch auf. Sie wollen ihm in die Arme eilen und ich schwatze Ihnen die Ohren voll. Aber so dürfen Sie mir nicht aus dem Haus, Sie haben seit Mittag nichts zu sich genommen. Erst wird eine Tasse Kaffee getrunken. Sie müssen noch eine Tasse Kaffee mit mir trinken. Und wenigstens etwas Gebäck, ich bitte Sie!"

Sie setzen sich ins Vestibül und trinken Kaffee, richtigen Kaffee mit Milch und Zucker, eine Kostbarkeit im vierten Revolutionsjahr.

„Für Sie! Nur für Sie!", sagt Madame glückstrahlend.

Dann macht sich Charlotte Corday auf den Weg.

Fortsetzung
der Leiden Simonne Evrards

Marat arbeitet, schreibt, liest, korrigiert, geht auf und ab, vervollständigt seine Todesliste, geht zu Simonne Evrard und tätschelt ihr den immer sehr offenherzig dargebotenen Busen. Sie arbeitet; kocht, flickt seine dünngewordene Hose, wäscht seine Verbände, ruft ihm aus der Küche zu, wie sehr sie ihn liebe. Sie ist ihm Geliebte, Mutter, unermüdliche Krankenpflegerin.

Nun sitzt sie in der Küche am offenen Fenster, wo es trotzdem nach Fisch riecht – jeden Samstag gibt es Fisch, nicht freitags wie zur Zeit der Bourbonen in den besseren Häusern. Sie hat den Fisch in Weizenmehl gewendet, mit viel Zitrone beträufelt, als sei Marat gesund und könne essen, was ihm beliebt. Für alle Fälle hat sie aber auch ein Schleimsüppchen gekocht. Wein soll es diesmal jedoch nicht geben, sondern Thymiantee. Unter keinen Umständen Wein, der ist nun einmal Gift für Magenkranke. Draußen vom Boulevard Saint-Germain kommt der unmelodische Gesang eines bereits berauschten Jünglings, der vom blöden Gekicher eines Mädchens begleitet wird. Nun fällt das Mädchen in den Gassenhauer ein und auch Simonne kann sich nicht enthalten mitzuträllern.

„Quand je vois le dos d'une belle,
Oh, je crois c'est elle, c'est elle!"

‚Morgen, morgen wird Jean-Paul Marat mit mir ausgehen‘, denkt sie vergnügt, ‚morgen wird mich ganz Paris an seiner Seite sehen!‘

Sonst ist es still, draußen und drinnen, natürlich bis auf das knöcherne Pochen nebenan bei den Zeitungen. Will das denn kein Ende nehmen!

Laut ruft da Marat:

„Wieviel Uhr ist es?“

Sie blickt auf das mit Putten und Girlanden verzierte Zifferblatt der Rokokouhr, die ihr Marat eines Tages hat anschleppen lassen. Billig war sie gewesen, denn es gibt ein Riesenangebot aus der Hinterlassenschaft der Aristokraten. Da Marat im Wohnbereich keinen Luxus will, steht das Prachtstück nun in der Küche.

„Es ist schon gleich sechs Uhr!“

Stille. Dann lautes Schimpfen und Fluchen.

Sie eilt zu Marat, der sie anschreit:

„Wo bleibt sie denn nur, die Patriotin? Hoffentlich ist es nicht schon zu spät! Wichtige Nachricht aus Caen – und du lässt sie nicht herein! Du weißt doch, dass die girondistischen Sauhunde in dem Verräternest es auf uns abgesehen haben! Wieso hast du sie fortgeschickt? Man könnte meinen, du steckst mit ihnen unter einer Decke. Vergniaud hat dich bestochen. Gib's zu! Nein, ich weiß: Desmoulins mit seiner schönen Fresse hat's dir angetan. Partei der Milde! Was hattest du neulich auf dem Gang zu flüstern mit Danton? Dem bin ich längst ein Dorn im Auge. Ich passe euch nicht mehr. Jetzt wollt ihr mich loswerden. Vielleicht auch Robespierre, der wieder an Gott glaubt. So wie du. Meinst du, ich wüsste es nicht? Hab' ich dich nicht neulich in der Küche überrascht, wie du auf den Knien zu deinem Herrn Jesus gebetet hast? Was? Ach so, für mich. Das ist ja noch schlimmer, Marats Weib betet; sie betet für Marat!"

Er lacht wütend, muss dann husten. Simonne glaubt ihren Ohren nicht zu trauen. Dass er sie beschimpft, nun ja, sie weiß schließlich, dass er es gar nicht so meint. Aber das? Sie steht wie gelähmt, die Anschuldigungen haben einen Moment jeden Gedanken, jede Empfindung ausgelöscht.

„Nun sag' schon, wie wollt ihr es anstellen? Gift? Jeden Tag ein bisschen ins Essen, damit es nicht auffällt! Woher sonst geht es mit mir denn bergab! Giftmischerin. Ist es so? In deine Rindfleischsüppchen, den Rotwein, den Tee? Wer hat es dir gegeben? Los, raus mit der Sprache!"

Simonne ist auf die Knie gesunken, sie schluchzt, leise. Marat lässt sich erschöpft in die Wanne sinken, stiert an die Decke, dann wendet er sich Simonne zu, flüstert:

„Bist du es, Simonne?"

Nun wirft sie sich fassungslos über ihn, sie bedeckt seinen Hals und sein Gesicht mit Küssen, wimmert in hoffnungsloser Monotonie:

„Liebster, Liebster!"

Dann Stille. Er beginnt sie zu streicheln, seine nassen Hände öffnen ihr Kleid, tasten unter dem Kleid den Rücken hinab. Im Gang knarrt eine Diele. Laurent Bas und die Pain schleichen sich fort.

„Nein! Nein! Simonne, verzeih mir! Du bist es nicht. Du bist doch die einzige, der ich noch traue. Es war dieser verdammte Anfall. Ich weiß dann nicht, was ich sage. Paroxysmus nennen das die Ärzte. Die Alleswisser und Nichtskönner! Beruhige dich nur, Simonne. Es geht mir schon besser.– Dieses elende Dasein! Wenn du wüsstest, wie es mich anekelt. Diese zerfressene Haut, der aufgeblähte Wanst.

Und diese Schmerzen, Simonne. Ich wäre heute beinahe wahnsinnig geworden. Zehn Jahre lang den Tod pestender Fäulnis zu sterben, Simonne, das ist kein Tod für Marat."

„Liebster, nicht ...", jammert Simonne.

„Ruhig, Simonne", sagt er leise in ihr Ohr, während er sie fester an sich drückt:

„Es lässt sich nun einmal nicht ändern, und nur Narren beklagen, was nicht zu ändern ist. In weniger als einem Jahr wird mein Leib eine einzige schwärende Wunde sein, von oben bis unten kein heiler Fleck. Es wird brennen, als ob ich auf einem glühenden Rost läge wie euer Laurentius. Nicht aber heute nur und morgen wieder nicht, sondern ständig, Tag um Tag, Stunde um Stunde. Von meinem Lager aus werde ich den Pesthauch hinuntersenden auf die Straße, dass man mit zugehaltener Nase vorbeihasten wird. Das Haus wird wie ausgekehrt sein. Einsam werde ich auf meinem Mist liegen und mein Elend in die Welt hinausheulen. Ich weiß, du Treue, du wirst bei mir bleiben. Du liebst mich ja, wie ich bin und wie ich sein werde. Ja, das ist deine wunderbare Liebe, Simonne, die mich auserkoren hat von allen, mich, den Aussätzigen! Du liebst mich, liebst mich trotz allem, ich weiß es. Und du wirst mich noch lieben, wenn mein Kopf eine teuflisch verschwollene schwarze Beule über den Schultern sein wird mit schiefgezogenen Augenschlitzen und abgefressener Nase, mit einem gähnenden Loch, das dich, kaum noch verständlich anheult: Komm, Simonne, lass uns einander lieben!"

„Sainte Marie, Mère de Dieu, prie pour lui!", jammert es neben der Wanne. Marat hört es nicht, fährt fort:

„Heute bin ich noch der große Mann der Revolution, Marat, von vielen gehasst und geliebt. Ich ertrage es nicht, ruhmlos zu sterben ..."

‚Hier in die Schläfe, in das verdammte Geschwür. Schräg nach oben, in den Hinterkopf', denkt er, doch er fragt:

„Wie spät ist es?"

Sie steht auf, läuft in die Küche.

„Es muss gleich schlagen von der Cordelierskirche. Kurz vor sieben schon!"

„Wo bleibt nur das Weib aus dem girondistischen Schlangennest. Schnell, Simonne. Sie wird gleich da sein. Richte mich etwas her."

Simonne bringt ein Waschbecken und Handtücher. Er besteht auch darauf, rasiert zu werden. Sie schlägt ein blaues Seidentuch um seinen Kopf, so, dass das schlimme Schläfengeschwür völlig bedeckt ist. Bis dicht an die Brust zieht sie das Waschbrett herauf, streicht die grüne Decke darüber glatt und hängt ein ganz frisches Bettlaken wie eine Toga um seine Schultern.

Um diese Zeit steigt eine junge Frau an der Ecke Boulevard Saint-Germain – Rue des Cordeliers aus einer Mietkutsche. Sie geht über den kleinen Platz an der Einmündung der Straße. Kinder vergnügen sich damit, einen aus Lumpen zusammengeschnürten Ball hin und her zu treten. Sie trägt einen hohen Hut mit schwarzer Kokarde. Ein Passant bleibt stehen und blickt ihr nach, bis sie im Eingang verschwunden ist. Ihm ist aufgefallen, dass diese stolze Erscheinung den linken Arm sehr steif und etwas angewinkelt hält, und dass die Hand nach oben um den Ärmel merkwürdig gekrümmt ist.

Gerade hat sich Simonne erhoben, um nun doch Kaffee zu kochen, als die Glocke anhaltend und herrisch ertönt.

Ein ungutes Gefühl bemächtigt sich Simonne.

„Empfange sie nicht! Ich flehe dich an!"

Marat sieht ihr Entsetzen, ist einen Moment verunsichert.

Cathérine ist an die Tür gelaufen. Man hört einen lauten Wortwechsel:

„Das geht nicht! Sie können hier nicht einfach eindringen!"

„Ich habe dem Bürger Marat wichtige Mitteilungen zu machen. Haben Sie ihm meinen Brief gegeben! Ja oder nein?"

„Das ist ja unerhört!", ertönt die Stimme von Madame Pain. „Schnell, Cathérine, lauf zu Boucher im Parterre!"

Jetzt ist auch Simonne hinzugekommen:

„Keinen Schritt weiter. Hinaus mit Ihnen. Marat wünscht Sie nicht zu sehen!"

„Hören Sie, Bürger Marat, es geht um Leben und Tod!"

„Was machst du nur, Simonne!", ruft jetzt laut und herrisch Marat, dass Simonne sofort zurücktritt, „habe ich dir nicht befohlen, die junge Dame vorzulassen. Treten Sie nur näher, Madame, Sie werden erwartet!"

Die Ermordung Marats

Mit drei Schritten ist Charlotte Corday an Marats Tür; entschlossen geht sie auf ihn zu.

„Es ist mir ein Vergnügen, Sie zu empfangen," sagt Marat und wirft Simonne Evrard, die an der Tür stehengeblieben ist, einen befehlenden Blick zu. Marat ist bestürzt: ‚Sie ist tatsächlich schön!'

Charlotte steht vor ihm, bleich. ‚In einer Badewanne empfängt er mich', denkt sie voll Abscheu. Gleichzeitig wird ihr klar, dass das Schicksal ihn ihr wehrlos ausgeliefert hat, dass sie in keinem besseren Augenblick hätte kommen können. Ihre rechte Hand tastet nach dem Messer.

„Nun", sagt Marat mit gepresster Stimme, denn er fühlt sich nun doch nicht wohl in seiner Wanne. „Nun. So reden Sie doch! Was führt sie zu mir? Wir sind ganz unter uns. Geh hinaus, Simonne!" Simonne schließt leise die Tür, aber sie bleibt davor stehen und lauscht.

„Ich komme aus Caen. Die Normandie ist in Aufruhr gegen Paris", hört sie Charlotte Corday sagen. „Abtrünnige Konventsmitglieder haben mit dem Departement im Calvados die Macht ergriffen. Die Menschen eilen zu den Fahnen, um Paris von der Anarchie, wie sie sagen, zu befreien. Ein Teil der Bewaffneten befindet sich unter Führung von vier Mitgliedern des Departements bereits in Evreux."

Simonne atmet auf. Es ist also doch eine Patriotin. Sie geht in die Küche und macht sich am Herd zu schaffen, stellt Wasser auf für den Kaffee, gibt Rindertalg in die Kasserolle, denn nach diesem schrecklichen Tag soll Marat um acht Uhr seinen geliebten Fisch haben.

Charlotte Corday spielt ihre Rolle überzeugend.

„Marat, Sie müssen mir helfen. Ich kann nicht mehr zurück. Jedermann weiß, dass ich eine Republikanerin bin!"

„Machen Sie sich keine Sorgen, Bürgerin. Können Sie mir die Namen der Anführer nennen?"

„Ich habe eine Liste der nach Caen geflüchteten Deputierten bei mir."

„Das ist gut. Sie werden alle sehr bald die Guillotine besteigen."

Während Simonne Evrard das heruntergebrannte Feuer zu entfachen sucht, dringt ein Geräusch aus der Kammer, das sie erst gar nicht besonders beachtet. Es ist etwas zu Boden gefallen! denkt sie, vielleicht war es auch nebenan, wo die Falzbeine wieder zu ticken beginnen. Sie schlürft einen Löffel Haferschleim aus dem kleinen Kupfertopf, den sie für den Fall bereithält, dass Marat den Fisch nicht verträgt. Dann hört sie seine Stimme:

„Liebste, zu mir!"

Blechern fällt der Löffel zu Boden. Sie rennt in die Kammer und erstarrt auf der Schwelle.

Marat liegt zusammengesunken in der Wanne, die Hände auf der linken Brustseite. Blut fließt durch die Finger. Der Schemel ist umgefallen; darüber hinweg, jäh fortgestoßen, ragt das Waschbrett steil über den Rand der Wanne. Das Wasser färbt sich rot.

Charlotte Corday steht am Fenster, ruhig, mit leeren Augen. Das weiße Seidenkleid ist am Knie mit Blut befleckt. Sie hält noch immer den Dolch in der Hand. Nun schleudert sie ihn von sich.

Simonne wirft sich schreiend über Marat. Sie umklammert seine Schultern und presst ihre Brust gegen die

445

breit aufklaffende Wunde. Wie irrsinnig küsst sie seinen Mund.

Aus der Nebenkammer sind Laurent Bas und die beiden Frauen hereingestürzt, die in lautes Geschrei ausbrechen, verstört herumlaufen, nach der Wache rufen. Laurent Bas versucht Marat aus der Wanne zu heben, Madame Pain, noch immer im Korsett, hilft ihm. Sie legen ihn neben die Wanne auf den Boden. Der Atem hat ausgesetzt. Marat ist tot.

Einige Sekunden Stille. Alle stehen wie gelähmt.

Charlotte Corday sieht und hört das Rennen durchs Haus, das Türenschlagen, den Lärm der Herbeieilenden; das vielköpfige Wesen dort an der Tür, das wie versteint stehenbleibt, sobald es des blutigen Leichnams ansichtig wird, zurückweichen will, doch von den von außen Nachdrängenden widerstrebend hereingestoßen wird. Sie sieht Fäuste ihr entgegenrecken, hört Flüche der Männer, Entsetzensschreie, Klagen und Weinen. ‚Wieso Weinen? Warum beweint man dieses Scheusal?‘ Sie sieht und hört alles, aber doch so, als ginge sie das gar nichts an; als sei dies ein Spiel oder ein Traum, aus dem sie bald aufwachen werde.

Erst jetzt wendet sich die Aufmerksamkeit ihr zu.

„Macht, was ihr wollt. Das Ungeheuer ist tot!"

Laurent Bas ergreift den umgestürzten Schemel und schleudert ihn gegen Charlotte Corday, dass sie in die Fensternische taumelt. Gleichzeitig wirft sich Simonne auf sie und schlägt auf sie ein. Man reißt die Rasende zurück. Monsieur Bas bindet die Hände Charlottes mit einer Vorhangschnur auf dem Rücken zusammen. Sie wird durch die drängende Menge über den Gang in einen kleinen Salon geführt. Nationalgardisten bewachen sie, auch zu ihrem

Schutz, denn immer mehr Anhänger Marats – der Club des Cordeliers ist nicht weit entfernt – sind ins Haus gedrungen in der Absicht, die Attentäterin zu lynchen.

Gegen acht Uhr kommen Abgesandte des Konvents, Mitglieder des Sicherheitsausschusses, zunächst Gueallard, der ihre Personalien feststellt und sie durchsuchen lässt, dann Mauve und Legendre, schließlich Chabot und Drouet.

Das erste Verhör beginnt. Sie leugnet nichts, nur wehrt sie sich heftig gegen den Verdacht, das Werkzeug einer Verschwörergruppe zu sein.

„Wer hat Sie beauftragt?"

„Niemand; ich allein habe den Plan zu seiner Ermordung gefasst."

„Was hat Sie zu dieser Mordtat getrieben?"

„Seine Verbrechen! Ich habe entschlossen, mich zu opfern, um meinem Land den Frieden wiederzugeben."

„Wer flößte Ihnen solchen Hass gegen Marat ein?"

„Ich brauchte keinen fremden Hass, ich hatte genug an dem meinen! Er hat die Republik zugrunde gerichtet und an den Rand des Bürgerkriegs gebracht. Ich habe den einen getötet, um Hunderttausend zu retten!"

„Wer hat Ihnen beigebracht, mit einem Dolch umzugehen?"

„Empörung und Gerechtigkeitssinn haben mir die Hand geführt"

Das Verhör dauert bis zwei Uhr nachts. Seit Stunden steht die Droschke, die sie wegbringen soll, vor dem Hauseingang. Tausende warten in der engen von Fackeln erhellten Straße. Kopf an Kopf drängen sie sich, alle Fenster sind belagert. Als die Verhaftete endlich erscheint, stolzen

Ganges, ohne das geringste Zeichen der Reue, da gellt ihr ein Schrei entgegen, so wütend, dass sie doch erschrickt.

„Mörderin! An den Galgen mit ihr!"

Wie ein Rudel Wölfe heult die Menge auf und drängt gegen den Wagen. Die Nationalgarden müssen sie mit blanker Waffe zurückdrängen.

„Sind das die Leute, für die ich das Ungeheuer getötet habe?", fragt sie verächtlich den Leutnant der kleinen Eskorte. Endlich rollt die Kutsche. Steine klatschen aufs Wagendach.

Auf dem großen menschenleeren Boulevard geht es in flottem Trab dahin. Nach kurzer Zeit ist das Gefängnis L'Abbaye erreicht. Sie wird über den Hof in das Gebäude geführt, durch endlose Gänge, bis eine Tür aufgestoßen wird, und der Wärter sie mit allzu höflicher Geste einzutreten bittet. Die Tür wird zugeworfen, der Riegel zugeschoben. Große Stille umfängt sie.

Von Straße zu Straße verbreitet sich die Nachricht noch in der Nacht wie ein Lauffeuer. In den Offizinen arbeiten die flinken Finger der Setzer und Drucker, um die Artikel der Redakteure über das ungeheuerliche Verbrechen und den Nachruf auf den Volksfreund so schnell wie möglich unter die Leute zu bringen. Schon am Morgen weiß es ganz Paris, und am Mittag die Île de France. In kürzester Zeit fliegt die Nachricht mit den Postkutschen von einer Stadt zur andern und verbreitet auf ihrem Weg Furcht und Hoffnung. Sie erreicht Lyon, wo sie gerade rechtzeitig kommt, den schon gegen Paris lodernden Aufstand zur hellen Glut zu entfachen. Sie gleitet rhôneabwärts nach Valence und Montélimar, nach Avignon und an die Côte d'Azur. Sie erreicht

Marseille, Barbaroux' Vaterstadt, das dem Beispiel Lyons gefolgt ist und den jakobinischen Magistrat eingekerkert hat. Sie macht von dort aus den Katzensprung nach Toulon, wo schwerbestückte englische Fregatten den Hafen blockieren. Ein kleiner Artillerieoffizier, der ungeduldig auf seine Chance wartet und das Zögern seiner Vorgesetzten verflucht, sitzt hier über ballistischen Berechnungen, als ihm ein Adjutant die Meldung von Marats Ende überbringt. Er blickt nur kurz auf, überlegt rasch, welche Machtveränderung sich daraus ergeben könnte, und meint dann mit spöttisch verzogenem Mund:

„Auch das wird die Revolution nicht aufhalten! Ich fürchte nur, es kostet Madame den Kopf!"

Die Nachricht gelangt über die Weinhügel der Champagne auch an den Rhein nach Koblenz, wo ein gewisser Alexis Corday, der gerade zu einem preußischen Korps abkommandiert worden ist, nun aber eine Unterredung mit dem Kommandierenden hat und sich anschließend drei Tage krankmeldet. Von Calais aus überquert sie den Ärmelkanal. Sie lässt die royalistischen Flüchtlinge in ganz Europa Hoffnung schöpfen. In Wien befürchtet man einen Racheakt an MarieAntoinette, deren Prozess unmittelbar bevorsteht. Im *Hamburger unparteiischen Correspondenten* wird das Mädchen aus Caen als nationale Heldin gefeiert; der betagte Klopstock weiht ihr eine poetische Träne, weil sie umsonst für das Vaterland gestorben sei.

Umsonst gestorben? Vorerst ist ihr Name in aller Munde. Doch nur kurz währt die Ungewissheit. Ihre Hoffnung, die Pariser würden dem Beispiel ihrer Tat folgen und sich wider die Tyrannen erheben, bleibt unerfüllt.

Paris erhebt sich. Aber für Marat. Seine Ermordung löst in der Stadt heftige Erregung aus. Dass ‚eine Royalistin aus der Normandie' – wie es heißt – mitten im revolutionären Paris den ‚Freund des Volkes' hat töten können, gibt jenen Auftrieb, die zum Schutz der Revolution den Terror gegen Andersdenkende predigen. Tag und Nacht strömt das Volk an seine Bahre, um den großen Mann noch einmal zu sehen, der sich für die Revolution aufgeopfert hat. Zwei Tage nach seiner Ermordung wird die Forderung laut, Marat, dem Märtyrer der Freiheit, die Ehre zu erweisen, im Pantheon bestattet werden, und selbst Robespierre vermag mit der Bemerkung, nur zufällig habe der Dolch der Corday Marat und nicht ihn getroffen, diese Verherrlichung seines Rivalen nicht zu verhindern.

Jacques-Louis David, begabt, aber charakterlos, der schon für Versailles malte, später Napoleon verherrlichen und sich noch den zurückkehrenden Bourbonen anbieten wird, schafft das berühmte Bild: Marat, wie er, seitlich über den Rand der Wanne gesunken, noch im Sterben die Feder in der Rechten hält. Keine Spur der entstellenden Krankheit, selbst die tödliche Wunde ist nur angedeutet.

Epilog

Am 17. Juli 1793 wird Marie Anne Charlotte Corday d'Armont zum Tode verurteilt. Auf dem Weg zum Schafott greift doch die Angst nach Charlottes Herzen, das bis jetzt nahezu unempfindlich gewesen zu sein schien gegenüber dem frenetischen Geheul der Menge. Sie wankt, sucht nach einem Halt. Doch da geht eine für alle Anwesenden zunächst unerklärliche Veränderung mit ihr vor.

Der Karren ist gerade in die Rue Saint-Antoine eingebogen und gerät einen Moment ins Stocken, als Charlotte Corday die Klänge eines Cembalos vernimmt. Sie richtet sich auf. Lauschend neigt sie den geschorenen Kopf zur Seite, blickt ungläubig die Häuserfront hinauf. Die Menschenmenge folgt ihrem Blick, das Geschrei wird schwächer, verebbt beinahe. Plötzlich hören alle, was nur ihr Ohr durch den Lärm der Besessenen vernommen hat. Von irgendwoher, wie es scheint von hoch oben aus einem der oberen Stockwerke, erklingt Musik: Philippe Rameaus berühmtes Menuett. Leicht hingetupft schweben die Klänge in den Schacht der Straße.

Zum Autor

Walter Burkard wurde am 10.9.1913 in Neuenhain im Taunus geboren, machte Abitur und sollte nach Willen seiner Mutter Priester werden. Seiner antifaschistischen Grundhaltung wegen erhielt er im Pass das Vermerk „politisch unzuverlässig" und konnte das Studium der Philosophie, Kunstgeschichte, Literatur, Französisch nur beginnen, weil er sich freiwillig als Soldat verpflichtete. Er erlebte das Grauen des Vernichtungskrieges gegen Russland und die Belagerung Leningrads als Soldat der Wehrmacht. Seine Erfahrungen machten ihn – wie er es selbst ausdrückte – zu einem „unverbesserlichen Pazifisten".

Nach dem Krieg arbeitete er als Journalist in Frankfurt, bevor er Realschullehrer in Hofheim am Taunus wurde. Er heiratete und bekam zwei Töchter. Aus Leidenschaft zum Malen schuf er 164 farbsprühende und meditativ anmutende Gemälde. Sein schriftstellerisches Lebenswerk besteht aus zahlreichen Satiren und Fabeln, der Novelle „Der Gerber von Tours" und dem vorliegenden Roman über Charlotte Corday und die Wirren der Französischen Revolution. In seinen Werken kommen Warnungen vor Kriegstreiberei, politischem Radikalismus, aber auch seine Liebe zu Frankreich zum Ausdruck.

1989 trat er eine langersehnte Reise nach Leningrad /Petersburg an, wo er am 9.März einem Herzanfall erlag.

Zum Herausgeber

Willi Dittrich wurde 1959 in Frankfurt/ Main geboren. In der Realschulzeit war Walter Burkard sein Klassenlehrer. Mit der Zeit lernte er den strengen Pädagogen, und das, was er vermittelte, zu schätzen: kritisches Bewusstsein und die Schönheit sprachlichen Ausdrucks in der Literatur. Nach Willi Dittrichs Wechsel auf die gymnasiale Oberstufe blieb der Kontakt bestehen, Walter Burkard wurde sein Mentor, der ihn in seinem Engagement für die Friedensbewegung bestärkte. Willi Dittrich studierte Philologie und Politikwissenschaft, wurde Ergotherapeut und Erzieher. Er publizierte selbst zu pädagogischen Themen und kam auf die Idee, auch das literarische Vermächtnis Walter Burkards zu veröffentlichen.

„Für die Freiheit" ist für ihn eine zeitlose Warnung vor Totalitarismus, geschrieben mit sprachlicher Eleganz, die ihresgleichen sucht. Im Einvernehmen mit Walter Burkards Töchtern nahm er eine behutsame Kürzung und Überarbeitung des Textes vor. Es freut ihn, dass dieser außergewöhnliche Roman nun historisch interessierte Leserinnen und Leser auf eine Zeitreise in die Wirren der Französischen Revolution mitnehmen kann.

Noch mehr Lesestoff

Johannes Beurle:

Sturm zur Freiheit

ISBN 978–3–947141–67–8 print
ISBN 978–3–947141–98–2 ebook

Frankreich 1775: In dem Moment, als sein Vater erschossen wird, sieht der Bauernjunge Pierre dem Grundbesitzersohn Louis Philippe de Blois in die Augen. Im Juli 1789 in der Bastille sehen die beiden sich wieder, und erneut stehen sie auf verschiedenen Seiten. Nicht nur, dass der eine reich, der andere arm ist, auch ihre Ansichten unterscheiden sich. Doch eines haben sie gemeinsam: Jeder von ihnen kämpft für seine Liebe, sein Recht, sich zu behaupten, und ringsum werden ihre Geliebten, Väter, Freunde durch den Sturm gewirbelt, der ganz Frankreich erfasst.